中国特色社会主义经济理论丛书

POLITICAL ECONOMY ANALYSIS OF
CHINESE MODEL

中国模式的
政治经济学分析

何自力　冯新舟　李　菁　荆克迪 等○著

本书是教育部人文社会科学重点研究基地南开大学政治经济学研究中心重大项目"中国模式的政治经济学分析"（项目批准号：12JJD790014）的结项成果。

经济管理出版社
ECONOMY & MANAGEMENT PUBLISHING HOUSE

图书在版编目（CIP）数据

中国模式的政治经济学分析/何自力等著. —北京：经济管理出版社，2021.3
ISBN 978 - 7 - 5096 - 7886 - 2

Ⅰ. ①中…　Ⅱ. ①何…　Ⅲ. ①社会主义建设模式—政治经济学—研究—中国　Ⅳ. ①D616

中国版本图书馆 CIP 数据核字（2021）第 056963 号

组稿编辑：王光艳
责任编辑：魏晨红
责任印制：黄章平
责任校对：张晓燕

出版发行：经济管理出版社
　　　　　（北京市海淀区北蜂窝 8 号中雅大厦 A 座 11 层　100038）
网　　址：www. E - mp. com. cn
电　　话：（010）51915602
印　　刷：唐山昊达印刷有限公司
经　　销：新华书店
开　　本：720mm×1000mm/16
印　　张：20
字　　数：370 千字
版　　次：2021 年 5 月第 1 版　　2021 年 5 月第 1 次印刷
书　　号：ISBN 978 - 7 - 5096 - 7886 - 2
定　　价：88.00 元

本书参编人员

何自力　冯新舟　刘凤义　乔晓楠
张海鹏　王　俊　李　菁　荆克迪
苏立君　罗　瑜

前　言

中华人民共和国成立以来，中国经济和社会发展取得了举世瞩目的伟大历史性成就，中国奇迹既为世人交口称赞，也引起人们对其背后的动因产生浓厚兴趣。毫无疑问，中国经济奇迹既不是从天上掉下来的，也不是别人发慈悲心恩赐的，而是靠独具特色的中国模式取得的。

中国模式是中国特色社会主义经济发展模式的简称。经济发展模式是关于社会经济资源配置和财富分配的制度安排。任何经济体，无论规模大小，也不管历史长短，都有自己独特的文化伦理、资源禀赋、社会制度和历史传统，这些决定了各国各地区的经济发展模式都有自己的鲜明特点。世界上没有两个完全一样的经济发展模式，由于经济发展和民生改善是所有国家和地区追求的目标，所以经济发展模式就成为实现经济发展和民生改善目标的重要条件。当今时代，各国各地区都在为了更好地实现发展和民生改善目标而不断进取，相互间展开了激烈的竞争，而竞争的实质是经济发展模式之间的比较和角力。

当今世界存在多种发展模式，但是从最基本的分类，即从基本经济制度分类看，只存在两类经济发展模式：一类是资本主义经济发展模式，另一类是社会主义经济发展模式。经济发展模式之间的竞争在许多时候其实是不同社会制度之争，或者说是社会主义和资本主义谁胜谁负的争论。在过去的 100 年间，社会主义与资本主义经济发展模式的竞争构成了世界经济与政治发展的主色调。资本主义经济发展模式以西方发达经济体实行的经济发展模式为主，已经存在了 500 多年，尽管期间经历了发展和变化，但是根本的东西是一以贯之的，即它们都建立在私有制和雇佣劳动的基础上，实行自由市场经济。社会主义经济发展模式以曾经存在于苏联的集中计划经济体制和当下中国的社会主义市场经济体制为代表，经历了 100 多年的发展历程。20 世纪 80 年代末 90 年代初，东欧剧变、苏联解体，集中计划经济体制遭遇挫折。从 1978 年开始，中国走上改革开放的探索和发展道路，经过 40 多年的改革和发展，终于走出了一条中国特色社会主义道路，形成了独特的中国经济发展模式。

经济发展模式是一国实现经济现代化所采取的发展理念、体制机制、方针政策的总称。所谓经济现代化，是指近代以来，随着世界科技革命和生产力的迅速发展，人类社会由传统农业社会向现代化工业社会的转型。实现经济现代化是世界各国共同面临并着力追求的目标，它们从自己的历史、文化、资源禀赋出发，采取了各具特色的理论、制度、体制、政策，形成了各自不同的实现现代化的特殊经济发展模式。中国经济发展模式是中国实现社会主义现代化的理论、制度、体制、政策的总和，是中国共产党团结带领全体人民把马克思主义基本原理与中国实际相结合，总结和吸取苏联和东欧国家进行社会主义建设的经验和教训，经过不懈努力形成的。中国经济发展模式具有自己鲜明的特色，这就是：坚持党对经济工作的全面领导；坚持以人民为中心的价值导向；坚持创新、协调、绿色、开放、共享的新发展理念；坚持公有制为主体，多种所有制经济共同发展的基本经济制度；坚持按劳分配为主体，多种分配方式并存的分配制度；坚持市场在资源配置中发挥决定作用与更好发挥政府作用相结合的社会主义市场经济体制；建设实体经济为核心的现代化经济体系，实现经济高质量发展；建立开放型经济，构建人类命运共同体。中国经济发展模式是在改革开放的历程中逐步形成的，深刻总结改革开放 40 多年中国经济发展模式形成的历史经验，准确把握中国经济发展模式的本质特征，对于坚持和发展中国特色社会主义，对于推动中国经济发展模式更加成熟、定型，具有重要的理论和实践意义。

　　中国经济发展模式的成功是有目共睹的，其成功的原因自然成为人们特别关注的问题。现在，中国经济发展模式研究成为国内外学术界的热点研究课题，且研究成果非常丰富，其中不乏真知灼见的精品。本书在已有研究的基础上，试图从马克思主义政治经济学视角进一步探索中国经济发展模式的独特品质及其形成，以求推动和深化对其的研究。马克思主义政治经济学是建立在辩证唯物主义和历史唯物主义世界观和方法论基础上的经济科学，它通过对生产力与生产关系、经济基础与上层建筑矛盾运动的分析，揭示了人类社会的发展规律，指明了人类社会发展和变迁的方向和趋势。用马克思主义政治经济学对中国经济发展模式进行深入分析，有助于揭示中国经济发展模式的性质和特点，有助于阐明中国经济发展模式的结构和机制，有助于展示中国经济发展模式的发展和变化，为人们更好认识中国经济发展模式提供帮助，为更好发展中国经济发展模式提供理论指导。

　　在推进中国特色社会主义经济建设实践中，我们党依据历史唯物主义揭示的社会发展基本规律，积极探索和处理诸如科学社会主义与中国特色社会主义、党的集中统一领导与发挥各方面积极性、公有制与非公有制、社会主义与市场经济、政府与市场、政治与经济、虚拟经济与实体经济、经济发展与生态文明建设、全球化与独立自主、客观规律性与主观能动性等重大关系，走出了一条中国特色社会主义经济建设和发展道路，丰富和发展了马克思主义的科学社会主义理论。

1. 坚持马克思主义的科学社会主义与中国特色社会主义的辩证统一

经济发展模式是一个国家实现现代化的基础性条件，选择什么样的经济发展模式，从根本上决定着一个国家能否实现现代化。马克思主义的科学社会主义理论创造性地阐明了人类社会发展规律，揭示了资本主义必然被社会主义所代替的历史必然性，为经济发展落后国家实现现代化指明了道路和方向，是无产阶级和劳动群众实现自身解放的思想体系和行动指南。中国共产党人把马克思主义作为指导思想的理论基础，坚持马克思主义基本原理同中国具体实际相结合，自觉践行马克思主义的科学社会主义理论原则，不断推进马克思主义中国化时代化，形成了中国特色社会主义经济理论，形成了中国特色社会主义基本经济制度，形成了中国特色经济发展模式。没有马克思主义的科学社会主义理论做指导，没有马克思主义中国化时代化发展，中国就不可能形成中国特色社会主义经济理论，就不可能形成中国特色社会主义经济制度，就不可能找到实现经济现代化的正确道路，中国这个古老的东方大国就不可能创造人类历史上的发展奇迹。

2. 坚持党的集中统一领导与发挥各方面积极性的辩证统一

我国是世界上最大的发展中国家，改革开放和实现社会主义经济现代化面临着一系列重大而复杂的经济、政治、社会、文化、生态问题的挑战，遇到的矛盾和困难世所罕见，要迎接挑战、战胜困难，必须充分发挥社会主义制度的政治优势，既要坚决维护中央权威和政令统一，又要充分发挥各地各方面积极性。只有坚决维护中央权威和政令统一，才能集中力量办成大事，经济社会发展才有可靠的保证。各地情况千差万别，经济发展很不平衡，需要从实际出发，主动性、创造性地开展工作。只要把维护中央权威与发挥地方积极性统一起来，上下一条心，全国一盘棋，我们就能无往而不胜。坚持党的领导，发挥党总揽全局、协调各方的领导核心作用是我国社会主义市场经济体制的一个重要特征。改革开放40多年来，我国经济社会发展之所以能够取得世所罕见的巨大成就，我国人民生活水平之所以能够大幅度提升，都同我们坚定不移地坚持党的领导、充分发挥各级党组织和全体党员作用是分不开的。在我国，党的坚强有力领导是政府发挥作用的根本保证。在全面深化改革过程中，我们要坚持和发展我们的政治优势，以我们的政治优势来引领和推进改革，调动各方面积极性，推动社会主义市场经济体制不断完善、社会主义市场经济更好发展。

3. 坚持公有制与非公有制的辩证统一

在社会主义经济建设实践中，如何处理公有制与非公有制的关系直接关系到建立什么样的基本经济制度，形成什么样的经济运行体制和机制的重大问题。在社会主义建设实践中，纯而又纯的公有制在比较长的时期一直被认为是社会主义本质特征。俄国战时共产主义时期实行全盘国有化，斯大林领导苏联建设社会主义建立了单一公有制，改革开放前我国也把单一公有制作为社会主义所有制的唯一形式。事实证明，纯而又纯的公有制生产关系很难与落后的生产力相适应，在分散化、多层次、水平低下的生产力条件下，将工业和农业硬性拼凑在一起，要求其按照无所不包的国民经济计划运行是行不通的。党的十一届三中全会以后，我们党紧紧围绕解放和发展生产力这个中心，不断对生产关系中与生产力发展不相适应的因素进行改革，逐步形成了以公有制为主体，多种经济形式共同发展的所有制结构。按照这一体制，公有制不再是唯一的所有制形式，但是却是占主体地位的所有制形式。公有制在国民经济的命脉部门和支柱领域占据主导地位，在国民经济运行中发挥控制、影响作用，引领国民经济的发展方向，维护国家经济安全，保障全体人民的根本利益。可以说，这一所有制结构适应了我国社会主义初级阶段生产力的特性，有力地调动了各类经济主体的生产积极性、主动性、创造性，充分释放了经济活力。

4. 坚持社会主义与市场经济的辩证统一

在社会主义经济建设的历史中，长期存在的一种观点认为计划经济与社会主义相联系，市场经济与资本主义相联系，市场经济与社会主义是不相容的。实践证明，这种认识是不正确的。在战时共产主义时期，苏维埃政权对生产资料和消费资料实行集中统一的调配和供给，对农民实行余粮征集制，废除了商品货币关系，结果引发了政治经济危机。苏东国家及我国改革开放前都曾长期实行高度集中的计划经济体制，尽管该体制对推动国家工业化产生了一定的积极影响，但是管理僵化、效率低下的弊端严重制约了生产力的发展。从根本上揭示社会主义与市场经济相容性联系的是邓小平同志。早在1979年，邓小平同志就指出，说市场经济只存在于资本主义社会，只有资本主义的市场经济，这肯定是不正确的。社会主义为什么不可以搞市场经济，这个不能说是资本主义。在1992年视察南方的重要谈话中，邓小平同志进一步指出了"计划经济不等于社会主义，资本主义也有计划；市场经济不等于资本主义，社会主义也有市场"这两个"不等于"论断。邓小平同志的这一思想是科学的，符合马克思主义政治经济学理论。国际共产主义运动的实践充分证明，商品经济是那些经济基础薄弱、发展落后的社会主义国家不可逾越的发展阶段。既然在社会主义初级阶段乃至整个社会主义阶段都离不开商品经济特别是发达的商品经济，这就决定了社会主义与市场经济必然是相容的。经过不断地探索和实践，我们逐步形成和建立了社会主义市场经济体制。可以说，在社会主义条件下发展市场经济是我们党的一个伟大创举。社会主义市场经济既发挥了社会主义制度的优越性，发挥了市场经济的长处，又有效地防范了资本主义市场经济中存在的两极分化、经济危机等弊端，有力地推动了社会生产力的发展。

5. 坚持有为政府与有效市场的辩证统一

政府与市场的关系是我国经济体制改革的核心问题。对于政府与市场的关系，我们在实践中进行了长期的探索，从"计划经济为主、市场经济为辅""国家调节市场，市场引导企业""使市场在社会主义国家宏观调控下对资源配置起基础性作用"到"使市场在资源配置中发挥决定性作用，更好地发挥政府作用"，我们对政府与市场关系的认识不断深入、日益丰富。使市场在资源配置中起决定作用和更好发挥市场作用，两者是有机统一的，不是相互否定的，不能把两者割裂开来、对立起来，既不能用市场在资源配置中的决定性作用取代甚至否定政府作用，也不能用更好发挥政府作用取代甚至否定市场在资源配置中的决定性作用。习近平总书记指出，在市场作用和政府作用的问题上，要讲辩证法、两点论，"看不见的手"和"看得见的手"都起作用，既要有效市场，又要有为政府，努力形成市场作用和政府作用有机统一、相互补充、相互协调、相互促进的格局，推动经济社会持续健康发展。

6. 坚持政治与经济的辩证统一

政治与经济是两个紧密联系着的重要范畴，两者的关系集中体现了生产力与生产关系、经济基础与上层建筑的关系，因此处理好政治与经济的关系，对于完善社会主义生产关系、健全社会主义政治体制、优化经济资源配置、优化政治资源配置都具有十分重要的意义。在处理政治与经济的关系上，我们是有教训的。在比较长的时期里，"以阶级斗争为纲"的口号严重干扰了我们的经济建设，生产力难以大发展，人民生活难以大改善。1978 年，党的十一届三中全会果断放弃"以阶级斗争为纲"的口号，决定把党和国家工作重心转移到经济建设上来，有力地解放了人们的思想，整个社会迸发出无限的活力和创造力，中国迈入改革开放和社会主义现代化建设新时期。社会主义市场经济为实现政治与经济的辩证统一找到了一种有效的形式：一方面，社会主义具有集中力量办大事的制度优势，是破解市场经济固有的个人利益与社会利益矛盾的利器，社会主义与市场经济相结合，社会主义制度优势为市场经济健康发展开辟了广阔空间，使在社会主义条件下形成一种独特的新型市场经济模式成为可能；另一方面，市场经济的发展也推进了政治体制的改革，在优化经济资源配置的同时，也优化了政治资源的配置，使社会主义民主政治建设不断加强，社会主义制度进一步完善和巩固。在实践中，我们党加强思想政治建设，破除人们思想中残存的传统观念和习惯，大力推动市场经济的发展，同时，深刻认识市场经济的消极因素和弊端，对发展市场经济对社会主义政治可能产生的负面影响保持高度的警惕，高度重视党的思想建设、政治建设、组织建设、制度建设，严格要求党的各级领导干部不忘初心，砥砺前行，牢固树立遵纪守法、克己奉公、立党为公、执政为民的公仆意识，自觉践行为人民服务的崇高宗旨，坚决消除消极腐败对党的肌体的侵蚀，不断提升党的战斗力，大力加强党对经济工作的集中统一领导。

7. 坚持虚拟经济与实体经济的辩证统一

虚拟经济与实体经济的关系是市场经济的重要关系。虚拟经济以价值运动为中心，以价值增值为目标，主要由股票市场、期货市场、货币市场、外汇市场等金融市场形态所构成。实体经济以物质生产活动为中心，制造业是实体经济的重要组成部分。股票、期货、信贷、外汇等金融活动是在实体经济充分发展的基础上形成的，本质上是服务于实体经济的，但是一旦脱离实体经济自成体系、自我发展时，就会严重阻碍实体经济的发展，甚至引发金融危机。西方市场经济建立在私有制基础上，在无政府状态下虚拟经济与实体经济经常脱节，金融危机反复发生，严重破坏社会生产力，2008 年全球金融危机就是典型事例，教训值得认真总结。我们党高度重视制造业发展和工业化水平的提高。经过新中国成立后30 年，特别是改革开放 40 多年的艰苦奋斗和积极努力，我国已经发展成为世界制造大国，拥有最为完整和系统的产业链，具有强大的生产能力。深厚的工业基础为中国经济快速高效发展奠定了坚实基础：强大的传统制造业为老百姓衣食住行提供了有力保证；门类齐全的制造业为技术创新和占领科技制高点提供了平台和依托；制造业的强劲发展推动了投资、出口和消费的扩大，为经济增长提供了强大动力；制造业是服务业的基础，制造业的发展有力推动了服务业的发展。在高度重视和发展制造业的同时，我们认真吸取西方国家去工业化和经济虚拟化的教训，坚决守住不发生系统性金融风险的底线。为此，牢固树立金融回归服务实体经济本源的意识，大力提升金融业服务实体经济的能力和意愿，不断加强金融监管的制度建设，努力筑牢抵御系统性金融风险的防火墙。正是由于我们始终坚持社会主义市场经济改革的正确方向，始终坚持社会主义与市场经济相结合，正确认识和处理虚拟经济与实体经济的相互关系，高度重视实体经济的发展，大力保持和巩固制造业优势，努力防范经济虚拟化，我国经济发展才能长期保持高速增长，没有发生类似西方国家反复出现的经济和金融危机，从而在世界经济发展史上创造了奇迹。

8. 坚持经济发展与生态文明建设的辩证统一

生态文明以尊重和维护生态环境为主旨，在把握自然规律的基础上积极地、能动地利用自然，改造自然。经济发展为生态文明建设提供物质保障，生态文明建设中遇到的一切问题都要靠经济发展来解决。经济发展与生态文明是辩证统一的关系。只有建立在生态文明基础上的经济发展才更有利于实现人、自然、经济与社会的协调发展。党的十八大以来，在以习近平同志为核心的党中央坚强领导下，各级政府牢固树立生态红线概念，按照系统工程思路抓生态建设，优化国土空间开发格局，全面促进资源节约，加大生态环境保护力度，切实改变不合理的产业结构、能源结构以及资源利用方式，大力推进绿色发展，生态文明建设取得突出成绩，资源和环境破坏的状况得到显著改善，生态环境恶化的趋势得到有效遏制，经济发展与环境质量改善同步进行，绿色发展方式逐步形成。

9. 坚持积极参与经济全球化与独立自主的辩证统一

引领经济全球化朝着正确方向发展。经济全球化是生产力发展和科技进步的必然要求，人类社会从各民族的历史走向世界历史是必然趋势。历史上的经济全球化是在资本主义主导下推进的，这种全球化虽然推动了资源在全球范围内的配置，发展中国家从中得到了一些益处，但是却把资本主义的经济关系扩展到全世界，从而把资本主义内在矛盾和危机转变成全球性矛盾和危机，造成了发达国家内部、发达国家与发展中国家之间贫富差距的扩大和全球性经济危机。我们坚持对外开放的基本国策，积极主动参与经济全球化进程，把国内发展与世界发展紧密联系在一起，统筹国内与国际两个大局，用好国内国际两个市场、两种资源。在逆全球化暗流涌动的条件下，我们倡导顺应时代潮流，积极推动经济全球化朝正确方向发展，旗帜鲜明反对保护主义和单边主义，坚持贸易自由化和多边主义，致力于健全和完善多边贸易体制，坚持共商、共建、共享原则，建立以合作共赢为核心的新型国际关系，推动构建人类命运共同体和利益共同体。同时，在深度融入世界经济的过程中，我们高度重视和维护国家经济安全，防范各类风险和不确定性，与形形色色损害我国独立和主权的霸凌主义、霸权主义行径进行坚决斗争。

10. 坚持尊重客观经济规律与发挥主观能动性的辩证统一

马克思主义认为，客观世界的一切事物都有着自身的运动和发展规律，人们的社会实践必须尊重和遵循客观规律，否则将会受到客观规律的无情惩罚。另外，人的实践是推动和改变事物的能动力量，只有通过人的能动的实践，才能把对客观规律的认识转变为改变客观事物的物质力量，所以说认识规律与能动实践是相辅相成的，不可偏废。社会主义事业是全新的事业，我们党在探索社会主义建设的实践中始终坚持认识客观规律与发挥主观能动性相结合。毛泽东同志在1962年中共中央召开的7000人大会上，对经济建设中存在的违背客观经济规律、片面强调人的主观能动性的错误，如经济指导方面搞瞎指挥，分配方面刮共产风、搞平均主义，经营管理搞高指标、大跃进等进行了分析批判，强调深入开展调查研究，认识和掌握客观经济规律，从必然王国进入自由王国。在建立和发展社会主义市场经济的过程中，我们积极开展对市场经济和社会化大生产的客观规律的研究和学习，不断深化对政府与市场关系的认识，从认为社会主义经济是有计划的商品经济发展到确立市场在资源配置中发挥决定性作用和更好发挥政府作用的认识。与此同时，我们在改革中积极进行能动性的改革实验，在实验的基础上将改革经验向更大范围逐步推广，从而推动改革开放稳步向前推进。

本书共分为十一章。第一章"中国模式中的国有经济"着重对中国模式中的国有经济的地位、作用、实现形式、意义进行了深入研究，认为中国模式中的国有经济决定着中国模式的制度性质和体制特点，是中国模式赖以存在和发展并创造经济奇迹的根本原因，是中国模式生命力的根本源泉。

第二章"中国模式中的非公有制经济"着重对中国模式中的非公有制经济的特点、作用进行了深入研究，认为非公有制经济与公有制经济共同构成中国模式的制度基础，中国模式中的非公有制经济受社会主义生产关系的制约和影响，具有不同于一般非公有制经济的新特征，保护、鼓励、支持非公有制经济发展符合生产力发展要求，有助于中国模式的运行充满活力。

第三章"中国模式中的农村土地制度"着重对中国模式中农村土地制度的地位、作用、意义、实现形式进行了深入研究，认为中国模式中的农村土地制度符合生产力发展要求，符合中国国情，有利于实现农业现代化，提高农民收入，推动城乡一体化发展，有利于社会稳定，是中国模式特色和优势的重要制度保证。

第四章"中国模式中的政府与市场"着重对中国模式中政府与市场关系进行了深入研究，认为中国模式在探索政府与市场关系过程中形成了丰富而成熟的经验，实现了社会主义公有制与市场经济的有机结合，成功解决了经济学的世界难题，是中国共产党人的伟大创举。

第五章"中国模式中的经济规划"着重对中国模式中制定和实施中长期国民经济发展规划的理论和实践进行了深入研究，认为实施经济规划是中国模式的制度特征，符合社会化大生产条件下国民经济有计划按比例发展规律的要求，体现了社会主义制度的优越性，是中国经济奇迹的重要制度基础。

第六章"中国模式中的宏观调控"着重对中国模式的宏观调控理论和实践进行了深入研究，认为中国模式的宏观调控是供给管理与需求管理有机统一、协同运作的调控体制，体现了社会化大生产按比例分配劳动时间规律的要求，是中国经济健康协调高效运行的体制保障。

第七章"中国模式中的绿色发展"着重对中国模式实现绿色发展的理念、政策、体制等进行了深入研究，认为中国模式秉承"天人合一""人与自然和谐"的发展理念，坚持物质文明建设与生态文明建设相统一原则，合乎马克思主义政治经济学揭示的人与自然和谐发展规律的要求，具有强大的竞争力和生命力。

第八章"中国模式中的经济发展方式"着重对中国模式推动高质量发展的理论基础和政策条件进行了深入研究，认为中国模式的根本规律是以人民为中心的发展规律，高质量发展是以人民为中心发展规律的客观要求，高质量发展是中国模式的根本经济特征，中国模式具备推动中国经济实现高质量发展的独特机制和功能。

第九章"经济全球化与中国模式"着重对经济全球化的客观必然性和中国模式推动和引领经济全球化的动因和机制进行了深入研究，认为旧的经济全球化是资本主义主导的，新的经济全球化将在中国模式的引领下朝正确方向发展，中国模式践行共商共建共赢理念，是推动和构建人类命运共同体的强大动力，中国模式提供了实现工业化和现代化的新选择新样板。

第十章"中国模式与中国共产党的领导"着重对党的领导在中国模式中的重要地位和特殊作用进行了深入研究，认为党的领导是中国模式的有机组成部分，党的集中统一领导是中国模式的本质特征，中国模式的制度特色和竞争优势都来自党的集中统一领导的政治优势，中国模式体现了历史唯物主义政治与经济辩证统一的运动规律，符合人类社会发展规律、社会主义建设规律和执政党建设规律。

第十一章"中国模式在改革中前行"着重对中国模式的形成和发展的内在规律进行了深入研究，认为中国模式不是僵化封闭的体系，而是与时俱进、不断开拓创新的开放体系，中国模式的巨大活力和创造力源自改革开放，中国模式的完善和成熟也要靠深化改革和扩大开放，中国模式将在改革开放中行稳致远，不断创造新的辉煌。

本书是在由我主持的教育部人文社会科学重点研究基地重大项目"中国模式的政治经济学分析"最终成果基础上形成的，是课题组成员集体劳动的成果。我负责设计了本书的研究计划和写作大纲，对研究和写作工作进行了全程指导。参与初稿写作的课题组成员有何自力、王俊（第一章），李菁（第二章），张海鹏（第三章），冯新舟（第四章、第五章、第十章），刘凤义（第六章），罗瑜（第七章），荆克迪（第八章），乔晓楠（第九章），苏立君（第十一章）。全书由我统一修改、统稿、定稿，苏立君协助对书稿进行了整理、编辑和校对。

本书的研究得到了教育部人文社会科学重点研究基地重大项目立项资助，在出版过程中得到了中国特色社会主义经济建设协同创新中心、经济管理出版社的大力支持，在此表示衷心的感谢！

何自力

2020 年 8 月 24 日

目　录

第一章
中国模式中的国有经济

所有制是经济发展模式的基础。中国模式是社会主义市场经济模式，这一经济发展模式具有一系列显著特点，其中国有经济发挥主导作用是中国经济发展模式的根本支柱。理解中国模式要从认识国有经济开始。

第一节　国有经济及其性质

一、国有经济的含义

国有经济的历史源远流长。自国家出现以来，国有经济就成为国家履行经济职能的工具。以古埃及为例，早在公元前 3100 年就开始进行水利灌溉，公元前 2600～前 2100 年埃及法老就长期组织大规模水利工程建设，并在此过程中巩固了中央集权政府。[①] 无独有偶，中国最早的国家——夏朝也是在"治水"的过程中产生的。在我国漫长的古代封建社会中，国有经济一直在国家经济职能的履行中扮演着重要角色。西汉武帝时期，在桑弘羊主持之下，西汉政府实施了盐铁官营、酒榷专卖、算缗告缗、均输平准等一系列政策，事实上是在商品流通领域进行了国有化改造，建立起中央政府统一管理的国营商业网络。[②] 这种"官商合一"的制度安排是土地私有制的自然延伸，[③] 对于巩固大一统的中央集权国家有

---

① 李怡净. 尼罗河灌溉工程与古埃及的国家治理——兼论古埃及文明的形成与社会形态［J］. 铜仁学院学报，2016（5）：104 - 108.

② 马涛，韦伟. 汉初"盐铁会议"与桑弘羊留给后人的启示［J］. 福建论坛（人文社会科学版），2013（4）：11 - 16.

③ 邓宏图. 历史上的"官商"：一个经济学分析［J］. 经济学（季刊），2013（3）：531 - 554.

着积极的作用和意义。从南北朝至唐代，古代中国还曾长期实行以土地国有制为基础的"均田制"，试图在一定程度上缓和封建土地私有制下地主阶级和农民阶级的矛盾。在现代社会，无论是奉行资本主义经济制度的西方发达国家，还是坚持社会主义经济制度的国家都有国有经济部门，它们不同程度地在本国经济发展中发挥作用。

二、国有经济的类型

在各个国家中，国有经济的实现形式是多种多样的。具体来看，主要分为以下几种类型：

第一，国有自然资源。归属于国家的矿藏、河流、荒地、草原、森林、自然保护区以及其他海陆资源，都属于国有自然资源。在经济生活中，或是由于当前技术条件下无法开发，或是由于保护生态环境的需要，有众多自然资源不能归于私人所有。这些自然资源归国家所有，就成为了国有经济的组成部分。

第二，国有基础设施。归属于国家所有的道路桥梁、医院学校、国防设施、政府办公用地等公益性基础设施。在经济生活中，为避免市场机制失灵导致的效率损失，政府还担当着向社会提供公共产品和公共服务的职能。国家在履行提供公共产品和公共服务职能的过程中，就必须建设并拥有大量的公益性基础设施。这些公益性基础设施为全体国民提供种类丰富的服务，也构成了国有经济的组成部分。

第三，国有企业。无论是在西方资本主义国家，还是在社会主义国家，都存在众多的国有企业。这些国有企业分布在建筑、机械、交通、邮政、金融等众多国民经济部门，对各产业经济的发展起到至关重要的作用。按照国有企业的盈利目标来分，国有企业又可以划分为盈利性国有企业和公益性国有企业，两类国有企业在国民经济中所扮演的角色不尽相同，但都对国民经济的发展起到举足轻重的作用。

第四，混合所有制经济中的国有资本。在现代市场经济中，不同所有制性质的经济成分为了提高资源配置效率，可以利用股份制等组织形式形成混合所有制企业。在混合所有制经济中，控股或持股的国有资本也是国有经济不可忽略的重要组成部分。随着现代市场经济的发展，混合所有制经济越来越成为一种重要的经济形态，混合所有制经济中的国有资本也越来越成为国有经济的一种重要实现形式。利用好混合所有制经济这种组织形式，对壮大国有经济有着重要意义。

国有经济的存在和发展是由国家在国民经济中承担的经济职能所决定的。随着国家经济职能的发展，国有经济的形式和内容也在不断发展和丰富。国有经济的性质由国家的性质决定，国有经济的存在不仅具有必要性，还有可能性。在可以预见的未来一段时期内，国有经济仍将是各国国民经济的重要组成部分，仍将对各国国民经济的发展起到举足轻重的作用。

三、国有经济的性质

国有经济的性质是由国家的性质决定的。在原始氏族社会瓦解之后，进入文明时代的人类社会经历了从奴隶制的社会经济形态、封建主义的社会经济形态到资本主义的社会经济形态的演变，因此，人类历史上有奴隶制国家、封建制国家和资本主义国家等不同国家类型，这些国家的性质和职能是由国家所处的历史阶段和生产方式所决定的。但无论是奴隶制国家还是封建制国家，抑或是资本主义国家，都存在过不同形式的国有经济。十月革命之后，建立了人类历史上第一个社会主义国家——苏联。社会主义国家实行的以生产资料公有制为核心的经济制度决定了社会主义国家与建立在生产资料私有制基础之上国家在性质和职能上有着本质不同，这也必然导致社会主义国家的国有经济与其他类型国家中存在的国有经济在性质上有所不同。

在奴隶制国家、封建制国家和资本主义国家，国家的性质是统治阶级压迫和剥削被统治阶级的工具，这就决定了在这些类型的国家中的国有经济本质上也是为了维护阶级统治的需要而建立和发展起来的。在这些类型的国家中之所以需要建立国有经济，并不是由于这些国家中的统治阶级已经意识到他们的"原罪"，进而心甘情愿地放弃他们在经济上的统治地位。恰恰相反，正是由于这些国家中的统治阶级对被统治阶级的经济统治越来越受到被统治阶级的抵触和反抗，以至于如果不建立国有经济来调整这些国家内部的生产关系和分配关系，统治阶级的根本利益——生产资料私有制就将受到威胁。因此，在实行生产资料私有制的国家中存在的国有经济，其性质是对生产资料私有制的局部调整，其目的是维护和巩固生产资料私有制，其地位是在国民经济中居于从属地位和补充地位。

在社会主义国家，以生产资料公有制为核心的经济制度决定了国有经济与其他类型国家国有经济存在本质差异。一方面，社会主义国家并不是完全意义上的国家，而是在国家消亡过程中出现的"半国家"①。在社会主义国家，由于无产阶级已经上升为统治阶级，通过将生产资料归为国有，社会主义国家中国有经济的建立旨在消灭剥削，消除两极分化，而不是维护剥削与压迫。另一方面，社会主义国家的任务是解放和发展生产力，国有经济的发展为"半国家"的自行消亡奠定物质基础。囿于生产力发展水平，从资本主义社会中脱胎而来的社会主义国家仍是一个受到"资本主义框框"的限制、必须实行资产阶级法权的社会。

---

① 列宁. 国家与革命［M］. 中共中央马克思恩格斯列宁斯大林著作编译局译. 北京：人民出版社，2001.

无产阶级在上升为统治阶级并通过建立国有经济消灭私有制之后，社会主义国家的主要任务就是尽快使社会生产力发展起来，使集体财富的源泉充分涌流，为向共产主义社会的高级阶段过渡而做好准备。因此，社会主义国家中存在的国有经济，其性质是生产资料公有制的实现形式，其目的是发展生产力、消灭剥削和两极分化、实现共同富裕，在国民经济中居于主导地位。

第二节　东西方的国有经济

一、西方资本主义国家的国有经济

在第二次世界大战以前，西方资本主义国家普遍实行自由放任的经济政策，国家只扮演"守夜人"的角色，不承担什么经济职能。在罗斯福新政和第二次世界大战的历史机缘下，西方资本主义国家纷纷加强了对国民经济的干预力度。随着第二次世界大战后西方资本主义国家纷纷进入国家垄断资本主义阶段，西方资本主义国家的经济职能不断加强，国有经济也迅速发展起来。

从第二次世界大战结束到 20 世纪 70 年代末期，西方资本主义国家在取得战后重建和经济腾飞的同时，也普遍经历了一次国有化浪潮，国有经济成分的显著上升成为这个时期西方资本主义国家所有制关系局部调整的最大特点。在奥地利，自战后以来，奥地利政府通过接收法西斯德国在奥企业和战犯、通敌分子企业以及对重要行业私人企业进行赎买和补偿，使奥地利成为西方资本主义国家中国有化程度最高的国家，国有经济成分的比重在煤炭、石油、天然气、钢铁、电力、铁路、汽车、航空、邮政、电信等行业都达到了 100%。在英国，先后于 1945~1951 年和 1974~1976 年掀起两次国有化高潮，按照英国《经济学家》杂志 1978 年 12 月 30 日的统计数据，当时英国在煤炭、电力、天然气、造船、铁路、邮政和电信行业百分之百地实现了国有化，国有经济成分在汽车、钢铁、航空等行业的比重也超过了 50%。在法国，经过 1945~1946 年的国有化运动，法兰西银行、四大信贷银行和大部分保险业务都被政府所掌控，整个电力、瓦斯、煤炭和铁路运输行业、1/3 以上的航空、冶金产业、1/2 以上的汽车、军火工业也被政府掌握，国有企业在全国工业产量中的比重达到 1/5 到 1/3，职工人数比重也达到 1/5。在意大利，到 20 世纪 70 年代时，国有经济成分已经控制全部的煤气、铁路、航空、邮政、电信业务以及钢铁、造船、金融业的大部分。在日本，虽然政府没有像西欧国家一样实行全行业的国有化，但是日本政府通过制定各种产业政策对私营经济形成了很强的控制力。在美国，国有经济成分的比重同样不高，但是战后美国形成了强大的"军事—工业综合体"①，使美国政府与私人军工企业紧密结合起来，一方面军工企业的生存依赖于美国政府的财政拨款，另一方面军工企业也"绑架"了美国的经济、政治等社会方方面面。总之，通过不同形式和不同程度的国有化，西方国家政府对社会经济活动的控制力都得到了加强。

之所以第二次世界大战后在西方资本主义国家出现一次普遍的国有化浪潮，归纳起来有以下几个原因：首先，国有化浪潮是西方国家进入国家垄断资本主义后试图在一定程度上缓和资本主义生产关系基本矛盾的结果。资本主义私有制导致的生产无计划性是西方世界经济危机频繁的根源。1929年爆发的"大萧条"更给西方国家的人民带来持久的痛苦和深重的灾难。尽管结果是徒劳的，但西方国家也曾希望通过国有化措施来克服这一矛盾。其次，国有化浪潮是西方国家努力借鉴苏联和东欧国家发展经验并更好地与之竞争的结果。第二次世界大战后形成了资本主义阵营与社会主义阵营对立较量的格局，苏联和东欧国家在公有制和计划经济下取得的巨大发展成就也让西方国家不得不在不触动资产阶级根本利益的前提下认真学习借鉴其经验，这样既可以平息国内阶级矛盾，又可以增强在不同社会制度竞争中的优势。最后，国有化浪潮是一度占据主导地位的凯恩斯主义在西方国家宏观经济管理领域展开实践的结果。凯恩斯主义主张以"赤字财政"和政府投资来解决宏观经济出现的有效需求不足问题，这就要求西方国家政府通过扩张性的财政支出和兴办大批国有企业来实现政府对经济的干预。

随着20世纪70年代西方国家经济进入以"滞胀"为特征的长期经济不景气，以主张私有化、市场化、自由化，反对国家干预为特征的新自由主义思潮兴起并被资产阶级政府所采纳，从20世纪70年代末80年代初开始，西方国家掀起了一次持续时间很长、涉及规模很大的国有经济私有化浪潮。在英国，撒切尔政府上台不过5个月，就以英国石油公司的股权出售拉开了私有化的大幕，从1979～1989年英国出售了50多家国有企业，其中就包括著名的英国钢铁公司、罗—罗公司、希斯罗机场等大型国有企业，英国私有化浪潮甚至从一些基础产业波及教育、住房、医疗等公共福利事业。在法国，希拉克政府上台后开启了以"资本开放"为主要形式的私有化过程，从1986～1988年法国以出售股票的方式对一批当时经营良好的国有银行和国有企业实施私有化。在意大利，20世纪70～80年代的私有化主要是以出售大型国有控股公司中的国有股为内容的部分

---

①　王宏伟. 美国军工综合体剖析 ［J］. 科学决策，2004（7）：29－34.

私有化，进入 90 年代后开始将国有企业改组为股份制企业并出售或拍卖这些股份公司中的国有股。在日本，按照"渐进民营"的思路，政府先实现国有企业所有权和经营权的分离，再找恰当时机出售国有企业股票实现彻底民营化。在美国，由于国有经济比重不高，私有化的具体形式主要是放松政府管制、扩大私人经营，一些原本由政府履行的公共职能（如铸币、监狱、国防等职能）也被美国政府以"竞争招标"形式授权给私人企业经营。总之，在 20 世纪 70 年代末开始的持续 40 多年的私有化浪潮中，国有经济在西方国家国民经济中的比重大大降低，国家干预经济的能力被严重削弱。

二、社会主义国家的国有经济

以苏联和东欧国家为代表的社会主义国家的国有经济是在社会主义经济建设过程中建立和逐步壮大起来的，大致经历了三个阶段：

第一阶段是国有经济的建立阶段（20 世纪初至 20 世纪 50 年代初）。十月革命建立了世界上第一个无产阶级国家政权。新生的苏维埃政权按照马克思和恩格斯在《共产党宣言》中提出的"把全部资本，把一切生产工具集中在国家手里"①的思想，将全国大中小型企业无一例外地实行国有化，即便 5 人以下的特小型企业也实行国家监督和订货②。这一政策使苏联在很短时间内就实现了国有经济在国民经济中的主导地位。在实行新经济政策期间，苏联曾短暂地允许私营企业和商品经济的存在。但 1928 年苏联开始制订并实行第一个五年计划之后，随着计划经济体制的全面建立，其不仅继续延续了国有经济在国民经济中的绝对主导地位，并且国有经济在工业，特别是重工业领域取得了突飞猛进的发展。第二次世界大战结束，社会主义阵营形成之后，众多东欧国家也仿效苏联模式，迅速建立起社会主义计划经济体制和众多国有企业。

第二阶段是国有经济的改革阶段（20 世纪 50 年代初至 20 世纪 80 年代末）。随着计划经济体制弊端的逐渐暴露，苏联和东欧国家相继开始进行经济体制改革，这些国家的国有经济也相继进入改革阶段。率先进行改革的是南斯拉夫。20 世纪 50 年代初，南斯拉夫国有经济改革以建立企业自治制度为基础，实行生产资料归社会所有和企业由工人委员会管理的改革措施③。南斯拉夫的国有经济改革一度取得积极成效，激发了国有经济的活力。20 世纪 60 年代末 70 年代初，匈

① 马克思，恩格斯. 马克思恩格斯文集（第二卷）［M］. 中共中央马克思恩格斯列宁斯大林著作编译局译. 北京：人民出版社，2009.
② 马龙闪. 苏联计划经济走过的坎坷道路［J］. 探索与争鸣，2015（2）：85 - 91.
③ 钱澄. 试论前南斯拉夫改革的主要特点［J］. 扬州师院学报（社会科学版），1996（1）：56 - 63.

牙利和波兰也相继实施了以计划管理与商品货币关系结合、赋予企业在产供销方面的更大权力的改革措施①。苏联的经济改革从赫鲁晓夫改革开始，1957 年苏联实行工业建筑业大改组，将工业和建筑业由行业管理改为地区管理；勃列日涅夫时期实行的柯西金改革则强调扩大企业经营自主权，经济管理改为行政方法与经济方法相结合②；1985 年，戈尔巴乔夫改革提出让国有企业成为商品生产者，但因阻力巨大而陷入死胡同。

第三阶段是国有经济的迅速私有化阶段（20 世纪 90 年代初）。20 世纪 90 年代初，随着东欧剧变和苏联解体，社会主义阵营国家放弃社会主义道路，掀起国有经济迅速私有化的浪潮。例如，匈牙利在 1990 年提出建立"以私有制和个人经营为基础的市场经济"，到 1991 年时占有匈牙利 80% ~ 90% 的 2200 个国有企业就转变为 150 个股份公司；波兰、捷克、斯洛伐克等东欧国家也纷纷通过拍卖等方式迅速将大批国有企业转变为私营企业③。俄罗斯独立之后，也迅速开启了私有化浪潮。在 1992 ~ 1994 年，俄罗斯迅速对 64829 个国有企业实行私有化改造，在此期间俄罗斯出现了严重的"国企贱卖"问题，导致了严重的经济与社会动荡④。随着苏联、东欧地区各国私有化浪潮的迅速推进，这些国家经过数代人建立和发展起来的国有经济迅速转变为私营企业。

三、东西方国家国有经济发展的成效

纵观东西方国家国有经济发展史，尽管东西方国家经济制度和社会性质不同，但东西方国家在发展国有经济方面均取得了一些积极成效：

首先，东西方国家发展国有经济都对巩固本国经济制度起到了重要作用。在东方社会主义国家，通过建立和发展国有经济，私有制经济被公有制经济所取代，经济上的剥削和压迫被消灭，社会主义生产资料所有制关系迅速形成。在苏联和东欧等社会主义国家诞生之处，主要通过直接将私营企业收归国有的方式建立国有经济，并迅速建立和巩固社会主义经济制度。中国则在五年计划新建国有企业的同时，通过和平赎买等方式将私有制企业改造成公有制经济，起到了巩固社会主义经济制度的作用。在西方资本主义国家，通过建立和发展国有经济，也推动了这些国家在第二次世界大战后迅速恢复被战争破坏的经济，实现了由私人垄断资本主义向国家垄断资本主义的过渡。通过在涉及国计民生关键领域推行国有化，西方资本主义国家实现了对资本主义生产关系的局部调整，在一定程度上

---

① 李俊. 波兰、匈牙利改革的启示 [J]. 经济体制改革，1985（2）：5 - 8.
② 陆南泉. 前苏联历次经济体制改革失败对中国的启示 [J]. 上海党史与党建，2010（8）：50 - 53.
③ 阎铸. 东欧和独联体国家的私有化 [J]. 东欧中亚研究，1992（4）：62 - 65.
④ 张树华. 俄罗斯经济私有化的后果及教训 [J]. 红旗文稿，2012（20）：28 - 32.

缓和了资本主义社会基本矛盾，维护了资本主义制度。

其次，东西方国家发展国有经济都对优化本国经济结构起到了积极作用。在社会主义国家，迅速实现工业化是社会主义国家的重要任务。苏联和东欧国家将国有经济的建立与计划经济的建立有机结合，使国有经济的建立和发展成为苏联和东欧国家社会主义工业化的主要动力。在西方资本主义国家，日渐庞大的国有经济部门也为西方国家更好利用第三次科技革命成果，加快经济结构优化起到了积极作用。20 世纪 50 ~ 70 年代是西方资本主义国家国有经济快速发展时期，也是工业资本主义在西方国家的巅峰时期。在私有化浪潮影响下，西方国家国有经济在国民经济中的比重持续下降，西方国家由此进入了去工业化和金融化阶段，工业资本主义不断衰落，经济结构也日趋畸形化。

最后，东西方国家发展国有经济都对提高本国社会福利起到了促进作用。在社会主义国家，以国有经济和国有企业为基础，迅速建立起覆盖全民的免费医疗、教育等社会福利体系，社会主义国家人民群众所享受的社会福利水平空前提高，社会主义制度的优越性得到充分体现。在东西方冷战的大背景下，社会主义国家在社会福利方面所取得的巨大成就也刺激了西方资本主义国家改善本国国民的社会福利状况。与此同时，西方资本主义国家国有经济的建立，也为西方国家建立社会保障与社会福利体系起到了促进作用。20 世纪 70 年代后，西方国家私有化浪潮导致西方国家社会福利水平的下降，从一个侧面反映出西方国家国有经济发展在提高本国社会福利方面所起到的显著作用。

第三节　中国模式中的国有经济

一、国有经济的主导作用

中国模式中实现国有经济在国民经济中的主导作用，主要体现在以下三个方面：

一是增强国有经济竞争力。在中国模式中，国有经济在国民经济中发挥的主导作用首先表现在国有经济的竞争力上。不同于计划经济体制下国有经济"一家独大"的所有制格局，在市场经济体制下，任何一种所有制经济都必须在市场竞争中寻求生存与发展。国有经济的竞争力强大与否，是中国模式中国有经济能否发挥好在国民经济中的主导作用的基础。不断增强国有经济竞争力，对于巩固国有经济主导作用、壮大公有制经济主体地位、保证中国模式的社会主义本性是至关重要的。国有经济的竞争力应体现在国有企业参与并赢得国际市场的能力上，体现在国有资本不断实现保值增值的能力上，体现在国有企业履行企业社会责任方面发挥表率作用的能力上，体现在国有企业引领技术创新和推动产业升级的能力上。

二是增强国有经济控制力。中国模式就本质来讲，是社会主义制度与中国特有的文明积淀、中国特殊的国情民情相结合的伟大产物，是马克思主义中国化的生动体现。在社会主义初级阶段，我们始终要强调公有制经济为主体这一基本原则，而要体现这一基本原则就必须坚持国有经济的主导地位，这一地位的维持和巩固则必须体现在国有经济控制力的不断增强之上。国有经济的控制力应体现在国有资本对涉及国计民生、把握国民经济命脉的基础产业和基础领域进行掌控的能力上，体现在国有资本对资金、人才、物资等社会资源流向进行把控和引导的能力上，体现在国有企业为推动重大技术创新、加快产业结构优化升级而发挥中流砥柱作用的能力上，体现在国有企业探索和推动现代企业制度不断发展完善的能力上。

三是增强国有经济影响力。坚持中国模式，就是要坚持走中国特色社会主义道路。之所以是中国特色社会主义道路，因为一方面相对于西方资本主义道路来说，中国模式始终要坚持社会主义社会性质不变，不能允许资本主义的剥削与被剥削关系成为经济生活中最主流的生产关系；另一方面相对于苏联和东欧国家的道路来说，中国模式又不是僵化地搞社会主义建设，不能选择把与生产力发展水平并不相符的经济体制作为最基础的经济管理体制。因此，在中国这样一个生产力发展不平衡不充分的国家，就必须让代表最先进生产力发展方向的国有经济充分地发挥其影响力，带动以其他所有制经济为表现形式的较落后的那一部分生产力尽快地发展起来。国有经济的影响力应体现在坚持并巩固社会主义初级阶段基本经济制度的能力上，体现在支持并配合政府所实施的宏观经济调控政策的能力上，体现在掌握核心技术、取得自主知识产权的能力上，体现在保障国民基本福利、弘扬社会公平正义的能力上。

二、发挥国有经济主导作用的客观必然性

第一，只有坚持国有经济在国民经济中的主导作用，才能体现中国特色社会主义的本质要求。中国模式的本质是中国特色社会主义，中国特色社会主义归根结底是社会主义。要在中国模式中坚持社会主义的本质，就必须坚持公有制经济的主体地位。要坚持公有制经济主体地位，在当前历史条件下就必须坚持国有经济在国民经济中发挥主导作用，使国有经济成为公有制经济的最重要实现形式。社会主义的本质是要解放和发展生产力，消灭剥削，消除两极分化，最终实现共

同富裕。在中国模式下，只有坚持公有制经济主体地位和国有经济主导作用，才能在最大限度解放和发展生产力的同时，避免收入差距不合理拉大，为最终实现共同富裕提供制度保障。

第二，只有坚持国有经济在国民经济中发挥主导作用，才能确保宏观调控的目标真正实现。在社会主义市场经济体制下，国有经济的发展服务于国家战略目标主要存在国家安全、国民经济命脉的重要行业和关键领域，重点提供公共服务、发展重要前瞻性战略性产业、保护生态环境、支持科技进步、保障国家安全。相对于其他微观市场主体，国有经济的地位和作用决定了国有经济的发展利益与政府的宏观调控目标是根本一致的，国有经济是政府进行宏观调控的重要手段，是实现宏观调控目标的重要保障。

第三，只有坚持国有经济在国民经济中发挥主导作用，才能在对外开放的过程中确保国民经济的独立自主。自党的十一届三中全会以来，通过逐步构建全方位、多层次、宽领域的对外开放格局，我国在社会主义市场经济体制的建设中能够有效地利用好国内和国外两个市场，极大地促进了我国经济的发展。但是，中国是一个人口多、底子薄、生产力发展极不平衡的发展中大国，一旦在激烈的国际竞争中丧失了经济上的独立自主，将产生灾难性的后果。这就要求我们在对外开放过程中，始终把独立自主作为扩大开放的前提，并且在扩大开放的同时坚定地维护我国经济安全。只有坚持国有经济在国民经济中发挥主导地位，中国才能有底气去维护自身经济安全。只要国有经济一直控制着国民经济的命脉，在涉及国计民生的关键领域和关键部门牢牢占据主导地位，中国的经济安全就能得到切实保障。反之，一旦这些关键领域和关键部门被外国资本控制和垄断，那么中国就会沦为西方发达资本主义国家的经济附庸，丧失经过几十年努力才重新获得的国际经济地位。

三、我国国有经济的发展

我国国有经济的发展大致可以分为三个阶段：

第一，国有经济的建立阶段（1949～1957年）。我国国有经济的建立过程，是伴随着新民主主义社会的建立以及向社会主义社会过渡的过程而逐步实现的。我国国有经济最初是由三种经济成分转变而来：一是自1953年起实施的"一五"计划中新建的一批以重工业为主的大型国有企业。"一五"计划的一项重要任务是"集中主要力量进行以苏联帮助我国设计的156个建设单位为中心的、由限额以上的694个建设单位组成的工业建设"[①]。到1957年，全国工业总产值达到了

---

① 中华人民共和国发展国民经济的第一个五年计划（1953－1957）［M］. 北京：人民出版社，1955.

783.9 亿元，超出原定计划的 21%，比 1952 年增长了 128.3%，平均每年增长了 18%；"一五"时期工业生产取得的成就超过了旧中国一百年的总和①。二是解放战争后期没收的"四大家族"官僚资本形成的社会主义性质的国营经济。新中国成立前夕，官僚资本在工业运输业固定资本中占据了 80% 的比重，控制全国 67% 的电力、33% 的煤炭产业、45% 的水泥产量、40% 的纱锭设备、60% 的织布机设备、90% 的粮产量、45% 轮船吨位以及 100% 的铁路、公路、航空运输②。通过没收官僚资本、建立国营经济，新生的人民政权迅速掌握了国民经济命脉。1949 年，国营工业的产值在全国大型工业的总产值中已占 41.3%。三是社会主义改造过程中由资本主义工商业转化过来的公私合营企业。1956 年初，全国原有的 242.3 万户私营商业有 82.2% 的户数完成所有制改造，总户数的 6.1% 转为国营商业和供销社，15.9% 实行公私合营，35.6% 改造为合作商店③。到 1956 年底，原有的资本主义工业企业变成合营企业的，已占这类企业总户数和职工数的 99%，生产总值的 99.6%④。

第二，计划经济时期的快速阶段（1957 ~ 1978 年）。从 1957 年"一五"计划完成到 1978 年党的十一届三中全会做出改革开放战略决策的 22 年里，我国学习苏联模式建立起了社会主义计划经济体制。1957 年，全国 16.95 万个工业企业中有 4.96 万个国有企业，但当年 704 亿元工业产值中有 378.5 亿元工业产值由国有企业创造。1978 年，全国 34.84 万个工业企业中国有企业有 8.37 万个，但当年 4237 亿元工业产值中的 3289.2 亿元是国有企业创造的。经过 20 多年的努力，中国建立起了相对完整的工业体系，有了较为发达的能源、冶金、化学、机械等新兴工业部门（冶金设备、发电设备、飞机制造、汽车制造等领域则开创了数不清的"国内第一"），也正是因为工业体系的日趋完善，中国才能取得如"两弹一星"的成就。

第三，改革开放以来的跨越发展阶段（1978 年至今）。1978 年，党的十一届三中全会拉开了经济体制改革的序幕。党的十四大以来，我们围绕建立社会主义市场经济体制这个目标，推进经济体制以及其他各方面体制改革。为适应经济体制改革的需要，我国也循序渐进地对国有企业经营管理体制进行了一系列改革。从 1978 年至今，我国国有企业改革的过程可以大致分为三个阶段：首先是探索期（1978 ~ 1991 年），这一时期先后推行了扩权让利、经济责任制、两步利改

① 储成仿. 中国工业化起点探析——"一五"计划的实施及其影响 [J]. 天津商学院学报, 1998 (6)：17 – 23.

② 沙健孙. 中国共产党对官僚资本主义经济的政策 [J]. 思想理论教育导刊, 2004 (5)：27 – 31.

③ 黄如桐. 资本主义工商业社会主义改造的历史回顾 [J]. 当代中国史研究, 1994 (2)：83 – 94.

④ 沙健孙. 对资本主义工商业进行社会主义改造的基本经验 [J]. 思想理论教育导刊, 2004 (9)：19 – 24.

税、承包经营责任制等改革措施，由浅入深、从点到面的改革起到了扩大国有企业自主经营权、提高企业生产积极性的作用，但并未从根本上突破计划经济的思维。其次是突破期（1992~2002年），这一时期明确了国有企业改革的方向是建立现代企业制度，通过"抓大放小"和战略性改组等措施，基本完成了国有经济的结构调整和布局优化。最后是完善期（2003年至今），这一时期不仅以公司制、股份制为基础建立了国有经济的现代产权制度，还以设立国有资产监督管理委员会为标志形成一套新的国有资产管理体制，国有企业公司治理结构不断趋于完善。经过40年的不懈努力，我国国有企业改革取得了丰硕成果。

四、国有经济主导作用的实现

第一，确保社会主义基本经济制度不动摇。中国特色社会主义的基本经济制度就是要坚持并完善以公有制为主体、多种所有制经济成分共同发展的格局，其中国有经济主导作用对维护基本经济制度具有决定性意义。改革开放以来，我们必须始终清醒地认识到，我国处于并将长期处于社会主义初级阶段是我国最基本的国情。这一基本国情决定了我们必须始终坚持公有制的主体地位，不断探索并创新公有制实现形式，积极壮大公有制经济，确保我国社会的社会主义性质，同时也决定了我们必须允许多种所有制经济共同发展，在公平公开公正的市场竞争环境中相互学习、相互借鉴，以期尽快提高我国社会生产力水平。因此，坚持和完善社会主义初级阶段的基本经济制度，不仅是中国模式区别于其他模式的重要标志，也是保证中国模式始终体现社会主义本质的内在要求。要坚持和完善好我国社会主义初级阶段的基本经济制度，要坚持并巩固公有制经济的主体地位，就必须坚持发挥国有经济在国民经济中的主导作用。作为当前我国公有制经济的重要存在形式，如果国有经济不能发挥应有的主导作用，必然会削弱公有制的主体地位，损害社会主义基本经济制度，动摇社会主义市场经济体制的基石。

第二，成为解放生产力、发展生产力的重要力量。当前，不仅中国模式越来越被全世界所关注，而且中国人民在坚持和发展中国模式这一重大问题上也越来越具有道路自信、理论自信和制度自信。之所以出现这一局面，正是因为在过去数十年中国模式的形成与发展过程中，切实做到了解放生产力、发展生产力。在21世纪的第一个10年里，中国经济规模先后超过了意大利、法国、英国、德国、日本等老牌工业化国家，跃居世界第2位；而2014年中国更是在全球经济形势不景气的大背景下实现了国内生产总值增长7.4%的中高速增长，一举成为全世界第2个经济规模超过10万亿美元的经济体。离开了国有经济的主导作用，很难想象中国模式能够取得如此举世瞩目的成就。当前我国国有经济集中的机械、能源、化学、通信、航空、航天、军工等领域，恰是代表我国最先进生产力发展方向的领域。在这些领域，由于自身资金实力、技术储备、人才培养等方面的劣势，仅仅依靠非公有制经济将难以取得关键性的、突破性的创新成果。正是由于始终坚持了国有经济在国民经济的主导作用，将这些关键性领域的发展重任交给国有经济，以国有经济的雄厚实力带动全社会生产力水平的快速进步，才实现了中国经济的跨越式发展。事实表明，国有经济的主导地位发挥得越好，我国生产力水平就提升得越快，多种所有制经济共同发展的局面也就体现得越好，中国模式不同于其他模式或道路的特征就越鲜明。

第三，成为缩小收入差距、实现公平正义的重要保障。必须承认，改革开放之初的一段时期内，我国在讨论收入分配问题时突出强调了"效率优先"的原则，尽管同时也提出了"兼顾公平"的原则，但在实际工作中对收入分配中的公平原则关注得不够，导致了很长一段时期内，我国居民收入差距持续拉大。国家统计局的官方数据显示，2003 年我国基尼系数为 0.479，2006 年就上升到了 0.487，而 2008 年更是达到了 0.491。按照国际标准，基尼系数处于 0.4 ~ 0.5 就意味着收入差距较大，当基尼系数达到 0.5 以上时则认为是收入差距悬殊，所以一般将基尼系数达到 0.4 作为收入分配差距的"警戒线"。可见，我国收入差距过大已经是不争的事实。之所以出现这样的局面，恰恰与非公有制经济成分的发展和按要素分配方式的扩展有关。由于非公有制经济的基本分配原则是按要素分配，这就导致了资本、技术等要素的所有者在分配中占据较强势的地位，收入分配自然而然的向资本、技术等要素所有者倾斜，劳动者收入比重则相应地降低。显然，要缩小收入差距、实现公平正义，就必须坚持国有经济的主导作用，扩大国有经济的影响范围，从而更好地体现按劳分配为主、多种分配方式并存的分配原则。事实上，自 2008 年世界金融危机爆发以来，我国坚持发挥国有经济主导地位，通过建立健全工资协商制度、转移支付制度等措施，扭转了我国收入差距快速拉大的趋势。自 2009 年以来，我国基尼系数一直处于回落趋势，2014 年基尼系数下降到了 0.469，已经低于 2003 年时的水平。

第四节　中国模式中国有经济的改革方向和路径

一、毫不动摇地坚持国有经济主导作用

中国模式中国有经济的改革，必须在坚持公有制主体地位的基础上，毫不动摇地坚持国有经济主导作用。

第一，国有经济成为微观经济的重要主体。社会主义改革是社会主义生产关系的自我完善，是巩固和壮大社会主义经济的重要途径。作为社会主义公有制的重要存在形式，国有经济是社会主义市场经济的基石，是经济发展始终沿着社会主义方向前进的根本保证。因此，改革必须有助于加强国有经济的主导作用；有助于不断做强做优做大国有经济；有助于确保国有企业有效利用价格竞争机制和优胜劣汰机制等机制，不断创新实现形式，完善现代企业治理制度，提升国有企业经济效益；有助于在公平公正的市场竞争中实现对决定国计民生的关键行业和关键领域的绝对控制，充分体现国有经济的竞争力、控制力和影响力。

第二，国有经济要发挥政府宏观调整的支撑作用。确保政府实施的宏观经济调控政策落到实处，仅靠政府官员在媒体上空喊是肯定不行的，关键时候政府必须拿出"真金白银"才能稳定市场情绪、调控市场行为，最终达到平稳经济运行的目的。政府宏观经济调控要顺利实施，最重要的是解决政府干预经济的钱从哪里来的问题。2008年世界金融危机发生后，西方国家政府却任由市场局势恶化而没有及时出台有力的干预措施。在美国，由于政府债务规模持续扩大，只能依靠"量化宽松"的货币政策来调控经济，政策效果大打折扣。在欧盟，背负重债的欧洲国家不仅无力实施扩张性的财政与货币政策，反而不得不缩小政府福利开支，引发了严重的社会动荡。西方国家的教训表明，国有经济不能发挥主导作用，政府实施宏观调控就缺乏坚实的财力支撑。中国模式下毫不动摇地坚持国有经济主导作用，就是要让国有经济成为政府调控经济的财力支撑。

第三，国有经济要成为引领经济结构转变的主要力量。我国经济正由高速增长向高质量发展转型，客观上要求优化经济结构。中小私营企业虽然对经济快速发展发挥了重要推动作用，为扩大就业、促进技术进步、增加税收做出了重要贡献，但是中小企业缺乏足够的技术实力、资金储备和品牌声誉，仅靠这些中小企业是难以实现经济结构转型的。国有经济在能源、交通、通信、金融、基础设施等关系国民经济命脉的重要行业和关键领域占支配地位，代表先进生产力的发展水平。中国经济正处于重化工业化和加工制造业居主导地位的经济发展阶段，已经形成了以劳动密集型产业为基础、资金密集型产业为骨干、技术密集型产业为引领的产业发展格局，国有经济是这一产业格局的基础性组织和制度支撑，国有企业凭借经济实力雄厚、运营规模庞大、组织体系严密、人力资源丰富、管理制度严格的制度和组织优势，可以有力地推动产业升级换代，实现三种产业类型有机统一协同发展。

第四，国有经济要带动"中国制造"走上一条以科技和质量为核心的竞争力提升之路。一个国家实体经济部门的生产技术越先进，那么这个国家就越能在国际市场上占据更大市场份额和利润份额，就越能在国际产业链中居于有利位置。要掌握并运用先进生产技术，归根结底还是要拥有雄厚的资本实力。为掌握先进生产技术而要付出的前期资金投入和要承担的创新失败风险，对于没有雄厚资本实力的中小型私营企业来说是难以承担。中国要走上一条以科技和质量为核心的国际竞争力提升之路，就不得不依靠在国民经济中发挥主导作用、拥有最强大资本实力的国有经济。特别是在那些能带动整个产业链的生产技术水平提升的重大技术创新领域，也只有在国有经济的组织、领导和带动下才有可能取得突破。

二、做优做强做大国有企业与做优做强做大国有资本的辩证统一性

中国模式中国有经济的改革应当发挥国有经济的主导作用，做优做强做大国有企业和国有资本。需指出的是，做优做强做大国有企业不等同于做优做强做大国有资本，但做优做强做大国有企业与做优做强做大国有资本存在密切关联性，两者是辩证统一的关系。

一方面，做优做强做大国有企业是做优做强做大国有资本的基础和前提。根据社会资本运动总公式，资本增值运动必然经过由货币资本再到生产资本进而到商品资本的形态转变（即 $G—W—P—W'—G'$）。在社会资本运动总公式中，唯一能够实现价值增值的环节是资本处于生产资本形态的环节。产业资本处于生产资本形态时，必须使劳动力与生产资料相结合，进行物质产品的生产活动。在物质产品的生产过程中，生产资本对生产过程的支配与控制必须依靠一定的组织形式加以实现，这种组织形式即是企业。撇开资本主义生产关系属性，这一原理同样适用于社会主义。在中国模式中，国有经济要发挥在国民经济的主导地位，不断增强国有经济的竞争力、控制力和影响力，就必须以做优做强做大国有企业为基础和前提，实现国有资本的做优做强做大。只有国有企业不断提高管理水平，增强科技创新能力，提高劳动生产率，扩大经营规模，提高竞争力，才能不断做优做强做大，进而使国有资本在社会资本运动中加快自我增值，最终达到做优做强做大的目标。

另一方面，做优做强做大国有资本是做优做强做大国有企业的条件和保障。随着社会化大生产和社会生产力的发展，资本有机构成有不断提高的趋势，企业内部生产协作的规模也不断扩大。在市场经济条件下，规模不断扩大的企业内部生产协作需由产业资本来协调和组织，这就意味着随着资本有机构成的提高和企业内部生产协作规模的扩大，产业资本组织生产和协调协作的"门槛"也在不断提高。越来越多的中小资本逐渐丧失独立组织和协调企业内部生产协作的能力，只能通过资本集中等手段使联合起来的大资本来组织和协调企业内部日益扩大的生产协作。要做强做优做大国有企业，就必然要求国有企业顺应社会化大生

产和社会生产力发展的要求，不断提升国有企业技术水平，不断扩大国有企业生产规模，不断扩大国有企业内部生产协作的范围和复杂程度。要保证国有企业内部不断扩大的生产协作能够得到有序的组织和协调，就要求不断做优做强做大国有资本，增强国有资本在国民经济中的竞争力、控制力和影响力，使国有资本可以通过资本集中等途径引导全社会资本力量服务于做优做强做大国有企业的目标。可见，在社会主义市场经济条件下，离开了国有资本的做优做强做大，国有企业的做优做强做大也就失去了必要条件和制度保障，国有企业的竞争力、控制力和影响力也就无从谈起。

综上所述，做优做强做大国有企业与做优做强做大国有资本是辩证统一的关系，两者统一有利于更好地发挥国有经济主导作用这一终极目标。

三、发展混合所有制经济是壮大国有经济的重要途径

在社会主义市场经济条件下，不同所有制性质的经济成分可以打破所有制藩篱，组成混合所有制经济。在中国模式国有经济的改革实践中，发展混合所有制经济被证明是壮大国有经济的重要途径。发展混合所有制经济对壮大国有经济的重要意义主要体现在以下两个方面：

一方面，发展混合所有制经济有助于国有企业建立科学合理的现代企业制度，完善国有企业的企业治理结构。在混合所有制经济中，只有其中的国有经济成分属于国有经济的范畴，其他经济成分并不属于国有经济成分。不同经济成分混合在一起，就要求形成以股份制为基础的现代企业制度，实现不同经济成分的相互合作、相互制衡、相互妥协。在混合所有制经济中，不论是国有资本还是私人资本，都有实现资本增值的目的，这也就决定了国有资本与私人资本在建立现代企业制度、完善企业治理结构方面能够达成一致。通过发展混合所有制经济，有助于解决长期困扰国有企业发展的"委托人—代理人"问题，有助于解决预算软约束导致的国有企业经济效益低下问题，有助于实现政企分开。也只有建立和巩固科学合理的现代企业制度，完善国有企业的企业治理结构，才能最终实现做优做强做大国有企业的目标。通过对国有企业进行混合所有制改造，虽然引入了非公有制经济成分，使国有企业变得不再"纯粹"，但国有企业混合所有制改造带来的先进管理技术可以促进国有企业经济效益提升，实现国有资本保值增值，最终起到壮大国有经济的客观效果。

另一方面，发展混合所有制经济有助于增强国有资本集中力量办大事的社会资本动员能力，增强国有资本的竞争力、控制力和影响力。尽管新中国成立至今的 70 多年里我国社会主义经济建设取得了翻天覆地的变化，国有经济的实力不断增强，但是我国正处于并将长期处于社会主义初级阶段的基本国情没有变，不

平衡不充分发展与人民日益增长的美好生活需要之间的矛盾仍亟待解决。要加快解决我国当前不平衡不充分发展问题，仅靠国有资本的力量是远远不够的。这就要求我们发挥好社会主义集中力量办大事的优越性，通过股份制度和信用杠杆，以混合所有制经济为平台和纽带，使国有资本可以吸收、引导和调动集体资本、私人资本、外国资本以及社会闲散资金，集中力量加快社会主义现代化强国建设。通过发展混合所有制经济，只用少量的国有资本就可以调动大量社会资本集中用于某一领域的经济建设，增强了国有资本的竞争力、控制力和影响力，在节约国有资本的同时起到了"四两拨千斤"的效果。节约下来的国有资本又可以通过混合所有制经济在其他建设领域发挥作用，从而达到拓宽经济建设的资金来源、加快经济建设的任务进度的效果。

第二章
中国模式中的非公有制经济

第一章着重分析了国有经济在中国模式中的地位和作用，阐明了作为公有制经济重要形式之一的国有经济对中国模式的特殊意义，本章则着重分析非公有制经济模式在中国模式中的存在和意义。

第一节　我国非公有制经济的发展

一、非公有制经济的含义及类型

生产资料所有制是指人们在物质资料生产过程中对生产资料的经济关系的总和，包括生产资料的所有、占有、支配和使用关系。按照生产资料所有制结构可以划分为公有制经济和非公有制经济两大类型。非公有制经济是指生产资料及生产成果归个人占有的所有制形式。非公有制经济包括个体经济、私营经济、外资经济以及股份制、股份合作制等混合所有制经济中的私人所有部分。

个体经济是由劳动者个人或家庭占有生产资料，从事个人劳动和经营的所有制形式。它以劳动者自己劳动为基础，劳动成果直接归劳动者所有和支配，是我国社会主义初级阶段一种重要的非公有制经济形式。个体经济的发展有利于解决群众就业问题，有利于改善人民生活水平，有利于促进生产力发展，已成为我国社会化大生产的重要组成部分。

私营经济是以生产资料私有和雇佣劳动为基础，以取得利润为目的的所有制形式。在私营经济中，生产资料的所有者与使用者相分离，生产资料所有者占有生产资料和生产成果，是一种具有资本主义属性的经济形式。不过现阶段我国的私营经济受到我国法律、政策的制约、引导和管理，其本质中的不利于社会主义的消极因素得以抑制，有利于社会主义的积极因素得到发展，已成为我国社会主义初级阶段的一种非常重要的非公有制经济形式。

外资经济是中国发展对外经济关系、吸引外资过程中建立起来的所有制形式，它是以生产资料归外国资本家所有，以雇佣劳动力为基础的资本主义私有制经济，包括中外合资经营企业、中外合作经营企业以及外商独资企业。尽管外资经济属于资本主义经济范畴，但是它必须遵守我国法律、接受我国政府监管，已成为我国社会主义市场经济的重要组成部分。在此需要着重指出的是，中外合资经营企业和中外合作经营企业的属性应依据双方投资比重和各自的权限来判定，如公有制经济占主导地位则具有公有制性质，反之则具有非公有制性质。

股份制、股份合作制等混合所有制经济的属性判定关键取决于由谁控股，如果是国家和集体控股，就属于公有制经济范畴，具有公有制性质，反之则属于非公有制经济范畴，具有非公有制性质。

二、我国非公有制经济的发展

自改革开放以来，我国非公有制经济发展迅速，对国民经济发展起到了重要的推动作用。近年来，我国非公有制经济发展状况呈现以下两个方面特征：

第一，非公制企业数量持续增加，实力不断增强。改革开放之前，我国所有制结构呈现"一大二公"的特点。改革开放后，特别是进入21世纪以来，我国非公有制经济快速发展，非公有制企业数量持续增加，已经形成公有制经济与非公有制经济共同发展的良好态势。由图2-1可知，我国私营企业户数由2000年的176.2万户增加到2012年的1085.7万户，2017年又增加至2726.3万户，仅2012~2017年就增长了251.1%，私营企业数量呈现出加速增长的态势。个体户数由2000年的2571.4万户增加到2012年的4059.3万户，2017年又增加至6579.4万户，保持了平稳增长的态势。外商投资企业数量由2000年的20.3万户增加至2012年的44.1万户，2017年又增加至53.9万户，实现企业数量的较快增长。在我国非公有制企业数量持续增加的同时，企业实力也迅速增强，在保持宏观经济健康可持续发展中的作用不断加强。在世界500强企业中，我国私营企业由2010年的1家增加到2018年的28家，更是出现了华为、腾讯、百度等一批在高科技领域具有国际竞争力的私营企业。如表2-1所示，2006年，我国私营企业投资在全社会固定资产投资中的比重为17.52%，个体投资比重为4.69%，港澳台商投资比重为4.31%，外商投资比重为5.56%，有限责任公司投资比重为23.88%，股份有限公司投资比重为7.43%。2017年，我国私营企业投资在全社会固定资产投资中的比重增加到31.73%，个体投资比重下降到1.84%，港澳台商投资比重下降到2.12%，外商投资比重下降到1.76%，有限责任公司投资比重上升到33.01%，股份有限公司投资比重下降到2.7%。全社会固定资产投资所有制结构的变迁表明，我国非公有制经济和混合所有制经济在全社会固定资产投资中的地位日益上升。外商投资比重的下降则反映出内需日益成为拉动我国经济增长的中流砥柱，我国在对外开放的同时维护和加强了经济发展的独立自主性。

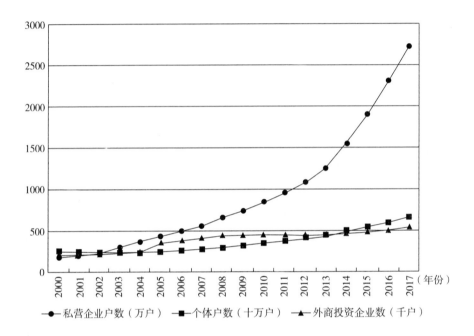

图 2-1　私营企业、外商投资企业和个体户数

资料来源：国家统计局。

表 2-1　混合所有制经济与非公有制经济在全社会固定资产投资中的地位

类型 \ 年份		2006	2009	2012	2015	2016	2017
全社会固定资产投资（亿元）		109998.2	224598.77	374694.74	561999.83	606465.66	641238.39
有限责任公司	金额（亿元）	26265.47	53592.63	102511.84	146057.44	201075.85	211642.76
	比重（%）	23.88	23.86	27.36	25.99	33.16	33.01
股份有限公司	金额（亿元）	8174.24	14092.47	21484.86	20832.37	17820.34	17304.41
	比重（%）	7.43	6.27	5.73	3.71	2.94	2.70
私营企业投资	金额（亿元）	19267.18	46903.21	91422.35	171345.37	187214.06	203474.93
	比重（%）	17.52	20.88	24.40	30.49	30.87	31.73

续表

类型	年份	2006	2009	2012	2015	2016	2017
个体投资	金额（亿元）	5163.87	8891.72	11588.67	12439.26	12110.46	11804
	比重（%）	4.69	3.96	3.09	2.21	2.00	1.84
港澳台商投资	金额（亿元）	4745.14	7091.7	10275.88	11930.44	14223.21	13604
	比重（%）	4.31	3.16	2.74	2.12	2.35	2.12
外商投资	金额（亿元）	6113.12	8396	10547.13	10746.34	11846.32	11312.2
	比重（%）	5.56	3.74	2.81	1.91	1.95	1.76

资料来源：国家统计局。

　　第二，非公有制企业就业吸纳能力不断提升。作为世界上人口最多的发展中国家，就业问题一直是我国经济发展中常抓不懈的问题。改革开放以来，我国非公有制经济的快速发展提升了非公有制企业的就业吸纳能力，为提高人民群众物质生活水平做出了贡献。由表2－2可知，在私营企业实现就业的城镇就业人员比重由2000年的5.48%提高到2010年的17.5%，2017年又提高到31.39%；通过个体经济实现就业的城镇就业人员比重由2000年的9.23%提高到2010年的12.88%，2017年提高到22.01%；通过外商投资企业实现就业的城镇就业人员比重由2000年的1.43%提高到2017年的3.04%；通过有限责任公司实现就业的城镇就业人员比重由2000年的2.97%提高到2017年的14.99%。非公有制经济和混合所有制经济的快速发展为广大劳动者提供了更多的就业岗位选择，也有助于更好发挥市场在生产要素资源配置中的作用。非公有制经济在解决群众就业问题方面的作用也在乡村有显著体现。由表2－3可知，通过私营企业实现就业的乡村就业人员比重由2000年的2.33%提高到2010年的8.08%，2018年进一步提高到21.73%；通过个体经济实现就业的乡村就业人员比重由2000年的6%提高到2010年的6.13%，2018年则提高到16.38%。非公有制经济发展促进了农村剩余劳动力向非农产业转移，也增加了农民家庭的非农收入来源，为缩小我国城乡发展差距做出了贡献。

三、我国非公有制经济的地位和作用

　　改革开放之前，"一大二公"是我国所有制结构的基本特征，对非公有制经济长期采用利用、限制、改造、取缔等政策。直至1982年党的十二大，我国才开始承认非公有制经济是社会主义经济的"必要补充"，明确了非公有制经济的地位，非公有制经济自此快速发展，对我国社会主义经济的发展起到了不可估量的作用。

表 2-2 非公有制经济和混合所有制经济在解决城镇就业中的作用

类型 / 年份		2000	2005	2010	2015	2016	2017
城镇就业人员（万人）		23151	28389	34687	40410	41428	42462
有限责任公司	人数（万人）	687	1750	2613	6389	6381	6367
	比重（%）	2.97	6.16	7.53	15.81	15.40	14.99
股份有限公司	人数（万人）	457	699	1024	1798	1824	1846
	比重（%）	1.97	2.46	2.95	4.45	4.40	4.35
私营企业	人数（万人）	1268	3458	6071	11180	12083	13327
	比重（%）	5.48	12.18	17.50	27.67	29.17	31.39
港澳台商投资单位	人数（万人）	310	557	770	1344	1305	1290
	比重（%）	1.34	1.96	2.22	3.33	3.15	3.04
外商投资单位	人数（万人）	332	688	1053	1446	1361	1291
	比重（%）	1.43	2.42	3.04	3.58	3.29	3.04
个体	人数（万人）	2136	2778	4467	7800	8627	9348
	比重（%）	9.23	9.79	12.88	19.30	20.82	22.01

资料来源：国家统计局。

表 2-3 非公有制经济和混合所有制经济在解决乡村就业中的作用

类型 / 年份		2000	2005	2010	2015	2016	2017	2018
乡村就业人员（万人）		48934	46258	41418	37041	36175	35178	34167
私营企业	人数（万人）	1138.6	2365.6	3346.7	5215	5914	6554.5	7423.7
	比重（%）	2.33	5.11	8.08	14.08	16.35	18.63	21.73
个体乡村	人数（万人）	2933.9	2123	2540	3882	4235	4878	5597.4
	比重（%）	6.00	4.59	6.13	10.48	11.71	13.87	16.38

资料来源：国家统计局。

第一，非公有制经济促进了我国社会主义基本经济制度的形成。伴随着所有制改革的不断深化，我国社会主义市场经济体制逐渐建立并完善。个体经济、私营经济和外资经济等非公有制经济蓬勃发展。迄今为止，个体经济与传统意义的个体经济并未出现多少变化，仍为个人所有、个人经营。私营经济中的小型企业仍由个人或少数人所有和经营，与传统意义上的私营经济区别不大。不过，私营经济中的大中型企业，已经演变成为私营有限责任公司和股份有限公司，股权呈现多元化，甚至出现国有、集体和外资资本参股，成为一种混合所有制经济。虽然与传统的私营经济区别较大，但是更容易与公有制经济相融合，是应该重点发展的非公有制经济形式。外资经济中的中外合资和中外合作两种经济形式，更是外资与我国公有制经济相结合的产物。综上所述，非公有制经济的大发展促进着我国社会主义市场经济基本经济制度的发展与完善。

第二，非公有制经济已成为推动我国经济特别是实体经济快速发展的重要力量。2008年世界金融危机爆发以来，曾经长期出现"去工业化"浪潮的西方发达国家意识到实体经济特别是制造业对国民经济发展的重要性，纷纷出台了旨在推动本国经济再工业化的战略举措。中国作为一个正处于工业化中期的发展中国家，也有必要坚持发展实体经济，积极壮大本国制造业实力。改革开放以来，在工业这一实体经济最重要的产业部门中，非公有制企业和混合所有制企业发挥着越来越重要的作用。如表2-4所示，我国工业企业中私营企业的比重由2000年的13.58%上升到2017年的57.68%，有限责任公司的比重由2000年的8.11%上升到2017年的24.88%。由近年来我国工业企业所有制结构的变化趋势可以看出，非公有制经济中的私营经济已经在工业经济中占据重要作用，非公有制经济的快速发展为推动我国经济保持中高速增长，避免我国经济出现"脱实向虚"起到了重要作用。

表2-4　工业企业中的非公有制企业和混合所有制企业

类型 \ 年份		2000	2005	2010	2015	2016	2017
工业企业单位数（个）		162900	271800	453000	383000	379000	373000
有限责任公司工业企业	单位数（个）	13215	41972	70078	94299	96240	92812
	比重（%）	8.11	15.44	15.47	24.62	25.39	24.88
股份有限公司工业企业	单位数（个）	5086	7192	9562	11061	12007	12086
	比重（%）	3.12	2.65	2.11	2.89	3.17	3.24
私营工业企业	单位数（个）	22128	123820	273259	216506	214309	215138
	比重（%）	13.58	45.56	60.32	56.53	56.55	57.68
港澳台商投资工业企业	单位数（个）	16490	27559	34069	24488	23429	22724
	比重（%）	10.12	10.14	7.52	6.39	6.18	6.09

续表

类型	年份	2000	2005	2010	2015	2016	2017
外商投资工业企业	单位数（个）	11955	28828	39976	28270	26125	24734
	比重（%）	7.34	10.61	8.82	7.38	6.89	6.63

资料来源：国家统计局。

第三，非公有制经济已成为创新和吸纳就业的主力军，创造了大量社会财富。正如习近平总书记2018年11月1日《在民营企业座谈会上的讲话》中所指出的，"民营经济具有'五六七八九'的特征，即贡献了50%以上的税收，60%以上的国内生产总值，70%以上的技术创新成果，80%以上的城镇劳动就业，90%以上的企业数量"。一方面，如前所述，非公有制经济在发展过程中吸纳了大量的劳动力，缓解了我国严峻的就业压力。中国作为世界上人口最多的发展中国家的基本国情长期不变，这就决定了解决就业问题将是未来很长一段时期内我国经济工作中不可忽视的重要问题，非公有制经济在吸纳就业方面所发挥的作用不可或缺。另一方面，非公有制经济在提升经济绩效、创造社会财富方面发挥了越来越重要的作用。如表2-5所示，私营工业企业利润总额占工业企业利润总额的比重由2000年的4.32%上升到2017年的30.76%，有限责任公司工业企业利润总额比重由2000年的8.34%上升到2017年的28.36%。私营企业在创造社会财富、增加国家税收收入等方面，发挥着越来越重要的作用。

表2-5 非公有制工业企业和混合所有制工业企业的利润总额

类型	年份	2000	2005	2010	2015	2016	2017
工业企业利润总额（亿元）		4393	14802.54	53050	66187.07	71921.4	74916.25
有限责任公司工业企业	利润总额（亿元）	366.23	3999.32	11986.83	16712.49	18747.09	21247.92
	比重（%）	8.34	27.02	22.60	25.25	26.07	28.36
股份有限公司工业企业	利润总额（亿元）	1250.1	2002.95	6203.22	6447.74	7678.99	9654.84
	比重（%）	28.46	13.53	11.69	9.74	10.68	12.89
私营工业企业	利润总额（亿元）	189.68	2120.65	15102.5	24249.73	25494.9	23043
	比重（%）	4.32	14.33	28.47	36.64	35.45	30.76

续表

类型 \ 年份		2000	2005	2010	2015	2016	2017
港澳台商投资工业企业	利润总额（亿元）	534.02	1391.87	5113.44	5948.33	6604.11	7071.96
	比重（%）	12.16	9.40	9.64	8.99	9.18	9.44
外商投资工业企业	利润总额（亿元）	748.46	2748.94	9906.11	9957.45	10993.36	11340.42
	比重（%）	17.04	18.57	18.67	15.04	15.29	15.14

资料来源：国家统计局。

四、非公有制经济与公有制经济之间的关系

（一）马克思主义理论关于两者的辩证关系阐述

马克思主义理论提出生产力决定生产关系，生产关系反作用于生产力。我国现处于社会主义初级阶段，国内各地区经济发展不平衡，生产社会化程度也是千差万别，因此，单一的公有制经济不可能适应不同生产力发展状况的要求，只有实行多元化所有制，才符合生产力多层次和不平衡的发展现状。公有制经济是我国国民经济的主导力量，非公有制经济是社会主义市场经济的重要组成部分。坚持公有制经济的主体地位，绝不意味着扼杀非公有制经济的发展；大力发展非公有制经济也决不可取代公有制经济的主体地位，一旦非公有制经济"反客为主"，势必会改变我国所有制结构的属性，从而使我国的社会制度发生质变。因此，从公有制经济和非公有制经济的辩证关系来看，彼此之间既相互促进又不能相互取代。两者构成了我国基本经济制度的重要内容，共同构筑了我国经济腾飞的现实基础。

（二）中国共产党关于二者辩证关系的理论创新

改革开放以来，中国共产党始终坚持将马克思主义基本原理同实践相结合，根据我国生产力发展不均衡、多元化的现状，对所有制改革不断进行理论创新。

党的十五大将"实行公有制为主体、多种所有制经济共同发展"确定为社会主义初级阶段的基本经济制度。党的十六大报告指出"坚持公有制为主体，促进非公有制经济发展，统一于社会主义现代化建设的进程中"。这表明公有制经济和非公有制经济不是对立的，而是统一、相互融合的关系。党的十七大报告要求"毫不动摇地巩固和发展公有制经济，毫不动摇地鼓励、支持、引导非公有制经济发展"。"两个毫不动摇"强调的是"坚持平等保护物权，形成各种所有制

经济平等竞争、相互促进新格局"。党的十八大报告提出"各种所有制经济，都应该依法平等使用生产要素、公平参与市场竞争、同等受到法律保护"。"三个平等"指明了各种所有制经济平等竞争、相互促进的基本途径。党的十八届三中全会提出"国家保护各种所有制经济产权和合法利益，坚持权利平等、机会平等、规则平等，废除对非公有制经济各种形式的不合理规定，消除各种隐性壁垒，激发非公有制经济活力和创造力"。党的十八届四中全会又提出要"健全以公平为核心原则的产权保护制度，加强对各种所有制经济组织和自然人财产权的保护，清理有违公平的法律法规条款"。党的十八届五中全会则强调要"鼓励民营企业依法进入更多领域，引入非国有资本参与国有企业改革，更好激发非公有制经济活力和创造力"。党的十九大把"两个毫不动摇"写入新时代坚持和发展中国特色社会主义的基本方略，作为党和国家一项大政方针进一步确定下来。

纵观历届中国共产党重要会议对公有制经济和非公有制经济关系的阐述变化，表明党中央在理论上对两者的关系做了重大创新。理论上的创新将会极大地促进我国社会主义市场经济，尤其是巩固和完善社会主义基本经济制度的实践，并且还将会促进公有制经济和非公有制经济共同发展。在理论的指导下，今后我们应该消除各类歧视性规定，从制度上和政策安排上打破公有制经济的垄断地位，给予公有制经济和非公有制经济同等待遇，为非公有制经济创造与公有制经济公平竞争的市场平台与社会环境。

（三）公有制经济与非公有制经济的辩证关系

关于公有制经济与非公有制经济的辩证关系，大体上可以表现为三个方面：

第一，两者具有互补性。基于我国现阶段处于社会主义初级阶段的现实，我国的生产力发展呈现出多元化、不平衡的特点，既存在小手工作作坊式的生产力水平低下的生产形式，又存在机器化、信息化的生产力水平较高的生产形式，因此，个体经济、私营经济、外资经济以及股份制、股份合作制作为公有制经济和非公有制经济的表现形式恰恰与目前的生产力状况相适应，并且二者各自具有自身的比较优势，所以公有制经济和非公有制经济的共存也就具有优势互补的意义。

第二，两者具有竞争性。公有制经济企业和非公有制经济企业之间存在着相互竞争的关系，通过竞争有助于促进公有制经济和非公有制经济各自的体制创新、技术提升、管理升级。由此可见，良性竞争可以实现双赢的局面，有利于提高我国经济的整体实力。

第三，两者具有融合性。公有制经济与非公有制经济在良性竞争的过程中出现了融合趋势，主要表现为混合所有制经济形式。在混合所有制企业中，公有制经济与非公有制经济均持有股份，按照持股比重，既有公有制经济占主导的混合所有制企业，又有非公有制经济占主导的混合所有制企业。可以说，混合所有制经济实现了公有制经济与非公有制经济的融合发展。除此之外，公有制经济与非公有制经济还出现了相互兼并、重组的发展趋势。无论是公有制经济还是非公有制经济，实力强大的一方就可以对另一方实施兼并、重组，从而实现生产要素的最佳配置。

第二节　新自由主义推动的私有化

20 世纪 80 年代，主要西方发达国家为解决经济滞胀等问题，英国撒切尔政府率先拉开了私有化的序幕，其他主要西方发达国家也纷纷将私有化作为解决本国经济问题的核心措施加以实施。在此背景下，私有化与新自由主义相结合，成为一揽子"华盛顿共识"① 中经济改革的核心内容。尽管英国私有化浪潮并未使企业绩效得到全面改善，也未能建立健康、健全的竞争体制，但是，员工的生产积极性被调动起来，提高了劳动生产率。英国私有化成为发展中国家改革者效仿的对象。在国际货币基金组织和世界银行的干预下，20 世纪 80 年代拉美国家，90 年代苏联和中东欧国家都先后开始推行私有化。

一、什么是私有化

私有化（Privatization）又称非国有化，是指企业所有权由公有到私有的转型，具体来说是指商业、服务业、工业企业从国家、政府或公共所有转化为私人所有或控制状态，有时也指由私有承包商提供以往由公有部门供给的服务。② 私有化的概念可以分为狭义和广义。狭义的私有化是指将国有企业 100% 的资产或绝大多数股份转让给私有者，即全部或彻底的私有化意味着要将国有企业的所有权、控制权或资产悉数转让给私有部门。广义的私有化既包括彻底的私有化，还包括部分私有化，主要表现为：第一，转让给私人的资产不到国企股份的一半；

---

① "华盛顿共识"是以新自由主义学说为理论依据，由国际货币基金组织、世界银行和美国政府根据20 世纪 80 年代拉美国家减少政府干预，促进贸易和推进金融自由化的经验提炼出来并形成的一系列政策主张。该共识包括十个方面：一是加强财政纪律，压缩财政赤字，降低通货膨胀率，稳定宏观经济形势；二是把政府开支的重点转向经济效益高的领域和有利于改善收入分配的领域（如文教卫生和基础设施）；三是开展税制改革，降低边际税率，扩大税基；四是实施利率市场化；五是采用一种具有竞争力的汇率制度；六是实施贸易自由化，开放市场；七是放松对外资的限制；八是对国有企业实施私有化；九是放松政府的管制；十是保护私人财产权。

② 热拉尔·罗兰. 私有化：成功与失败［M］. 北京：中国人民大学出版社，2013.

第二，部分剥离，私有持股不足 50%，政府仍是大股东，保持着对国有企业的控制；第三，原先由国有企业独家经营，现在允许私有企业进入。

依据私有资产的来源，私有化的类型可以划分为三类：

（1）新私有化。"新私有化"是指通过外资或国内私人投资建立新的私有企业，扩大私有新增资产。其特点是：从开始就具有实行私有制的资本主义性质，没有背负老国企沉重的包袱。以东欧国家为例，东欧各国的私人新增资产投资与国有资产私有化改造成正比，东德、俄罗斯、捷克和波兰等国表现突出，而匈牙利在剧变之前市场发育程度较高，提前进入全球化，因此，"新私有化"程度在东欧地区一直处于较高水平。

（2）重新私有化。"重新私有化"是指把过去没收的私有资产物归原主。这实际上属于处理历史遗留问题，如立陶宛将第二次世界大战后苏联统治时期被强制收归集体所有的土地归还给农民；东德将 1949 年民主德国成立后没收的属于社会主义改造性质的资产退还原主。而苏联、东欧的罗马尼亚、波兰、匈牙利、斯洛伐克等国基本上没有实行"重新私有化"，只是进行了象征性的补偿。

（3）改造型私有化。"改造型私有化"是指把在旧体制下积累起来的国有资产按照公平与效率兼顾的原则转为私有。相对于前两类私有化，"改造型私有化"占主体地位，它又可以分为有偿和无偿两类。

有偿私有化包括五种情况：第一，一次性公开拍卖（又称小私有化），是指在某些情况不能拍卖所有权就拍卖使用权，即"拍租"或招标租赁；第二，证券私有化（又称大私有化），即先把企业改组成国有独资股份公司，然后在股市上出售股票，国内外投资者以现金或外汇购买股票，则国家可以得到收入，即有偿完成私有化；第三，个别私有化，是指以一些无法公开出售或资产庞大而又不宜分股出售的企业为对象，与选定的购买者通过一对一谈判实现整体转让或合资参股；第四，企业内部私有化，即企业把全部或部分资产出售给本企业就业人员，在企业股权内部平均分配的情况下，近似于西方的公司职工持股计划（Employee Stock Ownership Plans，ESOP）方案；第五，破产清理法，是指国家宣布撤销亏损严重的企业，对其资产进行破产清理，通过无底价拍卖捐赠给其他国有独资公司，或者租赁给原企业员工自主经营。有偿私有化的优势是国家可以通过出售企业得到"私有化收入"，特别是对于处于转轨时期的国家财政来说，无异于是一场及时雨。例如，匈牙利在转轨的 8 年期间，通过有偿私有化共获得14437.5 亿福林收入，极大地缓解了国家的财政压力，而且国有企业出售转变为规范化的私有企业，有利于提高经营效益和增加投资。

无偿私有化是指向全体国民平均分发私有化证券的一种模式，又称"证券方法""人民私有化"，具体来说是指国家对国有资产进行估价，定出无偿分配部分的价值比例，并以此为基础确定私有化证券发行总额，再平均发给全体国民。这些证券可代替货币进行投资，可用于选购私有化国有企业的股票。无偿私有化确保了"公平"，但是缺乏效率，因为这种方式没有给企业带来新的投资，也不能给国家创造"私有化收入"，股权过于分散导致企业管理效率低下。同时，由于信息不对称，即使国民持有等值私有化证券，也未必拥有平等的投资机会，在这种情况下，更容易导致寡头的形成。世界银行统计数据显示，1996 年俄罗斯大中型国企实行无偿私有化改造的份额只有 11%，捷克为 50%，立陶宛为 60%，蒙古国为 55%。

二、俄罗斯的私有化

1991 年苏联尚未解体时，俄罗斯已经开始筹备私有化，后来苏联解体，叶利钦执政，迅速颁布了《俄罗斯私有化纲要》（以下简称《纲要》）。按照《纲要》规定，私有化需要实现七大目标：第一，形成私有者阶层；第二，提高企业经济效率；第三，利用私有化收入为社会保障体系提供资金支持；第四，改善国家财政状况；第五，提高竞争力、打破经济垄断；第六，吸引外商投资；第七，为推进私有化创造良好的条件提供制度保障。由于苏联刚刚解体，以叶利钦为代表的"自由派"担心社会主义经济体制下的国有企业会东山再起危及新政权，因此俄罗斯当局采用了大规模、闪电式、突击式的私有化方式推进经济转型，这从根本上瓦解了社会主义制度的经济基础，改变了社会阶层的构成，催生了大资本和金融寡头的形成，社会矛盾激化。

俄罗斯推进私有化改革的第一步就是取消国家对价格的控制，按照市场经济实施价格自由化。由于国家突然放开价格管制，致使俄罗斯出现了恶性通货膨胀，国民的储蓄受到严重侵蚀，损失高达 2 万亿新卢布，相当于一年的 GDP，这意味着国民被剥夺了参与私有化的权利。随后，俄罗斯国内开始对国有企业实行私有化改革。1992～1993 年，俄罗斯首先对小型①工商企业、服务业、餐饮业实行私有化，即"小私有化"，并且顺利完成；之后推行对大中型企业的私有化，即"大私有化"，主要采用无偿私有化（即免费分配）和有偿私有化（主要以股份制为主）两种形式，直至 1996 年基本结束。欧洲重建和发展银行的报告显示，改革之初的 1992 年私有化部门占 GDP 的比重仅为 25%，1996 年达 60%，到 2002 年为 70%。其中，工业部门中的非公有企业为 1246 万家，占 GDP 的七成，建立股份制公司 27 万家，国家控股占 18%，国家参股占 37.6%，完全私有化占

---

① 俄罗斯规定，截至 1992 年 1 月 1 日，固定资产净值不超过 100 万卢布、工作人员不超过 200 人的企业为小型企业。

44.4%①；在金融部门中，国有资产在商业银行所有制结构中所占比例为29%，存款相当于GDP的17%，贷款为11%，私人资本已经占据绝对优势。通过私有化改革，俄罗斯已经形成了以非公有制经济为主体的混合所有制经济。

俄罗斯实行经济转轨的目的就是要打破计划经济制度建立市场经济制度，改变经济效率低下、优化资源配置、促进经济增长、提高社会福利。按照这个标准衡量，可以说俄罗斯实行的私有化改革非但没有成功，反而对其经济产生了极大的破坏性。

（一）私有化导致国有资产大量流失，削弱了国家总体经济实力

在俄罗斯实行私有化过程中，国民储蓄被政府以价格自由化的方式所侵蚀，其拥有的国家财产份额被国内的一些特权阶级所获取，这些人以低廉的价格收购了大量的国有资产，而且实行私有化的国有资产大部分都属于经济效益良好的企业，如石油、冶炼、有色金属、航空企业等，这意味着私有化改革不仅加快了旧官僚和新权贵瓜分国有资产的进程，而且还使之合法化。特别是俄罗斯的金融寡头和外国资本控制金融命脉之后，执行的金融政策已经彻底沦为他们分配利益、转移财富的工具。据统计，俄罗斯金融寡头通过拍卖石油和矿产资源攫取了巨额利润，并向国外转移了1600亿美元的财富。俄罗斯杜马公布的数据显示，1993~1996年，俄罗斯私有化收入仅占GDP的0.02%~0.04%，占政府财政预算的0.13%~0.16%，而私有化期间的损失高达9500万亿卢布，其中经济损失5500万亿卢布，社会损失4000万亿卢布，低价出售国有资产至少损失1万亿美元。事实证明，私有化收入并未改善政府的财政状况，反而在此过程中，俄罗斯新贵侵吞了大量的国有资产，削弱了国家的经济实力。国家失去了对经济命脉的控制，对国家经济安全构成极大的威胁。

（二）私有化经济改革催生了"怪胎"寡头政权并加剧了社会两极分化

1994年6月，叶利钦总统宣布俄罗斯七成以上的企业实行了私有化，4000万国民成为股票所有人，然而国内恶性的通货膨胀稀释了国民手中的股权，而且国民手中持有的大量私有化证券也落入企业领导、投机者或政府官员手中，普通民众根本无法成为股份公司的管理者，只有那些大量持有股份的俄罗斯新贵才是真正的私有者。可以说，俄罗斯私有化非但未形成有利于市场经济发展的私有者阶层，反而形成了工业资本与金融资本相融合的寡头集团，他们控制国家经济、参与政治、操纵舆论、瓜分财富，寡头政权是俄罗斯私有化改革中催生的一个"怪胎"。于是，俄罗斯国内的贫富差距也日益加大，一方面出现了大量处于贫困线以下的低收入阶层，另一方面出现了迅速暴富的俄罗斯新贵，俄罗斯社会调

---

① 《俄罗斯国家统计委员会1998年统计年鉴》第369页。

查结果显示，最高阶层的收入是最低阶层的 14 ~ 15 倍，工资差距为 27 倍。如此悬殊的两极分化，必然危害社会稳定。

（三）私有化改革为外国势力渗透提供了机会危及俄罗斯国家安全

在俄罗斯经济转型过程中，以美国为首的西方国家趁机渗透，试图干预和操控俄罗斯。1992 年，俄罗斯响应 14 个外国组织的倡议，成立了"俄罗斯私有化中心"，并在全国设立分支机构。美国向该中心发放了 1.16 亿美元的专项拨款，并以此获取俄罗斯私有化中心及其分支机构的全部信息。与此同时，在美国的操纵下俄罗斯还成立了"外国援助和鉴定处"，共有 200 名外国专家和顾问被派遣到俄罗斯国家机关的各个部门。如此一来，外国势力成功渗透到俄罗斯的各级政府部门，开始对俄罗斯实施系统控制。俄罗斯政府按照外国专家和顾问的指导，积极推进私有化进程，无异于亲手瓦解了国家经济。在此过程中，外国势力还逐步向俄罗斯军事工业体系实施渗透，如以评估企业绩效为名，以外国审计公司的身份进入军工企业套取机密信息，或者与俄罗斯国防企业合作成立合资公司，或者通过购买军工企业股份来窃取情报，对俄罗斯国家安全产生了极大的危害。

三、东欧国家的私有化

自 1989 年东欧剧变之后，东欧各国进入转轨时期，对原有的国有资产实行私有化。第一，各国政府在法律层面通过立法确保私有化的顺利进行（见表 2 - 6）。第二，东欧各国还成立了专门负责实行私有化的部门。例如：波兰成立了所有制改造部，负责私有化涉及的全部事宜；匈牙利成立了专门对私有化实施监管的国家财产局，以规避国有资产低估现象发生，另外，还成立了国有资产控股有限公司和国家私有化署参与私有化；捷克斯洛伐克虽未成立专门的私有化部门，但是有现有的经济部和工业部共同主管私有化。

在私有化实施过程中，东欧各国的私有化进度各异，其中波兰、捷克和匈牙利私有化进程最快。它们先针对商业、服务业、小型工业企业实行私有化，采用的方式以租赁、拍卖为主，到 1992 年底，基本完成了上述行业的私有化。随后，它们又针对大中型企业实行私有化，主要以股份制方式进行。具体做法是国家对国有资产进行估价，确定股份份额，并对外出售或转让。波兰先将经济效益较好的企业改组成国有独资控股企业，再对其资产进行评估，确定股份份额，以实际价格的 10% 向公民出售所有权证书。据统计，1990 ~ 1999 年波兰向外国人出售了 50% 的工业企业和银行，出售国有资产所得预算收入在 90 ~ 115 亿美元（卡齐米耶日·Z. 波兹南斯基，2004）。捷克将 4000 家大中型企业分两批在 1991 年 10 月至 1993 年上半年全部出售，之后在 1993 年 9 月开始第二轮私有化，将总资产 1550 亿克朗的 862 家企业全部出售。同时，捷克向年满 18 岁的公民发行面值

1050 克朗的投资券，含 1000 个投资分（价值相当于数万克朗），允许他们用于购买私有化企业的股份。匈牙利则是采用多元化的私有化方式，包括"自我私有化""员工私有化""租赁私有化""初期私有化""小投资者购买股份计划"等。与波兰、捷克相比，匈牙利没有采用无偿或者象征性有偿赠予的方式，而是以有偿私有化方式推进改革。据统计，1998 年匈牙利完成国有资产拍卖工作，财政收入达 100 亿美元（卡齐米耶日·Z. 波兹南斯基，2004）。

表 2-6　部分东欧国家私有化立法情况

国家	年份	立法情况
匈牙利	1988 年 10 月	《经济结社法》允许企业转变为股份制公司
	1989 年 6 月	《改造法》明确了私有化的程序
	1992 年 8 月	出台了一系列私有化配套法律
南斯拉夫	1988 年	《企业法》允许企业自治并改造为股份制公司，但限制工人自治
	1989 年 12 月	《社会资本法》明晰社会所有制的产权，规定国有资产出售的程序
波兰	1990 年 7 月	《国有资产私有化法》明确私有化的步骤和方式
捷克斯洛伐克[①]	1990 年 10 月	《财产归还法》为私有化奠定法律基础
	1991 年 2 月	《私有化法》《财产赔偿法》为私有化提供制度支持和引导
	1991 年 5 月	《关于在土地和其他农业财产方面改变所有权关系的法律》形成农地私有化的法律依据
罗马尼亚	1990 年 7 月	《国营经济单位改组为自治企业和商业公司法》允许国营企业改组为国营自治企业或贸易公司
	1991 年 7 月	《商业公司私有化法》为企业改革奠定了法律基础

资料来源：笔者根据相关资料整理所得。

保加利亚、斯洛伐克、罗马尼亚仅仅完成了对商业、服务业、小型工业企业的私有化，而对大中型企业的私有化进程则是比较缓慢的。例如，保加利亚只是完成了资产在 1000 万列弗以下的小型商业企业的私有化工作，而资产在 1000 万列弗以上的大中型企业的私有化几乎没有进展。斯洛伐克向公民免费发放投资券，允许公民用投资券购买拍卖企业的股份，直接拍卖的企业有 600 多家，总资产达 2000 亿克朗，免费分配投资券私有化形式占 30%，其余均以企业内部私有化和证券私有化形式进行。罗马尼亚虽然在 1991 年颁布了《商业公司私有化法》，但是只采用企业内部私有化单一的形式，再加上政府财政困难、外援有限，

---

① 捷克斯洛伐克于 1992 年分成捷克和斯洛伐克两个国家。

致使私有化进程远远落后于其他东欧国家。

欧洲重建和发展银行统计数据显示，1992～2002年东欧各国的私有化程度大幅提高，私有化部门在国民经济所占比重不断上升。以GDP为例，东欧各国私有化部门占比均达到65%以上，最高达80%（见表2-7），并且这些国家（除了匈牙利和波兰在转轨之前推行市场化改革，私有化程度相对于其他国家较高）在转轨初期，私有化部门占GDP比重纷纷接近或超过5成。由表2-7可知，11个国家之中保加利亚、罗马尼亚和乌克兰占比稍低，表明私有化部门对国民经济的影响略逊一筹。

表2-7　部分东欧国家私有化部门占GDP比重　　　　　　　单位:%

国家 \ 年份	1992	1994	1996	1998	2000	2002
捷克	30	65	75	75	80	80
匈牙利	40	55	70	80	80	80
波兰	45	55	60	65	70	75
斯洛伐克	30	55	70	75	80	80
斯洛文尼亚	30	45	55	60	65	65
爱沙尼亚	25	55	70	70	75	80
拉脱维亚	25	40	60	65	65	70
立陶宛	20	60	70	70	70	75
保加利亚	25	40	55	65	70	75
罗马尼亚	25	40	55	60	60	65
乌克兰	10	40	50	55	60	65

资料来源：欧洲重建和发展银行（EBRD）各年《转型报告》。

东欧国家经济转型已经基本结束，西方国家和东欧国家的主流媒体一直在鼓吹东欧国家经济转型是成功的，认为东欧国家通过"休克式疗法"实现了制度转轨，市场自由化程度提高，非公有制经济在GDP中所占比重达到欧盟标准。然而，以波兹南斯基为代表的学者也指出东欧国家经济转型是失败的，在经济转型过程中，私有化使国有资产迅速流失，经济主权由外国资本掌控，生产力发展滞后，无论是从经济指标还是社会指标来看，东欧国家都出现了严重的倒退。因此，东欧国家通过经济转型只不过是形成了一个"畸形的资本主义"，并且陷入了旷日持久的经济衰退之中。

第一，国有资产贱卖，大量流失导致民族资本发展乏力。东欧各国在迅速私有化的过程中，急于摆脱国有企业沉重的包袱，将国有资产廉价出售。据波兹南斯基统计，东欧国家将 540～630 亿美元的国有资产出售给外国投资者，仅仅获得了 50～60 亿美元的收入。尽管这样可以暂时缓解政府的财政负担，但是从长远来看，将国有资产出售给外国投资者就意味着将国家拥有财产的合法权利让渡给了外国资本，这不仅违背了改革的初衷（即通过私有化将国有资产转移到本国公民手中形成民族资本），而且导致民族资本丧失了发展前景，前途渺茫。

第二，外国资本控制经济命脉，东欧各国沦为经济殖民地。一个国家的经济命脉主要集中在工业、金融等领域的关键部门，即使是一直奉行新自由主义的西方发达国家，也决不允许外国资本掌控经济命脉，如美国、德国、法国外国资本占比均未超过 25%。然而，东欧各国在经济转型过程中，对全部国有资产（包括关系国家经济命脉的工业、金融领域的国有资产）实行私有化，致使这些国家（除了斯洛伐克和斯洛文尼亚）的银行业、工业部门的国有资产的 70%～80% 被外国资本攫取（见表 2-8），国家对经济、金融管控能力极大降低，甚至被动听从国际货币基金组织和世界银行的指令，彻底沦为西方国家的经济殖民地。

表 2-8　部分东欧国家工业和银行业中外国所有权比重　　　　单位:%

行业＼国家	波兰	克罗地亚	捷克	爱沙尼亚	匈牙利	斯洛伐克	斯洛文尼亚
工业	35～40	—	35	60	75	25	15
银行业	75	85	65	80	70	40	10
银行业中公有成分	20	10	30	15	10	40	60

资料来源：卡齐米耶日·Z. 波兹南斯基. 全球化的负面影响：东欧国家的民族资本被剥夺 [M]. 北京：经济管理出版社，2004.

第三，东欧各国经济转型失败，陷入空前的危机之中。东欧各国自经济转型以来，经济遭受重创，匈牙利、波兰受打击最小，但 GDP 损失率也达到了 20%，其他国家所受影响较大，如保加利亚、罗马尼亚 GDP 损失率为 40%，乌克兰为 60%（波兹南斯基，2004）；失业率上升，如波兰曾一度高达 20%；社会贫富差距加大，东欧 18 个国家的贫困人口从改革前的 4% 上升至改革后的 45%，这些都表明东欧国家人民的生活水平急剧恶化（斯蒂格利茨，2013）。如今，即使经过了 10 年，东欧各国的经济发展水平也未能恢复到经济转型之前（1989～1990年）的水平，可以说这些国家的经济已经陷于全面停滞的境地。

四、拉美国家的私有化

第二次世界大战之后，拉美诸国掀起了一股国有化浪潮，它们通过对外资企业收归国有、对国内寡头实行国有化、收购经营效益低下的私营企业、与外国资本或民族资本合作四种方式发展国有企业。很显然，第二次世界大战后至 20 世纪 80 年代初，拉美经济的快速发展与国有企业关系密切。然而，由于政府监管不力，导致国有企业效益低下、亏损严重。此时又逢拉美各国爆发债务危机，各国贸易条件恶化，债务负担沉重，为了得到国际货币基金组织和世界银行的贷款资助，拉美各国必须按照新自由主义的理论观点强化市场机制，减少政府干预。在此背景下，拉美各国开始实行私有化。

拉美国家私有化改革始于 1974 年的智利。20 世纪 80 年代，墨西哥、牙买加、阿根廷开始了第一阶段的私有化改革，90 年代玻利维亚、巴西、哥伦比亚、萨尔瓦多、危地马拉、尼加拉瓜、巴拿马等也相继开始私有化改革。拉美国家推进私有化与俄罗斯和东欧国家略有不同，后者在私有化开始之初首先通过立法在法律层面为私有化提供保障，然而拉美国家极少采用这种方式。这主要是因为在 20 世纪六七十年代，拉美各国主要是军人执政的军政府，如智利、阿根廷、巴西、乌拉圭、秘鲁、巴拿马、玻利维亚、洪都拉斯、尼加拉瓜等，军政府可以凌驾于法律之上，采用暴力手段血腥镇压反对派，正如彼德拉斯所说"新自由主义在拉美确立自己的统治地位，不是由于左派的失败，或者由于市场的优势，而是因为军队的效力"[1]。直至 80～90 年代，阿根廷梅内姆政府才试图通过立法为私有化提供保障。1989 年，梅内姆政府先后颁布了《国家改革法》和《经济紧急状态法》，规定对大学之外的全部公共机构实行私有化，但同时还赋予总统绕过议会推进私有化的权力[2]。虽然总统权力依然可以凌驾于法律之上，但至少证明民主制度开始萌芽。

拉美国家实行私有化的方式主要表现为四种：第一，针对电信、农业、渔业、服务业等竞争性较强的行业采用完全出售或剥离方式，这是拉美各国采用的最主要的方式；第二，将国有企业的部分股份出售，允许政府保留一定的控制权力，分享私人经营的利润；第三，针对基础设施等行业采用租赁、特许方式推行

① James Petras. Alternative to Neoliberalism in Latin America, Latin America Perspectives ［J］. Liberalism's Revial and Latin America Studies, Jan, 1997, 24 (1)：80-91.

② 陈平，苏振兴. 新自由主义与拉丁美洲的私有化［J］. 中国社会科学院研究生院学报，2005 (2)：19-25.

私有化，允许政府保留资产所有权，通过合约方式明确政府和私人业主双方的权责利；第四，凭证计划或员工持股实现私有化。尽管从 20 世纪 90 年代开始，拉美各国都加快了私有化步伐，但是截至 20 世纪末，各国之间私有化程度存在较大差异。联合国拉美经济委员会对 17 个国家的 11 个部门①的私有化情况进行了分类（见表 2-9）。

表 2-9　20 世纪 90 年代拉美国家推进私有化进程分类

类别	私有化进程	国家
第一类	推进速度比较快	阿根廷（10）、秘鲁（9）、智利（8）、墨西哥（7）、委内瑞拉（6）
第二类	对私有化采取谨慎态度	巴西（5）、哥伦比亚（5）、洪都拉斯（5）
第三类	推进速度比较慢	乌拉圭（4）、巴拿马（4）、厄瓜多尔（3）、萨尔瓦多（3）、危地马拉（3）、尼加拉瓜（3）、玻利维亚（2）、哥斯达黎加（2）、巴拉圭（1）

注：括号中的数字表示实行私有化部门的个数。
资料来源：笔者根据相关资料整理所得。

第一类国家私有化推进速度比较快，有 6 个国家对半数以上的部门实行了私有化。1990~1995 年，第一类国家的私有化收入占拉美国家同期私有化收入的 81%。例如，1991 年墨西哥私有化收入达 110 亿美元，占同期整个发展中地区私有化收入的一半以上；1994 年墨西哥国企数量从最初的 1155 家锐减到 80 家；1990~1995 年私有化收入相当于政府财政支出的 11.48%。② 又如，1994 年阿根廷政府通过私有化削减了 180 亿美元的外债，相当于当年外债总额的 1/4，可见私有化收入对阿根廷减少财政赤字、稳定经济起到了重要的作用。

第二类国家属于谨慎型，私有化部门不足半数。这组国家在 1990~1995 年的私有化收入占同期拉美国家私有化收入的 16%。

第三类国家私有化速度比较慢，涉及的行业也较少。20 世纪 90 年代，私有化进程 95% 集中于 6 个国家：巴西（40%）、阿根廷（26%）、墨西哥（17%）、秘鲁（5%）、委内瑞拉（3.5%）、哥伦比亚（3.5%）。③

从以上分类可以看出，拉美小国的私有化进程落后于大国和中等国家，这不

---

① 11 个部门是指金融服务业、交通、电讯、电力、自来水、港口、公路、石油、燃气和石油化工、农工企业、矿业。
② 美洲开发银行.拉美改革的得与失［M］.北京：社会科学文献出版社，1999.
③ 热拉尔·罗兰.私有化：成功与失败［M］.北京：中国人民大学出版社，2013.

仅体现在推进私有化的速度上，也体现在私有化的规模上。

拉美国家的私有化主要集中在基础产业和金融服务业两个领域。美洲发展银行的统计数据显示，1990～1995年，基础产业私有化占私有化收入的43.4%，其中电信、电力、燃气高达38.4%。在基础产业和金融服务业两个领域中的国有企业均为大型国企，虽然私有化交易量不多，但是收入可观。例如：阿根廷国营航空公司私有化为19亿美元，墨西哥电讯公司为63亿美元。整个地区金融服务业私有化收入占23.4%，其中银行业占21.9%，5年内银行业私有化收入高达146.82亿美元。在拉美国家私有化过程中，允许民族资本和外国资本都可以参与其中，外国资本在私有化中的比重呈现上升趋势，1990～1993年来自外国资本的私有化收入占39.2%，1994年达71.4%，1995年为76.7%。

拉美国家实行私有化后企业的经营业绩有所好转，墨西哥利润增长率为61%，阿根廷为51%，秘鲁为41%，哥伦比亚为10%，巴西和智利均为8%，玻利维亚为5.3%。[1] 政府财政和国际收支得以改善，如墨西哥1988年财政赤字相当于GDP的12.8%，到1992年就转为财政盈余。尽管私有化对拉美国家产生了一定的积极效果，但是也产生了一些消极后果。

第一，私有化过程引发严重的"反工业化"导致失业率上升。拉美各国对国有企业实行私有化之后，私人企业主为了实现利润最大化，精简机构、裁汰冗员，致使大量工人失业，再加之当时拉美各国政府为降低恶性通货膨胀而采取紧缩性宏观经济政策，引发了严重的"反工业化"[2]。世界银行统计数据显示，1989年阿根廷国有企业雇员将近35万人，1995年下降到6.7万人。1989～1994年，阿根廷失业率从6.5%上升到11.5%，1995年更是高达17.5%，虽然此后有所降低，但也一直维持在13%以上。智利失业率从1996年的6.4%上升到2000年的14.3%。伴随着失业率的上升，拉美各国的就业质量也随之下降。越来越多的劳动力难以在正规部门就业，非正规就业[3]的上升降低了劳动力的就业质量。据统计，在20世纪90年代，每10个新创造的就业岗位中就有7个是非正规部门。[4] 同时，企业为了降低成本减少长期工和固定工，增加临时工、季节工、小时工等非长期工，就业不稳定性愈发明显。据统计，1997年哥斯达黎加的非长期工比重最低（9.5%），厄瓜多尔最高（45.1%）。[5]

第二，国有企业私有化暂时缓解财政危机而没有形成经济增长新动力。20

①　热拉尔·罗兰. 私有化：成功与失败［M］. 北京：中国人民大学出版社，2013.

②　反工业化又称退工业化、去工业化，是指制造业就业比重持续下降。

③　非正规就业不同于正规的全日制工作，与用人单位没有建立稳定的劳动法律关系，没有工资福利和社会保障，包括自营就业、家庭就业、微型企业就业、工时就业等形式。

④⑤　江时学. 拉丁美洲和加勒比海发展报告No.3（2002－2003）：拉美经济改革［M］. 北京：社会科学文献出版社，2003.

世纪 50~80 年代，拉美国家推行进口替代型发展模式，在实现经济腾飞的同时也处于国民经济封闭式的内循环之中，在财政赤字和贸易赤字的双重压力下，拉美国家开始走上了举债之路。80 年代爆发债务危机和经济危机，而此时推进私有化恰好满足各国缓解债务危机、增加财政收入的需要。例如：巴西政府通过对 42 家国有企业私有化获取 170 亿美元的收入；阿根廷在 1994 年得到了 180 亿美元的私有化收入；墨西哥在 1990~1991 年获得了 840 亿美元的可观收入。显而易见，通过国有企业私有化可以在短期内获取巨额收入，用于弥补政府财政赤字，缓解财政危机。然而，拉美爆发的债务危机和经济危机的真正原因是制度性因素，是经济发展模式问题，而私有化并未真正触及这一根本性问题，因此，国有企业私有化充其量只是解了燃眉之急，一旦私有化完成，债务危机势必死灰复燃，届时拉美各国又会重陷危局。

第三，私有化过程中催生的新寡头阶层导致两极分化加剧。拉美国家推行私有化的初衷之一就是要打破国有企业的垄断，引入竞争，提高经济效率。但是在国有资产私有化过程中，由于缺乏有效的监督和制约机制，国有资产价值被人为低估，国内的官僚集团和私人财团相互勾结，利用手中的权力大肆掠取国有资产。与此同时，政府为了减轻债务负担，通过债务与股权互换方式[1]实现私有化，外国资本趁机入股国有企业。如此一来，大量国有资产流入政府官僚、私人财团和外国资本手中，三者沆瀣一气又形成了国内的新寡头阶层，在很多领域市场垄断性依然较强，只不过是从国家垄断转变为私人寡头垄断而已。在私有化过程中与寡头暴富形成鲜明对比，就是大量普通民众日益贫困。拉美各国分配不公已经到了令人吃惊的地步，占 20% 的最富阶层人均收入是占 20% 最贫阶层人均收入的 23 倍，其中玻利维亚、巴西、尼加拉瓜为 30 多倍，玻利维亚更是高达 50 多倍。[2]基尼系数基本在 0.6 以上，最低的乌拉圭、哥斯达黎加也维持在 0.48 左右。

五、私有化的后果

通过对俄罗斯、东欧国家、拉美国家私有化的分析不难发现，俄罗斯、东欧、拉美国家的私有化可谓是彻底失败，新自由主义的神话被无情打破。

（一）私有化的目的是复辟资本主义

俄罗斯、东欧和拉美国家推行私有化和向自由放任的市场经济转轨不是由经

---

① 债务与股权互换是指投资者从二级市场上以低于市面价值的价格购得债务后，到债务国中央银行将债务贴现为当地货币，再向国有企业进行购买股权。

② 江时学. 拉丁美洲和加勒比海发展报告 No.3 (2002 - 2003)：拉美经济改革 [M]. 北京：社会科学文献出版社，2003.

济因素，而是由意识形态、政治和外部因素所决定的，即"私有化是一种政治行为"。[1] 20 世纪 90 年代苏联解体、东欧剧变，俄罗斯、东欧各国的当权者认为只有建立市场经济才能维护新生的脆弱的政治体制的稳定。而私有制又是市场经济的基础和先决条件，因此，推行私有化不可避免地成为一项政治任务。在国际货币基金组织和世界银行的干预下，俄罗斯和东欧各国都采用了激进的改革方式，迅速推行私有化，这与当权者害怕原社会主义经济体制下的国有企业东山再起危及新政权密切相关。无独有偶，20 世纪 50 年代中期以后，社会主义在拉美各国崛起，危及美国和拉美国内保守势力的利益，于是两者联手通过军事政变重新获取政治和经济的特权。大权在握的军政府意识到私有化有利于实现意识形态、政治和经济方面的多个目标，因此它们不遗余力地推行私有化改革，因为私有化已经彻底成为政治计划的核心。当私有化改革沦为当权者摧毁原经济基础、维护新政治体制的工具时，私有化在经济层面的成败与否已不再重要。这也就不难理解为何这些国家都乐于采用"休克式疗法"来实行经济转型了，正如丘拜斯公开叫嚣的那样"私有化的目的，就是……建成资本主义"。抓住政治机会，迅速瓜分国有财产才是真正的目的。由政治利益、意识形态驱动的私有化改革注定是无法成功的。

（二）实行私有化不会提高经济效率

西方产权经济学的经典理论"科斯定理"认为，只有产权明晰，并且交易成本为零或者很小，无论财产权赋予谁，都可以实现资源配置的帕累托最优。其核心之处在于以私有产权为基础才能实现资源的最优配置。按照这一理论，西方经济学家提出"私有制比公有制更有效率，只有私有化才能提高经济效率"的观点。他们的理论依据是只有生产资料归私人所有时，人们为了追逐私利最大化，才会千方百计地促进资源的有效配置、提高经济效率。而在公有制下，生产资料归全民或者集体所有，人们不再关心资源是否配置有效，只是想方设法从中捞取好处。按照这一逻辑，只有纯粹的个人私有制才是提高经济效率、促进资源优化配置的最优制度。然而，经济史告诉我们，伴随着社会化大生产，生产资料不可能仅为私人所有，资本主义私有制无情地摧毁了个人私有制。在当今的西方资本主义国家，合伙制、股份制、国家垄断等形式是普遍存在的。在股份制企业里，职业经理人为增加企业利润努力地工作，尽管他们并非企业的真正所有者。由此可见，所有制并非是唯一的经济动力。国有企业效率低下并非所有制问题，而是体制性问题。第一，国企在计划经济体制下，按照中央计划指令生产，完全与市场脱钩，国企不必担心生存问题，缺乏创新意识，管理水平低下自然也就顺

---

① 马丁·麦卡利. 捷克和斯洛伐克联邦共和国的私有化［N］. 苏联分析家，1991 - 04 - 17.

理成章了。第二，国企名义上是归国家所有，但是国有资产的人格化代表缺位，产权模糊自然导致效率低下。第三，国企承担了过多的非经济功能（如就业、社会保障、收入分配、政治稳定），沉重的负担导致国企效率低下。由此可知，只要公有制下的国有企业通过改革解决体制上不合理的问题，同样也可以获得较高的经济效率。[①] 世界银行在研究报告中明确指出，"决定企业是否有效率的主要因素，不在于它是公有还是私有，而在于怎样管理"[②]。大卫·纽伯里在对匈牙利私有化的研究中也提出，"成功改变国有企业经营状况的决定因素不是所有制，而是国有企业运行的经济环境——是否国有企业面临硬预算约束和相互竞争的公司"[③]。俄罗斯、东欧的私有化改革结果宣告了只有私有化才能提高经济效率的神话彻底破灭，事实表明，"证明私有化会提高经济效率是困难的"[④]。因此，经济效率的高低与所有制无关，私有化未必一定会提高经济效率。

（三）经济主权丧失

在前文分析中，我们提到俄罗斯、东欧国家以及拉美国家在私有化过程中以低于市面的价值将国有资产卖给了外国资本，在出售时由于国家没有进行有效的监管，导致滥拍滥卖现象严重，权钱交易不仅滋生了腐败，更造成国有资产大量流失。如果将国有资产贱卖给本国的民族资本或官僚集团，这只不过是财产在国内进行的再分配而已，尽管在此期间伴随着分配严重不公、两极分化加剧。但是如果将国有资产低价出售给外国资本，这无异于将几十年来辛苦积累的国民财富拱手相让，必将国民经济带入全面贫困化的深渊，甚至葬送了子孙后代的幸福生活。在私有化过程中，外国资本不仅廉价地得到了国有资产，而且还获得了以前特定国有企业所享有的垄断地位，事实上，这些企业的垄断地位反而比经济转型之前更为强大了，再加上私有化国有企业多集中于工业、金融业等（如电力、电信、航空、钢铁、石油、国防、银行等领域）关系国家经济命脉的行业，国家对经济、金融管控能力极大降低，甚至被动听从国际货币基金组织和世界银行的指令。这意味着私有化改革非但没有打破垄断、促进竞争、提高经济效率，反而使国家丧失了经济主权，使原本具有经济自主权的国家沦为西方国家的经济殖民地。

① 刘淑春. 发人深省的东欧私有化改革——《全球化的负面影响》出版发布会暨理论研讨会纪要 [J]. 国外理论动态, 2004（9）：8-14.

② 世界银行. 1987 年世界发展报告 [M]. 北京：中国财政经济出版社, 1987.

③ 大卫·纽伯里. 匈牙利改革：顺序性和私有化 [J]. 欧洲经济评论, 1991（35）.

④ 马丁·麦卡利. 捷克和斯洛伐克联邦共和国的私有化 [N]. 苏联分析家, 1991-04-17.

· 40 ·

第三节　中国不能实行完全私有化

随着 20 世纪 70 年代以后新自由主义思潮在全球范围内兴起，东欧剧变造成社会主义阵营实力削弱，再加上拉美国家的私有化浪潮，使国内出现了"中国也应全面私有化"的论调。有人提出现在实行的中国特色社会主义市场经济在本质上就是以资本主义私有制为基础的市场经济；有人指出当今世界经济发达的国家全部实行私有制并以此作为攻击公有制的借口；有人混淆概念，把全民所有制经济当成官僚垄断资本，把国有企业与民营企业的正常竞争当成是"与民争利"；甚至有人曲解国家改革目标，将"有进有退"的国有经济战略调整解释为"国退民进"或是叫嚣"国有经济退出一切竞争性领域"，更有甚者将"抓大放小"搞活国有企业的方针政策曲解为将中小型国有企业资产一卖了之。对于这些错误言论及导向我们必须坚决抵制，可以说，不能实行私有化是坚持以公有制为主体、多种所有制经济共同发展的基本经济制度的底线，决不可越雷池半步。

一、私有化不符合我国社会主义的本质要求

邓小平同志对社会主义的本质要求做了科学的阐述："社会主义的本质，是解放生产力，发展生产力，消灭剥削，消除两极分化，最终达到共同富裕。"尽管邓小平同志的阐述中并没有出现公有制，但是只有公有制符合社会主义的本质要求。

第一，只有公有制才能真正做到解放生产力、发展生产力。马克思曾在《资本论》中对资本主义私有制作了精辟的论述："资本的垄断成了与这种垄断一起并在这种垄断之下繁盛起来的生产方式的桎梏。生产资料的集中和劳动的社会化，达到了同它们的资本主义外壳不能相容的地步。这个外壳就要炸毁了。资本主义私有制的丧钟就要响了。剥夺者就要被剥夺了。"[①] 这表明随着生产力的进步和社会化生产的发展，资本主义私有制从生产力发展的推动力转变为束缚生产力发展的桎梏。2008 年，受 2007 年美国次贷危机引发的全球金融海啸的波及，欧盟国家发生前所未有的债务危机，金融系统濒临崩溃，大量企业亏损倒闭，失业率居高不下，政府债台高筑，经济跌入低谷，这些都是资本主义基本矛盾无法

---

① 马克思. 资本论（第 1 卷）[M]. 北京：人民出版社，1975.

自动调和和解决的最好证明。

第二，公有制是消灭剥削、消除两极分化的制度基础。剥削和两极分化是私有制的产物，实行完全私有化只会产生"马太效应"，加速两极分化，加深剥削。俄罗斯、东欧国家、拉美国家私有化过程中催生了经济、政治寡头，一方面是新权贵获取私有化改革的红利迅速暴富，另一方面是为私有化改革支付巨大成本的普通民众痛苦挣扎在贫困线上，如此严重的两极分化就是对私有化改革最彻底的否定。

第三，只有公有制才能实现真正意义上的共同富裕。解放生产力、发展生产力，消灭剥削，消除两极分化的最终目的就是要实现共同富裕。私有制虽然在历史发展中曾经是生产力发展的重要推动力，但是在其发展过程中，资本家通过对工人残酷的剥削攫取剩余价值，造成严重的两极分化，导致国内阶级矛盾尖锐，社会动荡，甚至危及资本主义统治。在此背景下，资本主义国家才开始构建社会保障制度，通过收入再分配缓解收入差距。但是我们应该注意到，这是资本主义国家为了维持统治被迫做出的让步，并非真心要实现共同富裕，而共同富裕恰恰就是公有制的本质属性。

二、私有化偏离了我国改革开放的初衷

改革开放之前的中国一直处于中央计划经济时代，虽然在新中国成立之初，计划经济对我国经济复苏和发展发挥了巨大的作用，但是随着时间的推移，其弊端也日益显现。社会主义并不等于落后、贫穷，为了激发社会主义经济的活力、增强国力、提高人民生活水平，改革开放势在必行。换言之，改革开放的目的是要解决国内生产力与生产关系、经济基础与上层建筑之间存在的一些基本矛盾，通过对不适应多元化生产力发展要求的生产关系和上层建筑进行调整、变革促进生产力发展和经济基础稳定。具体来说，鼓励非公有制经济发展绝不等同于实行私有化，它是为了适应不平衡的、多元化生产力的发展需要，它实际上就是促进公有制发展的实现形式。而东欧剧变推行私有化改革无非是要消除社会主义公有制经济基础，培育形成有产阶层，使之成为资本主义私有制的忠实拥护者。由此可见，我国的改革与俄罗斯、东欧国家的私有化改革存在着本质的区别。

自改革开放以来，我国经济长期保持快速增长的态势，综合国力明显增强。我们之所以能够在激烈的国际竞争中立于不败之地，能够通过渐进式改革推进经济转型创造"中国奇迹"，能够经受东欧剧变、东南亚金融危机、全球金融风暴等一系列严峻的考验，都与我们始终坚持公有制为主体地位、发挥国有经济主导作用密不可分。事实胜于雄辩，俄罗斯、东欧国家、拉美国家私有化改革的失败，无情地打破了新自由主义的神话。盲目的私有化非但不能提高经济效率、增

强国力，反而会导致经济衰退、国有资产流失、收入分配不公、两极分化加剧等问题。私有化只会让这些国家削弱政府对经济的控制能力、丧失经济主权、沦为发达国家的经济殖民地。前车之辙后车之鉴，中国绝不能实行完全私有化。

第四节　改革开放以来我国非公有制经济的发展

在计划经济体制下，非公有制经济长期被视为改造甚至消灭的对象。改革开放之后，我们才开始逐渐承认在社会主义初级阶段非公有制经济的地位和作用。回顾我国非公有制经济的发展历程，大致可以分为四个阶段：

一、必要补充阶段

从 1978 年开始，我们党针对"什么是社会主义、怎样建设社会主义"进行了开创性的探索。邓小平同志提出，要依据国家实际情况，确定四个现代化的道路、方针、方法和措施；允许部分人先富起来，带动国民经济全面发展。党的十一届三中全会更是明确指出将全党工作重心转移到现代化建设上来，自此掀开了改革开放的序幕。1982 年，党的十二大正式承认非公有制经济是社会主义的必要补充，不过当时只是承认了非公有制经济的个体形式，直至 1984 年才承认了私营经济。党的十三大明确表明："私营经济一定程度的发展有利于促进生产，活跃市场，扩大就业……是公有制经济必要的和有益的补充。"[1] 1992 年邓小平同志"南方谈话"提出了"改革开放的判断标准主要看是否有利于发展社会主义社会的生产力，是否有利于增强社会主义国家的综合国力，是否有利于提高人民的生活水平。"随后党的十四大指出："在所有制结构上，以公有制经济为主体，个体经济、私营经济、外资经济为补充，多种经济成分长期共同发展，不同经济成分还可以自愿实行多种形式的联合经营。"[2] 至此，非公有制经济冲破各种限制，迅速扩张，已成为中国经济崛起的"推进器"。据统计，1993 ~ 1995年，私营企业户数年均增速超过 50%。

二、重要组成阶段

1997 年，党的十五大承认"非公有制经济是社会主义市场经济的重要组成部分"，并且正式承认了私营经济是非公有制经济的重要形式。从此，我国非公

---

①　中共中央文献研究室．十三大以来重要文献选编［M］．北京：人民出版社，1991.

②　中共中央研究室．中国共产党新时期简史［M］．北京：中共党史出版社，2009.

有制经济从社会主义市场经济的必要补充上升为重要组成部分。在此期间，国内涌现出许多知名企业和企业集团，以国家重新调整国有经济战略布局为契机，开始与公有制经济相互融合、相互整合，开创了非公有制经济发展的新时代。据统计，截至 2001 年底，私营企业达 243.5 万户，年均增速高达 33%；注册资金为24756 亿元，年均增长为 60%；从业人员达 3409 万人，增长将近 14 倍；税收贡献达 976 亿元，年均增长 70%。需指出的是，当时非公有制经济还没有被看作社会主义经济的重要组成部分，仅仅是从推动经济增长、提供就业岗位、增加国家税收等方面承认了非公有制经济的贡献，没有从社会主义经济的内在规定上承认非公有制经济[①]。

三、同等重要阶段

2002 年，党的十六大提出了"坚定不移地发展公有制经济""坚定不移地发展非公有制经济"，强调非公有制经济和公有制经济在法律上、政治上、社会上拥有相同的地位，可以说非公有制经济与公有制经济同等重要。党的十六大对非公有制经济的发展实现了理论上的创新，此后出台了多项保障非公有制经济发展的法规、政策，如允许非公有制企业涉足石油、民用航天航空等行业，非公有制经济与公有制经济共同发展、公平竞争。2007 年，党的十七大明确指出："坚持和完善公有制为主体、多种所有制经济共同发展的基本经济制度，毫不动摇地巩固和发展公有制经济，毫不动摇地鼓励、支持、引导非公有制经济发展，坚持平等保护物权，形成各种所有制经济平等竞争、相互促进新格局。"[②] 事实上，党的十七大是在党的十六大理论创新的基础上，进一步强调了非公有制经济和公有制经济同等重要，并在此基础上形成混合经济体制。据统计，2002～2011 年，非公有制经济不断转型升级，推动了我国经济持续、快速的发展。第一，非公有制经济数量不断扩大，个体工商户突破 4000 万户；私营企业 1085.72 万户，占全国企业总数的 8 成，注册资金占比 37.68%。第二，民间投资持续增长，占城镇固定资产投资的 60% 以上。第三，对经济贡献日趋显著，6 成以上的 GDP、全国 80% 的就业以及超过半数以上的税收均来自非公有制经济的贡献。第四，对外贸易发展迅猛，出口总额高达 7699 亿美元，占比 37.6%。

---

① 魏杰. 产权制度改革与混合经济体制的形成——纪念改革开放 30 周年［J］. 西北大学学报，2008（5）：6.

② 胡锦涛. 在中国共产党第十七次代表大会上的报告［EB/OL］. 人民网，http：//cpc. people. com. cn/GB/104019/104099/6429414. html，2007 - 10 - 25.

四、创新发展阶段

党的十八大报告指出："要毫不动摇地巩固和发展公有制经济，推行公有制多种实现形式，深化国有企业改革，完善各类国有资产管理体制，推动国有资本更多投向关系国家安全和国民经济命脉的重要行业和关键领域，不断增强国有经济活力、控制力、影响力。毫不动摇鼓励、支持、引导非公有制经济发展，保证各种所有制经济依法平等使用生产要素、公平参与市场竞争、同等受到法律保护。"① 从报告中可以看出，在依靠非公有制经济推动中国经济转型的过程中需要完成以下四个环节：第一，解决非公有制经济融资难的问题，包括推进利率市场化改革，加快发展民营金融机构，构建多层次融资体系、推进金融创新，旨在通过相关改革为非公有制经济提供融资服务，为其寻找更多的投资机会；第二，放开市场准入条件，实施新"36条"，为非公有制经济进入以往公有制经济垄断行业提供机会；第三，引导公有制经济向国家安全和国民经济命脉的重要行业和关键领域投资，尽量回避非国计民生行业，吸引非公有制经济进入，加快公有制经济"走出去"的步伐；第四，深化行政审批体制改革，简政放权，减轻非公有制企业的经济负担。

在党的十八大报告基础之上，党中央也在全面深化改革的伟大实践过程中，不断根据实践发展的需要，为非公有制经济创新发展提供理论指导。党的十八届三中全会公报关于非公有制经济又有了新的阐述，"公有制经济和非公有制经济都是社会主义市场经济的重要组成部分，都是我国经济社会发展的重要基础"。党的十九大把"两个毫不动摇"写入新时代坚持和发展中国特色社会主义的基本方略，明确了基本经济制度在社会主义强国建设过程中重要地位。这也表明我党已把非公有制经济提升至与公有制经济同等重要的地位，这是对非公有制经济的充分肯定，也为今后在政策制定上为非公有企业进入更广阔领域扫清了意识形态和理论上的障碍。从图2－1可见，自党的十八大召开以来，我国非公有制企业数量实现快速增长。其中，私营企业户数由2012年的1085.7万户增加到2017年的2726.3万户，短短5年增长了1倍多，实现了私营企业户数的空前快速增长。从私营企业户数的空前增长可以看出，我国非公有制经济在创新发展阶段已经取得了一定成果，并将继续取得更大的发展成就。

---

① 胡锦涛．在中国共产党第十八次代表大会上的报告［EB/OL］．新华网，http：//www. xj. xinhua-net. com/2012－11/19/c_ 113722546_ 4. htm，2012－11－19.

第五节　我国发展非公有制经济的经验和教训

一、我国非公有制经济发展的经验

（一）非公有制经济的地位得到认可

改革开放之前，非公有制经济一直被视为公有制经济的对立面，由于那个时期非公有制经济被排斥、消灭，单一的公有制经济脱离了生产力发展水平，致使改革开放之前经济发展滞后。改革开放之后，虽然我们开始慢慢地承认非公有制经济，但是在党的十六大之前，非公有制经济仅仅是社会主义经济的必要补充，被排斥在体制之外，非公有制经济的发展自然就会受到诸多束缚和限制，生产力发展受限。直至党的十六大才真正从理论上实现了质的飞跃，在法律上、政治上、社会上承认非公有制经济和公有制经济拥有相同的平等地位。自此，非公有制经济冲破理论的束缚，焕发出旺盛的生命力。党的十七大更是提出非公有制经济和公有制经济相互融合形成混合所有制经济。党的十八大确定混合所有制经济是基本经济制度的重要实现形式，有利于各种所有制资本取长补短、相互促进、共同发展。党的十九大将"两个毫不动摇"写入新时代中国特色社会主义基本方略，并将完善产权制度和要素市场化配置作为经济体制改革的重点，提出清理废除妨碍公平竞争的各种规定和做法。经过改革开放40多年来的探索与实践，非公有制经济的地位在理论上、实践上都得到了认可。

（二）非公有制经济中的非劳动收入得到承认

在传统社会主义理论的影响下，我们一直认为只有劳动者的劳动最为重要，资本是压榨劳动、攫取剩余价值的工具，具有剥削性质。现实中，非公有制经济存在的主要载体就是资本，没有资本，非公有制经济就无法推动生产力发展，如果不承认劳动以外其他生产要素的贡献，非公有制经济便无法发展壮大。党的十六大报告明确指出要充分发挥各种生产要素的作用，要让劳动、技术、知识、管理及资本都充满活力，充分发挥它们在财富创造上的活力，承认和尊重资本的作用。承认劳动以外其他生产要素（资本、知识、技术、管理）对财富的贡献，按照生产要素进行分配就是党的十六大重要意义所在。非公有制经济中的非劳动收入得到认可，也就意味着非劳动收入具有合法性，应当受到尊重和保护。党的十九大报告则指出要在新时代坚持和发展中国特色社会主义必须坚持基本经济制度和分配制度，标志着非公有制经济中的非劳动收入在新时代中国特色社会主义建设中得到承认和认可。

（三）要素市场向非公有制经济全面开放

以往非公有制经济和公有制经济的不对等，导致非公有制经济在获取生产要素时存在着诸多障碍，束缚着非公有制经济的发展。党的十六大之后，生产要素市场向非公有制经济全面开放，因此，非公有制经济可以像公有制经济那样顺利地获取土地、劳动、资本、技术等各种生产要素。此外，还对非公有制经济完全放开了融资市场，允许非公有制经济企业上市融资，鼓励银行对非公有制经济发放贷款，推进金融创新，为非公有制经济提供各种融资服务，解决了非公有制经济融资难问题，为非公有制经济的发展注入活力。党的十九大则提出"以完善产权制度和要素市场化配置为重点"，努力推进以"实现产权有效激励、要素自由流动、价格反应灵活、竞争公平有序、企业优胜劣汰"为目标的经济体制改革。党的十九大报告特别强调了要"清理废除妨碍统一市场和公平竞争的各种规定和做法"，并提出深化商事制度改革，打破行政性垄断，防止市场垄断，加快要素价格市场化改革。这一系列的改革措施有助于建立公平竞争的要素市场，也使要素市场对非公有制经济全面开放的程度大大加深。

（四）非公有制经济的投资领域得以拓宽

在传统理论的影响下，非公有制经济的投资领域受到限制，尤其是在改革开放之初，只允许发展个体经济，涉及的领域主要是日用品、农产品、小型餐饮等。尽管后来逐步放开，允许个体经济和私营经济向一些简单、初级的加工制造业投资，但是还不可以涉足关系国计民生的重要领域。直至党的十六大之后，我们才按照市场机制配置资源原则，允许非公有制经济像公有制经济一样投资于全部的竞争性行业，对于垄断性行业（如金融、保险、电信等）也开始逐步放开。资源的流动不是取决于资源的属性，而是取决于资源的效率，也就是说，只要非公有制经济具有经济效率，就可以向任何领域进行投资。党的十九大则提出要发展混合所有制经济，全面实施市场准入负面清单制度，打破行政性垄断和放宽服务业准入限制。这意味着在新时代中国特色社会主义的建设过程中，非公有制经济的投资领域进一步得到拓宽，非公有制经济获得更广阔的发展空间。

二、中国非公有制经济发展的教训

（一）未认清发展非公有制经济与消灭私有制之间的辩证关系

马克思和恩格斯在《共产党宣言》中明确提出"消灭私有制"，共产党人终生为之奋斗的目标是实现共产主义，生产资料归全民所有，实行按需分配，消灭剥削。在传统理论的影响下，非公有制经济作为私有制自然就成为社会主义国家消灭的对象。然而，要想消灭私有制并非一朝一夕之事，在私有制生产关系所能容纳的生产力尚未发展完之前，私有制依然是推动生产力发展的重要力量。现阶段，我国生产力发展水平极不均衡，既存在诸如手工作坊生产这样的生产力水平较低的生产形式，也存在机器化、信息化生产这样的生产力水平较高的生产形式，而非公有制经济中的个体经济、私营经济、外资经济以及股份制、股份合作制等多种形式恰恰与当前的生产力发展水平相适应，因此，我们不但不能消灭私有制，而且还要大力发展非公有制经济。然而，我们在改革开放之后，仍有相当长的一段时间没有认清发展非公有制经济和消灭私有制之间的辩证关系，致使非公有制经济一度受到束缚，造成经济发展缓慢。直至党的十六大，我党从理论高度对传统理论进行了创新，非公有制经济才摆脱束缚，冲破种种限制，迅速发展并壮大，创造了中国经济飞速发展的奇迹。党的十九大在总结非公有制经济发展经验与教训的基础上，将"两个毫不动摇"写入新时代中国特色社会主义基本方略，强调了坚持基本经济制度在贯彻新发展理念中的重要性，这正是吸收了我国新中国成立以来非公有制经济发展正反两方面的经验教训之后升华形成的最新理论成果。

（二）怀疑发展非公有制经济会改变我国社会主义经济的性质

在改革开放之前，国内的主流思想是从所有制角度分析，认为非公有制经济属于私有制，姓"资"，公有制经济属于公有制，姓"社"。如果大力发展非公有制经济势必会改变我国社会主义经济的属性，因此，必须要束缚非公有制经济的发展，防止其壮大。然而按照马克思主义政治经济学关于社会占支配地位的生产关系决定其他生产关系的原理，在资本主义市场经济中，资本主义私有制是"普照之光"，它决定着其他一切所有制，包括国有经济的性质；在社会主义市场经济中，社会主义公有制是"普照之光"，它决定着其他一切所有制，包括非公有制经济的属性。按照马克思主义"普照之光"的理论，在以公有制为主体的社会主义国家中，非公有制经济作为中国特色社会主义经济的重要组成部分，其属性自然由公有制经济决定，它们理应成为社会主义大家庭中的一员，就如同兄弟姐妹一般，应该和谐共处、共同发展，唯有如此，才能全面搞活社会主义市场经济。正是吸取了我国非公有制经济发展的教训，党的十九大报告才将深化国有企业改革和支持民营企业发展都作为加快完善社会主义市场经济体制的重要内容。

（三）担心非公有制经济快速发展会冲击公有制经济的主体地位

改革开放之后，伴随着我国关于非公有制经济理论的不断创新，非公有制经济发展势头良好，无论是在数量上，还是质量上均有大幅提升。在这一背景下，国内开始出现"非公有制经济发展过快会危及公有制经济主体地位"的言论，致使非公有制经济发展速度一度回落。按照"质与量"的辩证关系，量是质的基础，没有一定的数量就无法确保质的存在；而质是关键，质的提高会带来量的扩张，质变会导致事物出现飞跃性发展。因而，要想确保公有制经济的主体地位，就必须要针对公有制经济进行战略调整。关于公有制经济战略调整，国内意见存在分歧。有人提出，战略调整应以西方发达国家为参照，实现"国退民进"；有人则提出，战略调整应以计划经济时期为参照，实现"国进民退"。其实，这两种言论在本质上还是将公有制经济与非公有制经济对立起来，认为两者不可能共处，只能是此消彼长的关系。实际上，我们应该实现"国民共进"。非公有制经济的快速发展已经是不争的事实，我们不能为了确保公有制经济的主体地位就对其进行打压，这只不过是治标不治本，更会成为经济发展的桎梏。因而，在公有制经济战略调整中必须做到以下两点：首先，必须保证公有制经济的数量优势。这里所说数量上的优势是指相对优势，即实现公有制经济与非公有制经济同时进行"量的扩张"。其次，必须保证公有制经济的质量不断提升。只要公有制经济在关系国家安全和经济命脉的重要行业和关键领域中发挥主导作用，并且控制力不断增强，那么即使非公有制经济发展迅猛也无法动摇公有制经济的主体地位。

第六节　促进我国非公有制经济健康发展的对策

一、解放思想，营造有利于非公有制经济发展的外部环境

公平竞争的统一市场是非公有制经济发展所需的外部环境。自新旧"36条"[①]颁布以来，国家从政策方面为非公有制经济的发展提供了保障，但是各地政府部门的执行力度有偏差，导致一些地区非公有制经济发展环境较好，一些地区稍差些。这主要是源于各地区政策执行者对非公有制经济依然存在着阻碍其发展的陈旧思想和观念。各级政府要解放思想，正确理解基本经济制度的内涵，消除针对非公有制经济的歧视性规定，从制度上和政策上彻底打破公有制经济的垄断，给予非公有制经济同等待遇，切实为非公有制经济发展营造良好的外部环境。第一，创造各类市场主体平等使用生产要素的外部环境，推动非公有制经济进入一切领域，促进生产要素在公有制经济和非公有制经济之间自由流动，使非

---

① 　新旧"36条"是指 2005 年国务院发布的《国务院关于鼓励支持和引导个体私营等非公有制经济发展的若干意见》（即"36条"）和 2010 年国务院发布的《关于鼓励和引导民间投资健康发展的若干意见》（即新"36条"）。

公有制经济可以在平等的规则环境下参与要素竞争。第二，将非公有制经济的发展情况列入各级政府政绩考核之中，督促它们发挥好市场监管、社会管理和公共服务的政府职能，避免排斥非公有企业的错误行为，简化行政审批程序，提高办事效率，杜绝对非公有制经济主体的"吃、拿、卡、要"的歪风。第三，完善法律制度，维护非公有制经济主体的合法权益不受侵犯，不仅要依法保护其生产资料所有权，而且要依法保护其私人生活资料所有权，还要重点保护其品牌、专利等无形资产的所有权。在法律执行过程中切实做到公平公正，确保非公有制经济健康发展。

二、推进非公有制经济结构战略性调整，实现产业结构升级

建设现代化经济体系、发展实体经济、深化供给侧结构性改革是新时代中国特色社会主义建设的重要任务。非公有制经济必须也必然要在深化供给侧结构性改革、增强我国经济质量优势的过程中发挥重要作用。长期以来，我国非公有制经济的增长方式主要表现为劳动密集型和资源密集型的粗放增长，非公有制企业主要以资源型和资源初级加工型为主，产品耗能高、污染大、技术含量低、附加值低，产品趋同化严重，产业结构不合理。非公有制企业经济结构不合理是阻碍我国经济发展的深层次矛盾，推进非公有制企业经济结构战略性调整势在必行。而经济结构战略性调整的关键就在于提高自主创新能力，非公有制企业必须在重点领域、关键环节和核心技术上实现创新，企业自身必须掌握核心技术，具有自主知识产权，提高产品的技术含量和附加值，突出产品特色，以集约式生产方式代替粗放式的生产方式，逐步从劳动密集型、资源密集型向技术密集型、资本密集型转变，推动传统产业结构升级，为我国发展先进制造业、建设制造强国贡献力量。

三、深化金融创新，拓宽非公有企业融资渠道，消除融资瓶颈

金融业属于虚拟经济范畴，若金融业服务实体经济的能力较弱，则会导致虚拟经济发展与实体经济发展相脱节，严重时就会引发经济"脱实向虚"。增强金融服务实体经济的能力是完善社会主义市场经济体制的重要任务。增强金融服务众多非公有制制造业企业的能力，则是增强金融服务实体经济能力的具体表现形式之一。一般而言，市场融资包括直接融资和间接融资两种方式。目前国内的非公有制企业主要都是中小微型企业，这些企业规模小、信用度低，抵押物少，不符合商业银行贷款要求，因此非公有制企业难以通过银行融资这种间接融资方式筹集资金。而直接融资虽然为非公有制企业开辟了新的融资渠道，但是由于这些企业规模较小，在发行股票、债券时极易被操纵、炒作，导致融资风险极高。因

此，必须深化投融资体制改革，发挥投资对优化供给结构的关键性作用，增强投融资体制对非公有制小微企业的支持力度，促进非公有制小微企业的健康发展。应当坚持以金融服务实体经济为原则，深化金融体制改革，促进多层次资本市场健康发展，完善和健全间接融资与直接融资机制，鼓励和引导金融机构完善金融服务，在健全金融监管体系的前提下加强金融产品创新，优化信贷结构，加大对中小微型企业融资支持，为非公有制经济结构战略性调整和产业结构升级提供有力的金融支持。

四、进一步提高非公有制经济自身管理并加快推进技术创新

建立以企业为主体、市场为依托、产学研深度融合的技术创新体系是建设创新型国家的重要内容。非公有制企业已经在我国企业中占据重要地位，这就决定了非公有制企业不能缺席技术创新体系的建立。但是有相当一部分非公有制企业是以亲情为纽带的家族型企业，这些企业产权不明，管理水平低下，严重制约了企业技术创新能力的提升，不利于科研成果在非公有制企业中的转化运用。为此，非公有制企业一要优化产权结构，改变一股独大的局面。个人或家族的资产毕竟有限，非公有制企业若想扩大规模，必须调整优化股权结构。二要引入科学的管理理念，建立合理的管理制度。现有的非公有制企业大多数规模较小、管理水平低下、组织结构不合理，这些严重地制约了企业的发展。因此，必须引进国内外先进的管理理念，完善企业组织结构，建立健全企业管理制度，提高管理水平，如此才能具备强有力的竞争力。三要引入职业经理人，提升非公有制企业管理者素质。从外部引入的职业经理人具有专业知识、丰富的管理经验以及开拓精神，由其管理经营企业是符合企业长远发展利益的。四要强化非公有制企业科技创新意识。从企业长远发展考虑，应把技术创新作为企业的战略重点，加大科技创新资金投入，改变"轻技术、轻研发"的局面，提高自主创新能力，提升企业产品技术含量，增强企业的市场竞争力。

第三章
中国模式中的农村土地制度

中国模式中的农村土地制度是公有制。我国社会主义制度和法律规定决定了农村土地必须实行公有制，农村土地集体所有制是符合农民根本利益的制度安排。本章剖析了关于我国农村土地公有制的认识误区，研究了发挥农村土地公有制优势的具体实现形式和评判标准，探讨了我国农村土地公有制运行体制机制的改革方向与基本路径。

第一节　土地制度的一般理论

土地产权理论既是所有权理论的重要组成部分，也是反映生产关系的重要标志，而在论述人类生产关系演变的各种理论中，马克思主义土地产权理论无疑扮演着举足轻重的角色。诺斯在《经济史中的结构与变迁》中认为："在详细描述长期变迁的各种现存理论中，马克思的分析框架是最有说服力的，这恰恰是因为它包括了新古典分析框架所遗漏的所有因素：制度、产权、国家和意识形态。"① 土地理论中最重要的部分就是制度与产权，马克思主义产权理论是马克思主义土地理论的重要组成部分，也是土地集体所有制的重要理论基础。

（一）马克思主义土地权能理论

所有权是土地制度的核心，所有权理论也是马克思主义土地理论体系的基础。马克思土地产权理论是一个由土地产权权能理论等组成的系统理论，作为新中国农村土地制度的指导思想，马克思土地产权理论对我国农村土地制度的改革与发展产生深远的影响。

---

① 道格拉斯·C.诺斯.经济史中的结构与变迁［M］.上海：上海三联书店，1994.

所有权有广义和狭义之分。狭义的所有权是指单纯的所有权，它的特点是不管所有权相关权能的多少和各权能之间的结合与分离的情况，以及实际运行绩效如何，其客体无论是从法律上或者意志上来讲，最终它部属于终极所有权主体所有，因此也称为终极所有权。广义的所有权，不但是指所有权的法权意义，更涉及实际的占有权、处分权、使用权、继承权和收益权等多项权能的综合体。恩格斯说过："在马克思的理论研究中，对法权（它始终只是某一特定社会的经济条件的反映）的考察是完全次要的；相反地，对特定时代的一定制度、占有方式、社会阶级产生的历史正当性的探讨占着首要地位。"① 因此，本章中所说的所有权是指实际存在的广义所有权，而狭义的所有权我们则称其为终极所有权。

土地产权是一个集合概念，是由土地所有权及其衍生权能组成的权力束体系。马克思笔下的土地产权，是指由终极所有权及由此衍生出来的占有权、使用权、处分权、收益权和继承权等权能组成的权利束。

土地终极所有权，是所有权主体借以排斥他人独占一定部分土地的法律权利。马克思在谈到该项权能时说："一些人垄断一定量的土地，把它当作排斥其他一切人的、只服从自己私人意志的领域。"② 因此，马克思又称其为土地终极所有权。这种权能表明了土地所有权的排他性和土地客体的最终归属性，这就意味着无论其他权能置于谁手，不管各权能之间的结合与分离或者权能运行状况如何，土地都归终极所有权主体所有。

土地占有权是指经济主体实际掌握、控制土地的权利，是指土地占有权主体对土地的实际占有。"实际的占有，从一开始就不是发生在对这些条件的想象的关系中，而是发生在对这些条件的能动的、现实的关系中，也就是实际上把这些条件变为自己的主体活动的条件。"③ 土地所有权主体和土地占有权主体不一定是同一主体，土地占有权通过现实中的社会经济关系才能实现。以土地私有的产权制度为例，土地终极所有权与土地占有权最明显的区别是拥有土地终极所有权主体并没有直接参与到生产过程中，占有权主体则能够直接进行生产活动。因为经济主体可以凭借土地的实际占有权进行有实际意义的生产活动，而终极所有权主体则常常游离于生产活动之外，通过收取地租等方式获利。

土地使用权是指土地使用权主体实际控制和支配土地的权利，是实际利用或者经营土地的权能。关于土地使用权，马克思说："为取得土地的使用权（无论是为生产的目的还是为消费的目的）而以地租名义支付给土地所有者。"④土地的

① 马克思，恩格斯. 马克思恩格斯全集（第21卷）[M]. 北京：人民出版社，1965.
②④ 马克思. 资本论（第3卷）[M]. 北京：人民出版社，1975.
③ 马克思，恩格斯. 马克思恩格斯全集（第46卷上）[M]. 北京：人民出版社，1979.

占有权和使用权最初是统一的，但是随着土地占有者将土地转让给他人这一形式的出现，使用土地的权利让渡给了新的经济主体，土地使用权因此而独立出来，但土地占有权仍是行使土地使用权的一个前提条件。

土地处分权与继承权。"土地所有者可以像每个商品所有者处理自己的商品一样去处理土地。"① "不要忘记，在通常以九十九年为期的租约期满以后，土地以及土地上的一切建筑物，以及在租佃期内通常增加一两倍以上的地租，都会从建筑投机家或他的合法继承人那里再回到原来那个土地所有者的最后继承人那里。"② 从马克思的《资本论》中我们可以看到，土地的处分权和继承权是密切相关的，在租约期满后，土地的处分权仍在拥有所有权的人手中，而且不论是否在租约期中，土地的所有权、占有权等权能都是可以继承的。

土地收益权。马克思认为，该权能是指土地的权利主体凭借之前所述的各种权能，通过对土地资产的营运，从而获得索取相应经济剩余的权利。例如，土地所有者的收益权表现为对土地租金的收取，又如租地农场主依据自己在一定时期内对土地的占有权、使用权等权能而取得经营利润的权利等。

（二）土地权能中的社会关系

马克思认为，土地所有权是人的社会关系在土地问题上的表现，它既是一种社会范畴，又是一种历史范畴。因此，土地所有权可以直接表现为社会生产关系。马克思在他的视野范围内认真考察了土地所有权在历史上的各种具体形式，指出："土地所有者可以是代表公社的个人，如在亚洲、埃及等那样；这种土地的所有权也可以只是某些人对直接生产者人格的所有权的附属品，如在奴隶制或农奴制度下那样；它又可以是非生产者对自然的单纯私有权，是单纯的土地所有权；最后它还可以是这样一种对土地的关系，这种关系就像在殖民地的移民和小农土地所有者的场合那样，在劳动孤立地进行和劳动的社会性不发展的情况下，直接表现为直接生产者对一定土地的产品的占有和生产。"③ 由此可见，土地所有权不仅仅是一种单纯的物权，更为重要的是它总是表现为一种社会关系，是人的社会关系在土地问题上的表现，具有显著的社会性。因而，除了那种极为罕见的完全孤立的小农生产之外，土地所有权本质上就是人与人基于对土地权利的基本经济关系，归根结底就是土地的各种权能以及由这些权能所带来的经济收益归谁所有的问题。无论土地所有权关系具体表现如何，总是带有天然的不平等性。前面说过，对土地的使用是每个人的基本权利，但是由于土地的垄断性以及所有权的存在，每个人对土地的权利是不同的。

正因为土地所有权是人的社会关系在土地问题上的表现，土地所有权对于制

①②③　马克思. 资本论（第3卷）[M]. 北京：人民出版社，1975.

度具有强烈的依赖性。土地不易变质、易于分割、不可移动等特点使土地财产的持有成本相对较低。土地的所有权常常表现为地契这种法律形式上,这使它很容易作为商品流通,因为只需要变更契约即可,但也正因为这些特点,使之不同于其他商品,如私人对土地的保护力量相对弱小,一般要依赖于国家、法律、意识形态等的保障,具有制度依赖性。

(三)马克思土地产权公有的思想

在马克思看来,土地私有制的辩护人都强调土地私有是被赋予的天然权利,力图运用各种论据证明土地私有的合理性,并利用法律的权威性和强制性确保土地为掠夺者私人所有的权利。但马克思认为在自然权利背后所显露出的是赤裸裸的"掠夺":"如果说掠夺曾为少数人造成了天然权利,那么多数人只须聚集足够的力量,便能获得把失去的一切重新夺回的天然权利""如果土地私有确实以这种公认为依据,那么一旦社会的大多数人认为这毫无道理显然就应当被取消。"① 除了土地私有制的辩护人为土地所有权私有化的合理性进行的意识形态的灌输等手段以外,马克思认为土地国有化是生产力发展的必然结果,是历史发展的必然趋势,其中的推动因素如社会的经济发展、人口的增长和集中等。为了提高劳动生产率,资本主义农场主不得不实现劳动的组织化、更新农业器械并使用更多的农业新技术,这就促使土地国有化日益成为一种"社会必然性"。生产力发展的规律是不以人的意志为转移的,"社会必然性所要求的变化一定会照样进行",曾经"使他们凭暴力得到的那些原始权利获得某种社会稳定性"② 的立法迟早会适应这些变化的要求,这时的法律将为广大无产阶级服务,土地国有化终将获取全人类的公认。

土地国有化并不意味着限制农民的权利,相反,正是公有制保护了农民的权利。"集体在接受个人财富时远不是剥夺个人财富,而只是保证他们自己对财富的合法享有,使具有变成一种权利,使享用变成一种所有权。"③

只有日益增长的生产才能满足社会不断膨胀的需求,虽然在资本主义条件下,通过兼并使大量土地集中在少数人手中后,耕作比小块分散经营有一些优越性,但"把土地交给联合起来的农业劳动者就等于使整个社会只听从一个生产者阶级摆布"④,然而如果"耕作由国家控制,为国家谋利益,农产品自然就不可能因个别人滥用地力而减少"⑤。国家会根据社会总体需求组织农业生产,从而彻底摒弃个体或个别组织的自发干预,只有这样才能从根本上保证农民的权利。

---

①②④⑤ 马克思,恩格斯. 马克思恩格斯选集(第3卷)[M]. 北京:人民出版社,1995.

③ 卢梭. 社会契约论[M]. 北京:商务印书馆,2003.

第二节　中国模式下土地经营制度沿革

一、中国农村农业经营制度变迁及现状分析

（一）我国农村土地制度变迁

第一次重大变迁是1949～1953年的农村土地改革，即把封建土地所有制改变为农民土地所有制。这次土地改革是中国共产党领导农民废除封建土地所有制，实现农民个体所有制的革命，是新民主主义革命的重要组成部分。其特点是：没收地主和富农的土地，无偿地分配给无地或少地的农民，消灭地主的土地私有制，实现农民的土地私有制。

新中国成立之前，中国农村土地制度是一种半封建式的土地所有制，占农村人口不足10%的地主和富农占有70%～80%的农村土地，而占乡村人口90%以上的贫农、中农、佃农却仅占有20%～30%的农村土地，土地占有严重集中化。伴随着新中国的成立和社会主义制度的建立，新中国成立前的土地地主私有制成为土地制度改革的主要内容。本次改革的目标是实现农民土地所有制，即没收一切大地主、大官僚占有的农村多余土地，然后按人口平均分配。土地改革后农民得到自己的土地所有权，极大地调动了农民的生产积极性，农村经济发展得以恢复。

土地改革是成功的，因为土地改革实现了农民土地个人所有制，主要是改变了土地占有不均的状况。但是土地改革并不意味着土地所有制改革的终结，因为这种建立在物质生产条件落后基础上的分散经营的农民个体土地所有制缺乏抵御风险的能力，最终并不能改变落后的农业生产条件，也无法实现农业的现代化发展，也很难为工业化发展提供经济基础。因此，土地改革后形成的农民土地个体所有制只会是土地所有制的一种过渡形式。

第二次重大变迁是1953～1956年社会主义改造过程中的农业合作化运动。农业合作化运动由农业互助组、初级农业合作社和高级农业合作社这样一个由低级到高级逐步深化的阶段组成，其最终目标就是把农民土地个人所有制改造为农民私有、集体统一经营使用的土地制度。我国在废除封建地主土地所有制、实现农民土地所有制后，在接下来的一段时间内，这种耕者有其田的土地制度极大地调动了农民生产的积极性，对于促进新中国成立初期经济尤其是农业经济的恢复和发展起到关键性作用，但随着时间的推移，这种分散的小农土地所有制也出现

了一些问题。一方面，分散经营的土地制度和大规模农业基础设施建设之间的矛盾导致农业抵御自然灾害的能力差，不能满足社会主义大规模经济建设的需要，这种农业经营制度和迅速建立工业化体系是不相适应的；另一方面，由于土地归农民个人所有可以自由买卖，于是开始出现农民丧失土地、土地重新集中到少数人手中的趋势。这些问题的出现都说明进行社会主义改造、实现农业合作化成为当时我国农村土地制度改革的必然选择。

第三次重大变迁是 1958 年开始的人民公社化运动以及之后确立的高度集中统一的计划经济体制，即把农民私有、集体统一经营使用的土地制度改革为集体所有、统一经营使用的土地制度。在此期间，国家对农业管理实行了高度集中统一的计划经济体制，集体经济组织在生产经营和产品处置上没有独立自主权，紧接着"三级所有，队为基础"的农村经济体制和土地制度正式确立。国家计划直接控制农作物的播种面积规模，农民劳动报酬按劳动工分分配。集体统一经营不适应当时农村生产力的发展水平。"三级所有，队为基础"本身造成土地产权的模糊不清，分配上的平均主义又严重损害农民的积极性。总之，集体经营作为较高层次的生产方式和当时人民公社时期整个较低的社会生产力水平是不适应的，因此最终无法促进农业生产。

第四次重大变迁是 1978 年开始的土地家庭联产承包责任制的确立阶段，即把集体所有、统一经营使用的土地制度改革为集体所有、家庭承包经营使用的土地制度。家庭而非生产队成为土地生产经营的基本单位，集体土地的所有权与经营使用权分离，所有权归集体、经营使用权归农户，土地的分配方式以人口平均分配为主，并兼顾土地肥力和位置进行搭配。

（二）中国建立土地公有制所取得的成就

新中国的土地制度建设一方面是历史推动的必然结果，另一方面则是以马克思主义土地理论为基础，并同中国现实相结合最终做出的选择。中国建立土地公有制后取得的重大成就，具体来说有如下几点：

第一，打破了所有权私有自然禀赋的天然合理性，尊重劳动者的劳动成果。在资本主义社会，财产私人所有制是资本主义得以发展的基础，包括土地所有权也被作为一种私有产权受法律和社会意识形态的保护，具有"天然"的合理性。但是，马克思主义土地理论揭示了所有权作为一种生产关系的外在表现形式必须同其所处的生产力水平相适应，如果生产力水平提高或者外部条件变化，生产关系也必须随之变化。凭借对土地的私人垄断而获得收益本身就是对劳动者的一种剥削，揭露出这种产权制度的不正义性是土地改革得以实施的最重要的理论基础。除此之外，更重要的是土地私有制并不能适应生产力发展的需要，农业生产和农业基础设施的建设都会由个别人按照私人利益安排，而非从农业发展的整体大局出发，土地经营者往往盲目地以农产品价格为唯一导向，供求失衡成为农产品市场的常态；又为使产量最大化，用极端手段改造土地进行掠夺性生产，不顾土壤肥力不断流失，使农业发展的持续性受到严重破坏。国家在中国土地制度中占有重要地位，取得国家政权的革命运动自然可以顺利推动这种打破中国传统经济束缚的土地改革。

第二，实行社会主义公有制，保障了所有劳动者的最基本利益。社会主义公有制本来是马克思为资本主义之后的所有制形式提出的设想，因为公有制可以最大程度上保障国家的控制力和工业化的进行，这对实现农业和工业之间的协调发展目标是有利的。直到今天，土地集体所有制度仍旧是保障中国经济持续发展，保障中国社会稳定的坚实后盾。

第三，通过土地公有制，将国家土地产权收益也间接变为了工业积累，这一过程的基础是国家对全国土地拥有的最高权力所致。为工业发展提供的积累实际上就是这种权力产生的"地租"，但又不同于普通资本主义私有产权下的地租，这是一种与国家政权结合的地租，不是为了满足某些人的私人利益，而是从国家大局出发，为经济发展进行的必要积累。虽然工业化的道路充满艰辛与教训，但是对于如此落后而又庞大的国家来说，很难想象还有其他更为妥当的道路，而且，从小农经济基础上建立起来的工业化，仍旧是我们今天经济得以腾飞的基础。

（三）中国建立土地公有制的历史必然性

自新中国成立及社会主义改造完成后，土地公有制正式建立，虽然在公有制基础上建立的土地经营制度经历了曲折的发展，但是以公有制为基础的农村土地制度为农业发展、粮食产量增长和农民增收做出了巨大的贡献。

然而，近年来有很多学者在农村土地改革中提出土地私有化的论调，其理由一是通过私有化可以使土地向少量的种田小能手或者说是拥有更多资本的企业主手中集中，从而可以实现规模化经营和集约化经营，借此提高土地使用效率，发挥比较优势，推动农业的产业化；二是在目前土地集体所有制的前提下，土地的任何增值收益都归国家，而只有土地私有化后，农民才可以通过土地私有化后的增值来获得收益。这些论调的理由简单来说就是土地私有化可以推动农业生产规模化以及增加农民受益，但事实却远远不如这么简单。土地私有化并不适合中国现阶段的国情，而主张土地私有论者没有深入地了解我国的国情，只是片面地将西方资本主义社会的框架生硬地套用到我国，这种想法是十分片面和短视的。土地私有化不但不能解决中国现阶段农村的各种问题，相反，若一旦实行私有化，便会带来更多的社会矛盾，其带来的社会成本和潜在危机也是巨大的。

土地私有化会严重损害农民的利益而非增加农民收益。中国虽然地域广阔，但却有着极为庞大的农民数量，人均耕地面积极为有限，人多地少的矛盾突出。有些学者便据此认为如果土地私有化，农民在获得土地的产权之后可以自由买卖转让，这样土地增值的收益就归农民所有了，农户甚至可以通过卖地而致富。但实际情况却并不是这样，第一，从数量上说，由于人多地少，每个农民真正能够分到的土地是十分有限的；第二，从价格上说，一方面中国大多数农地都在远离城市的偏远地区，交通并不发达，因而地价本身就不高，另一方面，农民处于劣势群体，往往会丧失议价能力。因此，对于大多数普通农民而言，私有化带来的更多的是失去土地的可能性。而在现如今农村社会保障体系并不完善的情况下，土地作为农民的最后一个保障，一旦失去，后果不堪设想。

在世界历史中，从来没有农民是因为靠卖地发家致富的，农民出卖土地获得暂时的收入和解放劳动力，却无法维持。他们无一例外地成为了资本主义社会中的雇佣劳动者，受资本家的剥削。中国因为农民人口基数众多而土地有限，所以农民人均只有 2 亩土地，"在农村调查时特别关注了土地的买卖价格。在东北人少地多、亩均负担在 50 元、亩均年收入 200～300 元的地方，农民认为 1 亩土地卖 4000 元比较合理。在中原农民负担较重、亩均年收入 100 元以内的地方，农民认为 1 亩土地卖 2000～3000 元合理"。[①] 因此，就算真正实行土地私有化，农民将土地进行出卖，也无法获得充裕的资金在城市里生活，也不能成为他们进城创业的第一桶金。如果土地私有化之后，作为小生产者的收益不如当雇佣劳动者的收益高，他们就会把为数不多的农地卖掉，这个时候到城里打工，主要是给资本家打工，或者在农村给那些收购土地的地主打工，这完全走上了一条资本主义已经走过的老路。实行土地私有化之后，资本主义会全面复辟，成为英国在工业革命时代"圈地运动"的翻版，一定会加剧两极分化。那些声称农民可以通过卖地来获得可观收入进城置业的，是一个不切实际的幻想。

大量的失地农民进城打工的确会使劳动力供给增加，为工业和服务链带来好处，维护中国在生产加工业的优势，这也是所谓的"国进民退"。然而，以大量的失地农民来推进国家的经济增长是极其不符合道义的，而且也不会长久地推进经济的发展。

因此，所谓的土地私有化的诸多好处，有一部分是在不了解中国国情的情况下描绘的空想，有一些是对问题本身没有了解透彻，找错了方向。就我国当前的国情来看，公有制更有利于保障农民的权利。由于农民受其所在阶级的限制，有固有的自私自利和目光短浅的缺点。"公意与众意之间经常有着很大的区别。公意总是着眼于公共的利益，而众意则着眼于私人的利益，它只是个别意志的总

---

①　李昌平．慎言农村土地私有化［J］．读书，2003（6）．

和"。在这里，私有制属于"众意"的范畴；而公有制是"公意"的范畴。农民是为了自身的利益考虑，而政府也在为农民谋取福利，本质上两者的目的是相同的。但是农民受其阶级和眼界的限制，很容易被假象蒙蔽，只有在代表先进生产力的工人阶级的领导下，将先进的科学技术充分应用到农业生产中，转变为高效的生产力，农业才能得到发展。土地国有化并不意味着限制农民的权利，相反，正是公有制保护了农民的权利。"集体在接受个人财富时远不是剥夺个人财富，而只是保证他们自己对财富的合法享有，使具有变成一种权利，使享用变成一种所有权。"[1]

对于只有土地私有化才可以提高农业生产效率的论调也是有问题的，土地私有化最终必然会造成土地紧张，抑制总体农业的发展。自实行土地公有制以来的60多年里，农业产量不断提高、农民生活水平也有所进步。虽然我国农业总产值占国家总产值的比重下降了，但是农业产值的绝对数是一路上涨的，尤其是近5年，农业产值一直有较大幅度的增长。现有的土地制度仍有不足之处，但是必须承认，我国改革开放以来取得的很多巨大成就，以及我国经济以前所未有的速度发展，都是在土地公有制的基础上实现的。

如果废除土地公有制而实行农民土地私有制，私有化会造成土地所有权集中，兼并之后的土地的使用途径并不能保证全部用于农业。土地私有化之后，单位产量上去了，但是由于耕作面积少了，从而总产量又会下降，就会造成粮食紧张，农资矛盾加剧。目前城市房价高涨，城市边缘的土地很有可能被用于非农业建设，这样一来，农业用地就被挤占，加重了我国耕地短缺的危机。

综上所述，一方面，从历史经验来看，中国历史上的土地私有制导致了严重的土地投机现象，土地兼并严重，社会贫富差距过大，农民社会地位过低，并且由此引起了很多次的社会动荡与变革；另一方面，从当下中国的现实来看，中国人多地少并且资源在空间上存在较大差异，一旦实行土地私有化，在私有产权不能得到全面保护的前提下土地买卖和兼并必然剧增，特别是在当前与土地财产相关的法律体系不够完善、很多概念都还未清晰界定的情况下，土地兼并、投机、寻租行为将游离于法律的监管之外，土地将可能集中在某一些人手里，从而影响整个社会的公平与效率。此外，由于农村人口数量庞大，城镇化发展并不能够全部吸纳农民从事非农产业，同时当前中国社会保障体系不是很健全，这又会导致失地农民无法就业，也无法获得最基本的生活保障，随着失地失业农民数量急剧上升，社会稳定会受到破坏。

总而言之，土地私有化在今天的中国是不可能实现的，那些土地私有论者所

---

① 卢梭. 社会契约论 [M]. 北京：商务印书馆，2003.

谓的好处只是出自一种类似理想主义和浪漫主义的情怀。他们的初衷是为了维护农民的利益，推动农村和农业的发展，但是他们缺少对中国国情的深入调查，照本宣科地希望将西方的模式应用于中国，是缺乏理性思考的。他们过分夸大了土地所有权对"三农"问题的影响，甚至把所有制当成了决定性的因素。然而，农业发展真正需要改革的并不是土地所有制，而是需要进一步完善农业经营制度，在我国现有的条件下，保持公有制是保障农民权利、促进农业发展的最佳选择。

二、家庭联产承包责任制所取得的成就

土地收益分配是社会总产品收益分配中的重要组成部分。社会产品是指在一定时期（通常一年）内所生产的物质资料的总和。社会总产品的价值一般由以下三个部分组成：第一部分是生产过程中已消耗掉并转移到产品中的生产资料价值，用 c 表示；第二部分是劳动者创造的为自己所拥有的产品价值，用 v 表示；第三部分是劳动者创造的为社会所拥有的产品的价值，用 m 表示。在总产品分配时，首先要扣除生产资料的价值以补偿在生产过程中已经损耗的生产资料价值。所以说，分配的实质是分配劳动者在生产过程中新创造的价值的分配，即国民收入的分配，也就是 v + m。国民收入分配的核心问题是正确处理积累与消费的比例关系及其在各成员之间的分配比例关系。由此可以看出，家庭承包责任制的推行对于我国农村土地产权制度的改革以及农业经济的发展做出了许多贡献。

家庭联产承包责任制的土地制度总体来讲是成功的：第一，家庭承包经营制和我国当时的农业生产力发展水平是相适应的。总体来看，我国农村生产力水平虽然地域差异大，但整体来说发展水平低下，大部分地区农业基础设施建造不足。此外，由于农民整体的文化程度和组织管理能力都比较低，合作化的公社组织并不对农业产生很好的协调作用，而将土地承包给农户，以家庭为单位进行生产更有效率。

第二，农业是和生物生产密切相关的经济活动，因此往往受制于辽阔复杂多变的自然条件和地理条件，所以农业生产也更具周期性和灵活性，更需要因地制宜地安排生产时间。在家庭联产承包责任制这种经营制度之下，农户可以作为生产经营的决策者更加积极自主地安排农业生产。

第三，家庭承包经营责任制直接把家庭生产的投入和产出相结合，这对农民形成一种激励，使集体共同生产条件下的农民"搭便车"行为得到遏制。较之于集体经营，家庭承包经营制自觉建立起了内在的激励和自我约束机制，节约了集体经营时所产生的监督成本，按劳分配原则得到充分体现，土地经营效率大为提高。在家庭承包经营制下，土地收益分配方式是农户的劳动时间和劳动质量的

综合体现，更重要的是它能准确地体现物化劳动产品的价值大小及其经济效益，在这种制度下对农户的激励是完全的，因此不需要第三方监督的额外成本。家庭联产承包责任制在坚持土地等基本生产资料公有的同时，使农民获得了剩余产品的所有权和支配权，从而将更多的精力投入到农业生产，为创造出更高的农业生产力提供了可能。

第四，正如马克思指出的："消费资料的任何一种分配都不过是生产条件本身分配的结果。"① 生产资料所有制决定了社会总产品的分配方式，因此，土地所有制决定了土地收益额分配方式。所有制形式的选择是决定分配形式的基础。人民公社时期平均分配的分配方式并不能很好地调动农民生产的积极性，"搭便车"现象十分严重，最终导致土地产品收益下降，农业产量水平长期低下。因此，家庭联产承包责任制比土地集中经营制度更好地体现了按劳分配的原则，在更大程度上调动了农民的生产积极性，促进了农业生产率的提高。

第五，对市场化和产权改革的推进而言，家庭联产承包责任制一定程度上塑造了市场经济主体，修正了社会主义国家"纯公"的错误产权理论，使市场观念、竞争观念和私有产权观念等深入到农村经济中，对社会主义市场经济和社会主义产权理论有了更深刻的把握和认识，为中国以后的市场化改革奠定了基础。

由于家庭联产承包责任制符合当时农村实际，所以自实施以来，农民的生产积极性有了很大提高，农村生产力得到了全面激活，从而改变了农业经济长期徘徊、停滞不前的现状，使农业劳动生产率得到大幅度提高。成功的家庭联产承包经营土地制度对农村经济的影响是巨大的，集中体现于农业生产和国民经济的发展以及人民生活水平的提高。据统计，"1978～1984年，农业总产值平均增长了3.5倍，比1978年前26年的平均增长速度高了近2倍"。实行家庭联产承包制后，我国粮食总产量经历了迅速的增长，1978～1984年，粮食总产量从3亿吨增长到4亿吨，根据林毅夫的估计，在1979～1984年农作物产值增长中，家庭承包制改革贡献率为46.89%。② 农业的发展有效地促进了同期国民经济的快速发展，1981～1985年，我国工农业总产值平均每年增长10%，国民生产总值1980年为7707亿元，1985年达到13335亿元，增幅为73.2%。农民生活水平有了较大提高，1980年农民人均收入不到200元，1985年达到400元，增幅超过1倍。

三、家庭联产承包责任制的局限性

根据制度经济学理论，制度效率具有时间性和阶段性特征，也就是说，一种制度只能在一定的时间长度内最大限度地发挥作用，而且制度效率随着时间推移

---

① 马克思，恩格斯. 马克思恩格斯选集（第3卷）［M］. 北京：人民出版社，1995.
② 林毅夫. 制度、技术与中国农业发展［M］. 上海：上海三联书店，1994.

具有报酬递减的特征。一般说来，在制度设计运行前期，效率相对较高，但随着时间的推移，效率会逐渐递减。这是由于当一种制度的设计和当时生产力发展水平相适应时，制度运行就会对生产力发展起到促进作用，而当生产力水平提高之后，原先的制度可能就不再适应新的生产力水平，因此制度的效率就会相应降低。对现行以家庭联产承包责任制为主要内容的农地经营制度而言，随着市场经济体制改革的不断深入，家庭联产承包责任制的积极效应会逐渐释放，当这种制度改革的经济刺激不能满足农村经济持续稳定增长的需要时，其制度设计的缺陷就会显现出来，并导致许多问题的出现。从实践来看，近些年来农民收入增长缓慢，农业生产较为波动，家庭联产承包制在运行中出现的许多问题都凸显出来，具体来说主要表现在以下几个方面：

（1）土地产权划分的单一性和现实中土地产权多重属性的矛盾。在土地家庭承包经营制中，土地所有权与使用权分离，所有权仍归集体所有，承包经营权归农户家庭所有。《土地管理法》第十条虽然对集体土地所有权作了法律规定，但对于土地承包权是一种何种性质的权利，权利界限是什么等问题并没有明确。承包权和使用权在理论上都没有清晰的界定，因此在实践中出现了很多问题。

由于法律上对集体所有权主体没有一个较为严谨的定义，因此理论界对于集体土地所有权主体有多种理解，归纳起来有以下几种观点：一是认为集体土地归集体经济组织所有；二是认为集体土地归村民委员会和村民小组所有；三是认为有集体所有权主体的主体应视情况而定，有集体经济组织的情况下，以该组织为农民集体土地所有权主体，若没有集体经济组织，则以村民委员会或者村民小组为集体土地所有权主体。总之，集体土地产权主体不明晰。

正是因为理论上对集体土地所有权主体不明晰，所以在实践中行使主体权利时必然出现混乱和矛盾。集体土地所有权的行使主体一是乡（镇）人民政府、村民委员会和村民小组，二是乡（镇）村民代表大会、村农民代表大会、组农民代表大会，三是农村集体经济组织，三个主体在实践中都可以作为土地集体所有权的主体对土地所有权进行干预。整体土地所有权行使主体混乱甚至错位，这就必然导致现实中对土地权利行使干预过多，特别是在农村土地被各种名目征收时，由于权利主体不明确，插手的主体多，导致真正能够保护农民利益不受损害的主体缺位。

农地经营权权能残缺。家庭承包经营制被形象地称为所有权和经营权的分离，但目前我国农村的承包经营权充其量不过是一种耕种权。使用权本身也可以衍生出转让、转租、入股、抵押、收益等多项权利，而作为具有使用权性质的承包经营权却只有耕种权与少量的收益权。显然，与承包经营权的真实内涵相比，其权利内容是不充分的，权能也是残缺的。对于土地权能太简单的认识不仅不能满足土地现实流转实现规模化的需要，还导致了土地私有化的论调。在实践中，虽然土地所有权是集体所有，但是在实际生产过程当中，有土地的经营权分割、包产到户、均分土地的收益权，农民在获得土地的剩余索取权以形成有效激励的同时，也把土地等生产要素的经营权平均分割和分散了，这样一来，农业生产达不到一定规模，效率也就无法得到提高。加之，权能的残缺和流转机制的缺失，使土地的集中很难实现。

因此，对于农地的权能不能简单地分解为所有权和经营权，而应该进一步细分为所有权、承包权和经营权，在此基础上既能够吸收土地集体所有制和家庭联产承包责任制的精髓，又能进一步完善土地经营制度，实现农业规模化和现代化发展。

（2）农户分散经营和规模化生产之间的矛盾。家庭承包责任制在实践过程中实行的是"均田制"，即农地按照人口平均分配。在这种制度下，整块的土地被分割成许多小块分户经营。"据农业部农村经济研究中心和中央政策研究室在全国农村固定观察点近 300 个村 12.8 万户十几年的追踪调查，1986 年户均土地规模为 9.2 亩，1990 年下降为 8 亩，1997 年又下降到 7.65 亩，到 2000 年，全国农村户均经营降到 8.33 亩，分成了 9.5 块，块均面积仅为 0.87 亩。"由于耕地面积狭小，机械化大生产难以在农村地区有效推进。

伴随着国内经济的发展和国际一体化进程的加快，国内外农产品市场的竞争日益激烈，现行的土地承包经营制度逐渐凸显出它的弊端。第一，基于"均田制"背景下的分散的小规模农业经营方式难以适应市场供求关系的快速变化，并且生产成本偏高，土地产出率较低，导致农产品在市场中缺乏竞争力。第二，由于农业产业的弱势特征，相比工业和服务业来说其收益率过低，造成农民倾向于离开农村外出打工，但转业的风险和不确定性又使他们即使无力耕种土地直至抛荒，也力图占有一份土地作为最后的"退路"，这也使土地经营状态变差，农民收入增长缓慢，出现了不少农民将土地抛荒、撂荒、交由他人无偿耕种的粗放式经营和管理现象，农地经营短期化行为突出。第三，从资源配置的角度来说，这种福利保险机制下分散的生产经营方式也阻碍了农业生产要素的合理流动，提高了交易费用，造成耕地等资源设施的严重浪费，限制了农业发展。据统计，"我国农用灌水的有效利用率一直处于 30% 左右，致使受旱面积扩大，1994 年受旱农田达 2930 多万公顷，其中 240 万公顷绝收"。

自家庭承包责任制实行以来，在农村人口不断变动，绝大多数农民以土地为生的现实背景下，调整土地承包责任制的压力不断增加，从而导致这一制度的不稳定。承包经营土地调整一般可分为大调整和小调整两种形式。从实践来看，按合法人口重新分配所有承包地的大调整相对较少，但部分土地在个别农户间重新进行分配的小调整却一直不断，形式也各有不同。"根据实地调查资料，从农地承包制度开始实施到 1998 年底，对承包土地的调整一直没有停止过，第一轮土地承包期内土地调整相当频繁，虽然第二轮土地承包期土地调整（尤其是小调整）大幅度减少，但调整依然存在。"

土地的频繁调整与承包期限的短期化使许多农民对土地经营权缺乏安全感，对农地经营的长期预期不足，农民缺乏对土地耕作合理的长期安排，经营性长期投入依然不足。因此，不但很少人愿意对土地进行长期投资，而且还进行着短期行为的掠夺式经营，因为经营期限的延长不代表农民决策期限的完全延长，到承包期限届满前的几年里，短期经营行为又将普遍性地发生。这也导致了农业资源配置的无序和恶化，更使基本农田水利建设难以有效推进，机械化耕作一体化等现代经营技术措施难以全面实施，最终导致农业生态环境不断恶化，土壤肥力不断下降。此外，由于当前农地流转机制的不足，使许多外出务工或兼业经营的农户无法自由流转土地，同时又无力好好地经营土地，从而使很多耕地被闲置，资源被浪费。

（3）小农户和大市场之间的矛盾。随着市场经济的发展，现行土地家庭承包责任制的边际效用不断递减，过于零碎、狭小的分散土地不利于农业生产规模的扩大，也不利于农业分工的发展，更不利于农业技术的进步。土地经营规模小，难以形成规模效益；农户抗风险能力差，要承担自然和市场两重风险，经营风险大，收益低且不稳定。并且当前小规模、粗放式的农地经营方式以及农地流转的不顺畅造成农业生产活动的收益日趋下降，农民增收困难，短期行为严重，土地家庭承包责任制在其制度创新初期的激励效应早已消失殆尽。

从更深层次来看，这种超小规模的家庭经营给农村经济蒙上了浓厚的小农经济色彩，也使我国农村长期处于半自给自足的自然经济阶段，农业生产效率低下。相对于农民非农收入，农民从事土地经营获得的收益要低很多，特别是在耕地细碎化地区，农地经营呈现兼业化特征，农业生产首先是自给自足，然后才将剩余产品作为商品出售。因此，现实中农地经营实际更多的是追求生活保障功能，这在一定程度上降低了农地经营的效率，制约了农业现代化，很难实现农产品完全机械化、产业化、标准化、市场化，农地经营不能与发达市场经济要求相匹配。同时，在农村税费改革以前，由于农产品出现结构性过剩，一些品种单一、质量较差的农副产品价格连续走低，而化肥、农药等农业生产资料的价格却居高不下，再加上农村税费负担大都按耕地分摊，农产品成本居高不下，缺乏市场竞争力，从事农业生产的回报率极低。

农村税费改革后，农民的负担有所减轻，国家对农业生产补贴不断增加，农民的收入虽然有了一定程度的提高，但依然不能掩盖农业生产效益低下的事实。

况且，随着市场经济体制改革的不断推进，以及中国加入 WTO 后外国农产品竞争压力的不断增加，小规模、粗放式的农地经营方式不能有效地与大市场对接。这些都会使家庭承包经营困难重重，成为农业增效、农民增收的阻滞力量。

第三节　发挥农村土地公有制优势需借助适当的实现形式

一、我国农村土地公有制实现形式变革的内在逻辑

（一）农村土地公有制实现形式变革的历史脉络

新中国成立后，我国经过新民主主义革命，把封建土地所有制改变为农民土地个人所有制。1952 年之后，我国开始推进社会主义改造，在农业农村领域，主要是通过农业互助组、初级农业合作社和高级农业合作社等农业合作化运动，逐步实现将土地和生产资料归集体所有。农业合作化运动主要是确立了农村土地集体所有制。1958 年，我国开始推进人民公社化运动，把土地制度改革为集体所有、统一经营使用的土地制度。由于人民公社化运动和人民公社体制存在不少弊端，挫伤了农民的生产积极性，粮食产量也出现减产，所以，随后国家对这一体制进行了调整。1960 年，党中央明确提出，人民公社要建立"三级所有，队为基础"的制度，即公社、生产大队、生产队所有，确定以生产队为基础，调动社员的生产积极性。总体上看，虽然在人民公社时期，我国农村在兴修水利、治理荒山等方面取得了巨大进步，有效地改善了农业生产条件，支持了城市和工业化进程，但是，农村土地集体所有、集体统一经营的生产方式还在很多方面与当时的生产力发展水平不相适应，在农业生产过程中存在着较多的弊端。

1978 年，发端于农村的家庭联产承包制改革拉开了序幕。农村联产承包责任制改革的主要目标是在保持农地集体所有权的前提下，将农地承包经营权下放到农户手中，将农地集体所有、集体经营转变为农地集体所有农户承包经营。"交够国家的、留够集体的、剩下的都是自己的"激活了农民的生产积极性。党的十七届三中全会进一步指出，废除人民公社，确立以家庭承包经营为基础、统分结合的双层经营体制，全面放开农产品市场，取消农业税，对农民实行直接补贴，初步形成了适合我国国情和社会生产力发展要求的农村经济体制。以家庭承包经营为基础、统分结合的双层经营体制是适应社会主义市场经济体制、符合农业生产特点的农村基本经营制度，是党的农村政策的基石，必须毫不动摇地

坚持。

随着改革开放进程的不断深入，改革 40 多年来，我国经济发展水平取得长足进步，农村生产方式也在发生深刻的变化，仅仅依靠一家一户的小农户分散耕作方式难以适应当前发展的需要。在土地集体所有、农户承包的基础上，农地经营开始流转到种田大户、家庭农场以及农业合作社的新型经营主体。还有不少地区采取以村集体和党支部领办的合作社形式，通过集体统一的规模化经营来发展集体经济以适应和满足市场发展的现实需要。

关于新中国成立以来的农村集体经济发展，在不同历史时期有着不同的阶段性特征和具体表现。在集体经济发展初期，"共同劳动、共有均享"是这一阶段的显著特征，主要强调的是集体成员共同占有集体财产，共同参加劳动，平均享有集体财产的收益权。这一集体经济发展形式为当时国家经济社会发展做出了巨大贡献，但也存在着不少问题。改革开放至今，特别是党的十八大以来，形成了集体经济发展的第二个阶段性特征，即"合作联合、共建分享"。这一阶段强调集体经济组织是集体经济发展的主导力量，但并非是唯一的投资主体。在集体主导下的多元投资共建模式中，相应的经营收益按投资份额分享，集体获得的集体资产收益再通过公共服务支出等形式由所有集体成员共同分享。在集体经济未来发展过程中，将会呈现"主导均享、共同富裕"的特征，也就是说，主要通过增加集体资产投资所占份额，更好地发挥集体经济组织在集体经济发展中的主导力和风向标作用，进而为所有集体成员实现共同富裕提供更多可供均享的物质基础。要达到这样的目标，并不是要集体经济的发展重回改革以前的旧模式，而是要在新时代把握正确方向，创新发展。

（二）农村土地公有制实现形式历史变迁的案例

下面两个案例可以很好地展现我国农村土地公有制实现形式的历史变迁过程，一个是贵州安顺的顶云公社和塘约村，另一个是安徽的小岗村。

在贵州安顺，围绕如何盘活土地过上好日子，先后涌现了"顶云经验"和"塘约做法"两次改革。1977 年，贵州省安顺市关岭县顶云公社悄悄实施包产到户，当年粮食生产就实现了大丰收。2015 年，抱着摆脱贫困落后面貌的强烈意愿，安顺市平坝区乐平镇塘约村农民把土地集中入股合作社抱团干，经过 3 年奋斗，贫困村变成了小康村。在塘约村，土地收益由合作社、村集体、村民按照3：3：4的比例分成。这一次的合作，以全面的权利界定和自愿为基础，最重要的是充分考虑了利益联结①。

另外一个案例就是中国农村改革第一村——安徽省凤阳县小岗村。2018 年，

---

① 万秀斌，汪志球，黄娴，程焕．从包产到户，到合股联营，分合皆为改革——农村改革的安顺实践〔N〕．人民日报，2019－01－11.

小岗村实现村集体资产收益首次分红，村里给村民每人分红350元。小岗村实现了从当年的人人分地到现在的人人分红的重大转变。小岗村的产业体系、生产体系、经营体系"三位一体"融合推进，壮大了农村集体经济实力，提高了农业的经济效益、生态效益和社会效益，促进了农业的产业转型升级，同时打通了乡村产业振兴与村民人人分红之间的通道①。

（三）农村土地公有制实现形式变迁的理论逻辑与启示

关于农村土地公有制的实现形式，邓小平在1990年曾提出过"两个飞跃"思想，即"中国社会主义农业的改革和发展，从长远的观点看，要有两个飞跃。第一个飞跃是废除人民公社，实行家庭联产承包为主的责任制。这是一个很大的前进，要长期坚持不变。第二个飞跃是适应科学种田和生产社会化的需要，发展适度规模经营，发展集体经济。这是又一个很大的前进，当然这是很长的过程"②。

从政治经济学的基本理论来看，农村土地公有制实现形式的变迁符合生产力决定生产关系、经济基础决定上层建筑的历史唯物主义基本原理。在新中国成立初期，我国劳动力主要集中在农村，当时的物质技术和科学发展水平都很低，在农业经营方面，农民有进行合作联合经营的内在要求。于是，我国建立了土地集体所有制，并通过互助合作的方式开展生产经营活动。但是，在人民公社时期，集体统一经营方式推进过快，虽然人民公社运动早期就对这一体制做了调整，但是在一定时期内仍然在较大程度上束缚了生产力发展。特别是当农田水利等基础设施建设基本建成之后，集体统一经营的弊端越发凸显出来，相应的生产关系对生产力的反作用力也越发突出。1978年之后，随着大包干的推广，制约农村生产力发展的生产关系因素进行了调整，这一变革促进了农业生产水平的提升。随着我国工业化、城镇化的持续推进，农村劳动力大量外出务工，与此同时农业机械化水平持续提升，农地流转逐渐增多，截至2016年底，流转面积占家庭承包面积的35.1%。生产要素在城乡之间的流动和重新配置，要求现有农村生产方式进一步变革。当前，农村新型经营主体逐渐增多，通过土地入股合作，农村集体经济不断发展壮大起来。

从前面的分析和案例可以得出以下几点启示：第一，在创新推进农村土地公有制实现形式的过程中，必须始终坚持农村集体所有制不动摇。因为没有了农村集体所有制，也就不存在土地公有制的实现形式。第二，在农村改革过程中，要有历史耐心，避免改革推进过急过快。第三，在改革过程中，要因地制宜，避免

---

① 高云才，朱思雄，王浩. 源自改革的市场活力——安徽省凤阳县小岗村实现人人分红纪实［N］. 人民日报，2018－07－19.

② 中共中央文献研究室编. 邓小平年谱（1975－1997）（下）［M］. 北京：中央文献出版社，2004.

"一刀切"。第四，要倾听农村百姓声音，注重基层创新经验，并着力将基层形成的一般经验提供给全国各地农村参考借鉴。第五，在推进农村土地改革过程中，要注重发展集体经济。在发展集体经济过程中，要遵循农民认可、市场认可、形式多样的基本原则。在农村改革和发展过程中做到一方面通过土地经营权或者资金入股，包括农民在内的各个经济主体联合起来构建生产经营联合体；另一方面，在自愿、自主的原则下，坚持市场导向，实现集体经济发展具备自生能力。

二、我国现阶段农村土地公有制的主要实现形式

（1）农户家庭承包经营。作为改革初期在农村家庭联产承包责任制改革过程中形成的共识，农户家庭承包经营是农村土地公有制的实现形式。农户承包经营并没有否认土地的集体所有权，相应地也就没有否定农村土地的集体所有制。在社会主义初级阶段，在农村发展过程中，实现农户家庭承包经营仍然是农村土地公有制的主要实现形式之一。

（2）农业专业合作社经营。农户家庭承包经营并不意味着除了生产环节之外，都是一家一户的分散经营。在现实发展过程中，农户在生产环节之外，可以通过加入合作社的方式开展经营活动。在生产环节，根据合作社的生产要求，农户可以使用规定的籽种、化肥农药和生产流程来确保生产产品的统一品质。

（3）农地入股集体企业化经营。除了农户加入合作社的经营方式之外，还有一种情况是农户将农地经营权入股到村集体领办的土地合作社，土地合作社根据市场需要，开展统一的企业化经营活动。此时，农户不再是仅仅经营自己承包的土地，而是在企业化经营过程中承担一定的耕作任务，以企业化运作方式经营农业。

（4）农村集体经营性建设用地出租或入股经营。农村土地不仅是指农业用地，还有一部分是农村集体经营性建设用地。对于这部分集体经营性建设用地的利用方式，国家目前正在一些地区试点农村集体经营性建设用地入市改革，以期实现农村集体经营性建设用地以集体所有形式与国有用地进行同等水平的公开交易，实现同地同价同权。对于农村经营性建设用地，既可以采取出租的形式，也可以采取入股的形式开展多种形式的经营活动，进而实现农村建设用地最优的产出效益，实现农村集体收入的提升。这是因为在土地集体所有的前提下，农村土地之上的一切经营活动只要符合土地用途规划，就应该允许农村集体合理利用外部资源，探索多种形式的经营方式，构建多元经济主体参与的利益共同体。这么做的目的是要实现农村经济的发展壮大，只有农村经济发展了，农村集体经济的发展才有了源头活水。在当前的具体实践过程中，农村集体土地等资源资产以股

份合作制等形式参与到形式多样的农村产业经营过程中是可行的，农村经济越发展，农村集体股份能够获得的收益也就越多，农村集体经济的实力就越强，相应的农村集体服务于全部集体成员的能力也就越强。

三、评判农村土地公有制实现形式需考虑多重因素

从前面的分析可看出，无论是农业用地还是农村建设用地，农村土地公有制的实现形式有很多种。那么，究竟哪一种方式最好呢？实际上，每一种实现方式都有其适用范围，也都有其不适用的情况。总体来看，可以从以下三个方面评判农村土地公有制实现形式是否是适宜的实现形式。

（1）客观因素。所谓客观因素，是指农村当地的人地关系、地理区位、地形地貌、生产力发展水平，如农机、农技发展情况等方面。首先，人地关系方面。我国人多地少矛盾十分突出，人均耕地面积仅为 1.5 亩左右，不足世界平均水平的 40%，户均耕地规模仅相当于欧盟的 1/40、美国的 1/400①。因此，在我国多数地区，小农户承包经营仍是农村土地公有制的重要实现形式。其次，地理区位、地形地貌等因素决定了规模化、机械化、产业化发展的可能性，相应的农地经营模式也就能够自然而然地确定下来。最后，农村当地的农业机械化水平和农业科技应用水平决定了发展新型农地经营模式的可行性。

以上主要是判断各地采取什么样的农地经营方式或者说农地公有制的具体实现形式是可行的，接下来则主要从经济因素和社会因素两个方面评判农村所采用的具体农地实现方式是否是符合我国农村发展所需要的基本形式。

（2）经济因素。在经济因素方面，主要从农民收入、集体收入、贫困人口数量等方面进行考察。第一，从农民收入的角度进行考察。如果农民收入不能够得到提升，那么，这一经营模式肯定是无法持续存在下去的。另外，从农村贫困人口的数量同样能够大致反映这一情况。如果农村贫困人数增多，那么，这一农地经营模式一定不是好的经营模式。第二，还要重点考虑集体收入的情况。在农村集体所有制下，如果农村集体是一个空壳式的存在，那么，这一农地经营模式也不是一个好的农地经营模式。在一定程度上来讲，凡是有利于村集体收入增加的农地经营方式，才有利于发挥农村集体的制度优势，也才能算得上是一个好的农地公有制实现形式。

（3）社会因素。评判农村土地集体所有制实现形式，不仅可以通过经济方面进行分析，还可以通过在社会发展方面的表现进行分析。例如：通过观察一个村庄的村容村貌就能够评判这个村庄的集体治理能力和水平；通过了解一个村庄

① 习近平 . 把乡村振兴战略作为新时代"三农"工作总抓手［M］. 求是，2019（11）.

所能提供的基本公共服务水平，如教育、医疗、生态、文化等方面，同样可以看出村庄的发展水平和治理能力，而这些在一定程度上反映了农村土地公有制实现形式的优劣。

第四节 我国农村土地公有制运行体制机制的改革方向与路径

一、现阶段农村土地公有制运行过程中面临的内外部影响

无论城市还是农村的发展，都是相互联系、相互依存的。与此同时，在经济联系日益全球化的背景下，农村的发展同时也会受到国际经济态势的影响。总体来看，我国现阶段农村土地公有制在运行过程中面临以下几个方面的影响。

第一，城乡资源和要素双向流动的影响。随着改革开放进程的不断推进和深化，我国工业化、城镇化快速发展，广大农民特别是农村能人不再仅仅局限于农村和农业领域施展才能，而是在本地或者到外地务工。据统计，农民工人数已经由2008年2.25亿人增加到2017年2.87亿人。虽然近年来农民工人口增速有所放缓，但未来较长一段时期内，农民工人数总量仍将呈现递增的态势。虽然农村劳动力向城市流动是主要趋势，但是，也有一部分积累了一定财富和技术经验的农民工开始返乡创业。在扶贫过程中，支持农村发展的各类人才驻村帮扶，相关资金和项目也在农村地区投资兴业。无论是农村人口流出，还是外部资金投入农村，都会对现有的农地经营模式产生深远影响。

第二，国内外农产品供给需求的影响。近年来我国粮食生产量、库存量、进口量呈现"三量齐增"的态势，出现了大宗农产品"洋货入市、国货入库"的奇特现象。这一现象说明，在我国农业发展过程中存在着去库存、降成本、补短板的迫切需要。农业供给侧改革表面上是要改变农产品的供给品种、品质和数量，实际上是要改变和提升现有的农业生产方式和生产过程，进一步来看是要培育和发展新型农业经营主体。我国目前正在发展的新型农业经营主体大致包括两类：一是以农户家庭经营为主体的家庭农场、种田大户以及农业专业合作社；二是以农业企业经营为主体的农业公司或者龙头企业主导下的多种农业经营形式[①]。

第三，农村建设用地的重新配置和利用方面的影响。随着我国工业化、信息

---

① 张海鹏. 我国农业发展中的供给侧结构性改革［J］. 政治经济学评论，2016（3）.

化、城镇化和农业现代化同步发展，不仅农地的经营方式和经营形式出现了变化，而且农村集体建设用地也需要重新进行配置和利用。在发展过程中，一方面，农村宅基地原有的粗放利用方式将会发生变化，对于宅基地使用权的流转在增加。另一方面，随着产业结构的调整，农村集体经营性建设用地入市出让情况也在增多。另外，随着城市化的发展，城乡建设用地增减挂钩过程中的农村建设用地整治也在增多。

以上这些变化在一定程度上都会影响农村土地公有制的具体实现形式和具体运行的体制机制。

二、农村土地"三权分置"改革要强化土地公有的制度优势

（一）农用地"三权分置"改革

2013 年，中央农村工作会议上首次提出"三权分置"改革，并指出了农地制度改革的基本方向和实现路径，即"落实集体所有权、稳定农户承包权、放活土地经营权"。2016 年，中共中央办公厅、国务院办公厅发布的《关于完善农村土地所有权承包权经营权分置办法的意见》指出，完善"三权分置"办法，不断探索农村土地集体所有制的有效实现形式，落实集体所有权，稳定农户承包权，放活土地经营权，充分发挥"三权"的各自功能和整体效用，形成层次分明、结构合理、平等保护的格局①。在全国农地"三权分置"改革中，珠三角地区探索以土地承包经营权入股、集体统一经营的土地股份合作制；上海松江探索引导农户将土地经营权流转给村集体，统一整理后再发包给有经营能力农户的家庭农场制；四川崇州探索以土地经营权入股合作社，农户、合作社、职业经理人和专业服务组织共同经营的"农业共营制"②等。

（二）宅基地"三权分置"改革

除了农地"三权分置"改革，2018 年中央一号文件《中共中央国务院关于实施乡村振兴战略的意见》中提出了宅基地"三权分置"改革。该文件指出，扎实推进房地一体的农村集体建设用地和宅基地使用权确权登记颁证，完善农民闲置宅基地和闲置农房政策，探索宅基地所有权、资格权、使用权"三权分置"，落实宅基地集体所有权，保障宅基地农户资格权和农民房屋财产权，适度放活宅基地和农民房屋使用权，不得违规违法买卖宅基地，严格实行土地用途管制，严格禁止下乡利用农村宅基地建设别墅大院和私人会馆。虽然宅基地"三权分置"改革刚刚起步，但在制度顶层设计中已经为部分有改革需要的地区推进宅

---

① 参见中共中央办公厅、国务院办公厅 2016 年 10 月 30 日发布的《关于完善农村土地所有权承包权经营权分置办法的意见》。

② 韩长赋. 土地"三权分置"是中国农村改革的又一次重大创新［N］. 光明日报，2016–01–26.

基地改革提供了基本遵循。

（三）"三权分置"改革的落脚点在于经营权和使用权，但核心仍是所有权

从前面的分析可以看出，无论是农用地"三权分置"改革，还是宅基地"三权分置"改革，虽然改革的落脚点在于放活经营权和使用权，但是，坚持和落实土地的集体所有权是改革不可动摇的核心。如果把土地集体所有权改垮了，那么，也就不存在农地"三权分置"问题，从根本上就动摇农村集体所有制的基础。因此，在农地"三权分置"改革过程中，不仅不能把农地集体所有权改垮了，还要主动发挥农村集体所有制的制度优势，带动农村集体经济发展，带动农民实现共同富裕。要做到这些，改革过程中必须始终重视和维护土地集体所有制，发挥土地集体所有的所有制优势。

对于农村土地资产的所有权及其收益等方面，在改革过程中需要重点关注两个方面的问题：一是农村集体资产的估值和确权以及集体成员股份的分配和调整问题。农村集体资产的确权相对容易，但是农村集体资产的估值较为困难，特别是土地资产如何估值入股问题。这点还需要在实践过程中不断摸索经验，既要保证集体资产不流失，又能够让多方形成共识。农村集体成员由于受生老病死以及转为城市户籍等多种因素的影响，并非是固定不变的，因此，随着人口的变更，应该以村集体行政区域为界限，对集体成员所享有的集体股份做出相应的调整。因为调整每人所享有的集体股权，只是影响集体成员每人的分红，并不会影响集体股权的总额，也不会影响农村经济的具体经营过程。这样做，会让农村集体成员真切感受到农村集体收益分配的公平性。二是村民承包的农地和分配的宅基地的使用和经营问题。在现实发展过程中，农户可以无偿承包和使用农用地，可以有权分配到宅基地并在宅基地上建设居所。但是，一旦农用地或宅基地之上的房屋用于经营用途或有偿租让，那么，这种农村集体土地之上的经营性收益必须体现一定的土地集体所有权的财产权利，可以收取一定的租金以充实集体经济，进而为更好地发挥集体所有制的制度优势提供一定的经济基础。

三、激活农村土地公有的制度优势，推进农村重大发展战略

（一）发挥农村土地制度优势，助推精准扶贫和乡村振兴

生产发展离不开土地资源的合理配置和利用，在农村土地集体所有制中，我国农村具备社会主义的制度优势，通过对土地资源进行合理配置和高效利用，推进农村发展、农业增收和农民致富。

土地公有制的优势在扶贫过程中表现得尤为明显，例如：2016年我国发布《关于用好用活增减挂钩政策积极支持扶贫开发及易地扶贫搬迁工作的通知》，对于集中连片特困地区、国家级贫困县及开展易地搬迁的贫困老区可将增减挂钩

节余指标在省域内流转使用，用来支持扶贫开发和易地搬迁。2017 年，又出台了《关于进一步运用增减挂钩政策支持脱贫攻坚的通知》。2018 年发布的《城乡建设用地增减挂钩节余指标跨省域调剂管理办法》中提出，"三区三州"及其余深度贫困县建设用地指标节余可以由国家统筹进行跨省域流转，规定节余指标流转的实施标准。2018 年，在《关于打赢脱贫攻坚战三年行动的指导意见》中指出，要将加强土地政策支持作为脱贫攻坚的支撑保障，要对贫困地区保障用地要求，对节余用地指标跨省域流转优先利用、用地审批给予特殊政策。

土地公有的制度优势不仅体现在扶贫过程中，在乡村振兴过程中同样能发挥土地集体所有制的优势，例如：在乡村振兴过程中，根据发展的需要，合理配置农村产业发展用地、生态发展用地等各类用地需要；在农村产业发展过程中，通过设置集体股份等方式壮大农村集体经济；在发展过程中，通过村党支部领办合作社、村民农地经营权入股的方式，开展农业现代化经营。

（二）创新土地经营管理方式，推进农垦改革

农垦是国有农业经济的骨干和代表，是推进中国特色新型农业现代化的重要力量。在农垦体制中，国有农地所有权与集体所有制虽然有所不同，但都是公有制的实现形式。在社会主义市场经济条件下，农垦经营过程中虽然存在着一些与市场经济发展不协调的因素，但是，在改革过程中，必须要坚持国有农场的发展方向，绝不能把土地公有制改垮了。

2015 年，《中共中央国务院关于进一步推进农垦改革发展的意见》中也指出，农垦改革要坚持社会主义市场经济改革方向，以保障国家粮食安全和重要农产品有效供给为核心，以推进垦区集团化、农场企业化改革为主线，积极培育新型农业经营主体，发展股份制、公司制等农业经营形式，既要防止土地碎片化，又要防止土地过度集中。构建权利义务关系清晰的国有土地经营制度，改革完善职工承包租赁经营管理制度，建立经营面积、收费标准、承包租赁期限等与职工身份相适应的衔接机制。

目前，我国在推进农垦改革过程中，着力推进农垦国有土地确权发证，并积极推动有条件的农垦企业土地资源资产化、资本化。这些改革举措与农村集体土地制度改革类似，都是为了实现公有制与市场机制的有机融合。需要注意的是，在改革过程中，坚守农地公有制底线和充分发挥市场机制同等重要。需要说明的是，如果没有了土地公有制，那么即使市场化改革有所进展，也必将是少数人的富裕和多数人的贫困。因此，在农垦改革过程中，需要主动创新和规范土地管理方式，提高农地使用效率和产业效益，但是必须坚守国有农场的发展方向，必须坚持土地公有制不改变。

第四章
中国模式中的政府与市场

2004 年 5 月 7 日，美国高盛公司高级顾问 Jashua Cooper Ramo 在伦敦《金融时报》上提出"北京共识"，使中国模式成为国内外理论界研究的热点问题。作为两种基本的资源配置方式，市场和政府在推动经济发展过程中发挥着非常重要的作用，两者之间的关系也一直是理解一国经济发展模式的根本问题。基于此，要正确理解中国模式的实质，就必须深入剖析中国模式中的市场与政府关系。

第一节　关于政府和市场关系的不同观点

市场与政府的关系是经济学研究的根本问题之一。在资源配置过程中，到底是应该市场发挥作用多一点，还是应该政府发挥作用多一点，或者两者应该如何组合，目前理论界也没有公认的说法。不同的理论学派从各自不同的视角对市场与政府的关系进行了阐述。

一、古典经济学的市场决定理论

古典经济学派是最早对市场机制、市场与政府关系作出系统分析的学派。早在 18 世纪，亚当·斯密就提出了"看不见的手"理论，认为通过市场的作用，资源就可以得到优化配置，政府没有必要介入市场运行，只需要发挥"守夜人"的作用即可。李嘉图对亚当·斯密的理论进行了继承和发展。他在论述劳动价值论和分配理论时，提出收入分配应该由市场来决定，市场决定工人的工资水平，政府不应干预和控制经济运行中形成的分配结果。萨伊提出了"萨伊定律"，认为供给创造其自身的需求，市场的作用可以使产品的供给和需求自动达到平衡，生产出来的产品都可以卖出去，市场不会出现普遍过剩，也不会发生经济危机，即使个别部门出现了供求失衡的现象，也是暂时的，市场的力量会改变这种状况，使供给和需求重新回到平衡状态。约翰·穆勒则认为"一国的生产物总是按照该国的全部输出品适足抵偿该国的全部输入品所必需的价值，与其他国家的生产物相交换"①。这一国际价值法则只是更为一般的价值法则，即我们称为供给和需求方程式的延伸，市场的力量可以保证国际贸易领域的供求平衡。

总的来说，古典经济学派关于市场与政府关系的基本观点是：在自由市场上，人都是理性经济人，每个人都有生产什么、消费什么的自由，并在生产消费过程中追求自身利益的最大化；市场的竞争机制迫使企业生产满足消费者需求的产品，从而客观上促进公共利益的实现；政府不应干预市场运行，只是制定规则保证市场正常运行以及提供国防用品等私人部门无法提供的物品即可；市场经济具有内在稳定性，在市场作用下，供给和需求可以自行达到均衡。

古典经济学派关于市场与政府关系的观点有其合理的成分，古典学派承认并尊重市场主体对自身物质利益的追求，而市场主体对于自身利益的追求是推动经济增长的重要动力和源泉，但是古典学派关于市场与政府关系的观点也存在明显的缺陷，古典学派片面夸大了市场在资源配置中的作用，过于轻视政府的应有作用。在现实经济运行中，由于存在市场失灵的问题，客观上要求政府调控经济运行，这是市场作用有效发挥、经济健康运行的重要保障。

二、凯恩斯主义经济学对于完全自由市场决定的反思

1929~1933年，西方国家爆发了严重的经济危机。为了解决危机，凯恩斯在深入分析市场缺陷和不完全性的基础上，提出政府应该从宏观上干预经济的思想。凯恩斯的经济思想在罗斯福新政中得到贯彻落实，并取得了巨大成功，美国经济迅速从危机中走了出来。之后，更多的经济学者认识到政府干预经济的合理性和可能性，形成了凯恩斯主义经济学。凯恩斯主义经济学把经济危机、失业归结为有效需求不足，认为"一个充足的总需求是使经济保持健康状态的关键因素"②，只要政府通过调控解决私人部门有效需求不足的问题，增加社会有效需求，就可以增加就业，摆脱经济危机。

凯恩斯主义经济学重视政府在经济运行中的重要作用无疑是正确的。自凯恩斯的《就业、利息与货币通论》出版到20世纪70年代初，国家干预成为西方国家资产阶级政府熨平经济波动、缓和社会矛盾的重要手段，国家深度介入社会经济生活成为资本主义经济的新特点。但是，凯恩斯主义并没有号中资本主义经济危机的真实脉搏，基于凯恩斯主义的国家干预也没有触及资本主义基本矛盾，因

---

① 约翰·穆勒. 政治经济学原理（下卷）[M]. 北京：商务印书馆，1991.

② 查尔斯·K. 威尔伯. 经济学的贫困 [M]. 北京：中国经济学院出版社，1993.

此，随着生产社会化程度的进一步提高和资本主义基本矛盾的日益尖锐化，资本主义经济陷入严重"滞胀"状态，宣告了凯恩斯主义的破产和国家干预的失败。

三、新自由主义经济学：回归市场决定理论

20世纪70年代西方国家出现"滞胀"现象后，西方理论界对凯恩斯主义经济学进行了反思，新自由主义经济学兴起。新自由主义经济学是指当代西方经济理论中强调自由放任、反对政府干预的经济学体系和流派，其主要观点是：推崇"市场原教旨主义"，反对政府干预；主张私有化，宣扬"私有产权神话"的永恒作用，反对公有制；主张全球自由化，维护美国主导下的自由市场经济，反对建立国际经济新秩序；主张福利个人化，强调保障的责任由政府向个人转移，反对福利提升。新自由主义具体实施的经济政策主要包括紧缩货币供给、压低工资、抑制通货膨胀、解除政府部门对私人企业的管制、减税刺激投资、削减社会福利支出和打击工会。在拉丁美洲、亚洲、非洲发展中国家和苏联、东欧等社会主义国家，新自由主义推行的经济政策主要是私有化、市场化和自由化。在国际贸易和国际金融领域，新自由主义经济政策主张解除对国际商品贸易、服务和资本流动的一切障碍，实现国际垄断资本控制下的全球自由贸易和自由资本流动，以便实现与商品、资本和一般服务等输出并存的知识产权输出（作为当代国家垄断资本主义的新特征之一）。①

新自由主义经济学奉行市场决定理论，其主要思想与古典经济学派几乎相同，但比古典经济学派更为彻底，大肆宣扬私有化、市场化、自由化，完全否定政府干预的合理性。新自由主义经济学的主张必然因资本的逐利性和经济运行缺乏必要的管制而导致经济畸形发展，资本从利润率低的部门无限制地向利润率高的部门流动，造成产业的空洞化和经济的虚拟化，经济发展的稳定性减弱，经济危机爆发的可能性增加。2008年国际金融危机以及之后的欧洲债务危机就是新自由主义经济政策导致的不良后果的反映。

第二节　世界主要经济发展模式中的政府与市场

由于历史、文化、社会等因素的不同，不同经济发展模式中的市场与政府关系也不尽相同。市场多一点，还是政府多一点，不同的国家对于两者有不同的组

---

① 程恩富. 新自由主义的起源、发展及其影响［J］. 求是，2005（3）：28－41.

合方式。每一种组合方式都不是完美无缺的，有优点，也有缺点。目前，中国正在建设中国特色的社会主义市场经济，分析世界主要经济发展模式中的市场与政府关系，探索市场经济发展规律，总结经验，吸取教训，对于我国的市场经济建设具有很重要的意义。

一、世界主要经济发展模式中的市场与政府关系

由于地理位置、资源禀赋、文化传统等方面的不同，世界上不同的区域和国家逐渐形成了各自独特的经济发展模式，影响较大的有英美模式、莱茵模式、俄罗斯等转型国家发展模式、拉美模式等。这些发展模式中的市场与政府关系各具特点，代表性很强（见表4-1）。

表4-1 世界主要经济发展模式中市场与政府关系

经济发展模式	市场与政府关系特点	优势	劣势
英美模式	推崇"市场原教旨主义"，主张经济自由，反对政府干预	市场调节成本较低，灵活性较好，可以充分调动个人和企业的主动性、积极性和创造性，促进创业和企业的灵活经营	缺乏政府干预导致政府控制经济风险的能力弱化，过分强调自由竞争和个人利益导致贫富分化加剧
莱茵模式	市场自行调节为主与政府必要干预相结合	充分发挥了市场机制的作用，调动了个人的积极性、主动性和创造性	政府对经济的过度干预造成企业缺乏创新精神，劳动力成本过高，失业率上升，经济效率降低；完善的福利体系滋生了"福利病"，国家和企业不堪重负
俄罗斯等转型国家发展模式	强调市场在资源配置中的基础地位，但不赞成市场决定一切，仍旧重视政府对经济生活的调控作用	产权私有化打破了国有制的垄断，形成多种经济成分并存的局面，为市场竞争奠定了基础；建立完善的社会保障体系，减轻了政府负担	受欧美国家影响较大；配套制度不完善，经济缺乏必要监管，腐败严重，效率低，自主创新能力较弱
拉美模式	主张贸易自由、金融自由等，追求经济自由化发展，减少政府对经济的干预	适应经济全球化趋势，建立相对自由的商品、资本市场，大量吸收外资和引进国外技术，促进了经济发展	受欧美国家影响较大，经济不稳定；对欧美发达国家技术依赖过大，自身创新能力不足；政府对经济的干预作用被严重弱化，导致国际收支不平衡，社会矛盾尖锐，两极分化严重，政治动荡，经济危机频发

英美模式的代表国家是英国和美国。英国是古典经济学派的发源地，崇尚自由竞争；美国是践行新自由主义经济学的典型，推崇"市场原教旨主义"，反对政府干预。英美模式拥有完善的市场体系，通过市场发挥价格机制、供求机制、竞争机制的作用来配置资源；主张私有化；强调企业的自由经营，自主决策；要求放松管制，削减赋税等。在政府干预方面，英美模式侧重于运用以税收、利率等为工具的间接调控政策，反对直接的经济计划和产业政策。英美模式中市场与政府关系的优势在于充分发挥市场竞争对经济的指挥和推动作用，成本较低，灵活性较好，可以充分调动个人和企业的主动性、积极性和创造性，促进创业和企业的灵活经营；弊端在于市场自动调节的自发性、盲目性、滞后性容易引起经济的波动，政府控制经济风险的能力弱化，对于自由竞争和个人利益的过分强调不利于社会长远利益的实现，加剧贫富分化，损害社会公平。

莱茵模式的代表是德国的社会市场经济模式。这种模式具备私有制、契约自由、竞争自由等自由市场经济的特征，强调市场自行调节为主与政府必要干预相结合，维护私有制的基础地位，但在某些重要经济部门则允许少量国有企业存在；企业由股东和雇员代表共同管理，注重企业目标与雇员目标的一致性。政府干预方面，政府通过制定相关经济政策和规章条例的方式调控经济，实现经济发展中效率、自由和社会秩序的协调统一。社会保障方面，政府承担大量的社会责任，通过建立惠及全民、标准统一的涵盖医疗保险、养老保险、失业保险、家庭保险等内容的完善的社会福利体系，保证社会公平。莱茵模式的弊端在于私有制和私人资本的垄断地位没有受到根本触动，无法克服资本主义基本矛盾，难以避免经济衰退和经济危机反复发生。

俄罗斯等转型国家模仿欧美国家经济模式，缺乏本国特色，强调市场在资源配置中的基础地位，推行国有企业私有化，大力发展私人经济，严重削弱政府对经济的干预，盲目建立与欧盟发达经济体看齐的福利制度，严重超越经济实力，自主创新能力弱，腐败严重，经济效率低下，经济增长缓慢。

拉美模式推动国有企业全面私有化，追求经济自由化发展，减少政府对经济的干预，主张贸易自由化和金融自由化，放松外资管制（吴季松，2012）①。拉美模式是典型的依附型发展模式，尽管比较重视发展外向型经济，大量吸收外资和引进国外技术，但是经济发展的自主性差，尤其是缺乏自主创新能力，对欧美国家形成了严重依赖性，无法建立独立的经济体系，难以形成有竞争力的产业，经济发展缓慢，社会矛盾尖锐，两极分化严重，整个政治、经济、社会体系非常脆弱，经济社会危机频发。

---

① 吴季松. 中国经济发展模式：摸着科学与知识的石头过河［M］. 北京：北京航空航天大学出版社，2012：5－18.

二、"大市场、小政府"——世界主要经济发展模式中市场与政府关系的实质

通过分析世界主要经济发展模式中市场与政府的关系可以发现，它们实质上都实行了"大市场、小政府"的市场经济模式。这种市场经济模式充分发挥了市场在资源配置中的决定作用，相对弱化了政府的作用。这种模式的内在制度基础是生产资料私有制，动力是个人、企业等市场主体作为理性经济人对利益最大化的追求，前提是消费者和企业的自主决策以及市场主体间的平等、自由交换。

世界主要经济发展模式普遍奉行"大市场、小政府"，市场经济模式是由相关国家的经济、政治制度、意识形态等因素决定的。首先，这些国家普遍实行生产资料私有制的基本经济制度。这种制度要求自由竞争、自由放任的市场秩序，因为私人资本只有在这种市场秩序下才能实现对经济资源的支配，才能肆意地追求利润最大化，它天然地反对任何对其追逐利益进行限制的制度安排。其次，这些国家普遍实行以三权分立和权力制衡为基础的政治制度。无论是美国、德国、法国等国家实行的民主共和制，还是英国、日本等国家实行的君主立宪制，其基础实质上都是立法权、行政权、司法权的独立和相互制衡。在三权分立的制度安排中，立法机关实质上是最高的决策机构，政府是执行机构。理想状态下，立法机关通过投票的方式把可以代表社会大多数人利益的诉求集中起来形成法案，并由政府来执行。现实的情况却是，立法机关被少数私人利益集团操纵，多党制下不同党派为了各自代表的利益集团的利益相互掣肘、拆台，立法机关很难形成可以代表社会大多数人利益的法案，也很难在重大经济社会问题上形成一致意见，更无法在经济发展出现重大问题时及时地形成解决问题的法案。作为执行机关，政府的地位和作用被严重弱化。最后，这些国家的主流意识形态是自由主义。作为资产阶级反对君权神授、世袭制度等封建专制制度的重要思想武器，自由主义一直是西方国家的主流意识形态。无论是古典自由主义还是新自由主义都强调个人至上的原则，强调保护私有制，保护自由竞争，反对政府干预。新自由主义代表人物哈耶克认为，"一个人不受其他某人或某些人武断意志的强制，这种状态常常被看作是个人的或人身的自由"（哈耶克，1998）[①]，"私有制是自由最重要的保障，这不单是对有产者，而且对无产者也是一样。只是由于生产资料掌握在许多独立行动的人手里，才没有人有控制我们的全权，我们才能够以个人的身份来决定我们要做的事情。如果所有的生产资料都落到一个人手里，不管它在名义上是属于整个'社会'的，还是属于独裁者的，谁行使这个管理权，谁就有全

---

① 哈耶克. 自由宪章 [M]. 北京：中国社会科学出版社，1998.

权控制我们"①。他反对任何形式的集体主义，特别是社会主义，认为"社会主义意味着废除私有企业，废除生产资料私有制；创造了一种计划经济体制，在这种体制中，中央的计划机构取代了为利润而工作的企业家"（哈耶克，1997）②，导致的后果则是人们无条件地服从政府的安排，自由将会被奴役取代。在自由主义意识形态的影响下，这些国家大力加强市场调节，削弱政府干预，逐渐形成"大市场、小政府"的市场经济模式。

"大市场、小政府"的市场经济模式过度迷信市场对于经济的调节作用，却对政府调控对于经济的重大影响重视不足，具有天然的局限性，主要表现在：①无法有效化解社会化大生产和生产资料私人占有之间的矛盾，经济增长乏力。按照马克思主义政治经济学的观点，社会化大生产要求在全社会范围内协调资源，但是生产资料的私人占有以及资本的逐利性决定了资本主义生产的无政府性，导致经济危机周期性爆发，严重破坏社会生产力。"大市场、小政府"的市场经济模式无法解决这一矛盾，甚至可以说是造成这一矛盾的因素之一。②去工业化和经济金融化现象突出。在市场的调节下，无论是欧美国家还是拉美等国的工业化都从采掘业、轻工业等劳动密集型产业发展到加工制造业为主的资本密集型产业，再发展到现在的高新技术产业，这个过程是私人资本为了追逐利益最大化而不断采用新技术，提高资本有机构成和资本积累率，用资本、技术代替劳动力的过程，也是各种生产要素由利润率较低的行业或部门不断向利润率较高的行业或部门流动的过程。现在，这些国家已基本形成了以金融、贸易、餐饮等为代表的金融服务业占主导地位的产业结构，制造业、炼钢、汽车等产业逐渐萎缩或向亚非新兴国家转移，去工业化和产业空心化现象非常严重。以制造业为例，世界银行公布的 2012 年数据显示，美国、英国、德国制造业产值在 GDP 中的比重分别占到 13%、10% 和 23%，而第三产业产值在 GDP 中的比重分别高达78.1%、78.6% 和 68.4%。服务业尤其是金融业本来是为第一、第二产业服务的，只有与第一、第二产业有机结合才能充分发挥其价值，现在却因为自身可以带来高利润而在国民经济中占据主导地位。经济的金融化因这些国家的去工业化致使其缺乏实体经济的支撑，进而导致这些国家的经济非常脆弱，无法抵御经济危机的侵袭。③社会分配不公，两极分化严重。在"大市场、小政府"的市场经济模式下，企业为了追求利润而不择手段地利用机器、技术替代劳动力。一方面，占人口比例较小的资本家企业主把资本集中于高新技术产业获取暴利；另一方面，占人口比例较大的工人因为以制造业为代表的第二产业衰落而陷入失业或实际工资降低的窘迫境地。社会财富越来越向少数人集中，贫富差距拉大，两极分化严重。

三、世界主要经济发展模式中市场与政府关系对我国的启示

党的十八届三中全会通过的《中共中央关于全面深化改革若干重大问题的决定》中指出："经济体制改革是全面深化改革的重点，核心问题是处理好政府和市场的关系，使市场在资源配置中起决定性作用和更好发挥政府的作用。"[①] 我国要处理好政府和市场的关系，就是要在深刻理解世界主要经济发展模式中市场与政府关系实质的基础上，吸取"大市场、小政府"市场经济模式的经验教训，探索并建立起符合中国国情、具有中国特色的社会主义市场经济体制。

（一）坚持公有制的主体地位

坚持公有制的主体地位是我国正确处理市场与政府关系、建立中国特色社会主义市场经济体制的根本制度保障。坚持公有制的主体地位是由我国的社会主义性质决定的，也是化解社会化大生产与生产资料私人占有这一制约经济发展根本矛盾的必然要求。我国是社会主义国家，政府承担着制定国家经济、社会发展整体规划并引导市场实现国家战略发展目标、维护社会公平正义等职能，坚持公有制的主体地位是政府实现上述职能的前提和基础。只有坚持公有制的主体地位，政府才能在全社会范围内调配资源；才能集中有限的资源发展煤炭、钢铁等关系国计民生的战略性产业；才能克服私有制导致的高新技术产业、金融服务业等产业的畸形发展，并建立起较为合理的产业结构；才能让广大人民群众分享到社会经济发展的成果，最终实现共同富裕。

（二）充分发挥市场在资源配置中的决定性作用

充分发挥市场在资源配置中的决定性作用，就是要让市场调节成为我国国民经济中大部分竞争性行业和部门以及经济运行中微观层面的主要调节机制。市场通过价格机制为企业、劳动者等市场主体传递商品和要素稀缺性程度的信息，通过竞争机制刺激企业加强技术创新并采取最低成本的生产方法，通过供求变化实现生产要素的重新组合，实现供给和需求的平衡。在这个过程中，市场发挥着信号传递、技术创新、物质驱动、微观均衡等功能，在市场主体根据市场情况做出决策追求自身利益最大化的同时，客观上促进了资源的合理配置。在收入分配中，要让市场调节初次分配，效率优先，充分利用劳动力、技术等生产要素，做大收入分配的蛋糕。在对外经济中，支持本国企业参与全球市场的竞争和分工协作，倡导本国企业采用先进技术，自主创新，努力增强自身核心竞争力。

现阶段，由于我国市场经济体制还不完善，要充分发挥市场在资源配置中的

---

① 中共中央关于全面深化改革若干重大问题的决定 [N]．人民日报，2013 – 11 – 16.

决定性作用，需要不断健全市场体系，消除市场壁垒，提高企业自主决策的能力和水平。当然，市场并不是万能的，具有自发性、盲目性、滞后性等天然缺陷，因此，充分发挥市场在资源配置中的决定性作用并不是完全依靠、放任市场配置资源，而是要让市场在科学的制度框架内配置资源，最大限度地消除市场缺陷对经济发展带来的消极影响。

（三）更好地发挥政府的作用

更好地发挥政府作用并不是要用政府替代市场在资源配置中的作用，也不是要弱化市场作用，而是要让政府做市场做不了或做不好的事，为市场发挥作用提供保障。

（1）政府要主导资源配置方向。目前，中国经济发展存在城乡经济发展不平衡、贫富差距增大、产业结构亟待升级、自主创新能力不足等问题，单纯依靠市场调节无法解决这些问题。这也已经被美国、欧洲、俄罗斯、拉美国家的实际经济运行情况所证明。要解决这些问题，政府就要主导资源配置方向。政府利用其在收集经济发展信息、把控国民经济发展全局等方面的优势地位，从整体上规划经济发展的方向并确定重点投资领域和项目，引导市场主体的决策活动与国家的经济发展目标相一致，引导资源向关系经济发展全局的基础性、战略性产业流动，向短期内经济效益无法显现却在长远可以有效提高产业发展技术含量、增强国民经济核心竞争力的基础性研究项目流动，向有助于重大经济结构调整、优化生产力布局的投资领域流动等。

（2）政府要参与资源配置。中国的社会主义性质和现阶段社会的主要矛盾赋予政府满足广大人民群众日益增长的美好生活需要、维护社会公平正义等价值目标。市场调节无法在生产力水平还不发达时就普遍提高广大人民群众生活水平、实现社会公平正义，奉行"大市场、小政府"国家的经济发展情况已经证明了这一点。要实现这些价值追求，政府就要直接参与资源配置。政府要通过直接投资的方式为社会提供必要的基础设施和公共物品。政府要加强和壮大国有经济，让国有经济在如石油、天然气、煤炭、钢铁等关系国家安全、经济命脉的重要行业占据主导地位；引导国有经济投资有助于提高国家综合国力、促进技术进步的前瞻性战略性产业；通过让国有经济在供给侧结构性改革中发挥示范作用，扩大有效供给，提高供给结构对需求变化的适应性和灵活性；推动国有经济切实承担起吸纳就业、让社会大众共享经济改革发展红利、促进绿色发展、维护社会公平正义等职能。

（3）政府要调节收入分配。收入分配是实现效率和公平的主要手段。"大市场、小政府"市场经济模式中的收入分配名义上强调机会平等，结果却导致严重的两极分化。目前，中国收入分配制度要充分发挥优化资源配置、提高经济运行效率的功能，也要尽可能实现过程和结果的公平，减小居民的贫富差距。政府既要充分发挥市场在调节初次分配、通过合理收入差距激发劳动者积极性、优化资源配置中的重要作用，也要纠正初次分配中因现行体制、制度中的不合理规则而造成的如东西地区居民收入差距过大、城乡居民收入差距过大、垄断行业职工收入明显高于非垄断行业职工收入等明显有失公平的收入差距，避免因损害社会公平而影响经济效率（冯新舟、何自力，2015）①。在再分配中，政府要通过征收个人所得税、完善财产税等税收调节手段，通过不断完善失业保险制度和基本养老保险制度，建立侧重于扶助低中收入阶层并覆盖全体社会成员的社保体系等社会保障制度，通过加大对中西部地区、贫困边远地区的财政支持力度，加大在教育方面的支出，加强对残疾人、鳏寡孤独等困难群体的救助和帮扶等转移支付手段，对收入进行"抽肥补瘦"式的调节，让全体人民共享经济改革和发展的成果，维护社会公平，实现共同富裕（冯新舟、何自力，2015）②。

（4）政府要为资源配置提供制度支撑。市场要有效配置资源，需要完善的制度作为支撑，政府在提供制度支撑方面有着天然的、无法取代的责任。政府要宣扬诚实、公平、正义的社会伦理道德价值体系以及有利于市场交易顺利进行的风俗和习惯。政府要倡导和确立自由竞争、维护产权、履行契约的市场运行机制。在社会主义市场经济体制下，倡导自由竞争要尽量避免无序竞争、恶性竞争和过度竞争；维护产权不仅要维护私有产权，还要明晰和维护公有产权。政府要制定国家经济发展整体规划，要提供必要的、科学的货币政策、财政政策等弥补市场失灵的政策制度，要加强旨在强化政府公共服务、社会管理、环境保护等职能的制度建设。政府要建立完善的社会主义市场法律制度体系，坚持法治思维和"底线"思维，加强立法，严格执法，严厉打击腐败及其他破坏社会主义正常市场秩序的行为。

第三节　中国模式中的市场与政府关系
——政府主导下的社会主义市场经济

中国模式的核心在于建立起了中国特色的社会主义市场经济制度，它是市场经济与中国国情、社会制度等相结合的产物，不仅具有产权明晰、市场竞争、价格机制等市场经济的一般特点，更因其社会主义特色而富有活力和魅力。同时，

---

①② 冯新舟，何自力. 中国模式中的市场与政府关系——政府主导下的社会主义市场经济［J］. 马克思主义研究，2015（11）：50-58.

市场经济与社会主义的有机结合主要体现在政府与市场两者的地位和关系上。中国模式中的市场与政府关系本质上是政府主导下的社会主义市场经济模式，在发挥政府主导作用、保证国家性质的前提下，充分发挥市场在资源配置中的决定作用。现阶段，这种模式因其较为正确地处理了中国市场与政府的关系，增强了经济活力，兼顾了公平与效率，因此取得了巨大的经济成就。

一、基本经济制度中坚持公有制为主体、多种所有制经济共同发展

（一）坚持公有制经济的主体地位

生产资料所有制是一个国家基本经济制度的核心内容，是一个国家社会性质的本质体现，同时也是一个国家在经济发展过程中处理市场与政府关系的基础。中国是社会主义国家，坚持公有制的主体地位是保证市场经济社会主义性质的必然要求。同时，尽管社会主义国家仍然是阶级矛盾不可调和的产物，是统治阶级的统治工具，但不同于资本主义国家为资本家企业主的利益服务，社会主义国家代表的是以无产阶级为主体的广大人民群众的根本利益。政府干预经济活动的出发点和落脚点是为了推动国民经济的持续健康发展，进而满足广大人民群众日益增长的美好生活需要，维护社会公平和正义。可以说，中国的社会主义性质赋予政府拥有资本主义国家政府所没有的如制定国家经济发展整体规划、通过各种手段引导市场实现国家发展战略目标、维护社会公平正义等经济职能，而生产资料公有制是政府实现上述经济职能的前提和基础。

（二）坚持公有制经济的主体地位有利于政府实现其确定的国家经济发展整体目标

基于国家的社会主义性质，中国政府要制定国家经济发展整体规划、确定国家经济发展的整体目标，从而满足广大人民群众日益增长的美好生活需要。发展公有制经济并确保其在国民经济中的主体地位，可以充分发挥中国的制度优势，集中有限的社会资源办大事，促进石油、天然气、煤炭、军事工业等关系到国计民生的战略性产业的发展，实现国家发展战略目标，维护全体社会成员的利益，体现社会主义制度的优越性。在中国，基于"仁、义、礼、智、信"为核心内容的儒家文化和家族血缘关系或宗族、同乡、同学等准血缘关系的民营经济尽管具有决策效率高、凝聚力强等优势，但由于它很难突破血缘纽带而成长为可以和西方国家巨型跨国公司抗衡的企业，因此无法承担起提升中国经济国际竞争力、带动整个国民经济快速发展的重任。以国有企业为代表的公有制经济，可以克服民营经济的缺陷，集中社会优势资源发展国民经济中亟待发展的产业，并在法人治理结构方面突破家族血缘关系的束缚，建立高效的现代企业制度，形成一批可以与西方国家巨型跨国公司竞争的大型企业，进而有实力实现自主创新，提高中

国企业国际竞争力，推动国家工业化进程，促进中国经济高速发展。

（三）坚持公有制经济的主体地位有利于维护社会的公平和正义

与资本主义国家相比，社会主义国家对于政府为社会提供公共物品、维护社会公平和正义等有着更高的要求。坚持公有制经济的主体地位，有助于政府更为有效地实现这些目标。目前，中国国民经济中的大部分行业是竞争性的，可以充分发挥市场的调节作用，民营经济可以自由进入，政府管得太多反而会打击市场主体的积极性，也不利于正常竞争秩序的形成。但是，有一部分带有公共属性的行业，如石油、天然气、煤炭、钢铁、自来水、通信、电力等，它们在国民经济中居于基础地位，具有自然垄断属性，有的是其他行业正常发展的基础和条件，有的关系到社会公众的生存、发展和福利。如果这些行业被私人资本控制，行业发展仅仅依靠市场调节，势必出现这些行业为了谋求垄断利润，凭借其垄断地位制定较高价格，损害其他行业部门以及社会公众利益的情况，导致公共物品供给不足，催生两极分化，破坏社会的公平和正义，甚至还会因为这些行业缺乏限制的大幅度价格变动引起整个国民经济的动荡。因此，这些行业的发展不适合完全采用市场调节的办法。最适合公共行业运营的是国有企业，国有企业的公有制属性决定其在兼顾企业赢利目标的同时，可以承担起按照社会目标为整个社会提供高质量服务和产品的责任，甚至当赢利目标和社会目标冲突时优先实现社会目标。

值得庆幸的是，当俄罗斯、捷克、乌克兰等原社会主义国家承受着因国家转型过程中公共行业大规模私有化导致的国家政治经济生活被少数寡头控制、社会高度不公等不良影响时，中国的国有经济牢牢控制着国家的经济命脉，为整个社会提供了必要的公共产品和服务，为整个国民经济的可持续发展提供了充足的基础资源，为实现社会公平、正义提供了坚实的经济支撑。目前，中国国有企业在石油、天然气、煤炭、钢铁、电力等行业均占据主导地位，提供了铁路、航空、海洋运输等基础服务，控制着金融、通信、国防等影响国家安全、稳定的行业，为中国经济协调、稳定发展发挥了非常重要的作用。

（四）坚持公有制经济的主体地位有助于政府抵御经济危机

在西方资本主义国家的经济发展史上，经济危机多次出现，不同程度地损害了资本主义世界的经济，严重时甚至导致一国经济的崩溃。按照马克思的观点，经济危机的本质是资本主义基本矛盾运动导致的生产相对过剩，是市场失灵的一种表现。在市场的调节下，以几次工业革命为代表的技术进步推动了西方资本主义国家的工业化经历了由初级阶段以劳动密集型的采矿业和轻工业为主，到中期阶段以资本密集型的重化工业和加工制造业为主，再到现阶段以技术密集型产业和战略性新兴产业为主的发展过程。应该看到的是，西方资本主义国家的工业化是以资本主义生产关系为基础的，工业化过程在促进经济飞速发展的同时，也成为私人资本逐利的工具。为了谋求利润最大化，资本家企业主不断采用先进技术，提高资本有机构成和资本积累率，使利润率较低的行业部门逐渐萎缩，利润率较高的行业部门迅猛发展。现在，西方资本主义国家普遍形成了高新技术产业、金融业、服务业等占据国民经济较大比重的产业结构，这些产业本来只有与重化工业、制造业等产业相结合才能创造出更大的价值，只是为第一、第二产业服务的，现在却因为可以带来较高利润而占据主导地位，导致西方资本主义国家的去工业化和产业空洞化。世界银行公布的 2012 年数据显示，美国制造业产值在 GDP 中的比重仅为 13%，英国为 10%，法国为 11%，德国为 23%，日本为 19%，意大利为 15%，葡萄牙为 13%，希腊为 8%。对于制造业的衰落，美国陶氏化学公司主席兼 CEO 利伟诚曾在《美国制造》中描述："现在，美国的状况可能会令许多人感到吃惊。我们正痛苦地适应着失业、企业倒闭和一些小城市甚至大城市主要街道的关闭。对许多美国人来说，'制造'这个词与过去——那个辉煌、简约和更富足的时代相联系。"[1] "美国的竞争者正在通过投资高度先进的、高度专业化的和高附加值的制造业来积累大量财富。在这场比赛中，美国正在迅速地落后。"[2] "随着美国服务业部门的扩张和制造业部门的收缩，结果不是一个新的每个人都胜利的后制造业经济，结果只是特定人的胜利，但是作为整体的国家却存在大量的失业。在持续高失业情况下，没有哪个社会能繁荣"。[3] 相较于资本家企业主通过把资本集中于高新技术产业获取暴利，以制造业为代表的第二产业本来是解决就业的重要的行业，现在却因为行业的衰落导致这些行业的工人陷入失业或实际工资降低的窘迫境地，社会贫富差距拉大，有效需求不足。正如美国社会主义工人党机关刊物《国际社会主义评论》编辑乔尔·戈伊尔指出的，美国工人的实际工资在近几十年来是不断下降的。虽然 1973 年美国人均 GDP 是 2 万美元，2006 年是 3.8 万美元，增长了 90%，但 1973 年美国工人的实际工资是每周 330 美元，2007 年却下降到每周 279 美元，下降了 15%[4]。另外，市场自发调节下金融业等虚拟经济的繁荣与制造业等实体经济的衰落同时发生，导致两者发展脱节，虚拟经济的发展没有实体经济作为支撑，必然成为空中楼阁，抵御不了风险，当资金链条断裂时就会爆发金融危机。因此，美国、英国、意大利、希腊等才成为 2008 年国际金融危机和欧洲主权债务危机的重灾区。

中国的工业化起步较晚，新中国成立时几乎没有像样的工业。之后，中国建立起门类较为齐全的工业部门，并在改革开放后的 40 多年时间里，逐步形成了

---

①②③　利伟诚. 美国制造［M］. 蔡中为译. 北京：东方出版社，2012.

④　乔尔·戈伊尔. 金融危机：一场全球性的资本主义系统危机［J］. 张寒译. 当代世界与社会主义，2009（2）：10–15.

·87·

劳动密集型产业为基础、资金密集型产业为骨干、技术密集型产业为目标的产业发展格局①。在工业化进程中，由于中国民营经济囿于血缘关系、资金、技术、经营理念等制约，无法打造富有竞争力的巨型企业，无法承担推动中国工业化的历史重任，而且民营经济也会因私人资本的逐利性而引导产业向利润率更高的高新技术产业畸形发展，这与中国孱弱的工业基础现实不符，不利于国计民生，不利于产业间的协调发展，不利于抵御经济风险，也容易产生两极分化。因此，客观条件也要求中国的工业化坚持公有制经济的主体地位，充分发挥国有企业在资金、技术、人力资源等方面的优势。改革开放以来，在国有企业的支撑下，中国建立起了门类齐全、规模庞大、竞争力强的重化工业生产体系，重化工业的许多指标都达到了世界领先水平。例如，2000 年以后，中国钢、煤、水泥的产量一直居世界第 1 位，发电量居世界第 2 位。中国已经成为全球最大的制造业生产国，制造业占全球比重达到 19.8%，220 余种工业产品产量都位居世界前列。同时，尽管高新技术产业利润率较高，中国产业升级也需要高新技术的支撑，但是国有企业需要实现政府制定的整体经济发展目标并承担社会责任，不会把资金过度地投入到高新技术产业，而是更加注重产业结构的合理化以及产业发展和变迁对国计民生的影响，这样就能够杜绝各产业在国民经济中比例严重失衡现象的发生。世界银行公布的数据显示，中国制造业在国民经济中的比重一直维持在 1/3 的水平，2006～2008 年均占到 32% 以上。正是基于国有企业为代表的公有制经济在中国工业化进程中的重要作用，中国的产业结构才没有像西方资本主义国家那样比例严重失衡。而且，当面临国际经济危机的侵扰时，公有制经济还为政府抵御危机提供了必要的基础支持。2008 年国际金融危机尽管也波及中国，但是由于中国经济虚拟化程度相对不高，产业结构也维持在一个较为合理的水平，第一、第二产业仍占据国民经济的主导地位，再辅之政府四万亿元的刺激计划，经济很快从金融危机的影响中走出来，所有这些都依赖于公有制经济的支撑。中国经济在国际金融危机中的优良表现证明，坚持公有制经济的主体地位有助于政府抵御经济危机。

二、促进多种所有制经济共同发展

如果说坚持公有制经济的主体地位是中国充分发挥政府对经济调控作用、为社会提供必要公共物品、维护社会公平正义的基础，那么，促进多种所有制经济的共同发展则是引入市场竞争机制、充分发挥市场在资源配置中决定性作用的基础。多种所有制经济的共同发展塑造了平等交换的市场主体，有利于增强市场经

---

① 何自力. 对"大市场、小政府"市场经济模式的反思——基于西方和拉美国家教训的研究 [J]. 政治经济学评论，2014（1）：19－32.

济的活力和效率，有利于调动各个经济主体的积极性和创造性，有利于发挥各种生产要素的作用①。促进多种所有制经济共同发展，是在坚持国有经济、集体经济等公有制经济主体地位的基础上，着力推动个体经济、私营经济和外资经济等非公有制经济及混合所有制经济的共同发展。

改革开放的实践表明，个体经济、私营经济等非公有制经济的发展大大增强了中国市场经济的动力和活力，方便了居民生活。现阶段，我国在社会制度许可的范围内，支持、鼓励非公有制经济的发展，并为不同所有制经济创造平等的竞争环境，这是让公有制经济参与竞争并不断提高运营效率的必由之路，是公有制经济发展的动力。另外，在公有制经济控制关系国计民生和经济安全的基础性经济部门及产业的同时，在服装、食品、加工制造、零售等行业引入非公有制经济，充分发挥个体经济、私营经济规模小，经营机制灵活，市场触觉灵敏，适应性强等优势，可以丰富社会物质资源，为居民生活提供便利。

发展混合所有制经济是中国实现公有制与市场经济的结合、通过引入竞争机制增强国有经济活力、充分发挥市场调节作用的重要形式，它是现阶段中国实行公有制为主体、多种所有制经济共同发展基本经济制度并致力于建立社会主义市场经济体制的产物，反映了生产高度社会化以及当前中国社会生产力水平对不同所有制经济形式之间合作和共同发展的客观要求。在混合所有制经济中，国有资本、集体资本、私人资本交叉持股，相互融合，国有资本和集体资本在其中占主体位置，从而决定了混合所有制经济的社会主义性质②。发展混合所有制经济，一方面是通过引入私人资本投资参股的方式放大国有资本功能，同时充分发挥市场在企业日常经营决策中的决定作用，改善国有企业的经营管理，提高自主决策水平，实现国有资本的保值增值，从而增强国有经济的影响力、控制力和竞争力；另一方面是通过把公有制经济与非公有制经济的市场交换关系内化在一个企业中，降低交易费用，取长补短，提高运营效率。混合所有制企业中的公有制经济成分只有与市场上的其他所有制经济竞争并努力降低企业内部交易成本，才能继续与非公有制经济成分合作生产，否则非公有制经济就会采用"用脚投票"的方式在市场上进行交易获取需要的产品。

外资经济是中国经济的重要组成部分，不仅是进行现代化建设的重要资金来源，而且在吸收就业、扩大出口、增加财政收入等方面发挥着重要的作用。中国2014年吸收外资规模达到1196亿美元，首次超过美国，成为全球第一。2014年中国外商投资企业进出口总额同比增长3.4%，占全国进出口总额的46.1%。国

① 张宇. 中国模式的含义与意义［J］. 政治经济学评论，2009（1）：9－29.

② 何自力. 发展混合所有制经济是新形势下坚持公有制主体地位的重要途径［J］. 求是，2014（18）：31－33.

家统计局和税务总局数据显示，2014 年 1～11 月，规模以上外商投资工业企业实现利润总额 1.37 万亿元，增长 10.3%，高于全国工业企业利润，平均增幅 5 个百分点。2014 年 1～9 月，外商投资企业缴纳税收 1.9 万亿元，增长 8.6%，比全国企业平均税收增幅高 1 个百分点，占全国税收收入的 19.4%，比 2013 年同期提高了 0.2 个百分点①。可见，鼓励外资经济的发展为中国社会主义市场经济提供了活力，强化了市场竞争，提高了中国企业的竞争力。而且宏观上对中国社会主义市场经济体制提出了更高要求，中国需要在关税、补贴制度等方面与国际接轨才能更好地融入全球市场，才能为外资经济在中国的发展创造公平的环境。微观上也对中国企业提出了更高要求，中国企业要与外资企业竞争，需要不断创新或吸收国外先进技术、管理经验，不断提高运营效率。

三、经济运行中坚持政府主导的市场经济体制

党的十八届三中全会通过的《中共中央关于全面深化改革若干重大问题的决定》中指出："经济体制改革是全面深化改革的重点，核心问题是处理好政府和市场的关系，使市场在资源配置中起决定性作用和更好发挥政府的作用。"② 建立社会主义市场经济体制，就是要让市场在政府的宏观调控下对资源配置起决定作用。在经济运行中，中国逐步形成了政府主导型的市场经济体制。中国政府的主导作用不仅仅体现在像西方发达市场经济国家那样制定和实施市场规则，提供平等竞争环境，利用财政、货币政策平衡市场总供求等方面，更重要的是，中国政府是国家经济建设和市场化的发动者和组织者，承担着推动经济发展、实现国家现代化的重任。

（1）中国政府通过控制投资方向和投资规模主导经济运行方向。中国是后发国家，起点低、基础差，即使经过改革开放 40 多年的快速发展，仍面临着偏远地区、广大农村基础设施薄弱、自主技术创新能力不高、产业升级任重道远、城镇化水平有待进一步提高等难题，这些难题因市场调节的盲目性无法依靠市场机制来解决，需要政府依据国民经济发展的情况以及全球经济发展趋势确定重点投资领域和投资项目，有组织、有计划地集中社会资源发展关系国家经济发展全局，关系人民生活水平的基础性、战略性产业，为国民经济可持续发展和追赶先进国家打下坚实基础。中国的经济总量尽管自 2010 年起已经位居世界第二，但社会的主要矛盾仍然是人民日益增长的美好生活需要和不平衡不充分的发展之间的矛盾。按照社会资本再生产理论，增加社会物质财富、满足人民日益增长的美

---

① 2014 年中国吸收外资规模首居世界第一［EB/OL］．中国经济网，http：//www.ce.cn/xwzx/gnsz/gdxw/201501/31/t20150131_ 4480545. shtml，2015－01－31.

② 中共中央关于全面深化改革若干重大问题的决定［N］．人民日报，2013－11－16.

好生活需要的根本途径是扩大再生产,扩大再生产的起点在于资本积累,而要实现资本积累就需要扩大投资。因此,科学的做法是既要通过增加生产要素的量扩大投资规模解决更多劳动力的就业问题,又要通过推进技术进步、革新制度、控制投资方向等方式改善投资结构、提高投资效率和劳动生产率。只有这样,才可以在推动经济增长、提高经济发展质量的同时,让更多人分享到经济发展的成果,满足其日益增长的美好生活需要,也才能够促进第一部类和第二部类的协调发展。但是,上述做法的实现需要在公有制条件下由政府主导来完成。

(2)中国政府通过加强供给管理统筹和协调经济运行。所谓供给管理,就是政府基于国民经济各个产业部门发展状况和趋势的分析,制定产业发展规划和实施方案,并在此基础上,通过国有企业直接参与投资活动来实施产业发展规划,通过财政和货币政策以及产业政策来引导包括国有企业在内的所有经济主体的投资活动,使各个经济部门之间保持协调的比例关系,实现国民经济健康协调稳定地运行①。加强供给管理必须由政府主导才能实现预期的目标,这是因为只有政府运用国家的力量才能掌握大量客观、翔实的关于经济运行中的产业结构、产品结构、地区结构等方面的数据,了解市场现状和未来发展趋势,并根据掌握的情况制定科学的经济发展规划,统筹协调各产业、各地区的发展,然后通过引导或强制的手段确保规划的落实,最终实现总供给和总需求在结构和总量上的平衡。市场主导供给管理的结果必然是市场主体为了自身利益把资本投入到可以为自己带来更多利益的产业和地区,从而导致产业部门间、地区间的畸形发展。在这个过程中,市场主体没有义务也没有能力从全局考虑经济运行结构的平衡以及国民经济的可持续发展,市场在供给管理中的作用是盲目的。当然,社会主义市场经济条件下政府主导供给管理并不是重回计划经济的老路,而是要让市场在政府的主导下在资源配置中发挥作用,政府调节和市场调节分别发挥各自优势,弥补各自缺陷,相互补充。

(3)中国政府通过宏观调控和微观规制克服市场缺陷。市场是有缺陷的,"市场调节具有自发性、盲目性、事后性等特点,它对于保证经济总量平衡,防止经济剧烈波动,对于合理调整重大经济结构,对于防止贫富悬殊、两极分化,以及对于生态环境和自然资源的保护等,所有这些,市场调节或者是勉为其难的,或者是无能为力的"②。中国特色的社会主义市场经济既要充分发挥市场在资源配置中的决定作用,又要强调国家宏观调控和微观规制来克服市场缺陷。在宏观调控方面,政府通过宏观财政政策、货币政策促进总供给和总需求的平衡,

---

① 何自力.对"大市场、小政府"市场经济模式的反思——基于西方和拉美国家教训的研究〔J〕.政治经济学评论,2014(1):19-32.

② 刘国光.关于社会主义市场经济理论的几个问题〔J〕.经济研究,1992(10):8-18.

防止经济剧烈波动；通过制定侧重公平的再分配政策、增加转移支付等，防止贫富差距扩大；通过促进加工制造业等，吸纳劳动力较多的产业发展，保持社会的相对充分就业等。在微观规制方面，政府要引导不能产生即时经济效益却可以提升相关产业未来竞争力的战略性领域的微观主体，做出符合国家经济发展战略的经济行为，保证国民经济的可持续发展；政府要规制金融行业、战略资源产业等行业中微观主体的短视行为，确保国家经济安全或产业安全；政府要规制垄断行业以及某些外部性较强行业的微观主体的行为，保证市场主体的平等地位和切身利益等。具体来说，中国政府需要从全局上统一规划，调控石油、煤炭等与经济发展、经济安全紧密相关的地下资源和地上资源的配置；需要在文化、教育、医疗等关系民生、关系社会公平正义实现的非物质资源配置领域，坚持国家主导和公益性、普惠性原则；需要增加国家在再分配中的作用等。

四、收入分配中坚持市场初次分配与政府再分配相结合

收入分配是实现效率和公平的主要手段。社会制度、社会发展阶段、资源禀赋不同，收入分配的形式和内容就会不同。目前，中国尚处于社会主义初级阶段，与基本经济制度相适应，实行按劳分配为主体、多种分配方式并存的分配制度。中国的收入分配制度要追求效率，社会主义初级阶段的国情以及当前社会主要矛盾要求中国扩大再生产、增加物质财富，这就需要通过合理的收入分配制度来实现资源的优化配置，提高经济运行的效率。同时，中国的收入分配制度也要追求公平，中国的社会主义性质要求实现共同富裕，收入分配制度要尽可能地减少居民的贫富差距。实践中，中国坚持市场初次分配与政府再分配相结合，初次分配和再分配都要兼顾效率和公平，再分配更加注重公平，既反映了市场经济的一般要求，又体现了社会主义特色。

中国坚持市场初次分配，就是充分发挥市场在初次分配中的调节作用。市场机制调节初次分配是通过价格机制在全社会范围内高效率地配置劳动力、资本和技术等生产要素，让资源流入最急需的生产部门，最大限度地增加社会财富总量，做大收入分配的蛋糕，同时贯彻按劳分配和按生产要素贡献分配的原则，实现提供劳动力和其他生产要素的市场主体收益最大化，并形成收入差距，进一步激励市场主体更为高效地配置资源。目前，中国正处于社会主义初级阶段，确实存在资本等要素收益高于劳动收益的现象，社会主义按劳分配的初次分配原则还未能得到充分体现，这也成为影响中国经济效率和公平的重要因素，也是中国在推动经济发展过程中亟待解决的重大问题。在初次分配中，因个人天赋、劳动能力、劳动努力程度不同而形成的收入差距是天然的、合理的。正如马克思所说："一个人在体力或智力上胜过另一个人，因此在同一时间内提供较多的劳动，或

者能够劳动较长的时间；而劳动，要当作尺度来用，就必须按照它的时间或强度来确定，不然它就不成其为尺度了。这种平等的权利，对不同等的劳动来说是不平等的权利。它不承认任何阶级差别，因为每个人都像其他人一样只是劳动者，但是它默认，劳动者的不同等的个人天赋，从而造成不同等的工作能力，是天然特权。"① 这种合理的收入差距有助于实现初次分配对于经济效率的追求，它可以激发劳动者的劳动积极性，优化资源配置，进而增加社会产出。但是，如果初次分配中有些收入差距脱离了合理界限，不仅不能激发劳动者积极性，还会因损害了社会公平而降低经济效率，例如：因现行体制、制度中的不合理规则而造成的如东部地区居民收入明显高于西部地区居民收入、城市居民收入明显高于农村居民收入、垄断行业职工收入明显高于非垄断行业职工收入等现象；因腐败行为的存在而造成的收入差距等。在这些情况下，政府调节对于克服明显有失公平的收入差距至关重要。具体来说，中国政府正在逐步建立统一开放的劳动力、要素市场，通过改革户籍制度、加强基础设施建设，确保劳动力、要素的自由流动，逐步消除东西部地区之间、城乡之间在要素价格、劳动力就业、择业上的差别；正在逐步打破行业垄断，清除市场准入壁垒，消除因行业垄断而产生的个人额外收入；正在不断完善市场规则，加强市场管理，打击非法牟利的行为；正在严厉打击腐败，以更大力度纠正损害群众利益的不正之风，加强反腐败和党风廉政建设方面的制度建设，切实规制政府官员的寻租行为，避免因"权钱交易"等腐败行为导致的分配不公等。总的来说，中国初次分配以市场调节为主，侧重追求效率；初次分配中的政府调节是对市场调节的补充，重点在于克服影响效率的不公平。

再分配是中国政府调控经济的一项重要内容。再分配要兼顾效率和公平，但更注重公平。目前，中国收入差距不断扩大。国家统计局公布的数据显示，2014年中国基尼系数达到 0.469；2014 年城镇居民和农村居民的人均可支配收入分别为 28844 元和 10489 元，前者是后者的 2.75 倍；2013 年东部地区和西部地区的人均可支配收入分别为 32472 元和 22710 元，前者是后者的 1.43 倍；2014 年金融业的平均工资最高，达到 108273 元，是全国平均水平的 1.92 倍，最低的是农林牧渔业，为 28356 元，最高行业是最低行业平均工资的 3.82 倍。贫富差距过大不仅显失公平，更会影响经济运行效率，也不符合社会主义国家对于共同富裕的追求。为了实现社会收入分配最终结果的公平合理，中国政府对收入再分配采取多项举措：在税收方面，中国对居民征收个人所得税，尤其是对工薪收入实行超额累进征收，完善财产税，从而实现"抽肥补瘦"式的再分配②。在社会保障

① 马克思，恩格斯. 马克思恩格斯选集（第 3 卷）［M］. 北京：人民出版社，2009.
② 贾康. 强化再分配机制加强收入分配调节［N］. 人民日报，2013 – 02 – 07.

方面，中国在推进侧重于扶助低中收入阶层并覆盖全体社会成员的社保体系建设的基础上，不断完善失业保险制度和基本养老保险制度，建立兼顾各类人员的退休待遇确定机制和正常调整机制，发展企业年金和职业年金，健全全民医保体系，加大保障性住房的供给，从而充分发挥社会保障体系在市场经济运行中的"安全阀"和"减缓器"作用，缓解居民因失业、年老、疾病导致的收入降低，避免收入差距进一步扩大①。在转移支付方面，中国从较为富裕的地区征收大量税收作为政府财政收入，又把财政收入进行转移支付，用于扶助欠发达地区和一部分低收入、困难人群。当前，中国正在加大对中西部地区特别是革命老区、边疆地区、贫困地区的财政支持力度，加大在教育、扶贫方面的支出，并向农村、边远、贫困地区倾斜，加强对残疾人、鳏寡孤独等困难群体的救助和帮扶，大力发展社会慈善事业等。这些转移支付方式的运用是"抽肥补瘦"式再分配的体现，有效地缩小了贫富差距，维护了社会公平，客观上也提升了经济效率②。

第四节　对外经济中坚持市场调节与政府调节相结合

20世纪80年代以来，全球化成为最重要的时代特征并深刻改变着世界经济的面貌。生产全球化以水平型国际分工为基础，以资本、技术和劳动等生产要素的跨国流动为前提，以跨国界组织生产为核心，使世界各国的生产成为全球生产体系的组成部分；贸易全球化以及以世界贸易组织（WTO）成立为标志建立起来的全球一体化贸易体系使一国的产品可以销往世界各地，全球市场正在形成；企业经营全球化以及跨国公司的迅猛发展，使生产、资本和商品的国际化不断深化；金融全球化通过资本在国家间以存借、投资、援助等形式流动，把世界各国经济联系在一起。可以说，在全球化背景下，任何国家都不能脱离世界经济孤立地发展，2008年国际金融危机对世界经济的影响以及欧洲主权债务危机对欧盟区域的影响就是典型的例子。针对这种情况，中国只有对外开放，积极参与全球产业分工合作，充分利用自身劳动力成本、资源等方面的禀赋在竞争中获取优势，引进外资，吸收国外先进技术和管理经验，才能跟上时代步伐，在促进自身经济全面发展的同时为全球经济做出贡献。

改革开放以来，中国对外经济发展取得了巨大成就。1978年，中国货物进

出口总额仅为 206 亿美元,在世界货物贸易中排名第 32 位,所占比重不足 1%。2013 年,中国货物进出口总额达到 4.16 万亿美元,在世界货物贸易中排名第 1 位,所占比重达到 11.05%。中国逐步建立了自力主导型的多方位开放体系,在坚持独立自主、依靠本国力量的基础上,形成面向发展中国家和发达国家,涉及三大产业,包含商品、服务、资本、技术,覆盖东中西地区的多方位、多层次、多区域开放格局,较为正确地处理了引进国外资金、技术与高效利用本国资金、自主创新之间的关系,实现开发国际市场与扩大内需并重,促进开放模式从追求引进数量向追求引进质量转变①。在这个过程中,中国坚持市场调节与政府调节相结合。一方面,中国鼓励竞争性行业全面参与全球市场竞争:一是支持企业"走出去",充分利用自身竞争优势,把握行业技术、产品变化及发展趋势,占领国外市场。通过与国外同类企业竞争,倒逼本国企业采用先进技术,提高生产效率,创建自主品牌,增强国际竞争力。同时,通过参股控股、投资合作、资源开发、高科技研发等方式在全球范围内进行对外投资,参与国际分工协作,顺应全球市场发展方向,促进产业升级。二是坚持"引进来",引进国外具有竞争力的产品、技术和先进的管理经验,引进有利于促进中国技术进步和产业结构升级的外资。另一方面,中国政府对于涉及国家核心竞争力和经济安全的行业和部门予以保护,鼓励自主创新,自力更生谋发展。

当然,中国在对外开放过程中也暴露出许多问题。例如:中国在国际产业分工中处于价值链的低端,附加值较低,在对外贸易中缺乏行业标准的制定权、产品的定价权,对外贸易以加工贸易为主,贸易顺差以降低劳动力成本、提高能耗、加重污染为代价获得;中国在享受引进国外现成先进技术带来生产力提高的好处的同时,自主创新能力亟须加强;中国对外贸易依存度过高,2014 年达到 41.5%,高于日本的 32.7%、美国的 23.2%,不利于抵御各种经济风险;中国拥有巨额外汇储备且结构不合理;中国大规模引进外资且缺乏对外资质量的监管,使中国成为国外高能耗、重污染产业的转移目的地,同时也加剧了外商对中国经济的控制,不利于中国经济安全等。针对这种情况,中国正通过政府调节来解决这些问题。一是加快产业升级,积极发展以新能源、新材料、低碳产品等为代表的战略新兴产业,并结合我国实际,兼顾劳动密集型产业,避免"产业空洞化"带来的经济风险。二是鼓励自主创新,打造自主品牌,通过增强自身核心竞争力,参与到国际产业链中具有高附加值的设计、销售等产业中,进而在行业标准的制定、产品定价方面增加发言权。三是通过培育国内消费需求,扩大内需,降低对外贸易的依存度,增加抵御国际经济危机的能力。四是平衡对外贸易中的

---

① 程恩富. 中国模式的经济体制特征和内涵 [J]. 经济学动态,2009 (12):50 - 54.

收支，稳定汇率，通过增加非美元货币的持有量实现外汇储备的多元化，拓宽对外投资渠道，降低美元汇率变动对中国金融安全的影响。五是调整利用外资的政策，促进利用外资由引进数量向引进质量转变，利用外资以满足产业升级、技术创新、环境保护的需要，并在涉及国家战略资源开发、国家安全的行业或部门中坚持利用自有资金独立自主谋求发展，确保经济安全。

总之，市场经济没有姓"资"姓"社"之分，也不是某种社会制度所独有。不同国家、不同社会制度都可以利用市场经济。同时，市场经济也不能脱离特殊的社会形态、历史环境而独立存在。不同的发展阶段、不同的社会形态、不同的自然条件等因素导致不同国家的市场经济在性质、内容等方面存在很大不同。政府干预，也不是计划经济体制独有。世界经济发展的历史已经证明，市场经济要健康运行，离不开政府对经济的适度干预。市场与政府的关系，或者说两者之间的组合，会因每个国家的历史、政治、经济和文化等因素而不同。正如美国学者斯蒂格利茨所说，"政府与市场两者间需要一个平衡，但这种平衡在各个国家的不同时期和不同的发展阶段又各不相同，因此这个问题还没有统一的结论"，"政府如何作为会因国家而异"①。目前，世界上没有一种市场与政府的组合是完美的、普适的。唯一可以确定的是，市场与政府的关系只要符合一国经济发展的实际，能够促进该国经济健康、持续发展，它对于这个国家就是合理的，就是应该被坚持的。中国模式中市场与政府关系的本质是政府主导下的社会主义市场经济。现阶段，这一模式较为正确地处理了中国市场与政府的关系，实现了政府作用与市场作用的有机统一，实现了社会主义公有制与市场经济的成功结合，实现了在释放市场活力的同时充分体现了集中力量办大事的政治优势，实现了充分发挥市场在激活微观经济、提供产业变迁动力、激励自由竞争、提高效率等方面的决定性作用的同时，更好地发挥了政府在稳定宏观经济、引领产业变迁方向、加强监管优化服务、保障公平等方面的主导作用，促进了中国经济快速可持续发展，证明它是适合中国的，是合理的，需要中国坚持下去。

---

① 姜红．不平等现象加剧是新兴国家面临的一大挑战——访诺贝尔经济学奖得主、哥伦比亚大学教授约瑟夫·斯蒂格利茨［N］．中国社会科学报，2014 – 04 – 28.

第五章
中国模式中的经济规划

第一节　什么是经济规划

一、经济规划的含义

在现实经济生活中，经济规划无处不在。从广义上讲，经济规划是指人们为了达成某些既定的经济目标，对未来一段时期内将要进行的经济活动所进行的主观筹划与安排。广义的经济规划可以划分为微观层面的经济规划和宏观层面的经济规划。微观层面的经济规划主要是指企业内部为实现经济效益的改进，对企业内部分工协作和资源配置进行主观筹划与安排。在讨论中国模式中制定经济规划的好处时，我们所分析的对象并不是微观层面的经济规划；相反，关于中国模式中制定经济规划好处的讨论，主要聚焦于宏观层面的经济规划，即狭义的经济规划。狭义的经济规划，主要是指国家和社会为使未来一段时期内国民经济发展达到某种预定的目标，对全社会范围内的分工协作和资源配置进行预先筹划与安排的一种具有主观性的经济管理行为。

从经济规划的定义来看，经济规划的含义主要包括以下要点：第一，经济规划的行为主体是国家和社会。经济规划的制定与实施，是全体国民或全体社会成员意志的体现，是全体国民或全体社会成员的集体行动；经济规划的实施效果，也由全体国民或全体社会成员共同承担。第二，经济规划的行为客体是国民经济发展。全体国民或全体社会成员做出的经济规划，并不以规范某个人或某个群体的经济行为及其行为后果为对象和目标，而是要对未来一段时期内国民经济发展过程进行预先筹划与安排。第三，经济规划的目的具有主观性。经济规划是使未来一段时期内的国民经济发展达到某种预定的目标，这就决定了经济规划本质上是对未来一段时期内国民经济发展的方向和路径进行具有主观性的筹划和安排，是全体国民或全体社会成员的主观能动性在国民经济领域内的客观体现。第四，经济规划的实施效果具有客观性。经济规划的实施效果好坏与否，取决于具有主观性的经济规划是否符合客观经济规律。只有符合客观经济规律的经济规划，才能有效地解决全社会范围内分工协调与资源配置中存在的问题和矛盾，才能最终取得较为良好的实施效果。

二、经济规划拟解决的问题

在经济建设实践中，经济规划的类型虽然多种多样，但经济规划无一例外地都要解决国民经济发展中的某些问题。经济规划拟解决的问题主要有以下几个方面：

第一，发展的方针。任何一项经济规划的制定都必须围绕一定的国民经济发展方针进行展开。"生产什么""如何生产""生产多少"和"为谁生产"是任何一个国家在国民经济发展中都会遇到和必须解决的问题。在这四个问题中，"生产什么""如何生产"和"生产多少"都是服务于"为谁生产"这一问题的。只要解决好"为谁生产"的问题，那么"生产什么""如何生产"和"生产多少"的问题也就迎刃而解。因此，发展的方针就是要解决在国民经济发展中的"为谁生产"的问题。如果一项经济规划不能回答"为谁生产"的问题，也就是说经济规划中没有明确的发展方针，那么经济规划就不能明确表达规划制定者的意图，也就无法围绕发展的方针去解决"生产什么""如何生产""生产多少"的问题。离开了发展的方针，经济规划就会失去意义，变成无本之木、无源之水。因此，发展的方针是经济规划的"动力源"。

第二，发展的目标。经济规划的一项重要任务就是要明确未来一段时期内发展的目标。经济规划如果没有明确的发展目标，那么经济规划也就没有方向性。如果说经济规划中发展的方针解决的是"为谁生产"的问题，那么发展的目标则旨在解决"生产什么"的问题。一旦在经济规划中通过明确发展方针解决了"为谁生产"的问题，那么就可以根据经济规划所服务对象的客观需要确定"生产什么"，才能更好地满足经济规划所服务对象的需要。也只有通过明确发展的目标，解决好"生产什么"的问题，才能在此基础之上着力解决"如何生产"和"生产多少"的问题。换言之，如果经济规划中没有解决发展的目标这一问题，那么经济规划中明确的发展方针也就不能得到贯彻和体现，经济规划的初衷也将被扭曲和违背。如果说发展方针是经济规划的"动力源"，那么发展目标的明确就是为经济规划安上的一条"传送带"，确保经济规划的动力得以平稳输出。

第三，发展的路径。经济规划作为根据未来一段时期内国民经济发展预定目标而做出的预先筹划和安排，那么这种预先筹划和安排的可行性也就成为了决定经济规划成败的关键因素。如果经济规划中的发展方针和发展目标都很明确，但是根据发展方针和发展目标制定出来的经济规划却无法执行，那么经济规划的实施效果也将难以得到保证。在经济规划中解决了"为谁生产"和"生产什么"的问题之后，还必须通过设定的发展路径，解决好"如何生产"的问题。经济规划中发展路径的设定，其核心内容就是要解决好未来一段时期内为了达成发展的目标，应当如何安排全社会范围内的分工协作和资源配置问题，使全社会的力量能够集中起来，多快好省地实现既定的发展目标。一旦发展的路径设定好，国家和社会中的每一个人和组织才能按照既定的发展路径，按部就班地完成各个领域的经济建设任务，推动经济规划中发展目标的不断实现。经济规划中的发展路径，就像是经济运行的"方向盘"，时刻把握着国民经济发展的方向不偏离既定轨道。

第四，规划的实施。国家和社会制定经济规划的主观目的是要执行和实施经济规划，使既定的发展方针、目标和路径能够得到贯彻落实。这就决定了经济规划并不仅是设定一个美好的发展愿景，还必须有切实的制度安排以确保规划的实施。在经济规划中，还必须妥善解决好规划的实施问题，确定经济规划实施的责任主体，安排对责任主体的激励方式，保证对责任主体的激励方式有效可行。围绕规划实施的一切制度安排，归根结底还是要解决"生产多少"的问题。只有在规划实施过程中解决好"生产多少"的问题，才能保证国民经济结构符合既定的国民经济发展方针、目标和路径的要求。如果这一问题解决不好，那么国民经济结构就会出现偏差，国民经济发展也将偏离国民经济发展方针、目标和路径，导致经济规划实施效果大打折扣。因此，如果说经济规划中发展路径的选择是"方向盘"，那么经济规划中规划的实施则是"指示灯"，在经济规划的执行过程中时刻检查国民经济运行状况，确保经济规划能够较好地得到贯彻落实。

三、实施经济规划的必要性

现代市场经济本质上是混合经济，市场与政府的关系是现代市场经济发展中一个经久不衰的问题。现代市场经济中实施经济规划是非常必要的，具体体现在以下几个方面：

首先，实施经济规划可以避免市场机制的局限性对社会资源配置的负面影响。在现代市场经济中，市场机制在全社会资源配置中发挥决定性作用，是保证市场经济体制正常运转的基础性制度安排。但是市场机制本身具有自发性、盲目性和滞后性等局限性，在特定条件下会出现市场机制失灵问题，导致经济资源的浪费和经济福利的损失。也就是说，没有市场机制是万万不能的，但市场机制却并不是万能的。市场机制在解决"生产什么""如何生产""生产多少"和"为谁生产"四个问题中发挥着重要作用，但并不意味着这四个问题就可以完全交由市场机制来解决。制定和实施经济规划，就是在市场机制自发调节的基础之上，为社会资源配置增加了一系列预先筹划好的约束条件，使社会资源配置状况符合并满足国家和社会对国民经济发展的主观期望。经济规划通过对社会资源配置增加一系列预先筹划好的约束条件，看似缩小了市场机制进行资源配置的可行域，但增强了市场机制进行资源配置的目的性，能够从根源上克服市场机制固有缺陷。通过"看不见的手"与"看得见的手"的有机结合，避免了经济资源的浪费和经济福利的损失，达到了提高经济绩效的目的。由此可见，在社会资源配置过程中，制定和实施经济规划的必要性不言而喻，经济规划是现代市场经济体制不可或缺的组成部分。

其次，实施经济规划可以提高经济发展方式转变的精准性、有效性和可行性。社会资源配置仅仅是国民经济发展的内容之一，健康可持续的国民经济发展还要求经济发展方式符合国家和社会的需要。第二次世界大战以后，世界主要国家相继开始了由外延型经济发展方式向内涵型经济发展方式转变的过程。市场机制虽然可以在社会资源配置过程中发挥决定性作用，但市场机制中微观经济主体普遍存在的短视性使依靠市场机制的力量自发完成经济发展方式转变较为困难。依靠市场机制自发实现经济发展方式转变精准性不够、有效性不高、可行性不足，会造成较为明显的经济资源浪费和经济福利损失。通过制定和实施经济规划，国家和社会可以根据需要明确经济发展方式转变的方针、目标和路径，并以一定的制度创新和设计确保经济发展方式转变的战略筹划得以落实。通过制定和实施经济规划来推进经济发展方式转变战略，可以确保经济发展方式转变按照预定的方针、目标和路径来实施，切实提高了经济发展方式转变的精准性、有效性和可行性，避免市场机制自发作用导致的经济资源浪费和经济福利损失。由此可见，经济规划这只"看得见的手"在经济发展方式转变中发挥着至关重要的作用，是确保经济发展方式转变能够顺利推进必不可少的制度保障。

最后，实施经济规划可以对不同阶层之间的经济利益关系进行动态协调。市场机制在社会资源配置中的决定性作用主要是通过价格机制、竞争机制和优胜劣汰机制来实现，这就必然导致"赢者通吃"的马太效应出现，造成不同阶层之间的收入差距不断拉大，使不同阶层之间的经济利益关系出现失衡。对于国家和社会来说，不仅要追求经济效率，还要追求公平正义，公平原则与效率原则同等重要。一味追求效率优先而忽视公平正义的经济增长，并不是健康可持续的经济增长。长期下去，这种模式的经济增长必将导致国民经济发展的畸形和停滞，由此造成的消极后果和负面影响是国家与社会难以承受的。通过市场机制配置资源，静态的帕累托最优状态与经济利益关系失衡是可以并存的，即有效率的资源配置未必是公平正义的资源配置，一旦达到静态的帕累托最优状态，市场机制也将失去进一步调整经济利益关系的激励和动力，公平正义难以通过市场机制的自发调节得以实现。通过制定和实施经济规划，国家和社会可以站在国家与社会整体利益最大化的角度，在打破静态帕累托最优状态下既得利益者既得利益的同时，积极引导经济利益关系再平衡，长期形成所有阶层经济利益和经济福利同步增进的良好态势，实现效率优先与公平正义的平衡。因此，制定和实施经济规划对经济利益关系动态协调有着显而易见的重要性和不可忽视的必要性。

四、实施经济规划的可能性

在市场经济条件下，制定和实施经济规划不仅有必要性，还有可能性。具体体现在以下几个方面：

首先，社会化大生产的发展为制定和实施经济规划不断创造越来越坚实的物质基础。在自然经济条件下，由于家庭是生产的基本单位，生产社会化程度极其低下，国家和社会难以长期有效地集中全社会力量，也就无法制定和实施经济规划。随着商品经济的发展，社会化大生产的发展使分工协作突破家庭的限制，但作为微观经济主体的企业内部的组织性与社会范围内生产的无计划性同步增强，社会生产的无计划性对国民经济发展的消极影响日益显现。在被马克思称为"惊人的一跃"的商品价值实现过程中，国家和社会越来越有必要走到前台，通过缓和社会生产的无计划性，使商品价值得以顺利实现，社会再生产得以平稳进行。随着社会化大生产的发展，饱受社会生产无计划之苦的单个企业和单个家庭也有越来越强烈的意愿，将更多经济资源和经济权利让渡给国家和社会，使国家和社会可以代表国民的意志去控制和缓和社会生产的无计划性。因此，国家和社会具备了越来越强大的能力去集中全社会力量用于干预社会生产活动，制定和实施经济规划的物质基础也因此不断夯实。可以预见，随着社会化大生产的进一步发展，国家和社会制定和实施经济规划的能力还将持续得到增强，经济规划的科学性、合理性和可行性也会逐步提升。

其次，政府与市场关系的发展为制定和实施经济规划不断创造越来越友好的制度环境。在市场经济的发展过程中，政府与市场的关系也是不断调整与发展的。在自由竞争资本主义阶段，随着工业革命爆发而实力迅速壮大的工业资产阶级主张政府对经济全面自由放任，认为政府扮演"守夜人"的角色，经济可以交由市场这只"看不见的手"去支配。随着垄断资本主义的兴起，社会化大生产与生产资料私有制之间的矛盾迅速激化，"大萧条"的爆发标志着对经济自由放任的政策主张彻底破产。随着西方国家相继进入国家垄断资本主义阶段，政府干预经济的必要性越来越成为一种社会共识，西方国家的政府在经济生活中也开始扮演越来越重要的角色。第二次世界大战后，特别是20世纪90年代后经济全球化进程的不断加快，尽管各国经济制度和社会性质有本质区别，但世界主要国家都建立起市场调节与政府干预相结合的现代混合市场经济体制，市场经济体制下政府干预经济的必要性在全世界范围内得到广泛认同。这就为代表国家和社会的政府制定和实施经济规划创造了友好的制度环境，使制定和实施经济规划的政府行为具备了法理上的合法性和正当性。

最后，经济学理论与实践的发展为制定和实施经济规划不断创造越来越丰富的理论支撑。尽管由于经济制度与社会性质的差异，各国主流经济学在立场、观点和方法上差异很大，但解释和指导本国市场经济实践的需要使各国都结合本国国情在经济规划制定与实施等问题上展开研究。在欧美国家的主流经济学中，现代微观经济学探讨了垄断、外部性、信息不对称等因素与市场失灵现象的关系，论证了政府干预经济的必要性和可行性；现代宏观经济学则以有效需求理论为基础，探讨了价格黏性、不完全信息等因素对宏观经济的影响，阐明了政府实施宏观经济调控的必要性和可行性。在我国，以马克思列宁主义为指导、以中国特色社会主义伟大实践为素材，中国主流经济学界也在创新和发展中国特色社会主义政治经济学的过程中，对社会主义发展阶段、社会主义市场经济、公平效率关系、市场国家双重调节等问题加以研究①，并取得丰硕的成果。尽管各个国家经济学理论服务的对象不同，但各国经济学理论与实践的发展都为本国政府根据自身国情制定和实施经济规划提供了丰富的理论支撑。

第二节　实施经济规划的经验和教训

一、西方资本主义国家实施经济规划的历史

在1929年"大萧条"之前，西方资本主义国家由于长期信奉经济自由主义，认为市场这只"看不见的手"会自发调节经济，政府在经济中只需要扮演"守夜人"的角色，因此并无实施经济规划的传统。1929～1933年"大萧条"的爆发使西方资本主义国家经济遭受沉重打击，不得不放弃经济自由主义教条，各国

---

①　程恩富. 改革开放以来新马克思经济学综合学派的若干理论创新［J］. 政治经济学评论，2018 (6)：47～57.

政府也相继开始干预经济，由此拉开了西方资本主义国家实施经济规划的序幕。西方资本主义国家实施经济规划的历史，可以大致划分为三个阶段：

第一阶段是应急的经济规划阶段。以 1933 年罗斯福新政为这一阶段开始的标志性事件，一直持续到第二次世界大战结束。在"大萧条"重创西方资本主义国家经济的同时，实行社会主义计划经济体制的苏联却没有受到"大萧条"的影响，这使以美国为代表的西方资本主义国家也开始尝试实施经济规划。但这一阶段的经济规划具有短期性、应急性的特点，制定与实施经济规划的宗旨是试图缓解经济危机的影响和应对战争的需要。罗斯福新政是这一时期西方资本主义国家实施经济规划的典型。在罗斯福新政中，美国联邦政府促使国会通过了《紧急银行法》《农业调整法》《全国工业复兴法》和《联邦紧急救济法》等一系列法律，使美国政府的经济干预行为合法化。面对极其严峻的失业问题，美国政府实施了"以工代赈"的政策措施，以公共工程署、民用工程署、工程兴办署和全国青年总署等工赈机构，在最高峰时吸收了全国一半以上的劳动力。在第二次世界大战爆发前夕，美国政府通过"以工代赈"修建了近 1000 座飞机场、12000多个运动场、800 多座校舍医院，不仅为工匠、非熟练工人和建筑业创造了就业机会，还给成千上万的失业艺术家提供了形形色色的工作，是迄今为止美国政府承担执行的最宏大、最成功的救济计划。除美国以外，英国、法国等西方资本主义国家也实施了一些旨在稳定经济、减少失业的应急性经济规划。

第二阶段是常态化的经济规划阶段。这一阶段大致的时间跨度是第二次世界大战结束到 20 世纪 70 年代中期。随着第二次世界大战结束后西方资本主义国家相继进入国家垄断资本主义阶段，凯恩斯主义的经济学说在西方资本主义国家被广泛传播并得到普遍认可，西方资本主义国家政府干预经济的行为趋于常态化，各个国家也开始根据本国国情制定并实施经济规划。1947 年，法国开始实施第一个经济计划（1947－1953），并把全国计划和局部计划、中期计划和短期计划相互结合，一直到第六个经济计划（1971－1975），法国的经济规划实施得都比较顺利[①]。法国也是西方资本主义国家实施经济规划中最为成功和典型的国家。第二次世界大战后日本也有制定经济规划的较长历史。日本在经济恢复时期制定了《经济自立五年计划》（1955－1960）和《长时期经济计划》（1958－1962），在经济迅速发展时期制定了《国民收入倍增计划》（1960－1970），以及《中期经济计划》（1964－1968）、《社会经济发展计划》（1967－1971）和《新经济社会发展计划》（1970－1975）等计划[②]，日本的经济规划还特别注重与本国产业

① 沈尤佳，张雯. 资本主义有经济计划吗？——本轮危机以后的理论与实践［J］. 政治经济学评论，2015（3）：143－162.

② 佟福全. 西方发达国家制定经济计划的情况［J］. 经济研究参考，1992（Z5）：12－18.

政策的结合。此外，德国、英国、瑞典、意大利等也根据本国国情制定了一些经济规划，但这些经济规划的实施效果却有很大差异。在这一阶段，美国实施经济规划的形式与其他西方资本主义国家有很大不同，美国主要通过财政政策和货币政策的配合来实现宏观经济调控，制定的经济规划属于短期行情式计划[①]，但美国却以本国的"军工复合体"为依托，在这一阶段实施了以阿波罗计划为代表的对本国科技进步有促进作用的一些科技战略计划。

第三阶段是调整和弱化的经济规划阶段。这一阶段的时间跨度是 20 世纪 70 年代中期至今。20 世纪 70 年代以后，西方资本主义国家出现较为严重的经济滞胀，传统凯恩斯主义的经济干预手段在经济滞胀这一新问题面前变得束手无策。以货币学派和供给学派为代表的新自由主义经济学迅速流行，在新自由主义经济学的指导下，西方资本主义国家出现了经济私有化和经济自由化浪潮，政府干预经济的意愿和能力都明显下降。在法国，尽管政府仍坚持制定和实施经济计划，但从第七个计划（1976 - 1980）开始，法国经济计划实施中的困难明显增加，不得不转向"灵活的计划化"，弱化了法国的经济计划管理体制[②]。在日本，从 20 世纪 70 年代后期开始仍坚持制定了《七十年代后半期经济计划》（1976 - 1980）、《八十年代经济社会的展望与经济运营五年计划》（1988 - 1992）、《生活大国五年计划与社会地球共存》（1992 - 1996）、《结构改革经济社会计划建设有活力的经济与安定的生活》（1995 - 2000）、《经济社会应有的姿态和经济新生的政策方针》（1999 - 2010）等经济规划[③]。但从 20 世纪 90 年代日本经济泡沫破灭后，日本经济规划的实施效果均不理想。英国、美国、德国等西方资本主义国家在这一轮经济私有化和经济自由化浪潮中也明显弱化甚至取消经济规划，一些国家的政府仅仅保留了经济预测的职能。

二、社会主义国家实施经济规划的历史

相比西方资本主义国家，社会主义国家系统性、常态化实施经济规划的历史要更长一些。社会主义国家实施经济规划的历史可以追溯到苏联的第一个五年计划。社会主义国家实施经济规划的历史，大致可以分为三个阶段：

第一阶段是计划经济体制下经济计划制度的形成阶段（1928 - 1945）。这一阶段苏联作为当时世界上唯一一个社会主义国家，在探索社会主义工业化过程中

---

① 李福安. 试论西方发达国家经济计划化的实现程度［J］. 湖北师范学院学报，1987（4）：101 - 106.

② 沈尤佳，张雯. 资本主义有经济计划吗？——本轮危机以后的理论与实践［J］. 政治经济学评论，2015（3）：143 - 162.

③ 谢汪送，陈圣飞. 指导性经济计划：日本模式与启示［J］. 经济理论与经济管理，2005（11）：71 - 74.

形成了社会主义计划经济体制，并且在计划经济体制下开始实施系统性、制度化的"五年计划"。在新经济政策的促进下，1925 年苏联经济基本恢复到第一次世界大战之前的水平，苏联所处的险恶国际形势要求其加快社会主义工业化建设。1927 年 12 月联共（布）第十五次代表大会通过关于制定国民经济发展第一个五年计划（1928－1933）的决定，1928 年 10 月苏联开始实施第一个五年计划。在苏联第一个五年计划结束时，苏联建成了 1500 多个现代化大型工业企业，新建了拖拉机、飞机制造、汽车、重型机械、机床制造、化学合成工业、精密仪器制造等新兴工业部门，苏联开始由农业国变成工业国，初步建起了独立的比较完整的国民经济体系。紧接着苏联又实施了第二个五年计划（1933－1937），并在1937 年超额完成计划。在"二五"计划期间，苏联工业总产值增长了 120%，其中重工业增长了 139%，轻工业增长了 100%，农业总产值增长了 54%，国民收入增长了 109%，苏联工业总产值跃居欧洲第一、世界第二。通过实施经济计划，苏联不仅建立起社会主义计划经济体制，还以人类社会前所未有的速度基本实现工业化，为苏联在第二次世界大战中抗击法西斯侵略奠定了坚实的物质基础。1941 年苏联卫国战争爆发后，苏联第三个五年计划被迫中断。苏联的计划经济体制转向战时经济体制。

　　第二阶段是计划经济体制下经济计划制度的扩散阶段（1945－1978）。第二次世界大战极大地改变了世界格局，社会主义制度由一国扩展到多国，社会主义阵营形成，并与西方资本主义阵营展开了制度竞争。由于亚欧大陆新生的社会主义国家缺乏开展社会主义经济建设的经验，以及当时东西方冷战的愈演愈烈，社会主义阵营国家纷纷选择借鉴吸收苏联模式的经验，在本国建立计划经济体制并实施经济计划制度。以中国为例，随着国民经济的恢复和计划经济体制的逐步建立①，1953 年中国开始实施第一个五年计划（1953－1957）。中国的"一五"计划以苏联援建的 156 个大型工业项目为中心、以社会主义三大改造为依托，迅速建立了中国社会主义工业化的基础②。在 1978 年底中国实行改革开放之前，中国制定并实施了 5 个五年计划。通过这些经济计划的实施，中国在改革开放前就已经建立了独立完整的工业体系。在这一阶段，随着计划经济体制下经济计划制度的扩散，苏联模式的弊端和问题也逐渐显现③。东欧国家和苏联都曾相继进行过一些改革探索④，但改革均没有突破苏联模式下的计划经济体制，无法从根本上

　　① 石烨. 计划经济体制对中国经济发展的影响 [J]. 纳税, 2018 (25)：121－122.

　　② 陈胜才. "一五"计划在我国工业化进程中的历史地位 [J]. 黔东南民族师专学报, 2000 (8)：27－30.

　　③ 陈新明. 苏联模式的兴与衰 [J]. 人民论坛·学术前沿, 2011 (35)：19－21.

　　④ 马龙闪. 苏联计划经济走过的坎坷道路 [J]. 探索与争鸣, 2015 (92)：85－91.

解决问题。苏联和东欧国家的改革最终都以失败告终，并对苏东关系产生了深远影响①。苏联和东欧国家经济体制改革的失败，为80年代末90年代初东欧剧变的发生埋下了伏笔。

第三阶段是市场经济体制下经济规划制度的探索阶段（1979年至今）。1978年底中国召开十一届三中全会，开启了中国独立探索和建立中国特色社会主义市场经济的征程。在中国改革开放的过程中，逐步形成了与社会主义市场经济体制相适应的经济规划制度。从"六五"计划（1981-1985）开始，中国的经济计划题目改为"国民经济与社会发展计划"，在经济计划中增加了社会发展的内容，"六五"计划强调一切经济工作以提高经济效益为中心，农村家庭联产承包责任制在全国农村普遍推行。"七五"计划（1986-1990）和"八五"计划（1991-1995）在计划经济与市场调节之间关系方面进行了大胆的改革实践，最终确定了建立社会主义市场经济的经济体制改革目标。"九五"计划（1996-2000）和"十五"计划（2001-2005）期间经历了东南亚金融危机等复杂经济形势，经济体制改革仍旧持续稳步推进。到"十五"计划制定时，政府已经不再是资源配置的主角，计划总体上不再具有政府指令性质，市场在资源配置中发挥基础性作用。自"十一五"规划（2006-2010）开始，中国经济规划的标题由"计划"改为"规划"，标志着中国特色社会主义市场经济体制下经济规划制度已经走向成熟。从"十一五"规划到目前正在实施的"十三五"规划，中国特色社会主义经济建设取得突飞猛进的成就，中国模式在世界范围内也获得了越来越高的关注度和认可度。

三、社会主义经济规划与资本主义经济规划的异同

（一）社会主义经济规划与资本主义经济规划的本质差异

虽然社会主义国家和西方资本主义国家都有制定和实施经济规划的历史，但社会主义经济规划与资本主义经济规划存在本质差异，具体体现在以下几个方面：

首先，社会主义经济规划与资本主义经济规划服务不同的经济制度。西方资本主义国家实行的是以生产资料私有制为基础的资本主义经济制度，这就决定了西方资本主义国家制定和实施经济规划也必须以资本主义经济制度为基础。西方资本主义国家制定和实施的经济规划，其本质上是在特定历史环境下对资本主义经济制度的局部调整，其实质是要延续资本主义经济制度的生命力。社会主义国家制定和实施经济规划，是由社会主义的本质所决定的。生产资料公有制是社会

---

① 李兴，周雪梅. 论苏联模式与苏东关系 [J]. 东欧中亚研究，1996（2）：61-69.

主义经济制度的基础，也是社会主义区别于资本主义经济制度的重要特征。社会主义经济制度要解决资本主义经济制度下生产无计划性问题，就必须在生产资料公有制基础上，以国家和社会为依托，通过制定和实施经济规划来促进社会化大生产的高度发展。

其次，社会主义经济规划与资本主义经济规划依托不同的阶级基础。西方资本主义国家制定和实施经济规划所依托的阶级基础是西方国家的资产阶级，这就决定了西方资本主义国家制定和实施经济规划必须以资产阶级利益最大化为条件，要以维护和巩固资产阶级统治地位为宗旨。社会主义国家制定和实施经济规划所依托的阶级基础是已经通过革命上升为统治阶级的无产阶级及其同盟军，这就意味着社会主义国家制定和实施经济规划的阶级基础远比西方资本主义国家更广泛、更坚实，社会主义国家在制定和实施经济规划时有能力调动和集中全社会力量，解决社会化大生产高度发展过程中的分工协作问题。

最后，社会主义经济规划与资本主义经济规划追求不同的发展目标。西方资本主义国家制定和实施经济规划所追求的发展目标是缓和社会化大生产与生产资料私有制之间的矛盾，通过局部调整延续资本主义经济制度的生命，这就决定了西方资本主义经济规划的发展目标从根本上讲是维护和巩固资本主义经济制度的权宜之计，并不打算彻底解决资本主义社会基本矛盾。社会主义国家制定和实施经济规划所追求的目标则是解放和发展生产力，消灭剥削，消除两极分化，实现共同富裕，最终为实现向共产主义社会的过渡创造物质基础和客观条件。从发展目标来看，社会主义经济规划比资本主义经济规划更具有可持续性。

（二）社会主义经济规划与资本主义经济规划的相似点

尽管社会主义经济规划与资本主义经济规划存在本质差异，但社会主义经济规划与资本主义经济规划也存在一些相似之处，具体表现在以下几个方面：

首先，社会主义经济规划与资本主义经济规划都着力于解决本国经济发展中的结构性问题。社会主义国家和西方资本主义国家在经济发展中都面临着亟待解决的结构性问题。在产业转型升级过程中，市场失灵问题的频频出现是西方资本主义国家不得不通过制定和实施经济规划来加以引导的重要原因。以日本为例，在经济规划实施过程中就将经济规划与产业政策良好衔接，促进了第二次世界大战后日本经济的快速发展和产业结构的不断优化升级。通过制定和实施经济规划，社会主义国家都为加快本国的工业化进程创造了良好的条件。苏联通过20世纪20～30年代的两个五年计划基本实现了本国的工业化，第二次世界大战后又是依靠五年计划迅速地完成了战后重建和经济发展。中国也是通过制定和实施五年计划，为中国工业化奠定了良好的基础，实现了由农业国向工业国的转变。

其次，社会主义经济规划与资本主义经济规划都着力于增强本国政府经济管理的能力和水平。在社会化大生产高度发展的生产力条件下，要避免生产无计划性对经济活动产生负面影响，就必须以国家和社会为依托加强对微观经济活动的计划。这一客观经济规律是实行不同经济制度的国家都必须遵守的。为此，无论是社会主义国家还是西方资本主义国家，都在制定和实施经济规划中增强了本国政府经济管理的能力和水平。在社会主义国家，政府通过制定和实施经济规划在经济生活中扮演了不可或缺的角色。即便是在西方资产阶级国家，政府也通过制定和实施经济规划找到了市场经济体制下政府干预经济的重要途径，在一定程度上缓解了本国宏观经济运行中顽固的有效需求不足问题。

最后，社会主义经济规划与资本主义经济规划都着力于改善本国国民的物质生活和经济福利。自第一个社会主义国家诞生以来，社会主义国家和资本主义国家就在体现本国经济制度优越性方面展开了长期的竞争。在这个过程中，社会主义国家和资本主义国家都相当重视本国国民物质生活和经济福利的改善。通过计划经济体制的建立，社会主义国家迅速建立了覆盖全民的社会保障与社会福利体系，给资本主义国家带来了极大的刺激与震撼。西方资本主义国家在竞争中也通过制定实施经济规划、建立国有经济的手段，建立了号称是"从摇篮到坟墓"的全民福利体系，客观上改善了西方资本主义国家国民的物质生活和经济福利。

四、东西方实施经济规划的成效和教训

（一）东西方实施经济规划的成效

东西方国家尽管经济制度存在差异，但其在制定和实施经济规划中均取得了一定的成效，主要体现在以下两个方面：

一方面，东西方国家制定和实施的经济规划都促进了本国经济结构的优化调整，加快了本国的经济发展。无论是计划经济体制下的五年计划，还是市场经济体制下的经济规划，社会主义国家制定和实施的经济规划都加快了本国工业化和现代化进程。苏联和东欧国家借助计划经济体制下的经济计划基本实现了本国的工业化，经济发展水平一度赶上西方资本主义国家。中国则在制定和实施五年计划（五年规划）的过程中，建立了门类齐全的工业体系，提高了本国综合国力。在资本主义国家，经济规划的制定和实施也极大地促进了经济结构的优化和经济发展的加速。以日本为典型代表，通过制定和实施经济规划，日本迅速实现了由第二次世界大战战败国向资本主义世界第二经济大国的转变，并且在第二次世界大战后成功地实现了多次产业结构升级，由一个第二次世界大战后初期以劳动密集型产业为主的轻工业国家转变为 20 世纪 80～90 年代以科技密集型产业为主的发达工业化国家。

另一方面，东西方国家制定和实施的经济规划都提高了本国民众的收入水

平，改善了本国民众的物质生活。尽管苏联模式存在一些弊端，但苏联和东欧国家在计划经济体制下制定和实施的经济规划对本国民众收入水平和物质生活改善的促进作用仍非常显著。中国在经济体制改革过程中坚持制定和实施经济规划，也极大地改善了人民群众的生活水平。在"一五"计划开始实施的1953年，我国国内生产总值为824.4亿元，人均国内生产总值为142元，到"十三五"规划开始实施的2016年，国内生产总值已达740060.8亿元，比1953年增长897.7倍，人均国内生产总值达到53680元，比1953年增长378倍。在西方资本主义国家，经济规划的制定和实施同样显著提高了国民生活水平。以日本为例，1960年日本国内生产总值为443.07亿美元，人均国内生产总值为479美元，到广场协议签订的1985年时，日本国内生产总值达13988.9亿美元，是1960年的31.57倍，人均国内生产总值达11584.6美元，是1960年的24.18倍。

（二）东西方实施经济规划的教训

东西方国家在制定和实施经济规划过程中也暴露出一些问题，并得到了很多教训，具体体现在以下几个方面：

首先，东西方国家在制定和实施经济规划过程中都因忽视价值规律作用而遭受损失。在社会主义国家，由于长期实行计划经济体制，彻底排斥商品经济，导致社会主义国家的经济计划中长期忽视价值规律作用，并出现了企业自主经营权不足、基层生产积极性受挫等问题，降低了经济计划的实施效果，这一问题直到中国开始探索在社会主义市场经济体制下制定和实施经济规划才得到有效解决。西方资本主义国家在经济规划实施过程中也不同程度地存在忽视价值规律作用的问题。西方资本主义国家为实施经济规划而建立了大批国有企业，这些国有企业在经济过程中依靠政府财政拨款，经济激励不足且经济效益低下，造成了对私人经济部门的"挤出效应"。

其次，东西方国家在制定和实施经济规划过程中都因未处理好政府与市场的关系而遭遇挫折。在实行计划经济体制的社会主义国家，政府长期在经济生活方面发挥决定性作用，使经济计划制定和实施受长官意志的影响较大，滋生了严重的官僚主义和形式主义等问题。"大政府"中的官僚主义问题长期得不到解决，也是导致苏联模式衰亡的重要原因。同样，在西方资本主义国家，由于未处理好经济规划制定和实施过程中的政府与市场关系，也导致西方国家经济规划实施过程中出现了大量的腐败现象，削弱了民众对政府制定和实施经济规划的信任度和支持度，成为自由主义经济学者和政客攻击西方资本主义国家经济规划的口实。

最后，东西方国家在制定和实施经济规划过程中都因盲目的私有化和市场化而导致政府实施经济规划能力下降。在东西方国家制定和实施经济规划遭遇挫折时，很多国家过于极端地采取了盲目的私有化和市场化措施，在造成严重国有资产流失问题的同时，也极大削弱了政府实施经济规划的能力。在苏联和东欧国家，盲目的私有化和市场化使这些国家的国民经济出现严重崩溃，国民生活水平大幅下降，政府实施经济规划的能力一度丧失。在西方资本主义国家，20世纪70年代中后期开始的私有化浪潮也使这些国家政府实施经济规划的能力受到重创。20世纪70年代中后期开始，西方资本主义国家经济规划的实施效果明显下降，一些国家甚至放弃制定和实施经济规划。

第三节　中国模式中经济规划的类型和任务

一、经济规划的方针与类型

中国模式的本质是中国特色社会主义，这就决定了中国模式中的经济规划有着不同于其他国家经济规划的特点。从经济规划的方针来看，中国模式中的经济规划必须高举中国特色社会主义伟大旗帜，坚持中国共产党的领导，以马克思列宁主义、毛泽东思想、邓小平理论、"三个代表"重要思想、科学发展观、习近平新时代中国特色社会主义思想为指导，统筹推进经济建设、政治建设、文化建设、社会建设、生态文明建设和党的建设，为实现"两个一百年"奋斗目标、实现中华民族伟大复兴奠定坚实基础。中国模式中经济规划一要坚持人民主体地位，实现好、维护好、发展好最广大人民的根本利益；二要坚持科学发展，坚持以经济建设为中心，加快转变经济发展方式；三要坚持深化改革，破除一切不利于科学发展的体制机制障碍；四要坚持依法治国，坚定不移地走中国特色社会主义法治道路，把经济社会发展纳入法治轨道；五要坚持统筹国内国际两个大局，在全方位对外开放中利用好国内国际两个市场、两种资源；六要坚持党的领导，不断增强党的创造力、凝聚力、战斗力，不断提高党的执政能力和执政水平，确保我国发展航船沿着正确航道破浪前进。中国模式中经济规划的方针决定了中国模式中的经济规划属于社会主义国家经济规划的范围，具有鲜明的社会主义性质。中国模式中的经济规划也显著不同于苏联和东欧国家计划经济体制下的经济计划，是根据中国具体国情制定的、具有鲜明中国特色的经济规划。

中国模式中经济规划的方针也决定了中国模式中经济规划是多种类型经济规划有机结合的经济规划体系，这与其他国家的经济规划有着显著不同。

首先，从经济规划的时间跨度来看，中国模式中经济规划是短期规划、中长期规划和超长期规划的有机结合。中国模式中的经济规划体系既有短期规划，也有中长期规划，还有超长期规划，这些规划共同构成了中国模式中经济规划体系。例如：每年各级政府提请各级人民代表大会审议的政府工作报告中有相当篇幅用于年度经济规划，属于短期规划；每隔五年各级政府制定并实施的《国民经济和社会发展五年规划纲要》属于中长期规划；党的代表大会提出的"两个一百年""全面建成小康社会""社会主义现代化强国"以及相关政府部门提出的"中国制造2025"等规划则属于超长期规划。

其次，从经济规划的规划内容来看，中国模式中经济规划是总体规划和具体规划的有机结合。中国模式中的经济规划体系既包括总体规划，也包括具体规划，总体规划为具体规划提供方向指引，具体规划为总体规划铺设实施路径。例如：在党的十八大报告中正式提出的"两个一百年"奋斗目标属于中国模式中经济规划的总体规划，这一规划为未来很长一段时期内具体规划的制定提供了方向和指引；目前正在实施的"十三五"规划则是"两个一百年"总体规划中的具体规划，通过将总体规划提出的战略目标分解为中长期实施的具体目标，可以确保总体规划有计划、有组织地贯彻落实、平稳推进。

最后，从经济规划的实施区域和涉及领域来看，中国模式中经济规划既是国家规划与地区规划的有机结合，又是产业发展规划、部门发展规划和国民经济发展规划的有机结合。例如：中央政府制定并实施的《中华人民共和国国民经济和社会发展第十三个五年（2016－2020）规划纲要》属于国家规划；各省、市、自治区根据国家"十三五"规划精神，制定和实施的本地区"十三五"规划则属于地区规划。此外，"十三五"规划属于国民经济发展规划，各部门和各产业根据本部门和本产业实际情况制定和实施的"十三五"规划则属于部门发展规划和产业发展规划。例如，教育部在2016年制定《教育信息化"十三五"规划》属于部门发展规划；工业和信息化部在2016年制定的《钢铁工业调整升级规划（2016－2020）》属于产业发展规划。

全方位、宽领域、多类型的经济规划体系是中国模式中经济规划的方针能够得到全面准确贯彻落实的根本原因，也是中国模式中经济规划科学性的充分体现，更是中国模式中经济规划区别于其他国家经济规划的显著特征。

二、经济规划的目标与任务

中国模式中经济规划的目标与任务是中国模式中经济规划方针的延伸。中国模式中经济规划类型的多样性和复合性，决定了中国模式中经济规划的目标与任务也是多元的。中国模式中经济规划的目标与任务主要包括以下几个方面的内容：

一是经济平稳健康发展。经济增长、就业扩大、价格稳定、国际收支平衡是宏观经济管理的四大核心目标，也是经济平稳健康发展的重要指标。经济平稳健康发展是实现"两个一百年"奋斗目标和社会主义现代化强国目标的物质基础，这就决定了中国模式中的经济规划必然要将实现经济平稳健康发展作为经济规划的重要目标和任务。以经济增长目标为例，"十一五"规划提出"国内生产总值年均增长 7.5%，实现人均国内生产总值比 2000 年翻一番"的目标，"十二五"规划提出"国内生产总值年均增长 7%"的目标，"十三五"规划也提出了"到 2020 年国内生产总值和城乡居民人均收入比 2010 年翻一番"的目标。

　　二是经济发展方式转变。中国正处于并将长期处于社会主义初级阶段的基本国情，决定了中国要实现"两个一百年"奋斗目标和社会主义现代化强国建设目标就必须加快经济发展方式转变。经济发展方式转变是中国模式中经济规划不可或缺的目标和任务。在"十一五"规划中，着重强调要实现产业结构优化升级和城乡区域发展趋于协调，并对服务业发展、自主创新能力、社会主义新农村建设提出了任务要求。"十二五"规划则提出了"农业基础进一步巩固，工业结构继续优化，战略性新兴产业发展取得突破，服务业增加值占国内生产总值比重提高 4 个百分点，城镇化率提高 4 个百分点，城乡区域发展的协调性进一步增强"等目标和任务。"十三五"规划又提出了"创新驱动发展成效显著、产业迈向中高端水平、消费对经济增长贡献继续加大、城镇化质量明显改善、区域协调发展新格局基本形成"等任务。实践证明，中国模式中经济规划不断更新的目标与任务有效地推进了我国经济发展方式转变。

　　三是人民生活持续改善。坚持人民主体地位是中国模式中经济规划的鲜明特征，中国模式中经济规划的目标与任务也必须和必然包含持续改善人民生活的内容。人民生活持续改善也是检验中国模式中经济规划有效性的重要衡量标准。以居民收入水平指标为例，"十一五"规划提出"城镇居民人均可支配收入和农村居民人均纯收入分别年均增长 5%"的任务与目标，"十二五"规划提出"城镇居民人均可支配收入和农村居民人均纯收入分别年均增长 7% 以上"的目标，"十三五"规划则在此基础上提出"我国现行标准下农村贫困人口实现脱贫，贫困县全部摘帽，解决区域性整体贫困"的目标和任务。

　　四是社会发展和谐稳定。中国模式中经济规划区别于其他国家经济规划的一个鲜明特征就是中国模式中经济规划的焦点并不仅局限于经济领域，还将社会发展作为经济规划的重要内容。自"六五"计划以来，中国模式中经济规划就一直将社会发展作为经济规划的重要内容。"十一五"规划要求基本公共服务明显加强的同时，民主法制建设和精神文明建设取得新进展。"十二五"规划提出社会建设明显加强，将公共服务体系、国民素质、民主法制、社会管理制度等方面的建设统筹规划。"十三五"规划则提出了"国民素质和社会文明程度显著提高"的新要求。

五是可持续发展能力增强。作为世界最大的发展中国家,经济建设与资源节约、环境保护之间的关系一直是我国经济建设中不可回避的重要内容。中国模式中经济规划强调科学发展理念,坚持将可持续发展能力增强作为经济规划的主要目标和任务,着力协调经济建设、资源节约和环境保护之间的关系。在"十一五"规划和"十二五"规划中,对于单位国内生产总值能源消耗、单位工业增加值用水量、农业灌溉用水有效利用系数、主要污染物排放量、耕地保有量、森林覆盖率等衡量资源利用效率和生态环境质量的关键指标提出了硬性要求。在"十三五"规划中,也将生态环境质量总体改善作为"十三五"期间经济社会发展的主要目标。

六是制度建设不断深化。中国特色社会主义并非是一成不变的发展模式,而是随着中国基本国情变化而不断发展、不断深化的发展模式,这就决定了中国模式中经济规划必须将破除一切不利于科学发展的体制机制障碍作为经济规划的目标与任务。"十一五"规划提出"市场经济体制比较完善"目标,要求"行政管理、国有企业、财税、金融、科技、教育、文化、卫生等领域的改革和制度建设取得突破,市场监管能力和社会管理水平明显提高"。"十二五"规划则提出"改革开放不断深化"目标,要求"财税金融、要素价格、垄断行业等重要领域和关键环节改革取得明显进展,政府职能加快转变,政府公信力和行政效率进一步提高。对外开放广度和深度不断拓展,互利共赢开放格局进一步形成"。"十三五"规划则提出"各方面制度更加成熟更加定型"的目标,围绕国家治理体系和治理能力现代化做出了详细规划。

总的来看,中国模式中经济规划的目标与任务是按照中国特色社会主义建设总体方针,针对我国经济社会发展中存在的突出问题,不断与时俱进、不断更新丰富的历史发展过程。这也是中国模式中经济规划区别于其他国家经济规划的基本特征。

三、经济规划的制定与执行

坚持中国共产党领导是中国特色社会主义制度的最大优势,也是中国模式区别于其他发展模式的关键特征。中国模式中经济规划从方针确定到目标明确,再到制定执行,都应当坚持中国共产党的领导。在中国模式中,党的领导是坚持依法治国为前提的政治领导,党的主张必须通过合法程序上升为国家意志。这在中国模式中经济规划的制定与执行中得到充分体现。中国模式中经济规划的制定与执行包括以下几个环节和步骤:

首先是中国共产党党内共识达成阶段。我国实行中国共产党领导下的多党合作政党制度，作为执政党的中国共产党在经济规划的制定过程中发挥着领导作用。以"十三五"规划为例，2015 年 1 月，中共中央政治局就成立了"十三五"规划建议的文件起草组，在中共中央政治局常委会领导下开展起草工作。2015 年 1 月 28 日，党中央发出《关于对党的十八届五中全会研究"十三五"规划建议征求意见的通知》，并于 2015 年 2 月 10 日正式启动建议稿起草工作。通过多方面专题调研和意见征求之后，2015 年 7 月底建议稿下发党内一定范围征求意见，并专门听取民主党派中央、全国工商联负责人和无党派人士意见。在经过多轮意见征求和文件修改后，于 2015 年 10 月 26～29 日召开的党的十八届五中全会上通过《中共中央关于制定国民经济和社会发展第十三个五年规划的建议》。建议稿文件的通过，标志着"十三五"规划的党内共识达成，可以进入下一步的规划制定工作。

　　其次是党的主张上升为国家意志阶段。中国的根本政治制度是人民代表大会制度，中华人民共和国的一切权力属于人民，人民行使权力的机关是全国人民代表大会和地方各级人民代表大会。形成党内共识并不意味着中国模式中经济规划的制定工作完成，相反，党的主张要上升为国家意志还需要人民代表大会的批准。以"十三五"规划为例，2015 年 11 月 4 日国务院召开常务会议，决定成立国务院规划纲要编制工作领导小组，负责"十三五"规划纲要草案的编制工作。在规划纲要编制期间，工作领导小组广泛征求各省（市、区）和中央国家机关有关部门、单位意见，广泛听取社会各界人士和基层代表的意见建议，最终形成《中华人民共和国国民经济和社会发展第十三个五年规划纲要草案稿》并提请全国人民代表大会审查。在 2016 年 3 月初召开的全国人民代表大会第四次会议中审查并批准"十三五"规划纲要，标志着"十三五"规划的制定工作完成，"十三五"规划转入实施阶段。在这个过程中，党的主张通过合法程序上升为国家意志。与"十三五"规划类似，中国模式中其他类型的经济规划也需要经过由党内共识到国家意志的制定流程。中国模式中经济规划的制定充分体现了科学性、实践性和民主性特征。

　　最后是经济规划的执行阶段。中国模式中经济规划的执行也要坚持发挥党的核心领导地位，纵览全局、协调各方，最大限度凝聚全社会共识和力量，共同推进规划方案的执行实施。中国模式中经济规划的执行充分体现了社会主义国家集中力量办大事的制度优势，通过凝聚和协调各方力量，中国模式中经济规划的执行可以积极调动和充分利用较为有限的经济资源，达到最优的资源配置效果。在中国模式经济规划的执行过程中，政府是经济规划执行的责任主体，负责经济规划的协调管理和实施保障。以"十三五"规划为例，根据"十三五"规划总体纲要，在执行过程中形成以国民经济和社会发展总体规划为统领，专项规划、区域规划、地方规划、年度计划等为支撑的发展规划体系。各部门、各地区也各司其职，落实执行"十三五"规划。中国模式中的经济规划是由不同类型的经济规划共同构成的经济规划体系，这就决定了中国模式中经济规划的制定与执行是密不可分的。某一项规划的制定过程可能是另一项规划的执行过程，某一项规划的执行过程也可以是另一项规划的制定过程。不同类型经济规划的有机结合所构成的经济规划体系，使中国模式中经济规划可以在发挥市场机制决定性作用的基础上更好地发挥政府作用，实现全社会资源的优化配置。

总之，党的领导和依法治国的有机结合和生动体现，是中国模式中经济规划区别于其他国家经济规划的鲜明特征。

四、经济规划的监督与检查

中国模式中经济规划是以党的领导为前提、以各级政府为责任主体、以全社会力量为后盾和基础的经济规划系统，这就决定了中国模式中经济规划的监督与检查也具有全方位、立体化、综合性的特点。具体来说，中国模式中经济规划的监督与检查主要由以下几个方面构成：

首先是来自党的监督与检查。中国共产党领导是中国特色社会主义的最本质特征，这就决定了中国共产党领导要在中国模式中经济规划的全过程得到体现。党的监督与检查是中国模式中经济规划监督与检查的重要内容。中国模式中党对经济规划的监督与检查主要集中在党的建设方面。中国共产党在党的建设方面坚持党要管党和从严治党，不断提高党的执政能力，使党的先进性和纯洁性得到发展。中国共产党通过加强领导班子和干部队伍建设，通过完善政绩考核评价体系和奖惩机制使广大党员领导干部在经济规划的制定和执行中积极发挥战斗堡垒作用和先锋模范作用。只要党在经济规划实施执行中始终发挥领导核心作用，就可以在经济规划的实施执行过程中做到实时地监督与检查，确保经济规划的方针、目标得到准确无误的贯彻落实。

其次是来自各级政府内部的监督与检查。中国模式中的经济规划是以中华民族伟大复兴奋斗目标为指引，以国民经济和社会发展总体规划为统领，专项规划、区域规划、地方规划、年度计划等为支撑的发展规划体系，这就决定了中国模式中经济规划的制定、执行和监督需要且必须有各级政府的全方位参与。通过经济规划目标与任务的层层分解，经济规划责任主体得到落实，也便于各地区、各部门对经济规划的实施情况进行动态监测和评估。例如，我国从"十五"计划开始就已经建立起五年规划中期评估制度①，极大地提高了及时把握经济规划执行情况的监测能力，也对规划执行的相关责任主体起到了切实的监督作用。通过对经济规划实施情况的动态监测和评估，不仅落实了规划实施的主体责任，还发现了规划实施中的一系列问题，为进一步完善规划实施的保障机制提供了实践素材。

最后是来自人民群众的监督与检查。一方面，中国模式中经济规划的执行效果很大程度上取决于各地区、各部门能不能科学制定政策和配置公共资源，调动全社会积极性。不同于苏联模式中的经济计划，中国模式中经济规划并不是依靠政府的行政指令来实现。中国模式中经济规划提出的预期性指标和产业发展、结构调整等任务主要依靠市场主体的自主行为来实现。人民群众对经济规划执行的参与度和积极性构成了监督和检查经济规划执行效果的评价标准。另一方面，经济规划的实施效果受到人民代表大会和审计机关的监督。政府部门执行经济规划的实施效果必须依法向人民代表大会汇报，自觉接受人民代表大会的监督。同时，审计机关也可以依法发挥审计监督作用，对经济规划实施效果进行审计。

党的监督、政府内部的监督和人民群众的监督有机结合，共同构建了中国模式中经济规划监督与检查的严密体系，使中国模式中经济规划能够落到实处、发挥实效。这也是中国模式中经济规划不同于其他国家经济规划的重要特征。

第四节　中国模式中经济规划的特点和意义

一、中国模式经济规划的特点

经过数十年的探索实践，中国模式经济规划已经逐渐走向成熟，并越来越显现出与其他国家经济规划显著不同的特点。具体来说，中国模式经济规划的特点主要体现在以下几个方面：

一是人民性。坚持人民主体地位，注重调动人民群众的积极性、主动性和创造性是中国模式经济规划的根本特征。中国模式经济规划本质上是社会主义国家的经济规划，经济规划的制定和实施是为了实现最广大人民群众的根本利益，经济规划的制定和实施也依靠最广大人民群众的集思广益和众志成城。正是由于中

---

① 程冰，沈正平. "十二五" 规划中期评估：问题与对策［J］. 唯实，2014（6）：65－66.

国模式经济规划的人民性，才使中国模式经济规划能够得到最广大人民群众的拥护和支持，才使中国模式经济规划能够集中最广大人民群众的力量。中国模式经济规划的经验表明，经济规划只有把增进人民福祉、促进人的全面发展作为制定和实施经济规划的出发点和落脚点，经济规划才能取得成效。因此，坚持人民主体地位，是中国模式经济规划能够取得举世瞩目成效的根本原因。

二是战略性。中国模式经济规划是一个以"两个一百年"奋斗目标为指引，以国民经济和社会发展总体规划为统领，专项规划、区域规划、地方规划、年度计划等为支撑的发展规划体系。中国模式经济规划服从于实现中华民族伟大复兴这一战略目标，是实现中华民族伟大复兴的切实可行的行动计划。中国模式经济规划的战略性特征决定了中国模式经济规划本质上是全体国民集体意志的体现和中华民族集体诉求的表达。不同于一些国家的经济规划，中国模式经济规划不会受到政党更替、政府换届等因素的影响，政策制定具有极强的连续性，政策规划的时间跨度和执行力度也更大。例如，党的十三大确立的"三步走"战略提出"在20世纪末实现小康社会，本世纪中叶基本实现现代化"的目标。党的十九大则在"三步走"战略的基础上，进一步提出了"在本世纪中叶建成富强民主文明和谐美丽的社会主义现代化强国"目标，使"三步走"战略得到了延续和细化。

三是科学性。中国模式经济规划始终坚持"发展是硬道理，发展必须是科学发展"的原则，始终将科学发展作为经济规划制定和实施的重要原则。中国模式经济规划的科学性集中体现在经济规划始终以社会主义初级阶段的基本国情为出发点，在科学研判社会主义初级阶段社会主要矛盾的基础上，确定以经济建设为中心的基本原则。围绕以经济建设为中心的基本原则，中国模式经济规划也实事求是地把握发展中的新问题和新特征，积极加快结构性改革，转变经济发展方式，努力追求高质量、有效率、更公平、可持续的发展。正是由于中国模式经济规划的科学性，才使中国这样一个人口多、底子薄、生产力发展不平衡的发展中国家能够在极短的时间里实现经济跨越式发展，用短短70年时间走完了西方发达国家两百多年才完成的发展道路，大幅缩小了中国与西方发达国家的差距。

四是实践性。中国模式经济规划在中国特色社会主义道路的探索和实践过程中不断得到发展和完善，中国模式经济规划的发展和完善也是中国特色社会主义道路的重要组成部分。中国模式经济规划并不是从西方经济学教科书上照搬照办的经济规划，而是实事求是地从中国经济发展与改革的伟大历史实践中寻找制定经济规划的基本依据，并在中国模式经济规划的科学实践中不断丰富和发展中国特色社会主义理论体系。迄今为止，尚没有任何一种成熟的经济学理论可以解释中国持续数十年的经济奇迹。一些西方学者从西方经济学的理论出发，时常断定中国经济将要走向崩溃，但中国经济奇迹一次又一次地让西方学者鼓吹的"中国威胁论"破产。如果中国模式经济规划不是从中国经济发展与改革的实践中寻找制定经济规划的基本依据，而是从既有的西方经济学理论中寻找所谓的灵感，那么中国模式经济规划就会脱离中国基本国情，成为缺乏实践性的空谈。中国模式经济规划的实践性，正是决定中国模式经济规划切实可行的关键因素。

五是常态性。在一些西方资本主义国家，虽然政府也制定和实施了一些经济规划，但这些经济规划具有短期性和应急性特点。经济规划的出台仅仅是为了缓解西方资本主义国家面临的短期较为突出的经济问题，一旦经济规划聚焦的问题和矛盾得到缓解，经济规划就会自动退出。与西方资本主义国家不同，中国模式经济规划则是中国特色社会主义市场经济中的一项常态性制度安排，是中国特色社会主义市场经济体制的重要组成部分，也是中国经济发展中不可或缺的一种资源配置方式。中国模式经济规划的常态性，是区别中国特色社会主义市场经济与西方国家市场经济的重要特征。在中国特色社会主义市场经济中，只有坚持常态性地制定和实施中国模式经济规划，才能在发挥市场在资源配置中决定性作用的同时，更好地发挥政府作用，在中国特色社会主义市场经济中形成市场与政府之间的良性互动和有机结合。

二、中国模式经济规划的世界意义

中国模式经济规划所取得的举世瞩目的成就，不仅极大地改变了中国人民生活面貌，还产生了极为深远的世界意义。中国模式经济规划的世界意义主要体现在以下几个方面：

首先，中国模式经济规划的成功有力地提高了中国的国际经济地位，极大地改变了世界经济格局。中国经济曾有过辉煌的历史，也有过不堪回首的过往。中国经济曾在漫长的封建社会长期处于世界领先水平，科技水平和经济规模在世界范围内名列前茅。进入近代社会以来，由于中国错失了工业革命的良机，中国经济在国际经济中的地位一落千丈。与此同时，以英国为首的西方国家却异军突起，迅速拉大与世界其他地区的经济发展差距。截至 1949 年新中国成立前夕，中国的国际经济地位已经落入历史低谷，而彼时西方国家已经开启第三次科技革命的浪潮，中国却仍是一个落后的农业国，工业化进程几近停滞。新中国建立后，中国人民在中国共产党的领导下，通过制定和实施经济规划加快本国工业化进程，实现了中国经济的跨越式发展。通过 13 个五年规划（计划）的实施，中国已经一跃成为世界第二大经济体、世界第一大制造业国家和世界第一大贸易国，中国国际经济地位明显提高。中国经济取得的非凡成就，与中国人民长期坚持在中国共产党领导之下制定和实施经济规划密不可分。特别需要指出的是，即便是西方国家中人口最多的美国，总人口也只有 3 亿人左右；中国则是一个拥有 13.95 亿人口的大国，中国的人口规模与西方国家不可同日而语。如果中国成功进入高收入国家行列，世界经济格局也将随之发生深刻变化，西方国家一枝独秀的世界经济旧格局将被东西方国家并驾齐驱的世界经济新格局所取代，这一改变对于在全球范围内消除贫困和实现世界经济再平衡有着重要意义。

其次，中国模式经济规划的成功为广大发展中国家探索适合本国国情的发展道路提供了经验借鉴。新航路开辟和地理大发现之后，东西方国家走上了不同的发展路径。欧美国家通过殖民侵略迅速建立了以欧美国家为中心的世界经济体系，亚非拉地区的众多民族和国家则长期沦为欧美国家的殖民地或半殖民地，遭受了长达数世纪的经济掠夺。第二次世界大战后，众多亚非拉国家纷纷取得政治独立，但发展经济的任务却异常艰巨。主流西方经济学理论只能解释西方国家成熟市场经济中的经济现象，对发展中国家普遍面临的工业化问题、贫困治理问题则束手无策。在第二次世界大战后发展中国家的经济发展探索中，也有一些国家照搬主流西方经济学理论，试图通过贸易自由化、金融自由化加快本国经济发展。但这些国家的实践效果却表明，舶来的西方经济学理论在发展中国家的现实国情面前表现出严重的"水土不服"，经济自由主义使这些国家纷纷陷入"中等收入陷阱"，人民生活水平长期得不到提高。中国模式经济规划可以给发展中国家的启示是：一个国家或地区的经济发展不应当照搬他国经验，而是应该在正确认识本国国情的基础上，有选择地借鉴他国经验，积极探索适合本国国情的发展道路。如果按照主流西方经济学理论，中国模式经济规划的国家干预必定带来经济效率损失，导致经济发展停滞，但中国模式经济规划的实践却表明，市场机制发挥资源配置作用也是有前提条件的。在因市场机制发挥作用的前提条件不满足而失灵的情况下，国家通过经济规划干预经济可以提高资源配置效率，集中全社会力量加快对发展中国家至关重要的工业化进程。

最后，中国模式经济规划的成功开辟了不同于苏联模式的社会主义经济建设模式，对国际共产主义运动影响深远。十月革命之后，苏联根据本国现实国情和当时国际形势，选择建立高度集中的社会主义计划经济体制，并通过社会主义经济计划迅速壮大了本国国力，为苏联打破帝国主义的封锁和取得反法西斯战争的胜利奠定了物质基础。第二次世界大战后，社会主义阵营空前壮大，国际共产主义运动迎来高潮。社会主义阵营中各国纷纷借鉴苏联经验，建立起社会主义计划经济体制，但社会主义计划经济体制的弊端和局限也逐渐显现。尽管在 20 世纪 60 ~ 70 年代苏联和东欧国家也相继实施了一些经济改革，但这些改革并没有突破计划经济体制的藩篱，致使 20 世纪 80 年代后苏联和东欧国家经济陷入困境，最终酿成东欧剧变，国际共产主义运动一度陷入低谷。在充分认识到计划经济体制弊端之后，20世纪70年代末中国开始了探索适合本国国情的经济体制改革新征程。中国模式经济规划在继承和发扬集中力量办大事的社会主义优越性的基础上，创造性地提出了社会主义市场经济体制的改革目标。在中国模式经济规划中，市场在资源配置中发挥决定性作用，经济规划则成为更好发挥政府作用的手段和工具。中国模式经济规划在坚持社会主义基本经济制度的基础上，巧妙地将市场与政府结合起来，开辟了社会主义经济建设的新模式，成功地挽救了陷入低谷的国际共产主义运动，在实践中丰富和发展了马克思主义。

第六章
中国模式中的宏观调控

经济规划是对特定时期国民经济运行目标、任务和实施方式的战略谋划，宏观调控则是经济规划的具体实现。第五章对中国模式中富有特色的经济规划做了详细阐述，本章拟对经济规划的实现手段——宏观经济调控进行系统分析，从而揭示中国模式中的宏观调控的鲜明特色和显著优势。

第一节　按比例分配社会劳动时间

宏观调控的本质是什么？这是需要在理论上首先加以回答的问题。马克思主义政治经济学认为，按比例分配社会劳动时间规律是社会化大生产条件下的根本规律。宏观调控本质上是行使按比例分配社会劳动，确保国民经济协调稳定发展职能的体制机制。

一、宏观经济与微观经济的关系

为了便于探索并认识经济规律，人们通常把经济划分为微观经济和宏观经济。

从一般意义上说，微观经济是从个量上分析经济行为主体的特点、活动规律，如分析市场中企业、家庭、消费者的行为特征和规律问题就属于微观分析。宏观经济则是从总量上分析社会经济整体运行的特点、活动规律，如一个国家的增长问题、就业问题、物价问题等就是宏观经济问题。

但从更深层意义上说，微观经济和宏观经济之间的关系并非简单的个量与总量的关系。在一个社会经济活动中，宏观经济活动与微观经济活动既有联系又有区别，宏观经济并非是微观经济个量的简单相加。西方经济学在分析宏观问题时所使用的总供给曲线和总需求曲线，是建立在微观经济学中个量分析使用的供求曲线基础上推理出来的，虽然有一定道理，但其局限性也是明显的：其一，总量经济并非是简单的个量经济的总和，它可以大于或者小于个体经济的简单相加。道理很明显，如当社会各个汽车生产企业生产的汽车总和为 200 万部，但社会实际需要的汽车是 100 万部，那么就国民经济总量而言，有效的汽车就是 100 万部，其他 100 万部就是浪费。这就是通常说的 $1 + 1 < 2$。其二，总供给和总需求曲线最多只能描述经济总量关系，不能分析经济结构关系，事实上，从整体上看国民经济，不仅仅是总量，也包含结构。一个国家的经济总量虽然是平衡的，但如果结构失衡，还是不能保证经济运行的协调健康发展。实践证明，现代市场经济存在的最大问题往往表象为总量问题，而深层次则是结构问题。在经济学理论体系中，对结构进行科学分析的方法，最早是由马克思主义政治经济学提出的。

依据马克思政治经济学原理，微观经济和宏观经济之间的关系可以运用个别资本运动与社会总资本运动的关系来认识。马克思在《资本论》中运用这一原理揭示了社会资本的运动规律，如果我们抽去其社会生产关系特征，其中的思想方法同样可以用来分析社会主义市场经济中的相关问题。

个别资本就是指单个企业的资本。在市场经济中，每个企业都是独立的市场主体，企业资本在独立循环和周转过程中实现价值增值。但是个别资本不是孤立地运动，而是相互之间彼此联系，互为条件。一个资本的销售阶段就是另一个阶段的购买阶段，处于不同运动阶段的各个个别资本之间彼此有机联系在一起，这些有相互联系的个别资本就构成了社会资本。正如马克思指出的："各个单个资本的循环是互相交错的，是互为前提、互为条件的，而且正是在这种交错中形成社会总资本的运动。"[①]

社会总资本是由相互联系的个别资本构成，这是个别资本与社会总资本之间的内在联系，即微观经济与宏观经济之间的内在联系。这种联系主要包括：两者的运动都是为了实现价值增值；运动过程都包括生产过程和流通过程；运动阶段都采取货币资本、生产资本、商品资本的不同形态等。

但是，个别资本与社会总资本运动有所不同。在个别资本运动分析中，只考虑企业利润最大化如何实现，对于资本家和工人的个人消费问题不需要考虑。这里的消费，只是企业对生产资料的需要，即生产消费，没有生活消费。但对社会总资本运动的分析，既要考虑生产消费，也要考虑不同阶级的个人消费，即要考虑消费总量和消费结构两方面的问题。因此，在西方宏观经济学中，只有社会总供给和总需求所反映的总量问题，没有结构问题，但在马克思主义政治经济学的

① 马克思. 资本论（第 2 卷）［M］. 人民出版社，2004.

宏观分析中，则既包括社会经济总量问题，也包括部门之间、产业之间的结构问题。从社会再生产的环节角度看，这些结构既有生产结构，也有消费结构。

二、宏观经济运行要遵循按比例分配社会劳动时间规律

依据马克思主义政治经济学基本原理，宏观经济运行是否稳定和平衡取决于全社会范围内不同部门之间生产是否遵循按比例分配劳动这一深层经济规律。社会总供给与社会总需求是否平衡，仅仅是这一深层规律作用结果的外在表现。

按比例分配劳动是人类经济活动遵循的本质规律，无论是市场经济还是自然经济，乃至未来的产品经济，人们的经济活动都要自觉或不自觉地遵循这一客观规律。例如，在一个鲁滨逊式的生产活动中，鲁滨逊自己为了满足各种需要，要从事各种有用劳动。需要本身迫使他尽量精确地分配自己进行各种活动的时间，从而达到节约劳动的目的。在他的全部活动中，这种或那种时间所占的比重大小取决于他为取得自己需要所要花费的劳动的大小。劳动经验会逐渐使鲁滨逊学会合理分配自己的劳动时间。

市场经济与鲁滨逊式的自然经济最大的不同在于，人类经济活动中按比例分配劳动时间不是依靠个人经验来判断，而是依靠市场中的价值来衡量。从微观角度看，每一个生产者所生产的商品都必须符合社会必要劳动时间。因此，社会必要劳动时间就是同一部门内容生产者的标准，也是每个企业按比例分配劳动进行生产的客观依据。这是因为有了社会必要劳动时间这一个标准，同一部门内容的企业之间才会围绕这一标准展开竞争，企业通过创新和技术进步，使自己的个别劳动时间低于社会必要劳动时间，从而获得超额剩余。从宏观上来看，各个部门之间似乎是自发地、盲目地生产，但客观上部门之间也存在按比例分配劳动的内在要求。假定社会上有两个生产部门，分别生产矿泉水和面包。假如社会能够提供 400 小时劳动，在这 400 小时的劳动中，200 小时劳动生产 200 瓶水，200 小时劳动生产 100 块面包。这样，200 瓶水换 100 块面包，符合等价交换原则，因为这时矿泉水和面包包含的劳动时间都是 200 小时，而且两种商品数量正好满足社会需要。这时宏观经济处于一种稳定状态中，社会总供给与总需求平衡。

由于生产者们是自发生产，假如有生产者认为生产面包更能节约劳动，再假如生产面包的劳动效率没有变化的情况下，结果面包生产变为 150 块，矿泉水生产变为 100 瓶，从社会供求关系角度看，这时出现了面包过剩、矿泉水不足的情况，也就是面包的供给大于需求，而矿泉水的供给小于需求。为什么出现这个问题呢？这是因为这种生产破坏了按比例分配劳动的规律。本来生产面包和生产水的两个部门，总劳动量应该是花费 400 小时，但结果是生产面包花费了 300 小时

劳动时间，生产水花费了 100 小时劳动时间，于是这两种商品总量上就无法进行等价交换。那怎么解决呢？这时市场就会发挥调节作用。面包领域花费的总劳动时间多了，就会出现面包贬值的问题，在价格上就会表现为面包的价格下跌。相反，由于矿泉水花费的总劳动时间减少，要实现与面包的等价交换，矿泉水就会升值，在价格上就会表现为矿泉水的价格上涨。于是，有些面包生产商认为利润会下降甚至无利可图，转而去生产矿泉水。这个过程，是价值规律中按比例分配劳动时间的规律作为"看不见的手"自发调节资源在不同部门之间进行配置。这个道理推广到全社会，就是宏观经济运行中的按比例分配劳动时间会对不同性质的商品进行分类调控，其有重要的理论意义。

社会总供给和社会总需求是反映宏观经济运行总量的一对范畴。从宏观经济运行状态看，社会总供给和社会总需求有三种情况：第一种情况是社会总供给大于社会总需求，表现为产品积压库存增加、通货紧缩、价格下跌、经济增长率下降等，这就是过剩经济；第二种情况是社会总供给小于社会总需求，表现为商品供不应求、通货膨胀、物价上涨、经济过热，这就是短缺经济；第三种情况是社会总供给与社会总需求基本相等，这就是平衡经济。社会总供求关系中的平衡是相对的，不平衡是绝对的。一般说来，社会总供求关系只要保持在国民经济运行的合理区间，适当的波动不会影响国民经济的正常运转。如果在完全无政府干预的市场经济中，资源配置都是市场主体自发进行的，虽然每个企业的生产活动都是有计划的，但整个宏观经济却经常处于不平衡状态中。

社会总供给和社会总需求只是反映宏观经济运行中的总量关系，并不反映总量背后的结构关系，这种结构表面上看是部门之间、产业之间的技术关系，但本质上是社会生产关系。

三、社会资本再生产中的结构和比例关系

马克思关于社会资本再生产的原理虽然是对资本主义经济运动规律的揭示，但其中的原理和方法同样可以用于认识社会主义市场经济中的宏观经济运行背后的深层关系。

马克思关于社会资本再生产原理是以物质生产部门一定时期生产的社会总产品作为分析对象，既考虑了总产品的价值构成和实物构成，也考虑了社会总产品的部门构成，即产品结构，还考虑了生产、交换和分配各个环节的关系。马克思主义政治经济学宏观经济研究的出发点是社会总产品。所谓社会总产品，是指一定时期内（通常为一年）全社会物质生产部门所生产的全部产品的总和。社会总产品价值形态表现为社会总商品资本。从社会总产品出发考察社会总资本的运动，实际就是分析社会总商品资本的运动。它的运动形式是：

$$W'\ (W+w)\begin{cases}W-G-W<^{A}_{Pm}\cdots P\cdots W'\\ \ \ \ \ \ \ \ \ \ \ \ \ \rangle G'\\ w-g-w\end{cases}$$

$$(6-1)$$

在式（6-1）中，作为起点的总商品资本 W'，包括补偿资本家预付的不变资本和可变资本部分（W），以及资本家无偿占有的剩余价值（w）。如果商品销售成功，全部商品资本都转化为货币资本（ G' ）。其中，资本家可以用收回的等于预付资本价值的货币资本（G）去购买劳动力（A）和生产资料（Pm）进行生产消费，经过生产过程，又变为商品资本（ W' ），完成商品资本循环。同时，资本家可以用另一部分货币（g）购买消费资料（w），进行个人消费。此外，工人出卖劳动力得到的货币也用于个人消费。显然，商品资本运动不仅包括生产消费，也包括个人消费；不仅包括资本的流通，也包括不形成资本的一般商品流通；不仅包括预付资本价值的实现，也包括剩余价值的实现。因此，社会总商品资本循环公式是考察社会总资本运动的最适当的形式。

从物质形态上看，社会总产品由生产资料和消费资料两部分组成。生产资料是人们从事物质资料生产所必需的一切物质条件，包括土地、森林、矿藏、机器、厂房、设备、原材料等。消费资料是用来满足人们物质和文化生活需要的社会产品，包括人们吃、穿、用、住、行的各种消费品。与社会总产品的物质形态相适应，马克思把社会生产划分为两大部类：第Ⅰ部类生产生产资料，第Ⅱ部类生产消费资料。在这两大部类中，各自又包含着许多不同的生产部门。

从价值上看，社会总产品由三部分组成，即不变资本价值（c）、可变资本价值（v）和剩余价值（m）。

依据社会产品的最终用途将社会生产划分为两大部类是一种高度概括的分类。事实上，许多产品具有多种使用价值，既可作生产资料，也可作消费资料，但是这并不影响社会生产划分为两大部类的必要性和正确性。正如马克思所说："某些产品（如马、谷物等）既可以供个人消费又可以用作生产资料的事实，丝毫也不会排除这种分类的绝对正确性。"① 因为不论一种产品有多少种用途，为了进行再生产，总有一部分产品作为生产资料进入生产消费，另一部分产品作为消费资料进入个人消费。一种产品究竟属于生产资料还是属于消费资料，主要看它在再生产过程中的最终用途。凡是进入生产消费的，就是生产资料；凡是进入个人消费的，就是消费资料。

---

① 马克思. 资本论（第3卷）［M］. 北京：人民出版社，2004.

马克思在《资本论》中虽然没有直接使用"社会总供给"和"社会总需求"的概念，但他的研究方法包含了这种思想。社会总产品就相当于社会总供给，社会总供给＝第Ⅰ部类供给＋第Ⅱ部类供给。社会总需求则是两大部类内部和两大部类之间社会总产品之间的相互需求。社会总产品的实现就是意味着社会总供给等于社会总需求。

社会总供给等于社会总需求要求社会总产品的各个部分都要获得相应的价值补偿和实物补偿。价值补偿是指社会总产品在价值形态上补偿已经消耗掉的资本价值并获得剩余价值的过程；实物补偿则是指社会总产品在实物形态上补偿已经在生产和生活中消耗掉的物质资料的过程。

下面，我们仅以简单再生产为例介绍马克思主义政治经济学宏观经济平衡发展的模型。在简单再生产条件下，工人创造的剩余价值全部被资本家用于个人消费，不进行积累。根据社会总产品的价值构成分为 c、v、m 三部分，社会生产分为生产资料生产和消费资料生产的两大部类原理，设计社会总资本简单再生产公式如下：

Ⅰ 4000c + 1000v + 1000m = 6000（生产资料）　　　　　　　　　　（6 - 2）

Ⅱ 2000c + 500v + 500m = 3000（消费资料）　　　　　　　　　　（6 - 3）

在式（6 - 2）和式（6 - 3）中，第Ⅰ部类生产的生产资料价值为6000，第Ⅱ部类生产的消费资料价值为3000，社会总产品的价值为9000。为了进行简单再生产，两大部类生产的产品必须通过三个方面的交换，才能实现价值和实物补偿：

第一，第Ⅰ部类内部的交换。4000c 在实物上是生产资料，在价值上表示第Ⅰ部类生产中消耗掉的不变资本价值。为了维持简单再生产，生产中耗费掉的4000c 必须用新的生产资料来补偿，而这 4000c 的实物形态就是生产资料。因此，这部分产品的价值补偿和实物补偿，可以通过本部类内部交换来实现。这部分生产资料有的直接进入本单位的再生产过程进行补偿；但大部分通过Ⅰ部类内部各个企业相互之间的交换进行补偿，如机器制造厂向钢铁厂购买钢材，向煤矿购买煤，向电厂购买电，而煤矿、电厂向机器制造厂购买采煤设备和发电设备等。

第二，两大部类之间的交换，即Ⅰ（1000v + 1000m）和Ⅱ2000c 之间的交换。Ⅰ（1000v + 1000m）在实物上是生产资料，在价值上是第Ⅰ部类消耗的可变资本和资本家获得的剩余价值，需要用于购买消费资料；Ⅱ2000c 在实物上是消费资料，在价值上是第Ⅱ部类消耗的不变资本，需要用于购买生产资料。经过两大部类之间的交换，第Ⅰ部类将价值2000的生产资料卖给第Ⅱ部类，得到价值2000的消费资料；而第Ⅱ部类将价值2000的消费资料卖给第Ⅰ部类的工人和资本家，得到价值2000的生产资料。结果，Ⅰ（1000v + 1000m）和Ⅱ2000c 在价值上和实物上都得到了补偿。

第三，第Ⅱ部类内部的交换。第Ⅱ部类500v和500m在价值上代表本部类工人和资本家用于个人消费的可变资本价值和剩余价值。为了满足简单再生产条件下工人和资本家的个人消费需要，这部分产品必须由消费资料来补偿，而500v和500m的实物形态就是各种消费资料，因此，这部分产品可以通过第Ⅱ部类内部工人和资本家之间以及各个资本家之间的交换得到实现。

经过三重交换后，第Ⅰ部类生产的生产资料中有4000卖给本部类，2000卖给第Ⅱ部类，6000的产品全部实现了价值补偿和实物补偿。第Ⅱ部类生产的消费资料中有1000卖给本部类，2000卖给第Ⅰ部类，3000的产品全部实现了价值补偿和实物补偿。

上述三方面交换关系可以用图6-1表示。可见，在简单再生产条件下，如果撇开作为媒介的货币流通，社会总产品的实现就是通过上述三种基本交换关系进行的。

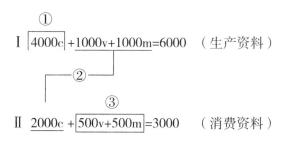

图6-1　三方面的交换关系

从交换过程，可以得出宏观经济平衡发展的三个实现条件：

第一，第Ⅰ部类的可变资本与剩余价值之和，应该等于第Ⅱ部类的不变资本。用公式表示为：

$$\text{Ⅰ}（v+m）= \text{Ⅱ}c \tag{6-4}$$

这个条件表明，只有当第Ⅰ部类生产资料的供给和第Ⅱ部类对生产资料的需求之间，以及第Ⅱ部类消费资料的供给和第Ⅰ部类对消费资料的需求之间保持相等，两大部类的简单再生产才能正常进行。

第二，第Ⅰ部类全部产品价值，应该等于两大部类不变资本价值之和。用公式表示为：

$$\text{Ⅰ}（c+v+m）= \text{Ⅰ}c + \text{Ⅱ}c \tag{6-5}$$

这个条件表明：整个社会的生产资料供给与两大部类对生产资料的需求之间存在着内在联系。也就是说，只有当第Ⅰ部类生产的全部生产资料与社会对生产资料的需求相等时，才能保证两大部类简单再生产的正常进行。

第三，第Ⅱ部类全部产品的价值，应该等于两大部类可变资本与剩余价值之和。用公式表示为：

$$Ⅱ（c+v+m）= Ⅰ（v+m）+ Ⅱ（v+m）\tag{6-6}$$

这个条件表明：全社会的消费资料供给与两大部类的工人和资本家对消费资料的需求之间存在着内在联系。也就是说，只在当第Ⅱ部类所生产的消费资料与两大部类对消费资料的需求相等时，社会总资本再生产才能正常进行。

如果我们把上述公式做一个简化：

$$Ⅰ（c+v+m）= S1 \qquad\qquad Ⅱ（c+v+m）= S2$$
$$Ⅰc+Ⅱc = D1 \qquad\qquad Ⅰ（v+m）+ Ⅱ（v+m）= D2$$

则有社会总供给与社会总需求的平衡公式为：

$$S1 + S2 = D1 + D2 \tag{6-7}$$

其中，S1 为第Ⅰ部类供给总量；S2 为第Ⅱ部类供给总量；D1 为全社会对生产资料的需求总量；D2 为全社会对消费资料的需求总量。

社会总资本扩大再生产的平衡条件也是同样道理，这里不再赘述。

当然，马克思主义政治经济学原理只是揭示物质生产部门社会总供给与社会总需求的平衡问题，如果我们把现实中的社会劳务供给 S3 和需求 D3 问题引入社会总供求平衡公式，则社会总供给与社会总需求平衡公式：

$$S1 + S2 + S3 = D1 + D2 + D3 \tag{6-8}$$

需要指出的是，按照马克思主义政治经济学基本原理，服务部门虽然为社会提供的服务构成社会总供给，但由于服务部门不创造价值和剩余价值，所以在社会总需求方面要进一步分析。

$$S3 = Ⅲc+v+m \tag{6-9}$$

其中，c 是投入不变资本，v+m 在价值形态上是工人工资和资本家剩余价值。由于服务业不创造价值和剩余价值，所以第Ⅲ部类的 v+m 都是第Ⅰ部类和第Ⅱ部类中剩余价值再分配过来的。第Ⅲ部类工人和资本家消费，则是构成第Ⅱ部类的总需求的一部分。

总之，马克思主义政治经济学关于宏观经济总量平衡和结构平衡的基本原理，舍象掉资本主义生产关系的属性，对于我们分析社会主义市场经济的宏观经济平衡问题同样适用，社会总资本在生产原理上实质就是对社会总供给与社会总需求的分析。但与西方经济学不同的是，马克思主义政治经济学的分析更为科学和深刻，因为它揭示了社会总供给与总需求背后的社会生产关系。

当然，由于马克思所处时代第三产业不够发达，所以马克思在分析社会总产品实现时舍象了非物质生产部门，但这不影响其揭示的基本原理对今天进行宏观经济分析的基本指导意义。

四、宏观经济运行背后的社会生产关系

马克思社会资本再生产原理揭示了宏观经济运行中的基本比例和结构关系，事实上，在这些关系背后起决定作用的是生产、分配、交换和消费之间的关系。只有把比例、结构和社会生产关系各方面都考虑进来，才能形成国民经济运行综合平衡的思想。

在《政治经济学批判导言》中，马克思认为，作为政治经济学研究对象的物质生产必然是一定社会发展阶段上的生产，一定社会关系中的生产。社会生产和再生产是一个整体，它是由生产、分配、交换和消费四个环节构成的，这四个环节相互联系、对立统一，形成了经济系统的对立统一辩证关系。其中，生产是社会经济运行过程中的决定性因素，人们从事物质资料生产必须具备劳动者、劳动对象、劳动资料三个因素，在任何社会生产中，劳动者的劳动总是通过劳动资料作用于劳动对象，生产出能够满足人们需要的劳动产品。分配是社会产品分归社会或国家、社会集团和社会成员的活动，它包括作为生产活动条件的生产资料和劳动力的分配，以及作为生产活动结果的劳动产品的分配。交换是人们相互交换活动或交换劳动产品的过程，它包括人们在生产中发生的各种活动和能力的交换，以及一般的产品和商品的交换。消费是人们使用物质资料以满足生产和生活需要的过程，它包括生产性消费和个人生活消费。

生产、分配、交换和消费的相互关系表现为：第一，生产决定消费，消费反作用生产。第二，生产决定分配，分配反作用生产。第三，生产决定交换，交换反作用生产和消费。马克思说："一定的生产决定一定的消费、分配、交换和这些不同要素相互间的一定关系。当然，生产就其单方面形式来说也决定于其他要素。例如，当市场扩大，即交换范围扩大时，生产的规模也就增大，生产也就分得更细。随着分配的变动，如随着资本的积聚，随着城乡人口的不同分配等，生产也就发生变动。另外，消费的需要决定着生产。不同要素之间存在着相互作用。每一个有机整体都是这样。"①

从马克思宏观经济模型中可以看出，不同部门之间交换顺利实现，就要求各部门之间的生产保持比例关系，即各部门生产要符合社会总劳动在各部门之间的按比例分配规律。当然在市场经济中，这个分配不是哪一个人、哪一个部门进行的，而是通过价格信号、供求和竞争机制来实现的。马克思把物质生产部门分为两大部类，第Ⅰ部类生产生产资料，第Ⅱ部类生产消费资料，这一方法是科学

---

① 马克思．政治经济学批判导言［J］//马克思，恩格斯．马克思恩格斯选集（第8卷）［M］．北京：人民出版社，2009.

的。这种划分表明，第 I 部类企业之间进行的交换虽然也相互形成需求，但本质上增加的生产资料的供给。如果在生产过剩的情况下，刺激第 I 部类企业之间的消费，形式上是刺激消费，增加社会总需求，本质上却是增加了供给，加重了生产过剩问题。而第 II 部类生产的产品与第 I 部类在性质上不同，它们是最终消费品。在生产过剩的情况下增加对第 II 部类的消费，才能真正刺激社会总需求。

当我们说社会总需求时，还必须进一步分析是谁的需求，需求消费背后反映的是阶级、阶层关系，它们的收入分配决定了它们的消费水平、消费结构和消费特点。正如马克思指出的："'社会需要'，也就是说，调节需求原则的东西，本质上是由不同阶级的相互关系和它们各自的经济地位决定的，因而也就是，第一是由全部剩余价值和工资的比率决定的，第二是由剩余价值所分成的不同部分（利润、利息、地租、赋税等）的比率决定的。"① 如果不理解这一点，当宏观经济遇到过剩时，盲目使用所谓的财政政策、货币政策是不会产生预期效果的。

西方经济学有供给学派和需求管理学派。凯恩斯主义经济学是需求管理学派的代表，这一理论本质上是运用刺激总需求的办法解决资本主义经济有效需求不足的理论。他认为，有效需求不足使资本主义经济危机具有必然性，仅靠自由市场机制无法保证经济稳定增长，达到充分就业，必须加强国家干预。据此他提出，在出现有效需求不足时，应当由政府采取措施来刺激需求，而总需求随着投资的增加，可使收入增加，消费也将增加，经济就可以稳定地增长，以致达到充分就业，使生产（供给）增加。② 凯恩斯理论在西方国家曾经取得一定效果，出现了第二次世界大战后资本主义经济的繁荣景象，但是进入 20 世纪 70 年代以后，西方国家经济中出现了严重的滞胀局面，凯恩斯主义越来越无能为力，其根本的原因在于凯恩斯理论没有触碰到资本主义制度的生产社会化与生产资料私人占有的痼疾。

以供给学派为理论基础的里根经济学在这样的背景下登台。里根经济学的实质是，运用降低税收和公共开支、放松政府管制、减少国家对企业的干预、支持市场自由竞争等措施刺激经济增长，减少赤字，以解决经济停滞和通货膨胀的问题。但实际的后果是，在里根执政时期，减税和增加军费同时并举，造成财政上的超分配和财力不堪重负，从而导致美国经济新的困难和不平衡。其根本的原因同样在于没有触碰到资本主义制度的生产社会化与生产资料私人占有的痼疾。需要指出的是，里根经济学不适应我们今天说的供给侧结构性改革，最深层的原因是里根经济学的根本理论基础在于生产资料完全私有化、反对政府干预。

马克思指出："要给需求和供给这两个概念下一般的定义，真正的困难在于

---

① 马克思. 资本论（第 3 卷）[M]. 北京：人民出版社，2004.

② 约翰·梅纳德·凯恩斯. 就业利息和货币通论 [M]. 魏埙译. 西安：陕西人民出版社，2004.

它们好像只是同义反复。"① 习近平也指出："供给和需求是市场经济内在关系的两个基本方面，是既对立又统一的辩证关系，两者你离不开我、我离不开你，相互依存、互为条件。没有需求，供给就无从实现，新的需求可以催生新的供给；没有供给，需求就无法满足，新的供给可以创造新的需求。供给侧和需求侧是管理和调控宏观经济的两个基本手段。需求侧管理重在解决总量性问题，注重短期调控，主要是通过调节税收、财政支出、货币信贷等刺激或抑制需求，进而推动经济增长。供给侧管理重在解决结构性问题，注重激发经济增长动力，主要通过优化要素配置和调整生产结构提高供给体系质量和效率，进而推动经济增长。"② 这是我们党在新的历史条件下，结合中国实际，对宏观经济中供求关系认识的新发展。

第二节　社会主义市场经济宏观经济目标和综合平衡

一、市场经济宏观运行的一般目标

对中国特色社会主义经济发展目标的认识，既要考虑宏观经济运行层面的目标，也要考虑与社会主义市场经济发展相适应的宏观目标，不能简单停留在市场经济宏观运行目标层面。社会主义市场经济的宏观运行目标，是从市场运行层面认识宏观经济是否稳定的基本指标，主要包括增长、就业、物价和国际收支四个方面。

（一）经济增长

经济增长通常用 GDP 来表示，它是反映一个国家一定时期内社会发展和财富增加水平的综合指标。尽管用 GDP 衡量一个国家经济增长水平存在局限性，但目前国际上它仍然是作为不同国家之间经济产出水平比较的指标。一般来说，一个国家经济增长要尽量保持稳定和可持续性。经济增长速度太快或者太慢都对经济发展不利。经济增长速度过快，可能造成经济关系不协调、经济比例失衡、资源和环境承受压力过大等。经济增长过慢，表明这个国家资源配置和利用不充分、不合理、就业机会减少、人民收入下降，影响国民生活水平和质量的提高。我国作为社会主义国家，既不能单纯因追求经济发展速度而破坏经济结构和比

---

① 马克思．资本论（第 3 卷）［M］．北京：人民出版社，2004．
② 习近平．习近平在省部级主要领导干部学习班讲话［N］．人民日报，2016 – 05 – 10．

例、破坏生态环境，也不能使经济增长速度过慢，没有一定的经济增长速度，就会影响生产力发展、社会财富增加和人民生活水平和质量的提高。作为后发国家，不能尽快缩小与发达国家的差距，就体现不出社会主义制度的优越性。

（二）充分就业

在西方经济学中，充分就业这个概念是从资本的角度说的。从资本的角度看，能够使资本利用效率最优的就业水平就是充分就业水平，在充分就业的情况下，可以存在失业，这种失业被称为自然失业。从马克思主义政治经济学角度看，西方经济学所谓的充分就业就是在合理资本有机构成条件下的就业。在中国特色社会主义经济中，我们所说的充分就业是从劳动者角度说的，就是让每一个有劳动能力的劳动者都有参与劳动的机会，这才是真正意义上的充分就业，唯其如此才能使我们的经济发展真正"以人民为中心"，为社会主义劳动者的自由全面发展创造经济社会条件。当然，由于我国人口众多，城乡之间、地区之间发展不平衡，大量农村剩余劳动力要向城镇转移，面临的就业压力非常巨大。同时经济结构调整、世界经济发展周期等也会对我们充分就业目标产生重要影响。这些因素都需要我国发挥党的领导和社会主义制度优越性，制定更加科学的发展战略，实施更高水平的宏观经济管理水平，向着我们的充分就业目标努力。

（三）稳定物价

物价稳定是宏观经济平稳运行的重要基础，物价不稳定通常带来两种后果，通货膨胀或者通货紧缩。通货膨胀，表明货币发行量过多，造成物价持续上涨；通货紧缩，表明货币发行量低于社会所需要的货币量，造成物价持续低迷。无论是通货紧缩还是通货膨胀，都会影响各类市场主体对经济运行前景的信心，造成对生产和消费的不利。由于市场上价格的扭曲会进一步扭曲资源配置的方向，从而对经济社会产生负面影响，因此，在物价水平持续上升造成通货膨胀时，需要政府采取措施抑制通胀；当物价持续低迷造成通货紧缩时，政府要采取措施刺激经济。保持物价总体水平稳定是宏观经济健康协调发展的重要标志，也是企业和个人形成稳定生产和消费预期的重要前提。

（四）国际收支平衡

在开放的经济条件下，一个国家宏观经济运行稳定与否同国际收支是否平衡密切相关，因为国际收支直接影响一个国家的社会总供给和总需求的关系。国际收支平衡主要是指包括经常项目、资本项目和金融交易在内的国际收支保持平衡关系。国际收支不平衡表现为两种情况，一种情况是国际收支逆差，另一种是国际收支顺差。一个国家长期出现大量逆差或者大量顺差，都会影响国民经济的平稳发展。长期出现逆差，会使本国外汇储备减少，其商品的国际竞争力削弱，该国在该时期内的对外贸易处于不利地位。大量的贸易逆差将使国内资源外流加剧，外债增加，影响国民经济正常有效运行。长期出现大量顺差，带来过多的外汇储备，增加了本国货币升值压力和金融风险。长期巨额的贸易顺差还可能加剧本国的外贸依存度，一旦引发贸易摩擦，将为经济增长带来不确定性。因此，实现国家收支平衡，有效利用国际国内两个市场、两种资源是我国持续稳定发展的重要保证。

以上宏观经济运行的四个目标是宏观调控的基本目标，都是从宏观经济运行的角度提出的。我国发展社会主义市场经济，宏观经济目标不仅是市场运行角度目标，还要从长远经济发展角度看我们的目标。

二、中国特色社会主义经济宏观目标

从市场经济的角度看，无论是社会主义市场经济还是资本主义市场经济，宏观经济运行都有一般性的目标，这就是上面介绍的经济增长、充分就业、稳定物价和国际收支平衡。但是，宏观经济目标总是与一定的社会制度相联系，由基本经济制度和生产目的所决定中国特色社会主义社会还有特殊的宏观经济目标。

（一）全面建成小康社会和"两个一百年"目标

小康社会是中华民族自古以来追求的理想社会状态。改革开放之初，邓小平首先使用"小康"来诠释中国现代化的发展目标，并明确提出到20世纪末"在中国建立一个小康社会"的奋斗目标。经过努力，这个目标已经提前实现。在此基础上，党的十六大提出21世纪头20年全面建设惠及十几亿人口的更高水平的小康社会的目标；党的十七大提出了全面建设小康社会的新要求；党的十八大对全面建设小康社会目标进行了充分和完善，将"全面建设小康社会"调整为"全面建成小康社会"。

"小康"讲的是发展水平，"全面"讲的是发展的平衡性、协调性、可持续性。中国特色社会主义制度下的全面建成小康社会，要求经济持续健康发展，人民民主不断扩大，文化软实力显著增强，人民生活水平全面提高，资源节约型、环境友好型社会建设取得重大进展。全面建成小康社会要求全面推进经济建设、政治建设、文化建设、社会建设和生态文明建设，促进现代化建设各个环节、各个方面协调发展。在中国特色社会主义制度中，全面小康社会的发展目标体现的是以人民为中心，坚持发展为了人民、发展依靠人民、发展成果由人民共享。

全面建成小康社会是实现"两个一百年"目标和民族复兴的重要组成部分。"两个一百年"奋斗目标，即在中国共产党成立一百年时全面建成小康社会，在新中国成立一百年时建成富强民主文明和谐的社会主义现代化国家。要实现"两个一百年"奋斗目标和民族复兴的中国梦，必须坚持中国特色社会主义道路。这条道路是在新中国成立近70年、改革开放近40年伟大实践中走出来的，是在对近代以来170多年中华民族发展历程的深刻总结中走出来的，是在对中华民族5000多年悠久文明的传承中走出来的，是科学社会主义理论逻辑和中国社会发展历史逻辑的辩证统一，具有深厚的历史渊源和广泛的现实基础。

由此可见，确定中国宏观经济的目标和手段都必须坚持中国特色社会主义道路，遵循中国特色社会主义经济发展的长远目标，围绕以人民为中心的发展思想，实现中华民族的伟大复兴。

为了实现全面建成小康社会的目标要求，中国特色社会主义经济发展提出了具体目标要求。

（二）保持增长速度和提高生活质量

经济发展不同于经济增长，它反映的是经济社会发展综合目标。中国提出的全面建成小康社会，是与中国具体实际相结合的经济增长和发展的具体目标。《中共中央关于制定国民经济和社会发展第十三个五年规划的建议》明确提出：在提高发展平衡性、包容性、可持续性的基础上，到二〇二〇年国内生产总值和城乡居民人均收入比二〇一〇年翻一番。主要经济指标平衡协调，发展空间格局得到优化，投资效率和企业效率明显上升，工业化和信息化融合发展水平进一步提高，产业迈向中高端水平，先进制造业加快发展，新产业新业态不断成长，服务业比重进一步上升，消费对经济增长贡献明显加大。户籍人口城镇化率加快提高。农业现代化取得明显进展。迈进创新型国家和人才强国行列。

人民生活水平和质量普遍提高。就业比较充分，就业、教育、文化、社保、医疗、住房等公共服务体系更加健全，基本公共服务均等化水平稳步提高。教育现代化取得重要进展，劳动年龄人口受教育年限明显增加。收入差距缩小，中等收入人口比重上升。我国现行标准下农村贫困人口实现脱贫，贫困县全部摘帽，解决区域性整体贫困。

（三）牢固树立"五大"发展理念

全面建成小康社会，要破解发展难题、厚植发展优势，必须牢固树立创新、协调、绿色、开放、共享的发展理念。创新是引领发展的第一动力，必须把创新摆在国家发展全局的核心位置，不断推进理论创新、制度创新、科技创新、文化创新等各方面创新，让创新贯穿党和国家一切工作，让创新在全社会蔚然成风。

协调是持续健康发展的内在要求。必须牢牢把握中国特色社会主义事业总体布局，正确处理发展中的重大关系，重点促进城乡区域协调发展，促进经济社会协调发展，促进新型工业化、信息化、城镇化、农业现代化同步发展，在增强国家硬实力的同时注重提升国家软实力，不断增强发展整体性。

绿色是永续发展的必要条件和人民对美好生活追求的重要体现。必须坚持节约资源和保护环境的基本国策，坚持可持续发展，坚定走生产发展、生活富裕、生态良好的文明发展道路，加快建设资源节约型、环境友好型社会，形成人与自然和谐发展现代化建设新格局，推进美丽中国建设，为全球生态安全做出新贡献。

开放是国家繁荣发展的必由之路。必须顺应我国经济深度融入世界经济的趋势，奉行互利共赢的开放战略，坚持内外需协调、进出口平衡、"引进来"和"走出去"并重、引资和引技引智并举，发展更高层次的开放型经济，积极参与全球经济治理和公共产品供给，提高我国在全球经济治理中的制度性话语权，构建广泛的利益共同体。

共享是中国特色社会主义的本质要求。必须坚持发展为了人民、发展依靠人民、发展成果由人民共享，作出更有效的制度安排，使全体人民在共建共享发展中有更多获得感，增强发展动力，增进人民团结，朝着共同富裕方向稳步前进。①

（四）推进供给侧结构性改革

供给侧结构性改革是在中国经济发展进入新常态后，针对世界经济和中国经济发展中出现新情况、新问题提出的新的改革战略。

供给侧结构性改革同西方经济学的供给学派不是一回事，不能把供给侧结构性改革看成是西方供给学派的翻版。西方供给学派兴起于20世纪70年代，当时凯恩斯主义的需求管理政策失效，西方国家陷入经济"滞胀"局面，供给学派强调供给会自动创造需求，应该从供给着手推动经济发展；增加生产和供给首先要减税，以提高人们储蓄、投资的能力和积极性。这就是供给学派代表人物拉弗提出的"拉弗曲线"，即"减税曲线"。此外，供给学派还认为，减税需要有两个条件加以配合：一是削减政府开支，平衡预算；二是限制货币发行量，稳定物价。供给学派强调的重点是减税，过分突出税率的作用，并且思想方法比较绝对，只注重供给而忽视需求、只注重市场功能而忽视政府作用。

我国提出供给侧结构性改革，重点是解放和发展社会生产力，用改革的办法推进结构调整，减少无效和低端供给，扩大有效和中高端供给，增强供给结构对需求变化的适应性和灵活性，提高全要素生产率。这不只是一个税收和税率问题，而是要通过一系列政策举措，特别是推动科技创新、发展实体经济、保障和改善人民生活的政策措施，以解决我国经济供给侧存在的问题。从马克思主义政治经济学的角度看，供给侧结构性改革既强调供给又关注需求，既突出发展社会生产力又注重完善生产关系，既发挥市场在资源配置中的决定性作用又更好发挥政府作用，既着眼当前又立足长远。改革的根本是使我国供给能力可以更好满足广大人民日益增长、不断升级和个性化的物质文化和生态环境需要，从而实现社

---

① 中共中央关于制定国民经济和社会发展第十三个五年规划的建议［M］．北京：人民出版社，2015.

会主义生产目的。

当前和今后一个时期，我国经济发展面临的问题供给和需求两侧都有，但矛盾的主要方面在供给侧。如我国一些行业和产业产能严重过剩，同时大量关键装备、核心技术、高端产品还依赖进口，国内庞大的市场没有掌握在我们自己手中。再如我国农业发展形势很好，但一些供给没有很好适应需求变化。事实证明，我国不是需求不足或没有需求，而是需求变了，供给的产品却没有变，质量、服务跟不上。有效供给能力不足带来大量"需求外溢"，消费能力严重外流。要解决这些问题，必须推进供给侧改革。

推进供给侧结构性改革要从生产端入手，重点是促进产能过剩有效化解，促进产业优化重组，降低企业成本，发展战略性新兴产业和现代服务业，增加公共产品和服务供给，提高供给结构对需求变化的适应性和灵活性。简言之，就是去产能、去库存、去杠杆、降成本、补短板。

从国际经验看，一个国家发展从根本上要靠供给侧推动。一次次科技和产业革命带来一次次生产力提升，创造着难以想象的供给能力。推进供给侧改革，必须牢固树立创新发展理念，推动新技术、新产业、新业态蓬勃发展，为经济持续健康发展提供源源不断的内生动力。[①]

三、保持宏观经济持续健康发展

从马克思主义政治经济学的原理和方法来看，对宏观经济的理解不能仅仅停留在西方宏观经济学理论中社会总供给和社会总需求的原理和方法中。一个国家宏观经济能否持续健康发展，仅从增长、就业、通货膨胀和国际收支这四个指标是无法做出全面深刻判断的，因为它们不过是宏观经济是否持续健康发展在市场运行层面的表象而已。判断一个国家宏观经济能否持续健康发展，根本性标准是看生产力与生产关系是否相适应相统一。如果生产力发展迅速，生产关系的调整不能适应生产力的发展，生产力就会以破坏形式迫使生产关系作出调整，如资本主义经济危机就是通过破坏生产力方式调整生产力与生产关系之间的关系。如果生产关系过于超前，超过了生产力发展阶段和水平，同样会阻碍甚至破坏生产力的发展。因为生产力处于不断发展变化中，所以生产关系适应生产力的发展也处于动态变化之中。因此，在现实经济关系中，随着经济社会发展变化，通过不断改革和调整生产关系来解放和发展生产力就成为国民经济发展的主题，但无论如何调整，坚持生产关系的性质是根本性的。在我国就是坚持公有制为主体、多种所有制经济共同发展，这是中国特色社会主义基本经济制度，生产关系的调整是

① 习近平. 习近平在省部级主要领导干部学习贯彻党的十八届五中全会精神专题研讨班上的讲话 [N]. 人民日报，2016 – 05 – 10.

在坚持这个前提下进行的。

实践证明，我国改革开放 40 多年来能够取得举世瞩目的伟大成就，保持国民经济总体上平稳运行，包括面对 2008 年世界金融危机这样大的冲击，我国经济也能够稳定发展，正是得益于我们始终坚持在生产力和生产关系辩证统一关系中，统筹规划我国的经济社会发展战略和目标，这些目标既包括短期目标，也包括中长期目标；既坚持以经济建设为中心，解放和发展生产力，又坚持以人民为中心，注重民生，走共享发展、共同富裕的和谐发展之路。

中国共产党提出的"两个一百年"和实现中华民族伟大复兴的"中国梦"的战略目标；经济建设、政治建设、文化建设、社会建设、生态文明建设的"五位一体"总体布局；全面建成小康社会、全面深化改革、全面依法治国、全面从严治党的"四个全面"的治国理政总体框架；坚持创新、协调、绿色、开放、共享"五大发展理念"等，更是体现了生产力、生产关系和上层建筑辩证统一的关系。

面对经济发展新常态，保持我国宏观经济持续健康发展，具体体现在保增长、转方式、调结构、惠民生、推动可持续发展五个方面。保增长就是保持我国在一定的发展速度区间运行，这是经济发展的重要表现。转方式就是彻底转变经济发展方式，实现从粗放型向集约型发展方式转变，把经济发展落脚到质量和效益上来。调结构就是加快推进经济结构战略性调整，坚定不移推进体制创新、科技创新，落实创新驱动发展战略，使我们的制造业迈向中高端水平，服务业比重进一步上升。惠民生就是以人民生活水平和质量是否普遍提高作为经济发展的衡量标准，在经济平稳增长的基础上，促进居民收入持续提高，健全公共服务体系，着力解决群众最关心最直接最现实的利益问题，不断增进人民福祉。推动可持续发展就是加快建设资源节约型、环境友好型社会，形成人与自然和谐发展。这些发展目标既体现了我国经济发展中的生产力与生产关系的统一，也是推动中国经济持续健康发展的重要内容。

第三节　构建供给管理与需求管理相统一的宏观调控体制

中国模式中的宏观调控是在改革和发展的实践中逐渐形成的，从集中计划管理体制到引进需求管理的宏观调控，再到以供给侧结构性改革为指导，建立和形成需求管理与供给管理相统一的宏观调控体制，体现了中国模式中宏观调控的发展路径，也表明中国模式的宏观调控不断走向成熟。

一、需求管理与供给管理的特点

需求管理与供给管理是宏观调控的两种具体形式。

宏观调控是市场经济条件下政府的一项经济职能，旨在利用经济、行政和法律手段对社会供求总量和结构进行调节和干预，促进经济增长，增加就业，稳定物价，保持国际收支平衡，以确保国民经济协调稳定健康快速运行。在社会主义市场经济条件下，强调市场在资源配置中发挥决定性作用的同时也要加强宏观调控。市场经济本质上是市场决定资源配置的经济，市场经济中的供求机制、价格机制和竞争机制对供求关系平衡具有一定的调节作用。但是，市场机制的调节作用存在着自发性、盲目性和滞后性等市场失灵问题，难以避免供求关系严重失衡，难以克服经济波动和危机，因此客观上需要通过政府加强宏观调控来弥补市场失灵，防止和克服社会供求总量和结构的失衡。

需求管理是宏观调控的重要形式之一。需求管理是一种间接性宏观调控体制，指在宏观经济调控中政府主要通过财政政策、货币政策等经济手段对市场进行调控，间接引导生产者做出扩大或减少投资的决策，引导消费者做出增加或减少消费的决策，以实现总供给和总需求的平衡。需求管理具有间接性、诱致性、广泛性和短期性特点。间接性是指政府利用价格、利率、税率、工资、汇率等经济杠杆对企业和消费者的决策活动进行调节，以达到供求平衡的目的。诱致性是指政府的宏观调控手段，体现的是一种利益导向，它通过对决策主体经济利益的诱导达到宏观调控的目的，不是强制性地要求经济主体服从政府的调控要求。广泛性是指政府利用价格、利率、汇率等经济杠杆对所有经济主体的决策活动进行调节，而不是只针对特定经济主体。短期性是指政府根据宏观经济运行现状和短期趋势的判断进行调控，以求在短期内达到调控的目的。需求侧宏观管理的这些特点决定了需求管理具有自己的特定逻辑，即政府调控需求，需求引领供给。

与需求管理不同，供给管理则是一种结构性定向性宏观调控体制，指在宏观经济调控中政府主要基于国民经济发展规划和相应的产业政策确定的目标，通过经济、行政和法律手段对供给结构和供给活动进行定向调控，以实现总供给和总需求的结构平衡。供给管理具有较强的直接性、强制性、精准性和长期性特点。直接性是指政府运用经济的、行政的和法律的手段对包括产权结构、投融资结构、产业结构、产品结构等在内的供给结构进行直接干预，使其变化符合经济发展战略和宏观调控的目标，通过这种调控，政府往往能够对整个宏观经济运行形成较强的掌控。强制性是指政府对市场主体的决策行为和选择行为具有较强的约束力，要求市场主体的决策和选择服从宏观调控目标和任务，对符合宏观调控要求的市场主体会给予鼓励和支持，对不符合调控要求的市场主体则给予批评和处罚。精准性是指政府根据国民经济发展规划和特定时期宏观调控的目标和任务对特定市场主体进行定向调控和重点调控，以达到迅速取得宏观调控效果的目的。长期性是指政府根据国民经济规划，从宏观经济运行的大趋势和总目标、总任务出发进行宏观调控，由供给侧宏观调控的特点所决定，供给管理具有自己的特定逻辑，即政府调控供给，供给创造需求。

与需求管理相比，供给侧宏观调控的最大不同点是具有较强的法律强制性，要求调控目标明确，重点突出，精准发力，速战速决，这是供给侧管理的最大优势。具体来说，供给侧宏观调控的优点是：有利于对现有企业进行快速的关停并转，淘汰落后产能；有利于对优秀企业进行精准定向支持，提升经济运行质量；有利于推动企业兼并重组，优化产业组织结构；有利于鼓励企业开展技术创新，形成自主创新能力；有利于优化产业结构，提高产业质量；有利于统筹兼顾、综合平衡，实现国民经济各部门协调发展。可见，供给管理与需求管理各有特点，将两者结合起来有助于提高宏观调控水平，有助于防止经济比例关系失调，有助于克服总供给与总需求的失衡，有助于实现国民经济健康协调快速稳定运行。

二、加强供给管理的必要性

1992 年，党的十四大提出了我国经济体制改革的目标是建立社会主义市场经济体制。建立社会主义市场经济体制的关键问题是处理好政府与市场的关系，特别是处理好市场调节与宏观调控的关系。20 多年间，对政府与市场的关系，特别是市场调节与宏观调控的关系，我们党一直在根据实践拓展和认识深化寻找新的科学定位。党的十五大提出"使市场在国家宏观调控下对资源配置起基础性作用"，党的十六大提出"在更大程度上发挥市场在资源配置中的基础性作用"，党的十七大提出"从制度上更好发挥市场在资源配置中的基础性作用"，党的十八大提出"更大程度更广范围发挥市场在资源配置中的基础性作用"，在党的十八届三中全会《中共中央关于全面深化改革若干重大问题的决定》中进一步提出"使市场在资源配置中起决定性作用和更好发挥政府作用"。从这些探索可以看出，我们党对政府与市场关系的认识在不断深化。

随着市场在资源配置中的决定作用不断加强，一个以财政政策、货币政策等为主要内容的间接性宏观调控体系逐步形成，其基本特点是：

第一，以总量平衡和结构平衡作为调控的着力点。宏观经济平衡被认为是总供给和总需求的量的平衡，宏观调控的任务被确定为加强国民经济和社会发展中长期规划的研究和制定，提出发展的重大战略目标和方针政策，实现社会供求的总量平衡和结构平衡作为宏观调控的着力点。

第二，以反周期作为调控的主要任务。宏观调控的着力点是总供给与总需求的量的平衡，由于经济波动往往呈现一定的周期性，所以宏观调控的主要责任就是对经济的周期性波动进行干预，以便熨平经济波动峰谷。

第三，调控行为具有短期性。以总量和反周期作为宏观调控的主要内容决定了宏观调控必须在短时间里减弱经济波动，化解经济危机，实现总供给与总需求的平衡。

第四，以间接调控作为调控的基本方式。政府不再直接对企业的生产活动进行管理，而是利用财政政策、货币政策等经济手段调节市场，进而间接影响企业微观经济行为，达到宏观调控的目标。

我国建立的宏观调控体系对实现社会供求的总量和结构平衡与国民经济健康稳定发展发挥了一定作用。但是，间接性宏观调控体系贯穿的基本逻辑依然是凯恩斯主义的需求管理逻辑，即政府干预市场，市场引导企业，亦即政府调节需求，需求引导供给。这种调控方式存在诸多不足：一是在解决总量失衡的短期问题上具有比较优势，而在解决结构失衡的长期问题上缺乏优势，当国民经济的总量和结构同时出现失衡时，调控的效果往往不明显；二是调控手段对经济主体具有诱致性而缺乏强制性，难以产生有力的调控效果；三是调控往往是在经济出现严重波动后进行的，而此时进行调控已经错过有效时机，调控的效果比较差；四是宏观调控手段简单，除了财政政策和货币政策外缺乏更多的政策选择。这些不足的存在大大抵消了需求侧宏观调控的效果。

目前，我国经济已经进入新常态，经济发展面临一些新情况、新问题，结构失衡已成为经济进一步发展的瓶颈，其主要表现是：人口与劳动、资本和金融、资源和产权、技术与创新、产业积聚、规模经济、人力资本积累、知识外溢等问题对经济持续发展形成消极约束；资源、能源、环境约束加大，资金、土地、劳动力等要素成本上升，企业创新能力不强，高投入、高消耗、高污染的发展方式难以为继；供给结构不适应市场需求，既存在低端产业的严重产能过剩，也存在着中高端产品和现代服务业的有效供给不足；经济增速放缓，经济下行压力比较大。这些问题靠传统的需求管理已经解决不了，必须加强供给管理。

2015年底召开的中央经济工作会议将加强供给侧结构性改革提高到十分重要的地位，明确指出供给侧结构性改革的重点是解放和发展社会生产力，要用改革的办法推进结构调整，减少无效和低端供给，扩大有效和中高端供给，增强供给结构对需求变化的适应性和灵活性。

经济发展新常态、新发展理念和供给侧结构性改革等重大理论创新成果对创新和完善宏观调控方式具有十分重要的指导意义，它要求宏观调控既要重视需求侧管理，又要加强供给侧管理。对于需求侧宏观管理而言要稳字当头，为结构性改革营造稳定的宏观经济环境，财政政策要加大力度，阶段性提高财政赤字率，适当增加必要的财政支出和政府投资的同时，保障政府应该承担的支出责任。货币政策要灵活适度，为结构性改革营造适宜的货币金融环境，降低融资成本，保持流动性合理充裕和社会融资总量适度增长。要科学确立间接融资与直接融资比重，优化信贷结构，稳定推进汇率形成机制改革。对供给侧管理而言，要准确定位结构性改革方向，大力推进农业现代化、加快制造强国建设、加快服务业发展、提高基础设施网络化水平等，推动形成新的增长点。要坚持创新驱动，注重激活存量，着力补齐短板，加快绿色发展，发展实体经济。

三、正确认识供给管理

有一种观点认为中央提出加强供给侧管理是借鉴和吸取了美国供给学派和里根经济学的主张和做法，这一认识是完全错误的。20 世纪 80 年代初，针对经济停滞不前、失业率高企不下的困难局面，美国总统罗纳德·里根接受美国供给学派提出的主张，放弃了传统的凯恩斯主义国家干预政策，实施了一套以大规模减税、缩小政府开支、放松政府管制、削弱政府干预、强化市场自发调节为主要内容的经济纲领，力图推动经济增长，降低失业率，这套做法被称为里根经济学。历史经验表明，里根政府信奉的供给主义经济学大力削弱了政府干预和强化市场自发调节的作用，并没有解决经济停滞和通货膨胀问题，反而使美国经济的内在矛盾进一步激化，催生了金融和经济危机。①投资自由化驱使垄断资本大规模进行对外直接投资，大量传统产业，如服装、鞋帽、纺织、造船、炼钢、电子等，转移到发展中国家，加快了去工业化和产业空心化进程，导致美国制造业严重萎缩。②金融自由化旨在为庞大的金融资本寻找谋利机会，金融机构突破原有的专业分工界限，综合经营各种金融业务，银行和非银行存款机构间的利率限制差距被取消。③金融工具不断创新，传统信贷业务逐年减少，银行业脱媒趋势加剧。④融资方式的证券化趋势出现，金融风险不断扩大。⑤经济的服务化和金融化程度不断提高，虚拟经济与实体经济严重脱节。⑥减税导致政府财政赤字不断攀升，债台高筑，寅吃卯粮。⑦政府放松管制，限制工会活动，公司高管薪酬不断上升，高出普通工人数百倍以上，收入不平等加剧。⑧经济增速低迷，产品竞争力不断下降，外贸赤字激增。所有这一切最终导致 2008 年金融危机的暴发，美国经济受到重创，世界经济也遭受严重拖累，至今没有走出停滞阴影。供给主义经济学和里根经济学理论上逻辑严重混乱，实践上也未达到预期目的，早已破产并被历史唾弃，根本没有资格，也不可能成为我们加强供给管理的指导思想和理论基础，绝不能将供给管理与供给主义经济学和里根经济学混为一谈。

加强供给管理不是要实行计划经济。传统的集中计划经济是以行政命令调节资源配置的经济形式，它要求实行生产资料的单一公有制，由国家统一组织和管理国民经济，这一体制已经被实践证明不符合生产力发展的要求，实行集中计划经济无助于解决今天我们面临的经济发展问题。加强供给管理以社会主义市场经济为基础，要体现社会主义市场经济的要求，一方面要尊重企业的市场供给主体地位，充分尊重企业经营自主权，充分发挥市场在资源配置中的决定作用，激发各类市场主体创业、创新活力；另一方面要尊重和利用按比例发展规律，基于经济和社会发展规划，运用经济的、行政的和法律的手段对企业的投融资行为和生产行为从需求和供给两方面进行干预，确保社会总供给和总需求在结构上和总量上保持平衡。虽然供给管理具有较强的直接性、强制性、倾斜性和事前性，但是，它与集中计划经济中的事无巨细、无所不包的行政命令管理完全不同，不是要替代需求管理，而是与需求管理密切配合，相辅相成，发挥各自优势，共同完成宏观调控任务，实现宏观调控目标。

四、创新和完善宏观调控体制

我国宏观调控体系是随着社会主义市场经济的发展而不断健全和完善的，在经济发展进入新常态的情况下，为了适应新常态和引领新常态，进一步创新和完善宏观调控体制势在必行。要坚持需求管理和供给管理并重，把产业政策和竞争政策有机结合起来，大胆探索创新政策工具，盘活存量、用好增量，有保有压、有扶有控，保持经济运行在合理区间，推动结构调整优化，提高经济质量效益。

第一，依据国家中长期发展规划目标和总供求格局实施宏观调控。国民经济和社会发展中长期规划体现了国家意志、人民愿望和对发展规律的把握，明确了国家发展战略目标和重点任务，是引导经济社会发展的重要纲领和制定宏观经济政策的主要依据。要立足于我国长期处于社会主义初级阶段这个最大的现实，坚持以经济建设为中心，以经济体制的改革带动经济的发展，利用发展解决我国各个阶段所面临的问题。"十三五"期间要以五大创新理念为指导，宏观调控要更加注重扩大就业、稳定物价、调整结构、提高效益、防控风险、保护环境，要完善以财政政策、货币政策、产业政策为主，区域政策、投资政策、消费政策、价格政策协调配合的政策体系，增强财政货币的政策协调性。

第二，坚持总量调控与结构调控相结合。实施宏观调控要把握好稳增长和调结构的平衡点。一方面，保持经济总量基本平衡，把握好总供求关系的新变化，明确经济增长合理区间的上下限，加强区间调控、相机调控，加强政策预研储备，备好用好政策工具箱。另一方面，依据国家中长期发展规划目标和总供求格局实施结构性宏观调控，重视产业政策的制定，明确政策基调，增强可预期性和透明度，加大结构定向调控力度，增强针对性和准确性。要瞄准经济运行中的结构性矛盾，如不平衡、不协调、不可持续等，统筹施策、精准发力，推动重大经济结构协调和生产力布局优化，努力提高经济发展的质量和效益。

第三，坚持短期调控与中长期调控相结合。宏观调控要立足当前、兼顾长远，这样既有利于解决当前面临的矛盾，又为长远发展打下基础。一方面，增强宏观调控的针对性、有效性，通过预调微调，搞好需求管理，促使总需求与总供给基本平衡，熨平短期经济波动，保持经济运行在合理区间，防范化解各种经济风险。另一方面，着眼于改善中长期供给能力，大力实施创新驱动发展战略，培育新的经济增长点、增长极、增长带，加快推动经济结构优化，不断提高要素产出效率，促进经济提质增效升级，提升经济潜在增长能力，为经济持续健康发展奠定坚实基础。特别需要指出的是，中长期宏观调控应当成为宏观调控的主体，短期调控只具有辅助性，尤其是不能把相机调控作为宏观调控的主体。古语说得好，人无远虑，必有近忧，这句话用于宏观调控非常贴切。宏观调控必须立足长远，放眼世界，观大势，谋大局，只有这样才能真正发挥宏观调控的功能。如果宏观调控只盯着眼前的经济状况，头痛医头，脚痛医脚，必然会使宏观调控成效大打折扣，经济运行中存在的矛盾和问题会不断积累，直到发生系统性经济波动和危机，到那时再加强宏观调控已无济于事了。西方国家的宏观调控在这方面积累的教训很多，必须认真总结和吸取，以免重蹈覆辙。

第四，坚持国内和国际宏观调控统筹。我国经济已经深度融入世界经济，国际投资贸易格局变化、世界资本流动、大宗商品价格波动、主要经济体经济政策调整都会不同程度传导、影响国内经济运行。在这样的大背景下，宏观调控必须具备全球视野，统筹两个市场、两种资源，更多参与国际宏观经济政策协调，推动国际经济治理结构完善。加快形成参与国际宏观经济政策协调的机制，主动加强与主要经济体的政策协调和沟通，更加积极地参与多双边国际经济合作、提升国际话语权，推动国际宏观经济治理结构改革，促进国际经济秩序更加公正合理。"一带一路"是我国参与和推动国际经济合作、扩大国际经济联系的重要举措，是我国开展国际宏观经济调控的重要平台和依托。我们要在推进"一带一路"的过程中坚持共商、共建、共享原则，加强政策沟通、设施联通、贸易畅通、资金融通、民心相通，推进国际产能和装备制造合作，拓展发展空间，为世界经济稳定复苏做出积极贡献。

第五，建立风险识别和预警机制。宏观调控的重要职能是维护和实现宏观经济协调稳定运行，而防患于未然是更为重要的职能。为此，要加强对国内外政治和经济形势的密切观察和跟踪，有效防范和化解突出风险隐患。要坚持预防为主的调控原则。也就是说，要把国际国内重点领域重大风险作为重点，加强信息搜集和分析整理，建立健全风险识别和监测预警体系，做好应对预案，最大限度地争取主动，将经济波动和危机消灭于萌芽状态。要根据经济和社会发展的实际情况确定风险防范重点领域。目前，加强财政、金融、能源、矿产资源、水资源、粮食、生态环保、安全生产、网络安全等方面的风险防控具有十分重要的意义，要将这些领域作为重点防控对象。要加强宏观调控政策分析评估机制建设。政策分析评估机制的主要任务是对宏观调控政策的背景、力度、效果和可能产生的影响进行分析和量化测算，统筹进行政策综合评估和协调，增强宏观调控政策体系的有效性。

第六，增强宏观调控的精准性。决定宏观调控成效的关键是精准性。精准性强调的是宏观调控要准确把握政策的方向、力度和节奏，对调控目标准确发力。进行精准性宏观调控不仅要对宏观调控措施进行精心考虑和精密设计，在充分调查研究和充分思考的基础上推进政策的实施，不能过犹不及，而且还要对宏观调控政策进行有序实施，政策实施的时机把握要准确，并根据经济领域出现严重的突发事件对宏观调控的方向进行有针对性的调整，做到审时度势，准确发力，既不能盲目出击，更不要动作迟缓，盲目出击和迟缓拖延不但造成宏观调控的失效，还有可能放大经济问题，造成更为严重的经济波动甚至危机后果。

第七，完善宏观调控政策体系。宏观调控的主要任务是保持经济总量平衡，促进重大经济结构协调和生产力布局优化，减缓经济周期波动影响，防范区域性、系统性风险，稳定市场预期，实现经济持续健康发展。这些任务通常不是单一的、孤立的，而是重叠在一起，具有明显的叠加性和复合性。为了确保宏观调控任务的完成，必须从宏观调控任务的这一特性出发，完善宏观调控政策体系，综合运用宏观调控政策手段进行宏观调控。宏观政策体系包括财政政策、货币政策、产业政策、区域政策、投资政策、消费政策、价格政策等。为了使经济政策更有针对性，要加强宏观经济理论研究，围绕制约经济社会发展的深层次矛盾和问题深入开展研究，提出宏观经济理论。要在科学的宏观经济理论的指导下形成并提出战略构想、发展规划、政策思路、改革方案和重大工程，进而提出相应的宏观经济政策。各种宏观经济政策要科学搭配，有机结合，形成有机整体。要学会科学利用宏观政策体系进行综合调控，增强宏观调控的前瞻性、针对性、协同性，把握好各类政策的方向、力度、节奏和出台时机，避免政策效力过度叠加或相互抵消，形成调控合力。

第七章
中国模式中的绿色发展

绿色发展是中国经济发展模式的重要组成部分，也是中国模式的鲜明特色，中国模式坚持绿色发展方式，践行人与自然和谐相处理念，走出了一条物质文明与生态文明和谐发展的道路，为实现经济社会可持续发展目标提供了丰富经验。

第一节 绿色发展的理论来源与借鉴

一、马克思主义经典作家的绿色发展思想

马克思主义经典著作是绿色发展理论的最重要的来源之一。早在一百多年前，经济发展所带来的环境问题就已经引起马克思、恩格斯的高度重视。马克思、恩格斯的经典著作中蕴含着丰富的绿色发展思想，从经济学的角度看，这些思想可以大致概括为以下几个方面：

（1）自然环境是生产要素。自然界是人类社会赖以存在和演化的基础，物质变换是通过劳动进行的，劳动是人类一切历史的起点。人类通过劳动改变了自然物质的形态，使其变成能够满足人类自身生产所需的物质产品，与此同时，人类又将这一过程中的废弃物排放到自然环境当中，这两个过程实现了人与自然之间的物质变换。马克思说："劳动首先是人和自然之间的过程，是人以自身的活动来中介、调整和控制人和自然之间的物质变换的过程。"① 在《1844 年经济学哲学手稿》中，马克思反复强调"自然界……是人的无机的身体。人靠自然界生活……人是自然界的一部分"。"整个所谓世界历史不外是人通过人的劳动而

---

① 马克思．资本论（第 1 卷）［J］//马克思，恩格斯．马克思恩格斯选集（第 5 卷）［M］．北京：人民出版社，2009.

诞生的过程，是自然界对人来说的生成过程"。在《哥达纲领批判》中，马克思指出，"劳动不是一切财富的源泉。自然界同劳动一样也是使用价值（而物质财富就是由使用价值构成的）的源泉"。在《1844年经济学哲学手稿》中，马克思进一步强调，"没有自然界，没有感性的外部世界，工人什么也不能创造"。恩格斯也在《反杜林论》中指出，"人本身是自然界的产物，是在自己所处的环境中并且和这个环境一起发展起来的"。在《自然辩证法》中恩格斯指出，"劳动和自然界在一起才是一切财富的源泉，自然界为劳动提供材料，劳动把材料转变为财富"。

（2）工业化与生态环境问题。工业革命在给人类社会带来巨大财富的同时也带来了生态危机和环境灾难，从而导致阶级矛盾进一步激化。马克思从唯物史观的视角研究生态问题，创造性地提出自然环境是生产力中非常重要的一部分，赞成人们可以有计划地利用自然，但并不赞成对自然的根本驾驭。马克思用事实说明了资本主义生产是如何污染环境并引致公共健康等问题，认为需要通过行动来解决自然的异化，以便创造一个可持续发展的社会。

（3）人与自然关系问题。马克思、恩格斯系统研究了人与自然之间的辩证关系，认为人与自然的关系和人与人的关系是有机统一的，并提出了劳动与劳动过程理论，科学地揭示了人与自然的关系以及人类应如何正确认识和处理同自然界的关系。马克思认为，自然是在人类社会的生产过程中形成的自然，是人类生产实践改造的对象，人类社会通过生产活动，将自然逐渐转化为"人化自然"。他强调，不能把人游离于自然界之外，更不能认为人是自然界的主宰。要想真正理解人与自然之间的关系，就要走出人类中心主义的误区。他认为，要解决全球性的生态危机，人类要"一天天地学会更正确地理解自然规律，学会认识我们对自然界的习常过程所做的干预所引起的较近或较远的后果"，要合理使用自然资源。

马克思认为，一切经济过程首先是人与自然之间的物质变换过程，劳动是连接人与自然之间的纽带，"劳动首先是人和自然之间的过程，是人以自身的活动来中介、调整和控制人和自然之间的物质变换的过程"。[①] 这就说明，人为了满足自身的需要和发展，必然要把自然界作为自己的劳动对象，从自然界获取得以生存和延续的生产资料和生活资料，从而实现人自身的自然与外部自然之间的物质、能量和信息变换。根据马克思的观点我们可以看到，生产劳动本质上体现为人和自然之间的物质变换过程，但是如果这种物质变换的过程超出了自然的实际承载能力，必然会影响自然的正常物质循环和能量循环，从而引发人与自然的矛

---

① 马克思. 资本论（第1卷）［M］. 北京：人民出版社，2004.

盾，也会导致人和自然之间的正常物质变换被破坏和断裂。从表面上看，生态失衡是自然系统内部平衡关系的严重破缺，实际上它是人与自然关系的严重失衡，而且这种失调是由于人的实践活动进入自然系统而导致的。因此，我们应当合理地调节人和自然之间的物质变换，在经济发展和生态保护之间寻求平衡，使人和自然之间的物质变换回归正常，而发展循环经济就是一种有效的、可持续的方法。

马克思、恩格斯在批判马尔萨斯的抽象人口论时，强调将人口与自然和社会作为一个完整的生态系统，并通过生态系统自身的新陈代谢作用，使自然资源与人口增长保持动态平衡。[1] 马克思、恩格斯将资本主义人口的相对过剩归因于资本以及资本主义制度，指出"资本主义农业的任何进步，都不仅是掠夺劳动者的技巧的进步，而是掠夺土地的技巧的进步，在一定时期内提高土地肥力的任何进步，同时也是破坏土地肥力持久源泉的进步"。[2] 正是由于资本主义制度无限追求利润的本性，所以才会对自然环境进行大肆的掠夺，而这必将受到大自然对人类的报复，最终导致地球的人口承载能力大大减少。可见，只有消灭私有制和资本主义制度，由人口、自然和社会组成的生态系统才可以平衡和谐地运行。

马克思、恩格斯还提出了控制人口的设想。他们认为，在共产主义社会中，既然可以有计划地分配社会劳动时间，那社会也可以像对物质生产进行计划一样进行人口再生产的计划，而马尔萨斯的道德限制为共产主义社会的计划生育提供了方案，"只有通过这种改革来教育群众，才能够从道德上限制生殖本能，而马尔萨斯也认为这种限制是对付人口过剩的最容易和最有效的办法"。[3]

（4）环境外部性问题。马克思、恩格斯较早发现并提出了人类生产生活对生态环境造成的负外部性问题。如恩格斯在批判传统生产方式时指出的，"我们不要过分陶醉于我们对自然界的胜利，对于每一次这样的胜利，自然界都报复了我们"。[4] 他们还揭示了环境负外部性的隐蔽性与长期性，"到目前为止存在的一切生产方式，都只在于取得劳动的最近的、最直接的有益效果。那些只是以后才显现出来的、由于逐渐的重复和积累才发生作用的进一步的后果，是完全被忽视的"。[5]

（5）技术进步与可持续发展。生态环境问题是社会历史问题，其彻底解决只能依靠人类社会的发展进步。马克思主义自然辩证法指出了处理人与自然关系

①　杜秀娟. 马克思主义生态哲学思想历史发展研究［M］. 北京：北京师范大学出版社，2011.
②　马克思，恩格斯. 马克思恩格斯选集（第23卷）［M］. 北京：人民出版社，1972.
③　马克思，恩格斯. 马克思恩格斯选集（第1卷）［M］. 北京：人民出版社，1956.
④⑤　恩格斯. 自然辩证法［J］//马克思，恩格斯. 马克思恩格斯选集（第9卷）［M］. 北京：人民出版社，2009.

的准则，通过人类自身发展与技术进步最终迈向人与自然的和谐。马克思、恩格斯提出利用科技进步来改善环境问题，这是绿色发展的理论源泉，可以说，绿色发展理念是马克思主义生态观的继承与发展。

（6）关于人与自然关系的异化理论。异化理论是贯穿马克思一生哲学思考的基本理论，在马克思主义理论中拥有基础性的、关键性的地位和作用。事实上，马克思的异化理论蕴含着丰富的绿色发展意蕴，异化不仅是马克思历史哲学的重要范畴，也是马克思生态哲学的重要范畴。

异化劳动疏离了人与自然的关系。在马克思看来，人与人之间的关系和人与自然界之间的关系是内在统一的，因此马克思说："在这种自然的、类的关系中，人同自然界的关系直接就是人和人之间的关系，而人和人之间的关系直接就是人同自然界的关系，就是它自己的自然规定。"① 人本应该与自然界和谐相处，在劳动的创造中幸福、快乐地生活，但异化劳动却把人与自然界疏离，从而导致人的异化与自然的异化。在《1844年经济学哲学手稿》中，马克思这样写道："异化劳动从人那里夺走了他的无机的身体即自然界，""异化的劳动使人的身体，同样使在它之外的自然界，使它的精神的本质，使它的人的本质同人相异化。"② 由于异化劳动是一种强制性的劳动，它是人的本质的缺失、肉体的痛苦和精神的摧残，在这种情况下，人对大自然的感情也发生了异化，因此，马克思就敏锐地指出："对于一个忧心忡忡的人，再美的景色，对于他来说，也无动于衷。异化是对人的本质力量对象化的否定，是对人与自然关系的极大疏离，是对人的美感的压抑。"③

（7）生产关系将影响和改变人与自然的关系。马克思通过对资本主义经济的深入研究，揭露了资本主义制度从生产与生活环境等各方面给自然生态环境造成的灾难性后果，指出资本主义制度才是生态环境恶化的最终根源。在资本主义私有制的条件下，人们把自然界当作人的私有财产，把其当作任意主宰、剥夺的对象。私有制的资本生产把个人对财富的占有作为生产的目的，这种私有性质的财富积累把大量消费自然物质作为前提，它是大量索取自然来满足人的欲望的生产方式，即以追求利润最大化为宗旨的资本主义生产方式。

资本主义制度是导致人与自然关系异化的原因。资本主义的利润动机必然破坏生态环境，资本家为保证自己的利润，对自然界进行最大限度的剥削，结果导致能源短缺和资源枯竭，造成生态危机。在资本主义生产条件下，在不影响利润的前提下，资本主义社会是不会在意资源消耗和环境破坏问题的，只有这种危害

①　马克思，恩格斯．马克思恩格斯选集（第42卷）［M］．北京：人民出版社，1979.
②　马克思，恩格斯．马克思恩格斯选集（第3卷）［M］．北京：人民出版社，2002.
③　解保军．马克思对资本主义生态批判及其意义［J］．马克思主义研究，2006（8）.

达到了自然不能接受的程度，反过来影响资本主义生产的时候，它们才会适当地保护环境。可见，即使被迫从事生态环境的保护和改善，资本主义也会通过提高价格来转嫁生产成本，资本出于生产和利润而强制进行的生态改造只是延缓了全面生态危机的到来。

　　在资本主义工业化中，人们生存的自然环境被严重异化。在马克思看来："一旦这条河流归工业支配，一旦它被染料和其他废料污染，河里有轮船行驶，一旦河水被引入只要把废水排出去就能使鱼失去生存环境的水渠，这条河的水就不再是鱼的'本质'了，它已经成为不适合鱼生存的环境。"① 这就表明，在资本主义制度下，人与人之间的社会关系的异化必然导致人与自然界之间的生态关系的异化。② 只有超越资本主义，走向共产主义，人与人的异化和人与自然的异化才能真正解决，生态危机才能真正消除。马克思认为："共产主义是私有财产即人的自我异化的积极的扬弃，因而是通过人并且为了人而对人的本质的真正的占有；因而，它是人向自身、向社会的即合乎人的复归，这种复归是完全的、自觉的而且保存了以往发展的全部财富的复归。这种共产主义，作为完成了的自然主义，等于人道主义，而作为完成了的人道主义，等于自然主义。"③

　　在资本主义社会里，资本支配一切，生产者都以追求剩余价值最大化为目标进行社会生产活动，这样一来，人与自然之间的平等关系被弱化，取而代之的是索取与被索取的关系。在这一思想的指引下，人类会不加节制地从自然界掠夺资源，不加节制地向自然界排放废弃物，导致人与自然之间的物质变换出现断裂，制造了人与自然直接的矛盾。可见，资本主义的生产方式破坏了人与自然的内在统一性，造成了人与自然之间物质变换的断裂。正如马克思在《德意志意识形态》中指出的，"人们对自然界的狭隘的关系决定着他们之间的狭隘的关系，而他们之间的狭隘的关系又决定着他们对自然界的狭隘的关系"。"资本主义生产发展了社会生产过程的技术和结合，只是由于它同时破坏了一切财富的源泉——土地和工人"。要真正实现人与自然的和谐相处，就必须变革资本主义制度，铲除资本主义私有制，实现生产资料社会所有，即实现社会主义和共产主义。在共产主义社会中，生产资料不再私有化，而是社会占有；人与自然之间的关系不再是索取与被索取，而是平等关系。这样人们才会善待自然、保护自然，合理运用劳动来调节人与自然之间的物质变换关系。社会主义和共产主义克服了劳动的异化，使人与自然之间的物质变换正常化，化解了人与自然之间的矛盾。正如马克思指出的，"社会化的人，联合起来的生产者，将合理地调节他们和自然之间的

---

　　① 马克思，恩格斯. 马克思恩格斯选集（第42卷）[M]. 北京：人民出版社，1979.

　　② 马克思. 1844年经济学哲学手稿 [M]. 北京：人民出版社，2000.

　　③ 马克思，恩格斯. 马克思恩格斯选集（第1卷）[M]. 北京：人民出版社，2009.

物质变换"。这种共产主义，是人和自然界之间、人与人之间的矛盾的真正解决。①

　　马克思主义经典著作中的上述思想是绿色发展的理论源泉。同时，马克思主义经典著作中蕴含着大量的指导可持续发展的经济学思想，如循环和节约经济思想、适度人口思想、全面协调发展思想、适度和绿色消费思想等，这些思想为可持续发展提供了理论基础和科学的方法论。

二、中国传统文化中的绿色发展思想

　　中华民族崇尚自然、重视和谐，自古以来就有许多关于人与自然和谐相处的思想，传统的生态文化、生态思想、生态伦理与生态道德，为现代生态文明提供了扎实的理论基础，如"德及禽兽""泽及草木""恩及于土""大德曰生"等②，这些传统思想都与今天的可持续发展理念息息相关、不谋而合。作为中华文明重要组成部分的儒释道思想，在长期的发展进化过程中，形成了朴素的生态文明思想。

　　我国自春秋战国时期开始，就有了"天人之辩"的哲学争论。所谓"天人之辩"，即关于"天道"和"人道"、"自然"和"人为"关系的争辩，在百家争鸣的当时，众多思想家都提出了自己的观点，如老子指出"天之道损有余而补不足；人之道则不然，损不足以奉有余"，认为人应当顺从自然等，这场辩论也为后来儒家"天人合一"的思想奠定了基础。

　　"川竭国亡"或者"河竭国亡"就表达了自然生态的良好运转对于一个国家长治久安的重要意义。山川河流本身是导气的，所以应该保障其正常的运转，如果人为地截断了这股自然之气，导致河流干涸，就会中断一个国家的生存，带来亡国的严重影响。这就是强调自然的循环是一个有机联系的整体，它的生不只是一种生命，也是一种生机，当人把其生机阻断以后，它就会出现死亡，甚至是导致一个国家的衰亡。因此，自古我国的思想家们就认为一国的可持续发展要以自然环境的可持续发展为前提，这才是立国之本。

　　儒家思想的核心之一是德性，主张"天人合一""尽心知性而知天"，"天"便是指自然万物，反映了一种对宽容和谐的理想社会的追求。儒家思想肯定了人与自然界的统一，认为人是自然的一部分，万物与人类在本质是相同的，它们都是自然与宇宙的一部分，人类应该尊重自然、爱护自然，而非一味地向自然索取。

　　"天人合一"是儒家关于人与自然关系的最基本的思想，并在此基础上建立

---

①　马克思. 马克思恩格斯全集（第42卷）[M]. 北京：人民出版社，1979.
②　乔清举. 泽及草木、恩至水土[M]. 济南：山东教育出版社，2011.

了人与自然和谐共生的生态平衡观。儒家思想认为天和人是处在和谐的统一体中，因为人秉受天地之气而生，人和自然皆由气构成，人只是自然的一部分，人和万物是同一的，因而就要受天地规律的支配，要法天地之则。"天人合一"的生态内涵就是人应顺应自然，遵从自然规律，与自然和谐相处，协同发展。因此，我们想要实现自然生态、人类社会的可持续发展，必须要重新认识人在自然的地位以及自然在人类社会中的地位，重新认识人与自然的关系，彻底改变人类中心主义的错误价值导向，树立人类社会存在于自然中，自然亦存在于人类社会中的"天人合一"生态伦理观。

道家思想则是一种自然主义思想，其思想核心之一是道法自然，认为天地间万物是一个处于运动之中的整体，符合自然循环的规律，始终遵循"道"这样的自然法则，"道生一、一生二、二生三、三生万物"是其基本准则。因此，道家思想追求"无为而治"，人类要敬畏自然，顺应事物的发展规律，避免强制干涉或改变其固有进程，依靠自我完善来达到生存和发展的最佳状态。

佛家思想讲究慈悲为怀、普度众生，其核心之一是人类应该爱护自然，在爱护万物中寻求解脱，表现出一种人与自然的关系上的生态伦理精神。

儒释道等中国传统文化思想强调人类要超越物欲，要尊重自然、顺应自然、保护自然，这与现代生态文明理念相合相通，为绿色发展提供了丰富的理念支撑。

三、西方经济学流派中的绿色发展思想

早在 17 世纪，西方经济学家就注意到了环境容量对经济增长的限制问题，认为人口增长要受物质资料的约束。这些都是"生态环境承载力"对增长限制的一些早期讨论。

西方主流经济学将自由市场经济奉为圭臬，认为生态和环境问题的根源在于污染的负外部性与生态环境资源的公共物品属性，生态危机源于市场失灵。由于排污主体为污染行为所承担的私人生产成本小于社会生产成本，给环境造成了负面影响，包括大气污染、酸雨、水污染、土壤损害和全球变暖等，导致了环境负外部性问题。杰弗里·希尔认为，生态问题的解决，需要改革市场经济制度，在市场调节作用下达到资源配置最优。

（一）自然生态与环境的资源稀缺性问题

西方经济学关于生态环境问题是从资源的稀缺性与跨期分配角度来讨论的。经济学家们认为，资源是有限的，发展要满足当代人的需要，同时要兼顾后代人的需要与福利。自工业革命以来，人类社会发生巨大变化，发展模式也在不断变化，工业革命之后的发展模式是黑色发展模式，以物质财富的增长为目标，以高

消耗、高投入为基础，形成了以 GDP 增长为核心的增长模式。而这种不加限制的增长没有考虑到生态环境的承载力，如果继续下去，将导致人类生存环境的不断恶化，最终增长超越生态边界，增长停止。正是因为意识到了传统增长的不可持续性，人们才开始探索新的增长方式并不断转型。

霍特林（Hotelling，1931）运用经济学理论对可耗竭资源利用进行研究，出版了《可耗竭资源经济学》，分别从资源供给、资源需求、资源价格、资源市场和资源政策五个方面简要地论述了资源跨期配置中的不确定性问题，奠定了资源可持续开采利用的理论基础。该著作被认为是资源经济学产生的标志。

哈丁（Hardin，1967）提出了"公地悲剧"理论模型，首次运用博弈理论阐释了人类对公共资源的过度利用问题以及内在逻辑。此后，许多专家学者对生态环境与资源问题进行了大量的专门研究，如环境质量与经济增长关系问题、环境税收与排污权交易问题、土地属性与使用问题、矿产资源的勘探与开采问题、能源的利用与保护问题、森林的功能与管理、海洋与水资源的保护与利用问题，以及资源管理问题等。

约翰·哈特维克（John M. Hartwick）在 1977 年提出哈特维克准则，他认为，把从开采可耗竭资源所获得的利润或租金投资到可重置的资本如机器上，并且投资的量仅为所得利润这个数目，这时如果人口不变，那么未来的人均消费可以保持恒定。哈特维克准则的含义是：自然资本和人为资本可以等量替换，如果可耗竭资源的存量给定，社会可以通过在可重置资本上的积累，逐渐减少可耗竭资源的投入，从而就能保持总资本恒定和社会消费水平不变。从广义上来说，哈特维克准则中的可重置资本也可以是教育和科技。

（二）污染治理的经济政策

进入 20 世纪后，工业文明不断进步，生态环境问题在西方国家不断显现，进而引来部分学者对生态环境问题进行相应研究。最早的具有生态环境思想的研究来自美国生态作家蕾切尔·卡逊（1962），她在《寂静的春天里》中运用数据分析得出结论：过度的化学农药使用将会给人类带来毁灭性的灾难。同一时期的罗马俱乐部报告《增长的极限》使西方社会开始认真反思经济增长与资源环境之间的关系，被认为是现代生态环境思想的起源。

西方经济学认为，环境污染问题的核心在于负外部性导致私人生产过多，超过了帕累托最优时的产量水平。由于私人生产要对生态环境产生影响，由于环境具有外部性，所以社会边际成本要高于私人边际成本，社会边际外部成本即为两者之间的差额。社会整体福利达到最大化时的产量应该是边际社会收益与边际社会成本的交点所决定的产量，而私人为追求利润最大化，会将其产量定在边际私人收益与边际私人成本的交点所决定的产量上（此时产量水平要高于前者）。

英国经济学家阿瑟·庇古（1928）的一个重要的理论创新是提出了"庇古税"。他通过比较分析私人边际成本与社会边际成本之间的差异，认为由于"市场失灵"，环境污染产生了负外部性，提出应该由政府根据污染所造成的危害对边际私人成本小于边际社会成本的排污者征税，使税收额水平正好等于外部性造成的社会损害程度，以达到外部成本内部化，将污染成本加到产品价格中去。庇古税的最优税率水平应该根据一项经济活动的边际社会成本等于边际效益的均衡点来确定。"庇古税"方案按照污染物的排放量或经济活动的危害来确定纳税义务，属于从量税，这为政府征收环境税与资源税等提供了最初的理论基础。

庇古税的优点在于：对外部经济有矫正性的功效[1]，通过对污染产品征税，提高了污染产品成本，使污染环境的外部成本转化为生产污染产品的内在税收成本，降低了私人净收益预期，从而减少了产量，减低了污染水平，还能够激励创新和技术进步。同时，庇古税作为一种环境税，提供了税收收入并积累了资金，可专项用于环保事业。

庇古税的缺陷在于：由于污染影响的复杂性、流动性、间接性、滞后性和不确定性以及人类认知水平的有限性等因素，污染损失的货币值很难确认。实践中常通过设定环境标准来替代理论上的最佳点，并以此为目标来设计税率。

以美国的二氧化硫税、丹麦的固体废物税、瑞典的能源税和芬兰的碳税等为代表，从 20 世纪 70 年代开始的各国实践探索证明，利用庇古税手段治理环境取得了明显效果，环境污染得到有效控制，环境质量有了大幅改善，降低了资源开采滥用的速度和数量。

制度经济学代表人物科斯（1960）反对政府以收税的形式进行干预，他认为，一旦产权得以明确，只要市场交易成本足够低，产权的初始分配并不影响资源的配置效率，通过对初始产权的交易重组，外部性可以有效地被内部化，政府在解决外部性问题中的作用在于确定初始产权的分配。污染问题的关键在于如何使外部性的价值在损害方和受害方之间分配，进而弥补外部性，解决社会成本与私人成本不一致这一环境污染的根源问题。

基于科斯定理，约翰·戴尔斯（1968）提出了以排污权交易（Cap and Trade）手段解决环境问题。作为内部化环境成本的政策工具，排污权交易主张在资源产权界定清晰的前提下，由排污者与受害者之间进行谈判和交易，如损害补偿或产权交换等，自行解决污染问题。政府根据环境容量和经济目标等实际情况制定排污量上限（Cap），排污许可证（Tradable Emission Permits）的设定按此上限设立，并可在产权市场交易，使排污量控制较好的企业能够获得排污许可

---

① 庇古税是一种"矫正性税收"，能够很好地避免税收的扭曲性效应，例如，个人所得税的税率过高时，会产生奖懒罚勤的副作用，人们会以闲暇替代工作。

证出让的收益，而超排的企业需要在排污权交易市场（Market for Pollution Rights Trading）出资购买排污权配额（Trade），从而达到减少治污成本、高效保护环境的目的。考虑到一般性的生产经营行为必然带来污染的排放，排污权实际上被视为生产经营权的组成部分：排污权购买方为了新增生产经营权利，不得不付出代价购买排污权，其支出的费用实质上是环境污染的代价，成为生产成本的支出——这就实现了污染"外部性的成本内部化"。

排污权交易以市场为基础，以经济激励和约束为机制，向企业提供了灵活多样的环境问题解决方案。排污权许可证的持有者如果能够高效、低成本削减污染物而超量减排，或者由于生产安排的变更（如减产等）出现排污权许可证"过剩"，将成为排污权许可证的卖出方或供给方。而另一些污染主体（污染源）或由于污染减排效率低（减排成本高），或需要扩大生产规模，或作为后来的厂商希望进入本区域开展生产，将成为排污权许可证的买入方或需求方。卖出方出售排污权许可证获得经济回报，而买入方通过购入排污权许可证节省了减排的成本支出，污染减排从政府的强制行为变为企业自觉的市场行为，其交易也从政府与企业间的行政强制（如排污费、环境税等）变为经济主体之间的市场交易。这样一来，区域在总量上控制了环境污染，保证了环境质量，并实现了污染控制的总成本的降低，排污权交易的供需双方均获得了经济效益。

在实践中，庇古税理论与产权理论都得到了实际应用，前者如污染税、补贴、排污费等价格规制政策，后者包括污染许可证、排放许可证、可交易许可证等数量规制政策。

（三）环境质量与经济增长的互动关系

区域经济学代表人物 Grossman 和 Krueger（1991）发现了经济发展中环境质量与人均收入之间的关系，在此基础上，Panayotou（1993）提出了环境库兹涅茨曲线（Environmental Kuznets Curve，EKC）假说。该假说认为，环境质量将随着经济增长表现出先恶化再改善的变化趋势，其变化的拐点在经济增长和人均收入达到一定水平时，进而将环境和经济增长的关系称为倒"U"形关系。

代际公平原则（Principle of Intergenerational Equity）是可持续发展理念中的重要原则之一，讨论的是当代人与后代人之间的资源分配问题，其实质是社会选择和公平分配。它指当代人和后代人在利用自然资源、满足自身利益、谋求生存与发展等方面的权利均等，当代人必须留给后代人生存和发展的必要资源和权利。代际公平的概念最早是由美国学者佩奇（1977）基于社会选择和公平分配两个基础上提出的，主要涉及资源的代际分配问题。美国学者维丝（1984）对代际公平原则进行了系统性的阐释，认为在代际公平原则下，当代人受后代人委托来

"托管"地球，有责任保护地球环境并将它完好地交给后代人。① 代际公平原则体现的核心意义在于，从历史的维度上看，人类是一个整体，由当代人和后代人共同构成，人类在追求经济效率时，必须从人类当代和后代的整体利益出发。② 代际公平原则作为可持续发展理念的一个重要组成部分，在国际社会已经被广泛接受，并在很多国际条约中得到体现。

（四）全球气候变化的经济学分析

气候变化属于长时间尺度和全球范围的环境问题，从经济学的角度来梳理和考察，其可能涉及的学科领域包括环境经济学、公共经济学、福利经济学、信息经济学、伦理经济学、法经济学、国际经济贸易学、金融学等。

具体说来，气候变化问题的经济学分析有以下几个方面的特殊性：第一，风险的不确定性问题。因为气候变化在起源和影响上是全球性的、长时间尺度的、相对不可逆的，其涉及的外部性绝非一般意义上的局地的、短期的，其影响的范围、幅度、方向和潜在影响等具有巨大的不确定性，难于借助简单的外部成本内部化等手段加以解决。第二，伦理问题。地区之间以及发达国家与发展中国家之间在人均排放、排放总量、累积排放等指标方面差别悬殊，涉及公平问题。当代与后代人之间的公平性问题，当代人和后代人面临的排放空间，还存在代际公平的问题。第三，国际关系问题。由于气候变化问题的全球性，其应对不是一个国家可以决定的，受国际治理构架和经济政策作用的影响，但超越国家主权的世界政府并不存在，这就需要相应的国际协定来规范多个国家的行为。第四，发展问题。应对气候变化，各国的选择涉及发展道路和发展模式等问题，包括环境与经济的关系问题，以及传统发展模式还是绿色发展模式的选择问题。

从西方经济学的研究角度看，污染成本外部化的发展模式是造成环境问题的根本原因，其在环境领域中的各种理论，如外部性理论、EKC假说、庇古税与排污权交易理论等，为我国绿色发展提供了一定的理论借鉴。但是，西方发达国家的绿色发展实质上是治标不治本的外部治理模式，对无法转移的内部污染主要是通过税收、制度、技术等进行治理；对于其他污染，主要是通过贸易或投资等手段向发展中国家进行输出转移。同时，西方经济学理论对于生态与环境问题的讨

---

① 代际公平原则的内容包括三个方面：一是"保存选择原则"，每一代人应该为后代人保存自然和文化资源的多样性，避免不适当地限制后代人的权利，使后代人有和前代人相似的可供选择的多样性。二是"保存质量原则"，每一代人都应该保证地球生态环境的质量，在交给下一代时，不比自己从前一代人手里接过来时更差，也就是说，地球没有在这一代人手里受到破坏。三是"保存接触和使用原则"，每代人应该对其成员提供平行接触和使用前代人的遗产的权利，并且为后代人保存这项接触和使用权。也就是说，对于前代人留下的东西，应该使当代人都有权来了解和受益，也应该继续保存，使下一代人也能接触到隔代遗留下来的东西。

② 洪银兴等. 现代经济学大典［M］. 北京：经济科学出版社，2016.

论与研究缺少对发展中国家特别是中国现实国情的具体考量，只可借鉴不可照搬。由于中国特色社会主义经济建设的特殊性与时代性等要求，我们必须结合我国国情的阶段性特征，研究和探索适合中国特色社会主义发展阶段的绿色发展理论，从而实现从成本外生的工业经济模式向成本内化的生态经济和绿色发展模式转变。

第二节　中国特色社会主义的绿色发展思想与实践探索

一、中国特色社会主义绿色发展思想的探索与演进

重视人与自然和谐相处，我国有悠久的历史传统。儒家有"天人合一"的思想，其基本内涵是将自然与人类和谐统一有机融合；道家主张宁静释然，把万物川流不息所遵循的"道"融入到人类的生活方式、生产方式当中去。中华文明数千年积淀的丰富的生态智慧至今仍给人以深刻启迪。

中国共产党人在领导中国人民进行革命、改革、建设的过程中，重视优良传统的弘扬，同时坚持将马克思主义关于生态文明的基本原理与中国实际相结合，积极探索认识自然规律，利用大自然为人类谋福利，逐步形成中国特色的社会主义理论体系中的生态文明思想。

毛泽东在认真总结社会主义建设初期经验教训的基础上，认为人要掌握自然规律，与自然和谐相处、平等对话，而不是统治自然、驾驭自然。他指出："天上的空气，地上的森林，地下的宝藏，都是建设社会主义所需要的重要因素"，同时还强调，要厉行节约，实现废物利用，变废为宝，综合利用资源，提高资源利用率，以生态效益带动经济效益。毛泽东从人与自然关系的角度，以我国的当时国情为基础，统筹生态、工农业发展和人民生活的实际需要，保护生态平衡，促进经济发展。从兴修水利如治理水患、围湖造田、保持水土，发展林业如因地制宜、开荒种地、植树造林，合理利用资源如增产节约、综合利用、减少消耗，实行人口政策如提倡生育、节制生育、控制人口，以及治理公共环境如治理污染、清除四害等多角度多领域提出相应的计划，处理人与自然的关系，以求为人民群众谋取利益。周恩来意识到资本主义发达国家"先污染，后治理"工业化道路的弊端，提出从源头预防环境污染，避免重蹈资本主义国家的覆辙。在社会主义建设初期关于人与自然关系探索的过程中，虽然在有的方面走过弯路，但总

体上为其后的社会主义经济建设积累了宝贵的经验。

邓小平深刻认识到环境保护的重要性，提出要加强环境保护，注重经济与环境协调发展，节约资源、综合利用，讲求经济效益和总的社会效益。改革开放后，邓小平准确把握时代趋势，提出"科学技术是第一生产力"，抓住科技中心，以科技为依托对生态环境进行改善，鼓励从国外引进生态治理技术，改善我国的生态环境。在实践中，对生态环境的保护从农业开始并取得成效。在此期间，我国的环境法律制度得到了长足的进步。1979 年，全国人民代表大会常务委员会颁布了第一部《中华人民共和国环境保护法（试行）》，这是我国关于生态文明建设的首要法律依据，意味着我国的生态文明建设与环境保护开始走上法治道路。

以江泽民为核心的党中央提出"三个代表"重要思想，从新的高度去认识和发展生态文明建设和绿色发展。在此阶段，提出了可持续发展战略，强调要解决人口、资源与环境之间的不协调问题，同时继续加强有关生态文明建设的法律法规。不仅如此，还提出了要走新型工业化道路、经济发展与环境保护并行的重要思想。

以胡锦涛为总书记的党中央提出了"以人为本、全面协调可持续"的科学发展观，强调一方面积极应对全球气候变化，另一方面要抓住绿色经济变革契机，推动经济发展的转型升级。他提出，生态文明建设是涉及生产方式和生活方式根本性变革的战略任务，建设生态文明，要以资源环境承载力为基础，以自然规律为准则，以可持续发展为目标，建设资源节约型、环境友好型社会。党的十七大报告中提出"建设生态文明"，号召"节约能源资源和保护生态环境"，强调"使生态文明观念在全社会牢固树立"，将生态文明建设视为全面建设小康社会的五大新要求之一，这是"生态文明"概念在党的纲领性文件中首次明确出现。报告还明确了生态文明建设的内涵与本质，利用"科学发展观"对可持续发展战略进行整体展开，并将和谐社会主义构建与社会主义生态文明建设相结合，明确提出生态文明建设的重要战略。报告指出，"可持续发展，就是要促进人与自然的和谐，实现经济发展和人口、资源、环境相协调，保证一代接一代地永续发展"。这既是从生态文明方面对社会主义和谐社会的描述，也极大体现了中国特色社会主义建设中尊重自然、顺应自然、保护自然的重要思想。在具体实践中，我们坚持了改造传统产业，大力发展环保等战略性新兴产业，同时加大绿色经济、循环经济和低碳经济在整体经济结构中的比重，推动经济绿色转型。

二、习近平生态文明思想

（一）习近平生态文明思想的基本原则

党的十八大以来，以习近平同志为核心的党中央继承和发展马克思主义，使马克思主义生态文明建设思想不断发展、不断创新，焕发出强大的生命力。习近平同志指出："走向生态文明新时代，建设美丽中国，是实现中华民族伟大复兴的中国梦的重要内容。"

在传统经济理论中，生态资源环境的价值缺位，劳动、资本、土地是参与生产的内生要素，认为在生产过程中，只要对这三个要素进行支付与补偿即可。而上述理论无法从根本上解决绿色发展中的种种现实问题。

习近平同志提出"绿水青山就是金山银山""宁要绿水青山不要金山银山"的"两山理论"，科学地揭示了经济发展与生态环境保护两者之间的辩证统一关系，认为生态环境资源、自然资本都是参与财富生产的重要要素，在生产过程中，应该对其进行必要的投资、保护与补偿。在"两山理论"指导下，出台并实施的具体政策和举措包括：生态文明入宪；组建生态环境部、自然资源部；推动生态环境与自然资源产权制度改革；建立自然资源资产离任审计及终身问责制；推行绿色发展和生态文明建设考核目标体系；确立污染防治攻坚战；实施环保税和全国统一碳交易市场；环评"红顶中介"脱钩；环保公开约谈；省级以下监测监察执法垂直管理；禁止进口有毒固体废弃物等。

习近平生态文明思想与马克思主义生态文明思想一脉相承，将可持续发展理论和科学发展观理论提升到了新的高度，是中国特色社会主义进入新时代绿色发展的理论创新、思想指导和行动指南，为从根源上化解生态环境危机提供了新思路和新战略，进一步丰富了国家治理和全球治理思想。

2018年5月，全国生态环境保护大会确立了习近平生态文明思想，深刻回答了为什么建设生态文明、建设什么样的生态文明、怎样建设生态文明等重大理论和实践问题，以新的视野、新的认识、新的理念赋予生态文明建设理论新的时代内涵，把我们党对生态文明的认识和把握提升到一个新高度。

习近平生态文明思想的核心要义体现在"八个观"，即生态兴则文明兴、生态衰则文明衰的深邃历史观；人与自然和谐共生的科学自然观；绿水青山就是金山银山的绿色发展观；良好生态环境是最普惠的民生福祉的基本民生观；山水林田湖草是生命共同体的整体系统观；用最严格制度保护生态环境的严密法治观；全社会共同建设美丽中国的全民行动观；共谋全球生态文明建设之路的共赢全球观。

（二）习近平生态文明思想的主要内容

第一，像对待生命一样对待生态环境。习近平指出："我们既要绿水青山，也要金山银山。宁要绿水青山，不要金山银山，而且绿水青山就是金山银山。"自然界是人类社会产生、存在和发展的基础和前提，人类可以通过社会实践活动有目的地利用自然、改造自然，但不能凌驾于自然之上，其行为方式必须符合自然规律。生态文明是人类社会进步的重大成果，是实现人与自然和谐发展的必然要求。建设生态文明要以资源环境承载能力为基础，以自然规律为准则，以可持续发展、人与自然和谐为目标。保护生态环境关系人民的根本利益和民族发展的长远利益，功在当代、利在千秋。坚持把节约优先、保护优先、自然恢复作为基本方针，把绿色发展、循环发展、低碳发展作为基本途径，把深化改革和创新驱动作为基本动力。

第二，保护生态环境就是保护生产力。习近平指出："生态文明建设事关中华民族永续发展和'两个一百年'奋斗目标的实现，保护生态环境就是保护生产力，改善生态环境就是发展生产力。"2015年10月底，中共中央在"十三五"规划建议中明确提出了"创新、协调、绿色、开放、共享"五大发展理念。生态环境问题归根到底是经济发展方式问题。要正确处理好经济发展同生态环境保护的关系，切实把绿色发展理念融入经济社会发展各个方面，推进形成绿色发展方式和生活方式。能源资源短缺与生态环境恶化的状况将对经济可持续发展带来严重影响，我国发展的空间和后劲将越来越小。习近平指出："我们在生态环境方面欠账太多了，如果不从现在起就把这项工作紧紧抓起来，将来会付出更大的代价。"作为发展中的大国，我们不能走欧美"先污染后治理"的老路，而应探索走出一条环境保护新路。要正确处理经济发展同生态环境保护之间的关系，决不以牺牲环境、浪费资源为代价换取一时一地的经济增长。要协调推进新型工业化、信息化、城镇化、农业现代化和绿色化，走出一条经济发展和生态文明相辅相成、相得益彰的新发展道路，让良好的生态环境成为人民生活质量的增长点、成为展现我国良好形象的发力点，为子孙后代留下可持续发展的"绿色银行"。

第三，以系统工程思路抓生态建设。习近平强调，环境治理是一个系统工程，要按照系统工程的思路，抓好生态文明建设重点任务的落实，切实把能源资源保障好，把环境污染治理好，把生态环境建设好，为人民群众创造良好的生产生活环境。大自然是一个相互依存、相互影响的系统，山水林田湖草是一个生命共同体。习近平讲道："在生态环境保护问题上，就是要不能越雷池一步，否则就应该受到惩罚。"要设定并严守资源消耗上限、环境质量底线、生态保护红线，将各类开发活动限制在资源环境承载能力之内。

优化国土空间开发格局，加快实施主体功能区战略，以主体功能区规划为基础统筹各类空间性规划，推进"多规合一"。按照人口资源环境相均衡、经济社会生态效益相统一的原则，统筹人口分布、经济布局、国土利用、生态环境保护，科学布局生产空间、生活空间、生态空间，推动各地区依据主体功能区定位发展，保障国家和区域生态安全，提高生态服务功能。

全面促进资源节约，树立节约集约循环利用的资源观，从资源使用这个源头抓起，把节约资源作为根本之策，推动资源利用方式根本转变。加强能源和水资源、耕地与建设用地、矿产资源等勘查保护与合理开发，提高综合利用水平。大力发展循环经济，促进生产、流通、消费过程的减量化、再利用、资源化。

加大生态环境保护力度，以提高环境质量为核心，以解决损害群众健康的突出环境问题为重点，坚持预防为主、综合治理，强化大气、水、土壤等污染防治。

推动形成公平合理、合作共赢的全球气候治理体系，把应对气候变化融入国家经济社会发展中长期规划，坚持减缓和适应气候变化并重。深度参与全球气候治理，积极承担与我国基本国情、发展阶段和实际能力相符的国际义务，从全球视野加快推进生态文明建设。

第四，实行最严格的生态环境保护制度。习近平指出："只有实行最严格的制度、最严密的法治，才能为生态文明建设提供可靠保障。"建设生态文明必须依靠制度和法治，构建产权清晰、多元参与、激励约束并重、系统完整的生态文明制度体系。

完善经济社会发展考核评价体系，把资源消耗、环境损害、生态效益等体现生态文明建设状况的指标纳入经济社会发展评价体系。建立责任追究制度，建立健全生态环境损害评估和赔偿制度，落实损害责任终身追究制度。建立环保督察工作机制，严格落实环境保护主体责任，完善领导干部目标责任考核制度，明确各级领导干部责任追究情形，对领导干部实行自然资源资产离任审计。

建立健全资源生态环境管理制度，包括自然资源资产产权制度，国土空间开发保护制度，空间规划体系，资源总量管理和节约制度，资源有偿使用和生态补偿制度，环境治理体系和市场体系、耕地轮作休耕制度，省以下环保机构监测监察执法垂直管理制度等。完善生态环境监测网络，加强生态文明宣传教育，增强全民生态文明意识和社会风气。

以习近平生态文明思想为指引，新时代中国特色社会主义建设秉持尊重自然、顺应自然、保护自然的理念，按照自然规律推动经济社会发展，减少资源消耗，坚持全民共治、源头防治、预防为主、综合治理，取得了绿色发展的卓越成效。

第三节　全球化与绿色发展

一、绿色发展的国际比较与经验借鉴

发轫于 20 世纪国际社会的可持续发展观中蕴含着丰富的绿色发展理念，其起源于人们对环境问题的认识。自20世纪50年代开始，随着世界经济的快速发展，人口爆炸性增长、资源过度消耗、环境严重恶化、生态惨遭破坏等问题也日益突出，一些敏锐的思想家开始热切关注并积极反思传统经济发展模式的缺陷，从而催生了可持续发展理念。

1962年，美国海洋生物学家蕾切尔·卡逊出版了《寂静的春天》一书，该书被认为拉开了世界环境保护的序幕。书中描述了人类因为滥用农药，将可能面临一个没有鸟、蜜蜂和蝴蝶的世界。作者通过充分的科学论证，揭示了农药对土地、生物乃至人类的破坏性影响，唤起了人们的环保意识，将环境问题提到了各国政府面前。此书一出，引起了世人极大的关注，各环保团体相继成立，为可持续发展奠定了思想基础。

1972年，美国麻省理工学院的教授麦多思受环境保护运动的先驱组织、著名的罗马俱乐部之托，带领一个研究小组撰写了报告《增长的极限》，第一次向人们展示了在一个有限的星球上无止境地追求增长所带来的后果。该报告认为，增长是存在着极限的，这主要是由地球的有限性造成的。人口爆炸、经济失控必然会引发和加剧粮食短缺、资源枯竭和环境污染等问题，这些问题反过来就会进一步限制人口和经济的发展。此报告虽然在当时引起极大的争议，但也引起了人类对传统发展模式的反思。人们日益深刻地认识到：传统工业化的道路已经导致全球性的人口激增、资源短缺、环境污染和生态破坏，使人类社会面临严重困境，实际上是引导人类走上了一条不能持续发展的道路。同年，联合国在斯德哥尔摩召开了人类环境大会，主题为"只有一个地球"，并由各国签署了《人类环境宣言》，从此开始了全世界范围内的环保事业。

1983年12月，联合国成立了由挪威首相布伦特兰夫人为主席的"世界环境与发展委员会"，对世界面临的问题及应采取的战略进行研究。1987年，世界环境与发展委员会发表了影响全球的题为《我们共同的未来》的报告，报告集中分析了全球人口、粮食、物种和遗传资源、能源、工业和人类居住等方面的情况，并系统探讨了人类面临的一系列重大经济、社会和环境问题。更为重要的是，报告正式提出了"可持续发展"模式，成为关于可持续发展的第一个国际宣言，这意味着经济学和生态学的结合，为人类找到了一条解决经济发展与环境保护之间矛盾的新途径。

20世纪90年代，伴随着全球化进程的加速推进，人们对可持续发展思想的理解更加深入。1992年，联合国环境与发展会议于6月3~14日在里约热内卢召开，183个国家和70个国际组织的代表出席了会议，会议通过了《里约热内卢环境与发展宣言》和《全球21世纪议程》两个具有重要意义的文件。《里约热内卢环境与发展宣言》又称《地球宪章》，提出了有关可持续发展的指导思想，提出人类想要实现可持续发展，必须认识到大自然的完整性和互相依存性，各国要建立一种新的和公平的全球伙伴关系，为维护全球环境与发展体系完整的国际协定而努力。《全球21世纪议程》是世界范围内可持续发展行动计划，着重阐明了人类在环境保护与可持续之间应做出的选择和行动方案，提供了21世纪的行动蓝图，涉及与地球持续发展有关的所有领域，大体可分为可持续发展战略、社会可持续发展、经济可持续发展、资源的合理利用与环境保护四个部分。至此，全球范围内的可持续发展战略开始迈出了实质性的步伐。

可持续发展是一个涉及生态学、环境学、经济学、伦理学、未来学、政治学、资源学、人口学等多学科的综合领域，不同学科对于可持续发展的研究各有侧重。"可持续发展"一词的公认定义来源于1987年《我们共同的未来》："既满足当代人的需要，又不对后代人满足其需要能力构成危害的发展。"① 这一概念所包含的发展时间既包括当代也包括后代，是人类世世代代的永续发展。可持续发展不是简单的环境保护，它包含了三个基本要素：环境要素、社会要素和经济要素。其中，环境要素指尽量减少对环境的损害，社会要素指仍然要满足人类自身的需要，经济要素指必须在经济上有利可图，只有这三个要素相互影响和作用，才能真正维持可持续性。换句话说，可持续发展理论的基本特征可以阐述为经济增长是可持续发展的物质基础，资源的永续利用和良好的生态环境是可持续发展的必要条件，社会的全面进步是可持续发展的追求目标，即可持续发展的最终目标就是使有限的资源、环境在现在和将来都能支撑和保持经济稳定发展和社会持续进步。

可持续发展包含三个重要原则，即公平性原则、持续性原则和共同性原则。公平性原则包括三层含义：一是代内公平，二是代际公平，三是公平利用资源。可持续发展是一种机会、利益均等的发展，它既包括同代内区际间的均衡发展，即代内之间的横向公平，也包括世代之间的纵向公平，即既满足当代人的需要，又不损害后代的发展能力。除了时间维度上的公平，空间维度上的公平性原则要求一个国家或地区的发展不能以损害其他国家或地区的发展能力为代价。持续性原则是指可持续发展要以自然资源为基础，同生态环境相协调，要在保护环境和资源永续利用的条件下进行经济建设，经济和社会发展不能超越资源和环境的承载能力，否则自然生态系统与人类发展都将不可持续。共同性原则指明可持续发展所讨论的问题是关系到全人类的问题，所要达到的目标是全人类的共同目标。因此，必须争取全球共同的配合行动，只有全人类共同努力才能实现可持续发展的总目标，从而将人类的局部利益与整体利益结合起来。

---

① 世界环境与发展委员会．我们共同的未来［M］．王之佳，柯金良等译．长春：吉林人民出版社，1997.

二、全球气候变化与中国的绿色发展

绿色发展的核心是生态资源环境问题，其基础理论是公共物品理论。公共物品由于其固有的非竞争性和非排他性等特点，经常会出现自愿供给不足的情况。在全球绿色发展的进程中，如果一国积极进行绿色发展，其他国家不论采取何种行动，都有可能分享到该国发展模式所带来的福利水平提升，即发生"搭便车"现象。随着理论与实践的不断发展，国际社会开始弱化"理性经济人"的假设，认为个体是具有社会偏好的，利益最大化并非是具有唯一性的个体纯粹动机，还表现为互利共惠、不平等厌恶和纯粹利他等。

我国目前是最大的发展中国家，从内部发展角度来看，面临着经济持续增长与生态资源环境问题日益严重的双重考验。从全球视野角度来看，我国已经成为仅次于美国的世界第二大经济体，尽管在人均指标的各个方面还与发达国家有一定差距，但是国际社会对中国的绿色发展领域的期待也在不断增加。在这种情况下，我国应将自身定位积极向负责任大国靠拢，以期在全球绿色发展中做出示范和引领作用。

如何减缓、应对气候变化已经成为最重要的全球绿色治理问题之一，我国要积极参与包括国际气候合作在内的全球治理，要坚持负责任的发展中大国立场，积极自主减排，明确自身定位，推动可持续发展，加强国际合作，不断增强国际话语权，加强和完善全球绿色治理体系。

"共同但有区别责任"[①] 的原则是中国一直以来参与全球气候谈判的基石，发达国家在工业化过程中排放了大量温室气体这一事实决定了发达国家就要承担大部分减排责任。同时发达国家经过上百年的工业化进程，资金与技术方面远远超过发展中国家，因此也有责任与义务对发展中国家进行帮助，更要承认发展中国家是工业化进程中气候变化的受害方。我国已成为全球第二经济体，国际社会地位不断提升，作为能源大国和碳排放大国，有责任为全球环境变化做出应有的贡献。在强调发达国家首要责任的同时，我们也有不回避自身的责任，坚持"共同但有区别的责任"原则和"各自能力"原则，做好国际温室气体减排的积极参与者和推动者，主动出击，同国际社会一道积极应对全球气候变化，并在这一过程中体现大国应有的担当。同时，应坚持发达国家率先减排的立场，根据我国的国情实际及发展需要，首先强调自主减排、技术减排和相对强度减排，借助即

---

① 共同但有区别责任原则源于国际环境法，是指由于地球生态系统的整体性和在导致全球环境退化过程中发达国家和发展中国家的不同作用，各国对保护全球环境应负共同但有区别的责任。该原则构成国际合作、构建和提升发展中国家履行国际环境法的能力，以共同应对全球环境问题的法律基础。共同但有区别的责任原则不仅体现了污染者付费原则，也体现了公平原则。

将启动的全国统一碳市场的建设，积极推动"以我为主、为我所用"的中国特色减排机制。

随着国际碳博弈的日益复杂和深化，我国既要借助全球气候合作等国际机制积极获取碳减排合作中的资金支持，有效引进、消化、吸收国外的低碳先进技术和气候友好技术，又要提高警惕，反对国际过度施压和不合理要求，反对以应对气候变化为名设置贸易壁垒，避免陷入碳博弈的利益陷阱。重视联盟合作，多方齐心协力，追求人类命运共同体是气候合作的重要目标。有效传播"人类命运共同体"观念，与全球人民达成共识才是国际合作的终极道路，尽管这一过程具有长期性，但仍旧是指引国际气候合作的重要基础。要与国际碳博弈中的利益联盟，如"欧盟""基础四国""伞形国家""七十七国集团（加中国）""小岛国联盟"等加强沟通与磋商，积极推动"南南合作"。既要坚持有利于维护自身利益的立场和宗旨，也要善于谋求与众多发展中国家团结合作。结合波兰气候大会通过的《巴黎协定》实施细则，不断强调国际气候资金目标与进程，呼吁加强全球盘点机制的建设。

在过去20多年的气候谈判过程中，国际社会达成了诸多条款，但是这些条款只是一般性地确定了温室气体的减排目标，这就造成遵约机制受到较大挑战的后果。目前，气候变化的遵约机制惩罚力度较弱，缺少一个超越主权国家的机构监督承诺减排是否达标，一旦有违约方出现，将对其他缔约方的减排动力造成不利影响。机制设计理论用来分析制度难题，以提供具体经济环境下走出博弈困境的制度方法。在国际气候合作中，要贯彻落实习近平总书记"构建人类命运共同体"思想，呼吁国际社会进一步完善全球碳减排合作中的机制设计，在共同愿景、减缓、适应、资金和技术转让等合作框架内建立惩罚机制与补偿机制。在推动"一带一路"建设的进程中，加强对发展中国家的资金和技术合作，在国际碳博弈中增强话语权与主导权。在推动落实《巴黎协定》及其实施细则的进程中，强调碳减排中透明度框架的实施，以及推动技术进步和技术转移的进展评估等。

三、中国引领全球绿色发展

我国高度重视生态文明建设。在全球化背景下，我国立足于国情实际，坚持中国特色社会主义，积极推进绿色发展战略和发展模式，不断引领全球绿色发展。在制度建设方面，已经形成环境污染防治政策体系、自然资源和生态保护政策体系、节能与能效提高法规政策、循环经济与资源再利用法规政策、新能源产业发展政策等。在激励微观主体践行绿色发展理念方面，也出台了绿色投融资政策、绿色财税政策、绿色价格政策、绿色产业发展政策以及公众参与支持政策和奖励与惩罚政策等。

1992年，中国政府向联合国环境与发展大会统筹委员会提交了《中华人民共和国环境与发展报告》，系统回顾了中国环境与发展的过程和状况，同时阐述了中国关于可持续发展的基本立场和观点。1994年3月，国务院制定完成了《中国21世纪议程——中国21世纪人口、环境与发展白皮书》，这是世界上首部国家级可持续发展战略，其内容包括可持续发展总体战略、社会可持续发展、经济可持续发展、资源与环境的合理利用与保护四大部分，是一个关于中国可持续发展的综合性、长期性、渐进性的战略框架。1996年，可持续发展战略被正式纳入中国国民经济和社会发展"九五"计划和2010年远景目标纲要，与科技兴国战略一起被确定为中国走向21世纪的两大国家战略，至此，可持续发展战略在我国正式确立。

1998年，中国科学院正式组建"中国科学院可持续发展战略研究组"，专门负责《中国可持续发展战略报告》的编纂和出版。《中国可持续发展战略年度报告》面向国家可持续发展战略需求和重大前沿问题，为落实可持续发展战略提供学术研究积累和决策支持，并作为中国科学院科学与社会系列三大报告之一，每年送给两会代表。《2014中国可持续发展战略报告》的主题是"创建生态文明的制度体系"，该报告利用更新的可持续发展评估指标体系和资源环境综合绩效指数，分别对全国和各地区1995年以来的可持续发展能力及2000年之后的资源环境绩效进行了综合评估和分析，揭示了全国和各省份的资源环境绩效水平、可持续发展能力的动态变化特点和发展趋势。该报告重点探讨了生态文明建设制度安排的重大任务，特别是立法保障、制度创新、管理体制改革和治理结构重组，为循序渐进地开展生态文明建设奠定良好的制度基础。

2002年，党的十六大将"可持续发展能力不断增强，生态环境得到改善，资源利用效率显著提高，促进人与自然的和谐，推动整个社会走上生产发展、生活富裕、生态良好的文明发展之路"列为全面建设小康社会的四大目标之一，至此，我国的可持续发展战略又向着生态文明迈进新的一步。2007年，党的十七大明确提出"生态文明"一词，从国家整体建设高度提出生态文明建设理念，提出在全社会树立生态文明理念。2012年，党的十八大报告明确表明要大力推进生态文明建设，将"努力建设美丽中国、实现中华民族永续发展"写进报告，提出"绿色发展、循环发展、低碳发展"，将生态文明建设列为五位一体总体布局中，这是对可持续发展战略的升华，对可持续发展提出了更新、更高的要求。

党的十八大以来，以习近平总书记为核心的党中央确定和实施了一系列新理念新思想新战略，不断创新经济发展和国家治理中的绿色新范式，生态文明建设融入"五位一体"的总体布局和五大发展理念中的"绿色发展"，标志着新时代中国特色社会主义生态文明建设的伟大征程。人类生活在同一个地球上，和平与发展是人类需要面对的共同利益追求，孤立地谈发展缺少现实意义，任何国家和个人都无法脱离地球的生态资源环境问题而单独存在。

2015 年 1 月，习近平总书记指出："要推动全球治理理念创新发展，积极发掘中华文化中积极的处世之道和治理理念同当今时代的共鸣点，继续丰富打造人类命运共同体等主张，弘扬共商共建共享的全球治理理念。"2017 年 1 月，习近平总书记在联合国日内瓦总部发表题为《共同构建人类命运共同体》时，提出了构建人类绿色命运共同体的构想，呼吁要"坚持绿色低碳，建设一个清洁美丽的世界"。2017 年 3 月，联合国安理会一致通过 2344 号决议，强调应本着合作共赢精神构建人类命运共同体，体现了国际社会的共识，彰显了中国智慧和中国方案对全球治理的重要贡献。

"人类命运共同体"思想体现了和平、发展、合作、共赢的理论内涵，从构建人类命运共同体角度出发来深化和推动全球绿色发展，具有重要的理论指导意义。为此，我们要统筹国内国际两个大局，推动形成绿色发展方式和生活方式。要加快绿色发展制度体系建设，包括资源节约、环境友好、生态安全、气候韧性、生境健康等层面，提高国家现代化建设的绿色水平。同时，努力提高全球绿色发展中的"国家自主贡献"，积极推动构建人类命运共同体。

第八章
中国模式中的经济发展方式

经济发展方式是中国模式的重要组成部分，深刻认识中国经济发展方式的特点，既有助于准确把握中国模式鲜明特色，也有助于深刻领悟中国模式的独特魅力。

第一节　中国经济发展方式转变的历程

为总结经济发展方式的中国模式，首先需要对新中国成立 70 年以来的经济发展过程进行总结。中国的经济增长与发展过程主要经历了三个阶段：新中国成立至改革开放前的重工业优先发展的时期，改革开放之后至邓小平"南方谈话"和党的十四大前的发展方式转变调整期，邓小平"南方谈话"和党的十四大之后至今的中国特色社会主义形成期。

一、重工业优先发展时期（1949～1978 年）

新中国成立之初，经济资源极其匮乏，经济结构极端不平衡，农业在国民经济中占主导地位，工业基础极其薄弱，这些都不足以支撑一个遭受了百年内忧外患侵扰的大国的经济恢复和国家崛起。中华民族迫切需要寻找一条能快速实现工业化和现代化的发展路径，以实现新中国刚刚成立之时党和人民重建家园的美好愿望。

在 1949～1952 年国民经济恢复时期，我国实行的是国家计划管理和市场调节相结合的经济体制，国营资本、民营资本、个体经济和合作社经济等经济成分并存。在这一体制下，国民经济迅速恢复，第一个五年计划得以顺利完成。虽然多种经济成分的并存和协调发展，计划管理和市场调节的结合本应成为恢复经济活力、实现国家工业化和现代化的有利条件，但内忧外患的并存，对苏联社会主义模式经验的照搬借鉴，以及对经济规律的认识不足，导致以重工业为主导的发展战略的形成。发展重工业并不符合当时历史环境下我国劳动力丰裕的要素禀赋结构，因此依靠市场调节是不能为重工业偏向的产业政策提供足够的资源动用和集中机制的，这就引致了为促使国家发展战略的顺利实现，将不具有自生能力的企业的所有权和控制权都集中到国家和政府手中的战略，这是"集中力量办大事"的先决条件，同时也形成了政府管制经济，统一计划各种资源配置的局面。所有权集中之后，微观经营的多种经济成分并存也就转向了国营经济和合作社经济占绝对的统治地位。这一过渡开始于1953年，到1957年基本完成。

1958~1978年，中国实行的是单一公有制和计划经济体制，市场的作用被压缩到极限。尽管处在这种集中计划、略微僵化的体制下，我国依然取得了一定的经济成就，在"一穷二白"的经济发展水平基础上，建立起独立的工业体系。但问题大于成就，此时的产业结构整体畸形发展，重工业为主导产业，优先获得稀缺经济资源的调配权和使用权，然而与国计民生相关的其他产业如农业，则由于被人为压低价格以支援工业发展而受到抑制。这一阶段的经济增长速度虽然并不缓慢，但过程大起大落，基本是依靠政府计划投资来刺激经济，这在总量上和计划导致的产品种类单一等各方面压缩和抑制了居民的消费。

这一历史时期，以重工业优先发展的战略为导向，形成了政府全面管制的宏观政策环境、统一计划的资源配置方式以及由国家经营替代个体经营的微观经营机制，形成了重工业为主导的产业结构。经济增长主要靠政府投资实现，在这种投资主导型短缺经济中，消费和出口都受到抑制。政府是经济活动的主导者，工业化战略的设计者。因此，各级政府是否具有远见卓识，能否有效发挥自身的效能对经济增长和工业现代化都具有重要影响。中央权力的收紧有助于宏观审慎的全面协调，但其距离从事经济活动主体较远，难于进行监督和管理。而权力下放到地方虽有助于各级地方政府根据本地区经济发展的特点、微观主体的诉求设计符合本地区经济发展要求的政策，有利于激发经济活力，但其缺点就在于各地之间的攀比竞赛有可能造成经济过热。在单一计划经济这20年中，对中央和地方政府权力的管理时常伴随着经济环境的变化而发生变向：经济主体之间为增强经济活力，要求中央向地方放权，一旦经济过热，又开始进行权力收紧，这种行政权力的转移由于并没有触及需要改革制度的根本原因而收效甚微，同时在市场缺失的情况下这种收放极易造成经济的波动。

二、发展方式转变调整期（1978~1992年）

"可以说，1958~1978年的20年，是中国共产党带着社会主义改造胜利和

'一五'计划成功的喜悦开始的，最后带着'文革'后的痛苦反思、对社会主义经济体制的困惑而结束的。"① 以 1978 年党的十一届三中全会作为一个转折点，中国共产党重新认识了我国在当时的基本国情，包括产业结构的三次产业比例失调，重工业对其他产业发展空间的挤压，需求结构的消费、投资和出口的失调，计划主导的市场结构中市场调节机制的缺位等，制定了以实现经济增长和总量翻番为目标的发展战略，不再单纯追求某一类产业的一枝独秀式发展，注重实现综合平衡。至此，我国开始了社会主义建设道路的新探索，进入发展方式的转变调整期。

由于既有体制机制弊端重重，亟待整顿和改革，且考虑到既有利益集团阻隔带来的改革成本，以及对新制度新机制运行效果的怀疑和不确定而导致的踟蹰不前，改革不能一蹴而就，必须循序渐进。对计划经济下社会主义的信心丧失，以及对市场经济可能导致资本主义的恐惧，决定了我国经济、政治和社会改革的道路从一开始就具有渐进性和艰巨性特征。这时，改革的顺序、改革的速度、改革的领域，以及改革的方向就显得格外重要。在总体战略方向由国家确定的前提下，将具体执行的权力下放给地方政府和企业，激发微观主体自发性的探索和创造能力，有利于减轻改革所面对的压力、减少改革的成本、克服政府全盘计划而导致信息不充分的弊端。

微观主体活力的释放始于农村土地经营体制的改革。农村经济在重工业为主导的发展战略下所受到的挤压和摧残最严重。在人民公社内部集体劳作情况下，农民的积极性不高、农业生产能力和生产效率的低下有目共睹，此时既有利益集团反对改革的压力最小，农民期待改革的愿望也最为强烈。在这种情况下，农民率先自发地进行了经营体制的改革，农村家庭联产承包责任制也从小范围的试验最终推广到全国，农户成为从事农业生产活动的单位和主体，农户之间的合作虽仅限于自发的、小范围的以共用生产资料为目的的合作，但农民生产的积极性和劳动力生产率得到释放。

另外，城市面对的改革压力和进行制度改革的成本比较高，但释放微观经济主体的活力所带来的经济增长潜力也是巨大的。这一时期，城市改革最大的特点是双轨制，包括价格双轨制和体制双轨制，改革在体制外进行，并逐步向体制内渗入。微观经营主体自发的创造能力和探索能力发挥作用的范围不断扩大，与之相伴的是政府职能由全面的计划管理者、经济活动的主要参加者向宏观经济的协调者转变。在公有制经济不受破坏和影响的前提之下，非公有制经济的范围不断扩大，资源配置方式虽然依然是国家计划主导，但市场已经越来越成为调节产品

---

① 武力主编. 中华人民共和国经济史［M］. 北京：中国经济出版社，1999.

需求和供给、生产资料供应和分配方式的不可或缺的手段。尽管这些变化都是在"增量"的范围之内发生，但这种探索和尝试的结果依然是可喜的。

从1978年改革开放到1992年这一阶段改革的特点是：从释放微观经济主体的活力开始，倒逼宏观政策和资源配置领域的改革，逐步建立起社会主义市场经济的基本框架。以重工业为主导的产业结构开始由微观主体自发寻求新发展机会和新发展领域而发生转变，劳动力丰裕的资源禀赋比较优势得到发挥，社会消费需求得到释放，经济部门多样化不断发展。但双轨制毕竟不是一种可以长久持续的制度，制度的统一才是实现社会公平和共同富裕的最终渠道。这一时期经济发展方式的转变调整过程有前进，也有倒退，但更多的是疑惑——对政府和市场关系的疑惑，对社会主义和资本主义关系的疑惑，对计划经济和市场经济关系的疑惑，对这些问题的认识和把握将会对改革的方向产生重要的影响。

三、中国特色社会主义形成和发展期（1992 年至今）

在前一阶段经济发展方式的转变调整期，经济改革基本上属于"摸着石头过河"的状态，并没有形成一个统一的可以指导经济实践的理论，这种情况下的改革谨小慎微，在应该大步前进的领域也是畏畏缩缩。我国在这种社会主义理论建设不足的情况下，虽然取得了一定的经济成就，但困惑却时常伴随。虽然争论不可或缺，但容易走歪路、回头路，这就需要对中国目前所有的经济改革的实践和历程进行总结，概括出中国特色社会主义发展道路的精华，形成中国特色社会主义理论体系，构建中国发展道路的学术话语权。

以1992年邓小平"南方谈话"和党的十四大提出建设有中国特色的社会主义道路为起点，开始了中国特色社会主义实践和理论的形成时期。从最初的"计划为主、市场为辅"到"市场在资源配置中发挥基础性作用"，再到党的十八届三中全会"使市场在资源配置中发挥决定性作用，更好地发挥政府的作用"以及党的十九大再次确认"使市场在资源配置中起决定作用，更好发挥政府作用"，市场在资源配置中的作用不断扩大。在坚持社会主义制度的前提下，使资源配置方式由市场决定是中国共产党进行的对经济发展最有益、最大胆的探索。

在这一阶段，价格双轨制和体制双轨制的并轨基本实现，微观主体公平参与市场经济活动基本实现，国有企业的改革也取得成效：关闭低效率的中小国有企业、对大型国有企业进行现代公司治理的改革提高了国有企业的效率，使其更有实力充当国民经济的主导者，并使其有能力在国际市场上与发达国家的大型跨国公司相抗衡。同时，非公有制经济的领域和范围也在不断扩大，消费品的种类和数量都得到极大丰富。另外，政府在产业结构政策的制定方面更加注重指导性和方向性，而不再刻意偏向某一类产业的发展。尽管在一些新兴经济领域依然需要政府的投资，但产业结构的平衡调整主要依靠微观主体的自我探寻来实现。在这种政府指导性产业政策和企业自发实现各行业利润平衡的情况下，我国的产业结构不断优化。

1992 年是中国特色社会主义市场经济的形成期，市场在资源配置中的基础性作用得到充分发挥，微观主体的自主性进一步提高，国有企业改革取得重大进展，企业自生能力不断增强，产业结构不断优化，中国经济进入了快速成长期（见图 8 - 1）。除美国以外的其他发达国家的国内生产总值在考察期间内几乎没有增长或增长幅度很小，而中国从 2001 年开始国内生产总值快速增长，依购买力平价计算，到 2014 年中国经济总量已接近并超过美国，成为世界第一大经济体。

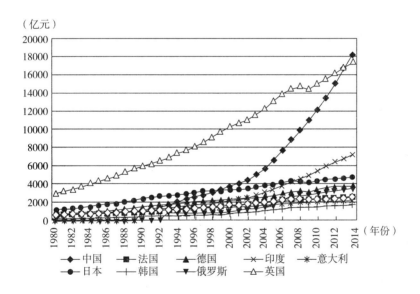

图 8 - 1 以购买力平价计价的国内生产总值

资料来源：BVD - EIU Country Data。

对中国成功实现工业化和现代化的经验总结，明确"中国模式"的存在性及其成功之处有助于增强中国特色社会主义的理论自信、制度自信和道路自信，构建经济全球化时代中国学术话语权，同时对那些没有成功实现现代化和工业化的发展中国家提供一种选择，一种区别于"西方模式"的发展道路。

第二节 中国经济发展方式的成功经验

一、良性经济发展方式

（一）需求结构

消费、投资和出口是拉动一国经济增长的"三驾马车"，三者对一国经济中各部门所产生的增长效果和分配效果不尽相同，其协调有利于一国经济的短期增长和长期结构均衡，对增强经济发展的持久力至关重要。一个合理的需求结构面貌，在不同的经济分析理论框架下有不同的描绘。结构主义对需求结构的分析侧重多国经济发展轨迹的比较。总结需求结构在国家发展的低级阶段和高级阶段所具有的特征，应当认为需求结构的合理性判断标准与一国所处的特定发展阶段相关联，因此没有绝对一般意义上普适的需求结构。

在新古典增长理论分析框架下，国家特有的制度特征被抽象掉，研究拥有不同初始条件的经济体向平衡增长路径的收敛特征，对处于平衡增长路径的经济体而言，唯一重要的是技术进步的速率，而对于没有达到平衡增长路径的经济体，资本积累的速度也是关键要素之一，因此就有大量对投资效率的研究，对东亚新兴经济体和中国发展模式中需求结构的批判，也集中在对投资主导型经济体中投资的粗放性、不可持续性和对消费的挤压等方面。

中国三十几年高速的经济增长向世界证明了中国特色社会主义发展方式的优越性。为了国家持久发展，需要对现有中国模式需求结构的优势和弊端进行多重思考，并参考众多发达经济体既具有一般性又有独特性的发展轨迹，总结出一个接近一般的良性的发展路径，这对中国未来需求导向战略的设计和执行是重要的经验参考。

在对不同国家的需求结构比较之前，首先要根据需求结构的形成机理对不同国家进行分类。一国需求结构特征的形成与演进是多种因素综合促成的，但总有某一因素较为突出。①第一类国家（地区）需求结构的演进过程与该国的发展战略相关，涉及的国家主要是二战后以社会市场经济模式为特征迅速崛起的德国和日本（1950~1984年），以及政府主导型为特征的新兴经济体，如韩国、中国台湾、新加坡和中国香港。②第二类国家需求结构的演进是随着经济发展水平的提升而自发向高级化发展的过程，由投资需求为主导向以消费需求为主导转变，涉及的主要国家是强调政府不干预经济的发达经济体，如英国（1820~1870年）

和美国（1870～1913年）。③第三类国家需求结构的形成与本国的资源禀赋和外生的市场冲击相关，如兼具石油依赖和"休克"转型为特点的俄罗斯。因此，本书的比较以上述国家为基础，且由于不同国家经济起飞的时间并不相同，所以时期的选取不以绝对时间为标准，而与不同发展阶段相适应。

中国与亚洲各国无论在文化背景、社会习俗以及经济增长起点和产业变迁轨迹方面都非常类似。1950～1973年日本经济超常增长，人均收入增长每年超过8%。日本在黄金时期的增长表现良好，可归功于其较高的投资率，而这源于日本家庭较高的储蓄倾向。表8－1显示了1973～1999年亚洲复兴时期成功实现赶超世界发达经济体国家的表现，这些国家经济增长的表现要强于同期的日本和美国。这些国家共同的特征是具有较高的投资率，承接发达国家转移的劳动密集型产业，成功实施出口导向战略。

表 8－1　1973～1999 年亚洲复兴时期固定投资占 GDP 比率　　　单位:%

指标　　　　　　国家（地区）	人均 GDP 增长率（1973～1999 年）	固定投资占 GDP 比率（1973～1997 年）	每年实际出口增长率（1973～1998 年）	出口占 GDP 比率（1998 年）
日本	2.3	0.30	5.3	0.10
新加坡	5.4	0.38	11.1	1.30
中国香港	4.1	0.27	11.7	1.05
中国台湾	5.3	0.24	12.1	0.42
韩国	6.1	0.31	13.9	0.41
马来西亚	4.1	0.32	9.9	1.03
泰国	4.8	0.31	11.7	0.47
中国	5.4	0.30	11.8	0.19
美国	2.0	0.18	6.0	0.08

资料来源：麦迪森. 世界经济千年史［M］. 伍晓鹰等译. 北京：北京大学出版社，2003.

（二）产业结构

美国在 2008 年金融危机之后开始反思经济虚拟化和服务化的产业结构，其服务业增加值在国民生产总值中的比重基本稳定在 60% 以上，且逐年增加，2013年为 65.4%，其中金融业占比约为 20%，制造业增加值占比稳步下降，到 2013年时仅占国民生产总值的 12.1%。① 实体经济与虚拟经济间的主次颠倒导致经济缺乏对外部冲击的应对能力，制造业产业空心化，不能充分发挥对国民经济增长

———————————

① 数据来源：U. S. Bureau of Economic Analysis（BEA）。

的带动作用和就业创造作用，高度服务业化的产业结构需要进行深度调整。美国在危机后意图推动制造业的回归，实现"再工业化"，可见良性的产业结构必然不是高度服务业"去工业化"的形式。

需求结构的变化会对产业结构的变迁产生影响。随着人均国民收入的提高，居民的消费结构会发生相应改变，对第一产业产品的相对需求会下降，对第二产业和第三产业的相对需求会上升，因此工业化初始阶段的表现是第一产业比重的下降，而在工业化成熟阶段，第一产业所占比重最低。① 由图 8－2 可以看出，美国第一产业增长值在国民生产总值中的比重在工业化过程中不断下降，最后维持在一个非常低的水平。库兹涅茨认为，农业比重的下降，是农产品的低收入弹性和农业技术进步缓慢以及农业生产率的提高等因素综合产生的结果。

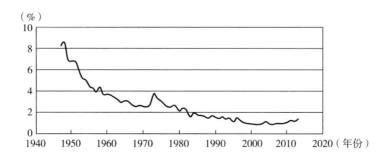

图 8－2　美国第一产业增加值占国民生产总值的比重

资料来源：U. S. Bureau of Economic Analysis（BEA）。

随着工业化的发展，技术的进步，工业生产效率的提升，制造业相比其他部门的投资收益率上升，导致投资需求转向制造业生产领域，从而造成制造业产值的增加，制造业的发展反过来又会带动其他产业的发展，并与消费结构的升级转型相适应。制造业对国民经济的带动效果是高于其他产业的，发展制造业有利于国民经济整体平衡发展。由表 8－2 可以看出，随着国家工业化，劳动力逐渐从低生产率的农业部门向高生产率的工业和服务业部门转移。二战后是资本主义发展的黄金时期，工业部门就业的比重很高，1950 年美国工业部门就业比重为33.6%，法国为34.9%，德国为43.0%，英国为44.9%，结构变化对推动这一时期发达国家的经济增长有重要作用。但是，90 年代发达国家表现出"去工业化"现象，工业部门就业比重开始下降，服务业就业比重逐渐上升，同时占比超过60%，与此相对应的是发达国家普遍的增长缓慢和经济衰退。

---

① 库兹涅茨. 各国经济的增长［M］. 常勋等译. 北京：商务印书馆，1985.

表 8 – 2　1820 ~ 1992 年主要国家经济部门的就业比重　　　　单位:%

国家 年份	美国	法国	德国	荷兰	英国	日本	中国	俄罗斯
农、林、渔业								
1820	70.0	n. a.	n. a.	n. a.	37.6	n. a.	n. a.	n. a.
1870	50.0	49.2	49.5	37.0	22.7	70.1	n. a.	n. a.
1913	27.5	41.1	34.6	26.5	11.7	60.1	n. a.	70.0
1950	12.9	28.3	22.2	13.9	5.1	48.3	77.0	46.0
1992	2.8	5.1	3.1	3.9	2.2	6.4	58.6	17.0
采矿、制造业、建筑和公共事业								
1820	15.0	n. a.	n. a.	n. a.	32.9	n. a.	n. a.	n. a.
1870	24.4	27.8	28.7	29.0	42.3	n. a.	n. a.	n. a.
1913	29.7	32.3	41.1	33.8	44.1	17.5	n. a.	n. a.
1950	33.6	34.9	43.0	40.2	44.9	22.6	7.0	29.0
1992	23.3	28.1	37.8	24.3	26.2	34.6	22.0	36.0
服务业								
1820	15.0	n. a.	n. a.	n. a.	29.5	n. a.	n. a.	n. a.
1870	25.6	23.0	21.8	34.0	35.0	n. a.	n. a.	n. a.
1913	42.8	26.6	24.3	39.7	44.2	22.4	n. a.	n. a.
1950	53.5	36.8	34.8	45.9	50.0	29.1	16.0	25.0
1992	74.0	66.8	59.1	71.8	71.6	59.0	20.0	47.0

资料来源:麦迪森.世界经济二百年回顾 [M] .李德伟,盖建玲译.北京:改革出版社,1996.

(三) 宏观政策环境

周期性的经济波动是资本和劳动之间矛盾、生产资料占有与使用相分离的产物,是资本主义固有的和天生的缺陷。在社会没有发展到更高阶段时,根本的矛盾没有解决,制度性缺陷没有消除,资本主义国家政府所做的缓解危机的努力挣扎注定无力,只能是一次次在危机、萧条、复苏和繁荣中循环往复。经济由萧条走向复苏看似是反周期的宏观经济政策起了作用,其实不过是经济走到正负两极之后的反弹,是一种自我平衡又自我波动的循环。

为微观经济主体——个人和企业构建良好的宏观经济运行环境是政府的一项重要职能。政府宏观政策的制定,包括利率政策、汇率政策等都是以一定的宏观经济理论为指导,而庞杂、模型化回答不了实质性问题是涉及规范问题的宏观经济学研究的最大特色。作为使用具有"一般性"和"普适性"的西方经济学指导经济实践的发达国家的宏观政策环境却并不稳定，波动巨大，危机频发。符合经济规律办事，应遵循何种规则有待解答。

发达国家的宏观经济调控经历了从大萧条时期传统的凯恩斯需求管理政策（以美国经济从危机中恢复为起始，直至20世纪60年代末70年代初的"滞胀"为止），到以弗里德曼为代表的货币主义学派——认为经济中并不存在失业率和通货膨胀的替代关系，财政政策具有挤出效应，货币政策在人们不断调整价格预期的情况下的失效，因此主张宏观经济稳定的关键是稳定价格预期的货币规则，再到新凯恩斯主义——强调短期需求管理的有效性，以及新古典宏观经济学——认为经济可以自行收敛到均衡增长路径，从而政府干预无效。具体到最近2008年由美国次贷危机引发的全球金融危机以及随后的欧债危机，为了使经济从危机中恢复，各国纷纷采用宽松的货币政策刺激经济，但在利率水平已经接近于零的环境中只有很小的调整空间，财政政策则由于政府债务水平的不断攀升也难以发挥作用。

发达国家宏观经济管理政策的局限性说明，在发达国家普遍面临调整利率、汇率、政府支出结构、社会福利结构等结构转型压力时，旧的需求管理政策失效，需要有政府宏观管理模式的创新。传统的宏观政策具有事后调节的性质，待危机发生之后才开始调节，此时的宏观经济环境多数已经发生了改变，并且政策的实施效果也有很大的不确定性。因此，政府不能仅仅按照"逆周期"的方式被动行事，而是要发挥"主动性"的事前规划作用，注重长期和短期的协调，实现综合平衡。经济结构的均衡有助于形成波动较小的稳定的宏观经济环境，有利于经济应对外部冲击。政府要在引导长期结构均衡和调节短期宏观经济波动方面发挥重要作用。调节短期宏观经济波动的主要理论依据是凯恩斯的反周期而动的货币政策和财政政策。短期调整可依靠市场机制，但由于市场并不具有政府一般的远见卓识，因此长期的结构调整还是需要非市场的机制来规划调节。

稳定的宏观经济环境的形成关键是要发挥好政府的作用，经济的长期均衡关键是结构的均衡，包括需求结构、产业结构以及市场结构的均衡。需求结构的均衡涉及收入的均衡分配，产业结构的均衡涉及主导产业与其他产业的协同发展，市场结构的均衡涉及政府和市场关系的准确把握，这些都需要在市场充分发挥决定性作用的基础之上，由政府进行整体性和全局性的规划。而经济的短期均衡既需要避免经济过热，出现通货膨胀，也要避免经济过冷，使失业率高企不下，需要政府用好财政政策和货币政策等工具，使短期的波动最小化，推动经济平滑地向前发展。

（四）资源配置制度

无论是需求结构的均衡发展，还是产业结构的转型升级，都离不开政府、企业和市场这三大经济主体间关系的协调。在全球经济增长缓慢、产能过剩、消费需求低迷的背景下，为刺激经济恢复，需要由外部刺激来增加需求。林毅夫在《新结构经济学》中阐释了世界银行提出的"增长甄别与因势利导框架"，提出为使世界经济在危机中恢复，应该由发达国家对发展中国家的基础设施建设进行投资，以实现拉动发展中国家经济、增加就业的目标，同时发展中国家的经济增长也会增加对发达国家制成品等的需求，从而促进发达国家的经济增长，缓解发达国家结构转型造成经济紧缩的压力。这一过程关键是发挥好各国政府的投资引领作用。

发达国家消费主导型经济的形成，中国投资主导型经济的成功，都离不开国家特定历史背景下市场、政府和企业的互动关系，是三者力量博弈的结果。消费主导型经济以自由化、市场化和私有化为核心，其问题一是体现在贸易结构的失衡上。在国内生产部门萎缩，服务业占绝对主导地位的条件下，为满足国民不断膨胀的消费需求，大量从国外进口消费品，从而导致贸易条件的恶化。二是体现在产业结构的失衡上。自由选择是这个经济赋予企业和消费者最大的权利，但资本追逐最大利润的本质属性使这种经济发展模式具有短视性，包括企业投资短视性导致的金融化、虚拟化，以及消费者无节制消费的短视性而造成的私人储蓄的减少，这两者同时导致发达国家的产业空洞化。这种"大市场、小政府、大企业"的经济发展模式短期来看是一片繁荣的景象，但缺乏长期增长的动力。美国等发达国家始终在消费其工业化阶段的积累，总会有耗竭的一天，而这也被2008年暴发的次贷危机以及随后的全球经济危机所证实。

中国投资主导型经济具有长期增长的潜力，是中国过去30年实现高速增长的关键之一。政府在这个过程中通过国有企业直接参与经营以及利率、税收、补贴等政策引导充分发挥投资引领作用，与此同时，也鼓励私营经济在经济发展过程中的扩张将"市场发挥决定性作用、更好发挥政府的作用"作为处理政府和市场关系的准绳。投资主导型经济面临的主要问题是消费需求的缺乏。目前中国生产能力的很大一部分由国外的需求所支撑，2008年金融危机发生后，大量面向国外需求的出口企业的倒闭也说明过多依靠国外需求的发展方式具有不稳定性，因此消费结构需要进行深度调整。目前中国还有很广泛的市场需求没有得到开发，包括农村深藏的巨大的消费潜力、城镇化过程的消费投资需求等，这些都有待政府相应政策措施的出台发挥引领作用。

国家要实现产业结构的转型升级离不开政府的作用，遵循本国要素禀赋结构的产业发展是最优的。随着有自生能力的企业的利润不断增加，资本不断积累，从而为产业向资本密集型更高的产业结构转型打下基础。在这个过程中，市场发挥价格信号作用，企业发挥投资和经营作用，政府则发挥引导产业升级所需要相应的基础设施的投资建设作用。

二、中国特殊的经济发展方式

（一）投资主导型

投资代表的是未来的生产能力，具有长远战略眼光和超强政策实施能力的中国政府以投资拉动经济增长成就卓著。以投资带动经济发展，扩大经济总量，实际上是有利于人民生活水平改善的。尽管中国消费占国民生产总值的比重不高，但由于高投资能够带来国民生产总值绝对水平的提升，因此消费水平的提高潜力是巨大的。[①] 投资主导型经济具有一定的合理性，但缺乏相应的理论支撑，这里只是进行简要讨论。

投资主导有两个方面的含义：一方面是从经济增长的理论中研究劳动、资本和技术等生产要素投入对增长的贡献，说明中国是投资主导型经济；另一方面是指消费、投资和净出口在国民生产总值及其增长中，投资的贡献最大。文章此处主要是指后者。中国需求结构的演进具有自身的特殊轨迹，尤其是从建立中国特色社会主义市场经济以来，其特征表现为投资需求（在《中国统计年鉴》里用资本形成总额表述）对国内生产总值增长率的贡献最大，出口需求和投资需求逐渐上升，而消费需求逐渐下降，到 2008 年前后投资需求已经超过消费需求，成为三大需求中对国民生产总值增长贡献最大的一部分，但在 2011 年以后，投资需求又逐渐被消费需求超越。如图 8 - 3 所示。

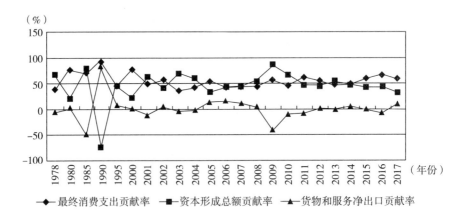

图 8 - 3 中国最终需求对国内生产总值增长贡献率

资料来源：《中国统计年鉴》（2018）。

---

① 史正富. 超常增长：1979 - 2049 年的中国经济 ［M］. 上海：上海人民出版社，2013.

中国超于常规市场经济的高投资来源于地方政府的竞争。分税制与财政包干是地方政府追求经济增长的基本动力；晋升激励、地区间的相互竞争是地方政府追求本地发展所面对的压力；地方国有企业、土地财政、投融资平台和中央赋予地方的自主权是保证经济建设的资源和权利。此外，地方政府在建设本地经济时积累了大量经济管理的经验。地方政府通过对企业的投资激励影响企业投资率，如地价优惠，对设备、技术的直接补贴，股本投资和金融支持，以降低企业的投资成本，并且具有反周期的性质。①

投资主导所受到的质疑之一是过剩产能问题，即社会总需求不足造成的生产能力的闲置。过度投资是产能过剩的最直接因素，而不合理的经济增长方式是产能过剩的深层次原因，具体指投资拉动的粗放型经济增长方式②。此外，由于后发国家投资拉动产业升级促进经济增长而造成一定时期对某些产业的投资集中而造成的周期性的"潮涌现象"③和地方政府的过度竞争也是导致产能过剩的重要因素。

中国政府是如何避免产能过剩和经济危机的？答案是：在开放经济条件下，对国际购买力的开发。

对产能过剩的解决不能完全依赖市场机制，否则会出现产能过剩的危机，造成大幅度的经济波动。处理产能过剩问题需要政府进行引导，从深层次的结构方面对过剩产能问题进行调整，具体包括产业政策的调整、关于产业分布信息的及时发布、对非过剩产业的金融政策支持、对产能过剩产业从环保政策上的调控和企业退出的市场机制完善④。另外，政府在制定投资引导政策时，要注重对经济结构可能造成的影响，对能够增加国内需求和就业且没有发生产能过剩的行业可以适当激励。资源配置机制要让市场和政府相结合，发挥政府的因势利导作用，在要素禀赋结构升级初期，由政府提供相应的具有外部性的信息和相应基础设施建设。

此外，除了从结构上调整以外，还应充分利用经济全球化背景下广阔的国际市场需求。如2013年10月由国家主席习近平提议筹建的亚洲基础设施投资银行，对于促进整个亚洲地区的基础设施建设，推动全球经济范围内需求的增加和就业的增长有重要意义。在这个过程中，中国要充分利用这一广大的需求市场，对解决我国主要的9大行业的产业过剩问题有重要的意义。⑤

① 史正富. 超常增长：1979 - 2049 年的中国经济［M］. 上海：上海人民出版社，2013.
② 韩国高等. 中国制造业产能过剩的测度、波动及成因研究［J］. 经济研究，2011（12）.
③ 潮涌现象是指在发展中国家，由对产业良好前景的社会共识引起投资大量涌入、导致产能过剩现象（参见林毅夫. 潮涌现象与发展中国家宏观经济理论的重新构建［J］. 经济研究，2007（1））。
④ 林毅夫等. "潮涌现象"与产能过剩的形成机制［J］. 经济研究，2010（10）.
⑤ 9 大产能过剩产业包括钢铁、煤炭、平板玻璃、水泥、电解铝、船舶、光伏、风电和石化产业。

（二）承接发达国家制造业产业转移

中国的产业结构与发达国家的产业结构有差别，但这种差别与特定发展阶段、特定的技术水平、特殊的要素禀赋结构相联系，不能将之视为与发达国家的差距而盲目追求差距的缩小，也不能忽视产业结构内生变迁的基本逻辑。我国三次产业增加值在国民生产总值中所占比重，第三产业最高，且有持续上升趋势，2017 年占比为 58.8%；然后是第二产业，但逐年下降，2013 年占比为 36.3%。[①]

在经济全球化背景下，国际范围内生产的分工和合作不断扩大，一方面，随着发达国家产业结构向高级化发展，服务业逐渐占据主导地位（见图 8 - 4），其产品生产部门全球范围内寻找投资机会以实现最大化利润。另一方面，发展中国家为实现本国崛起，对发达国家的成功追赶、由传统农业经济向工业化和现代化国家的转变、从发达国家引进先进技术和工业，成为国际分工链条中的一端。在这个过程中，一些自然资源丰裕的国家成为国际原材料和初级产品的提供者，如拉丁美洲，而另外一些国家（地区）则利用自身劳动力丰裕的资源禀赋优势承接了发达国家转移的制造业部门，学习、模仿和借鉴发达国家的先进技术和管理经验，成功实现了国家的工业化，并逐步向产业高级化转移，如 1951～1971 年的日本，1977～1997 年的韩国和 1975～1995 年的中国台湾。

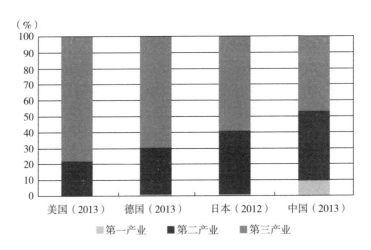

图 8 - 4　各国三次产业增加值在国民生产总值中所占比重
资料来源：OECD；《中国统计年鉴》（2013）。

中国制造业的发展正是发生在美国、西欧等发达国家以及新崛起的东亚新兴经济体国家产业结构高级化（服务业化）的背景之下。改革开放之后，中国利

[①] 《中国统计年鉴》（2018）。

用自身劳动力丰裕的资源禀赋比较优势，承接了大量发达国家转移的制造业，这直接反映在外商直接投资的变化中。在外商直接投资中，制造业所占比重在30%~40%（见图8-5）。制造业对国民经济的带动作用明显，是一国生产力发展的体现。如表8-3所示，制造业对国民经济其他部门的影响力要高于平均值，对国民经济的生产带动效果最强，可成为主导一国经济发展的产业；同时其感应度也高于平均值，受其他部门的带动效果也最强，因而可以认为其最有可能成为经济发展的瓶颈产业。因此，大力发展制造业有助于突破发展瓶颈，同时带动国民经济中各个产业部门的发展，最终实现协同进步。开放条件下劳动密集型的制造业从发达国家的转移，为中国经济的腾飞带来了技术支持，为此基础上的自主性技术创新打下了基础，提高了数百万富余农村劳动力的收入水平，推动了城市化的向前发展，使中国成功实现了工业化和现代化。这种制造业主导的产业结构的维系和制造业自身的转型升级，是下一步实现经济高质量发展过程中需要面对和重点处理的问题。

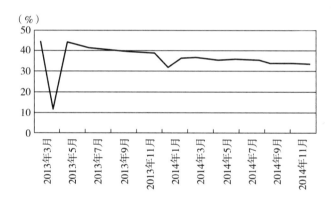

图8-5　中国实际利用外商直接投资中制造业所占比重

资料来源：中经网统计数据库。

表8-3　中国各部门的影响力系数和感应度系数

部门	影响力系数	感应度系数
农业	0.83	0.70
采矿业	0.97	0.77
制造业	1.25	2.88
电力、燃气、水	1.16	0.90
建筑业	1.21	0.44
交通、通信及运输	1.00	0.75

续表

部门	影响力系数	感应度系数
金融业	0.73	0.63
其他服务业	0.85	0.94

注：影响力系数表示某部门对其他各部门的带动效果，感应度系数表示该部门受其他部门的带动效果。

资料来源：中国投入产出协会根据 2010 年 41 部门的投入产出表计算而得。[1]

（三）三维市场结构

史正富认为，中国在过去 30 年的高速增长中，其中一部分增长来源不属于常规增长，而是来源于中国特色社会主义市场经济体制带来的超长投资以及国际超长购买力，其中中国特色社会主义市场经济体制指的是包括竞争性企业、竞争性地方政府和中央政府在内的三维市场体系。竞争性地方政府是作为发展中大国的中国所独有的。[2]

20 世纪 80 年代初开始形成的中央和地方行政分权和财政分权体制，财权和事权的匹配使地方政府同时具有了积极推动本区经济发展的激励因素和能够自主进行经济管理的权利。除了经济上的激励之外，对地方政府官员的以经济绩效作为考核标准的晋升激励也是形成中国独特的竞争性地方政府的重要因素之一。然而，由于西方政治选举中选民们偏好的不同、集中人事权的缺失、客观绩效度量标准的缺失、经济决策并非由官员独立做出等因素，使西方的政治体制不具备晋升锦标赛发挥作用的前提条件，这种地方政府间相互竞争推动地方经济增长的模式具有中国特色。

在三维市场体系中，宏观管理和长远规划由权力集中的中央政府做出，而结合本地特色制定本区经济发展目标、规划本区产业布局等则由分散性的、竞争性的地方政府完成，微观经营由竞争性的企业自主实施。三者的有效结合体现了政

---

① 农业为农林牧渔业；采矿业包括煤炭开采和洗选业，石油和天然气开采业，金属矿采选业，非金属矿及其他采矿业，非金属矿及其他矿采选业；制造业包括食品制造及烟草加工业，纺织业，纺织服装鞋帽皮革羽绒及其制品业，木材加工及家具制造业，造纸印刷及文教体育用品制造业，石油加工、炼焦及核燃料加工业，化学工业，非金属矿物制品业，金属冶炼及压延加工业，金属制品业，通用、专用设备制造业，交通运输设备制造业，电气、机械及器材制造业，通信设备、计算机及其他电子设备制造业，仪器仪表及文化办公用机械制造业，工艺品及其他制造业（含废品废料）；电力、燃气、水包括电力、热力的生产和供应业，燃气生产和供应业，水的生产和供应业；交通、通信及运输包括交通运输及仓储业，邮政业，信息传输、计算机服务和软件业；金融业；其他服务业包括批发和零售贸易业，住宿和餐饮业，房地产业，租赁和商务服务业，研究与实验发展业，综合技术服务业，水利、环境和公共设施管理业，居民服务和其他服务业，教育、卫生、社会保障和社会福利业，文化、体育和娱乐业，公共管理和社会组织。

② 史正富. 超常增长：1979–2049 年的中国经济 [M]. 上海：上海人民出版社，2013.

府行政管理作用和市场资源配置机制的综合，是支撑我国经济持续快速发展的重要因素。

尽管如此，三维市场结构也有一些弊端，如地方政府间可能会出现恶性竞争而使一些地区发展的同时，另外一些地区利益受损，导致区域间经济发展的不平衡；地方政府也可能为了追求 GDP 的增长而忽视了民生的改善，如粗放型增长导致环境问题突出、单纯追求效率导致收入分配不均等。此外，这种竞争机制也不利于区域间经济的互动，涉及的问题包括对流动劳动力的歧视问题、地区间的产业转移的利益分配问题等。处理好这些问题也是未来区域经济平衡协调发展的重要方面。

（四）混合经济的特征

1. 长远规划和短期调整相结合

中国集权型的中央政府相对于西方多党制的民主的一个好处就是克服了单一宏观政策环境创造的短视性，因而具有长远的眼光，有意愿有能力进行五年、十年的短期规划和五十年、百年的中长期规划。

尽管我国已经完成由计划经济向市场经济的转轨，但单一计划经济体制的僵化和无效率不能抹杀计划的重要作用。从新中国成立之初第一个五年计划的完成，直到现阶段的"十二五"规划，就是在这样一个个的五年短期规划的顺利实施下，我国取得了巨大的经济成就。尽管过程中有不少曲折，如重工业优先发展导致的产业结构畸形、过于追求速度而导致的经济"大跃进"，但经济的发展过程本身就是一个试错过程、一个结构不断调整转型升级的过程，就是在这个波折而艰辛的过程中，我们积累了从整体上协调规划一个国家经济的宝贵经验，并始终将"规划"这一具有中国特色的计划经济流传下的遗产传承下来，为我国结构转型、实现经济持续增长提供了全局意义上的理论和实践自信。

政治制度稳定是规划具有长短期一致性，并能得到顺利实施的前提条件。从经济发展的"三步走"战略到"全面建设小康社会"，再到"科学发展观""五大发展理念"，中央顶层领导人对国家长期发展战略目标以中国特色社会主义市场经济建设为基准，具有很强的稳定性，并且随着经济基础的变化进行调整。

市场在资源配置中起决定性作用，价格机制、供求机制和竞争机制可以通过自发调节使市场达到均衡状态，但是向均衡状态的调整需要一个过程，均衡状态的存在与否以及能否顺利过渡到均衡状态都具有很大的不确定性。实际上，广泛的市场失灵的存在，如外部性、信息不完全等，使非均衡的市场状态才是经济的常态，因而存在需求结构、产业结构、收入分配不均等结构性问题。长期的调整升级都有可能在短期造成经济的过度膨胀或者过度收缩，此时政府的宏观短期调整就有了发挥作用的空间。政府通过财政政策和货币政策等多种调控手段推动长期规划的分段实现，减少经济波动。

2. 资源配置市场和政府相结合

处理好政府和市场的关系问题是经济体制改革的核心。市场在资源配置中起决定性作用，同时也要更好地发挥政府作用。政府在经济发展中的作用不同于计划经济体制中政府的作用，也不同于西方"小政府"的政府，是一种和市场协调进步的发展型政府。政府可以在要素禀赋结构升级带来的比较优势产业发生升级时，为先行企业提供相应的基础设施，降低其交易成本，以及为先行企业提供实现创造性破坏的补贴，降低其研发的外部性成本及信息成本。[1]

资源配置的这种混合特征在基本经济制度上体现为公有制为主体的多种所有制共同发展，在微观经营上体现为国有企业和其他所有制企业的协同发展，共同参与经济资源的直接配置，但无论企业的所有制成分如何，都要遵循市场规则、尊重市场规律。同时，政府参与资源配置要更多地转向间接调节，避免过多地参与直接经营，要更多更好地发挥监管职能，从总体上协调经济活动。

3. 微观经营国有和私有相结合

只有坚持公有制为主体、多种所有制经济共同发展的基本经济制度不动摇，那么无论微观经营体制领域的改革如何进行，国有经济在国民经济中才会始终占据主导地位。国有经济尤其是在公共产品和服务部门以及新兴产业领域，是实现规模经济，实现垄断利润，增强在国际市场与发达国家大型跨国公司竞争的能力，而又能最终实现还富于民的经营形式。如果国有经济占据的那些产业被私有化，那么也并不会改变行业本身的垄断性质，反而会造成资本的私人占有，不能做到还富于民了。

私营经济是增强市场活力的主体。尤其在改革开放之后，其规模得到迅速扩张，在解决就业问题、增强产品多样性、提高产品生产效率、提升产品和服务质量等方面发挥了重要作用。国有企业城镇从业人员数占总城镇就业人员数的比重已由 2004 年的 24.6% 下降到 2012 年的 18.4%，城镇集体单位就业人员占总城镇就业人员的比重也由 2004 年的 3.3% 下降到 2012 年的 1.6%，从侧面反映出非公有制企业城镇就业人员数的增加一定程度上体现了非公有制企业经营规模的扩大。政府政策始终坚持支持、鼓励、引导非公有制经济的发展，非公有制经济规模的扩大也为增添市场经济活力做出了重要的贡献。

4. 顶层设计与倒逼改革机制相结合

林毅夫认为，"中国传统的经济体制是为了在资源稀缺的条件下实现资金密集型重工业优先发展战略的目标，以扭曲产品和生产要素价格的宏观政策环境、

---

① 林毅夫. 新结构经济学：反思经济发展与政策的理论框架［M］. 北京：北京大学出版社，2012.

高度集中的资源配置制度，以及没有自主权的微观经营机制为特征的三位一体模式"。发展战略的设计对一国整个经济发展方式的形成至关重要，如果发展战略的制定不符合一国要素禀赋的优势，就会造成企业不具有自生能力且产生一系列后续经济问题，由此可见国家顶层设计的重要性。中国在改革开放之后首先进行的是微观经营领域的放权让利改革，以微观领域改革之后形成新要求，倒逼宏观政策领域和资源配置方式的改革，取得了巨大成功。中央在进行结构调整等重大问题上进行顶层设计，引导微观个体发展进步，而微观个体的发展进步又反过来推动改革，推动顶层设计方案的不断完善，从而形成一个相互融合促进的过程。

第三节 中国经济发展模式存在的问题

一、传统经济发展方式的一般问题

（一）"去工业化"与服务型经济

"去工业化"是指国家经济中制造业产出和就业绝对水平或相对份额的下降。去工业化一定范围内是产业向"高级化"方向发展的结果，但按一定惯性发展下去，则会带来新的深层次的结构问题，如过度服务业化导致生产能力下降，创新动力缺乏，内生于生产过程的技术进步进程缓慢等问题。除了纯粹的生活性服务业，绝大多数的服务业是为生产过程服务的，当生产过程出现萎缩时，与之配套的服务也就失去了存在的空间。2008 年国际金融危机造成发达国家失业率高企不下，经济增长乏力，产品国际竞争力削弱，是发达国家服务型经济结构面临深度转型压力的重要例证。

美国在经历工业化成熟阶段以后，由于一系列外生冲击，如互联网泡沫破灭、次级贷款违约等问题，经济陷入长期低迷，但政府并没有意识到这是服务业主导的产业结构带来的深层次结构失衡问题，反而进一步将经济推向高度金融化的极端。具体来说，美联储为刺激经济而采取一系列宽松型的货币政策，同时放松对金融业的监管，从而产生了种类繁多的创新型金融工具[1]，尤其是次级抵押贷款的证券化，支撑了借贷消费经济的不断膨胀，经济虚拟化程度加深。金融领域的高收益率吸引了大量的资金，从而使实体经济趋向萎缩、制造业产值下降，到 2013 年其增加值仅占 GDP 的 12.1%，远低于金融业的 20.2%。如图 8－6 和

---

[1] 林毅夫. 从西潮到东风：我在世行四年对世界重大经济问题的思考和见解 [M]. 余江译. 北京：中信出版社，2012.

图 8-7 所示，经济中制造业衰落伴随服务业的不断扩张和经济的虚拟化。此外，主要发达国家的制造业也经历了与美国相似的"去工业化"历程。如图 8-8 所示。

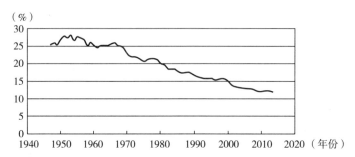

图 8-6　美国制造业增加值在国民生产总值中所占比重

资料来源：U. S. Bureau of Economic Analysis（BEA）。

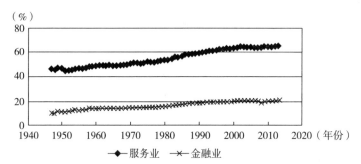

图 8-7　美国服务业和金融业增加值在国民生产总值中所占比重

资料来源：U. S. Bureau of Economic Analysis（BEA）。

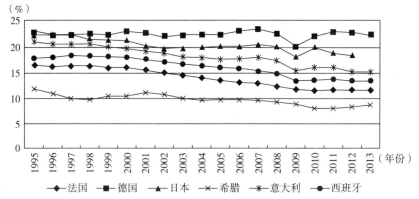

图 8-8　1995～2013 年制造业增加值在国民生产总值中所占份额

资料来源：OECD。

发达国家去工业化产业结构的形成是内部和外部因素综合作用的结果。在经济全球化背景下，来自发展中国家的制造业产品在国际贸易中份额不断上升的压力，以及流动资本在全球范围内逐利而导致的制造业向边际利润更高国家的转移，造成发达国家制造业产品在全球制成品贸易份额的下降，而发达国家内部服务需求相对增加的消费结构的变化以及制造业生产效率的提升则可能是造成去工业化的内部成因。①

然而，上述内因和外因并不足以从根本上解释发达国家的去工业化进程。第一，即使面对发展中国家低廉的工业制成品竞争的压力，也不足以导致发达国家从二战时期就开始积累的雄厚工业基础的顷刻崩溃，发达国家的去工业化进程是被内部的神秘力量一点一滴地瓦解的。第二，消费结构的服务业倾向和制造业生产效率的提升，正常情况下也仅仅会导致制造业就业人数的下降，但制成品在国际市场上的竞争力和份额却不应出现下降，这与实际情况并不相符。

那么，瓦解发达国家制造业基础的神秘力量到底是什么呢？技术进步促使产业结构的升级转型，从而推动经济增长和经济发展这一过程在资本主义私有制和雇佣劳动的基础上进行，其主要是为资本的逐利性服务——这是发达国家所谓的"产业高级化"却并不是"良性"结构的关键②，其主要矛盾根植于发达国家的资本主义制度。资本在自由市场经济中无节制地扩张，超越国家边界，产业结构在全球范围内进行着优化配置，但却导致发达国家内部制造业基础的丧失，越来越成为消费型的服务业经济。

政府作用的缺失，无节制的借贷消费，消耗过去繁荣时期的积累，投资激励缺乏，使国家错失了对未来生产能力的构建。

（二）虚拟经济压抑实体经济

寻找金融危机产生的原因，应当从一国的社会关系和制度组织结构中，从虚拟经济与实体经济的关系中，从社会经济运行的总体结构中寻找，而不能一味地将结构失衡的原因归结于外部因素。以制造业为根基的工业资本主义的衰落，直接原因是实体经济的萎缩，经济的虚拟化程度加深，根本原因在于资本主义制度下资本和劳动的对立。③

周期性的生产过剩是资本主义制度的基本特征，资本在每一次的破坏和再创造过程中不断发展壮大，生产的集中和资本的集聚催生了资本与劳动的更深度的分离，金融资本逐渐脱离生产过程而在经济中肆虐逐利，并逐渐吞噬实体经济。实体经济的不断萎缩体现在发达国家制造业主导地位的逐渐丧失，取而代之的是

①　杨成林，乔晓楠. 发达国家非工业化进程举证：一个文献述评［J］. 改革，2012（9）：105－113.
②　何自力. 产业变迁与资本主义的衰落［J］. 政治经济学评论，2012，3（4）：33－46.
③　何自力. 论西方资本主义经济停滞的常态化［J］. 政治经济学评论，2014，5（4）：31－45.

本应服务于产业资本的以金融业为代表的服务业。

虚拟经济压抑实体经济，削弱了国家的财富创造能力，此时发达国家通过放松金融监管，大量进行金融工具的创新，尤其是以次级抵押贷款为基础的资产的证券化使发达国家的消费者可以进行无节制的借贷消费，这种薄弱的生产能力与超强的购买力结合，收入与消费结构匹配的失衡，最终导致次贷危机的暴发。

（三）消费主导与债务经济

国家内部经济结构不平衡是导致发达国家家庭部门债务、贸易赤字和政府债务增加的根本原因。

（1）需求结构过度消费化。发达国家的消费需求在消费、投资和出口这三大需求中占大部分，水平较为稳定，总体来看消费占 GDP 的比重在 60% 以上（见图8-9）；固定资产投资在 GDP 中占比较小，总体约占 20% ~ 30%（见图8-10）；而出口需求占比总体较小，但不同国家水平差异较大（见图8-11）。可见，从需求结构上来看，主要发达国家为消费主导型经济。与超前消费制造经济繁荣相

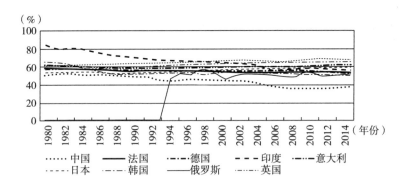

图8-9　私人消费占国民生产总值份额

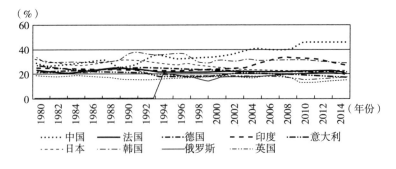

图8-10　总固定资本投资占国民生产总值份额

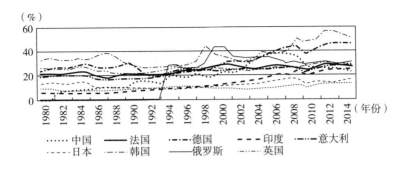

图 8-11　出口占国民生产总值份额

资料来源：BVD – EIU Country Data。

对应的是发达国家家庭负债规模的上升。信贷限制的放宽、金融监管的放松和金融工具的创新，尤其是房地产抵押贷款的证券化产生的财富效应，使得消费脱离实际财富数量而大幅增加。

（2）产业结构服务业化。发达国家产业空心化，制造业在国民生产总值中的份额逐渐下降，增长主要依靠房地产、旅游业和金融业等服务业拉动。制成品出口竞争力的下降以及国际范围内消费扩张造成进口增加，从而导致贸易赤字上升。

（3）高福利与高财政支出的政府支出结构。制造业就业岗位减少，导致劳动者收入下降和失业率上升，自动引发社会福利支付，再加上国家为刺激经济增长扩张财政，造成政府财政赤字增加，政府公共债务占 GDP 的比重不断上升。表 8-4 是主要发达国家政府公共债务占 GDP 的比重。

要想从根本上解决发达国家"借贷"经济的特征，只有对经济结构进行深度调整，包括消费主导的需求结构、服务业主导的产业结构以及与社会生产能力并不匹配的社会福利制度等。

表 8-4　主要发达国家政府公共债务占 GDP 的比重　　　　单位:%

国家 年份	法国	德国	希腊	意大利	英国	美国
1995	56.5	56.7	102.2	116.2	48.0	47.5
1996	59.3	57.7	104.5	116.0	48.0	46.8
1997	60.3	57.9	100.5	113.4	47.0	44.5
1998	60.8	59.3	92.5	110.3	44.4	41.6
1999	60.1	60.0	91.6	109.2	42.1	38.2

国家 年份	法国	德国	希腊	意大利	英国	美国
2000	58.4	58.7	99.9	104.5	39.1	33.6
2001	57.9	57.4	100.4	104.6	36.2	31.4
2002	59.8	59.1	98.6	101.7	35.9	32.6
2003	63.9	62.8	94.5	100.1	37.3	34.5
2004	65.6	64.8	95.3	99.8	40.2	35.5
2005	67.1	66.9	98.6	101.5	41.6	35.6
2006	64.2	66.2	103.4	102.0	42.5	35.3
2007	64.2	63.4	103.1	99.4	43.6	35.2
2008	67.9	65.0	109.3	101.9	51.8	39.3
2009	78.7	72.4	126.6	112.5	65.8	52.3
2010	81.5	80.4	146.0	115.4	76.4	60.9
2011	85.0	77.8	171.3	116.4	81.8	65.9
2012	89.3	79.0	156.9	123.2	85.8	70.4
2013	92.2	76.7	174.9	128.6	87.3	72.3
2014	95.5	73.9	177.0	132.0	89.0	74.0
2015	98.9	71.8	170.5	136.4	91.1	72.9

资料来源：BVD - EIU Country Data。其中，政府公共债务包括政府对国内居民、外国政府和多边国际机构如 IMF 的总债务。

（四）"休克疗法"与后转型经济

二战后，计划体制曾经在苏联社会主义经济建设中体现出巨大的优越性，集中资源配置使苏联实现了以重工业为主导的工业化，成为东西方格局中能与美国相抗衡的重要"一极"。随着以美国为首的资本主义阵营和以苏联为首的社会主义阵营矛盾激化导致"冷战"升级，苏联计划经济内部结构失衡问题越来越突出，主要体现在以下两个方面：一方面，体现在产业结构扭曲上，工业获得优先资源配置，尤其是与军事相关产业部门产品供给充足，价格十分低廉，而农产品和其他消费品生产受限，供应奇缺。另一方面，体现在受压抑的消费需求不能发挥对产业结构扭曲的纠正作用。由于主要依靠政府计划投资拉动经济增长导致产能过剩行业的产能进一步过剩，需求结构严重失衡。农产品和消费品对进口的依赖掏空了国家的外汇储备，贸易收支结构失衡。

在此背景下，苏联在 20 世纪 90 年代末期推行被称为"休克疗法"的以自由化、私有化和市场化为核心的激进的市场化改革，旨在将原有制度体系全部推翻，并在此基础上建立一个与"华盛顿共识"中所阐释的西方市场经济模式完全一致的制度体系，以期通过制度移植实现国家经济发展模式的重新构建。

但是，"休克疗法"的经济后果却不尽如人意，以俄罗斯为代表的苏联国家在转型开始后产出下降，普遍出现经济衰退，实际收入在十年内持续下降，原本期待经济呈现"J"形增长，结果却以"L"形滑坡收场。俄罗斯1990~1998年人均GDP年均增长率为－6.53%，1998年GDP比1990年低42%，固定资产投资降至1990年的17.5%。①

对西方市场经济模式的移植是在扭曲的经济结构的基础之上进行的。由于在重工业为主导的发展战略指导下极易形成扭曲的产业结构，因而这些产业不符合要素禀赋结构，从而不具有自生能力。在激进转轨的过程中，仅仅注重对西方自由市场经济的移植，忽视了本国国情；过快过早地取消价格补贴和开放市场，使不具有自身能力的国有企业出现亏损，进一步导致失业率上升、产出下降。② 改革中过早取消了计划体制下政府直接配置资源的职能，忽视了计划经济体制下各种扭曲的资源配置机制是与其扭曲的产业结构相匹配的，正确的做法应该是随着产业结构的改善逐步取消扭曲性的政策，实行增量改革。③

二、中国发展模式的特殊国情

(一) "关系型"社会的寻租行为

在中国，以血缘关系为基础的家庭是社会生活的基本单位，在此基础上形成了盘根错节、错综复杂的关系网络。在这种特殊的关系网络中进行生产经营等经济活动，一般不是通过正式制度范畴进行，而是在非正式的关系网络中进行。在这种情况下，寻租腐败行为必然泛滥，不利于社会的公平正义，影响社会经济正常运行。

在过去30年，我国在国民经济总量上所取得的增长成就斐然，但收入分配不均衡的问题越来越突出。收入差距扩大一方面体现为实际收入水平的差距扩大，另一方面体现为各个收入阶层在不同收入水平上的排序变动，即收入流动性的减弱。后者对社会经济的影响可能更大，社会阶层固化，穷人即使再努力也很难从低收入阶层向高收入阶层流动，是对劳动者积极性的挫败，不利于社会公平。"富二代""官二代"体现的正是中国这种关系型社会中，父代的财富积累对子代财产和收入以及就业机会等方面的影响越来越大，代际收入流动性越来越弱。

(二) 低端加工与粗放型经济

制造业的低端加工性质和以增大资源投入方式促进发展的粗放型经济导致经

① 麦迪森. 世界经济千年史 [M]. 伍晓鹰等译. 北京：北京大学出版社，2003.
② 林毅夫，蔡昉，李周. 中国的奇迹：发展战略与经济改革 [M]. 上海：上海三联书店，1994.
③ 徐朝阳，林毅夫. 发展战略、休克疗法与经济转型 [J]. 管理世界，2011（1）：6－19，187.

济效益低下，不利于经济的可持续发展。因而，这就需要按照党的方针政策如党的十九大精神，全面推动科学技术进步，实现制造业向精加工的方向发展、向内涵式发展，要逐步实现由粗放型的高投资逐渐转向由创新驱动的可持续发展。

（三）地区发展不平衡

中国超大的国土范围和"一部分人、一部分地区先富起来"的发展战略决定助推了地区间经济发展方式的扩大。改革开放以来我国的地区差距在 20 世纪 80 年代先缩小，然后又于 90 年代持续扩大。进入 21 世纪以来，地区差距扩大的速度虽有所减缓，但差距仍在扩大。[①] 尽管地区的人均收入都在上升，但地区间收入差距仍在不断扩大。2017 年我国各地区以 1990 年为基期的居民实际人均 GDP 中，北京最高，约为 20223.84 元，位于第二位的上海，约是 19540.55 元；云南是最低的，约为 5418.82 元，实际人均 GDP 最高的地区约为最低地区的 4 倍。

地区经济发展不平衡源于政府的发展战略，其未来改进也需要政府的力量，发展政策要多向落后地区倾斜。其中，未来扩大内需的一个重要的方面就是推动落后地区经济增长潜力的释放，要通过增加对落后地区的基础设施建设的投入、增加落后地区子女的受教育机会、取消阻碍劳动力转移的限制等方式推动地区间平衡发展。

（四）城乡发展不平衡

从转移农业剩余以支撑重工业优先发展的战略开始，中国城乡差距就开始不断扩大。户籍制度对农村劳动力人口转移的限制，是城乡居民收入差距扩大的重要原因。从农村流出的剩余劳动力在中国城市化建设过程中发挥着重要的作用，但无论从工资水平，还是从所能获得的公共医疗和教育资源来看，流动人口与城镇人口的差距都很大。

如何激发农村地区经济潜力、消除城乡之间各种制度阻隔、促进农村流动人口市民化，是实现城镇化和城乡经济协调发展的关键所在。

第四节　高质量发展阶段的中国经济发展方式

一、现代产业发展新体系

未来产业结构的升级，关键是要发展实体经济，坚持以制造业为主导的产业

---

① 许召元，李善同. 近年来中国地区差距的变化趋势 [J]. 经济研究，2006（7）：106 - 116.

结构不动摇，实现由传统制造业向先进制造业、战略型新兴产业的转型升级，与此同时，由实体经济带动现代服务业，尤其是生产性服务业的发展壮大。

产业结构的升级转换需要由政府和市场推动。要素禀赋结构升级带来产业和技术升级的过程中需要由政府提供相应的基础设施，并为新兴或转型升级企业提供关于哪些产业符合比较优势的信息，以便降低企业的信息成本。需要指出的是，市场的作用是为政府提供关于要素禀赋结构的信息，为企业提供关于产业的盈利信息，以利于政府的产业结构规划和促使企业进入新兴产业。

二、依靠内需特别是消费内需

一国要充分发挥其要素禀赋的比较优势，除了充分利用国际市场之外，重要的是要有自己的国内市场。像中国这样一个体量庞大的经济体，要充分挖掘本土还没有被激发和充分利用的、未被满足的需要，尤其是西部落后地区及农村消费潜力的释放，以实现过剩产能的充分利用，提高人民的生活水平，同时这也有利于比较优势产业国际竞争力的增强。

要激发落后地区的消费潜力，关键还是需要解决我国地区发展不平衡、城乡发展不平衡、收入分配不平衡等结构问题。因此，如何实现中西部地区居民和农村居民的收入的提高是重点。政府需要完善税收、转移支付等再分配手段，但关键是对一次收入分配结构进行调整。而一次收入分配主要是在生产过程中进行，因此，调整的关键是促进落后地区生产力的发展及生产关系的协调，实现区域间协调发展，可以将发达地区的产业转移至落后地区，同时因地制宜，发展适宜当地地理和资源禀赋条件的产业。

三、创新驱动

创新驱动发展是转变经济发展方式、实现经济结构转型升级的根本途径。要素投入粗放增长容易造成生态环境问题突出，导致面临资源供给瓶颈的约束。经查阅相关资料可以看出，我国 GDP 单位能源消耗高于其他国家。伴随着全国污染物排放量的不断增加，环境污染治理成本占 GDP 的比重持续上升，结果如图 8－12 所示。通常来讲，依靠增加要素投入规模实现经济增长的传统粗放型经济发展方式在有限的资源和环境中不可持续，因此我国政府要加快从要素驱动、投资规模驱动发展向以创新驱动发展为主的转变。

要以科技创新为核心，坚持需求导向和产业化方向，坚定企业在创新中的主体地位、市场在资源配置中的决定作用以及政府推动制度创新，构建有利于科技创新的经济制度环境，增强科技对经济增长的贡献度。

科技进步是推动生产力发展和生产率提高的重要力量。科技创新是提升我国

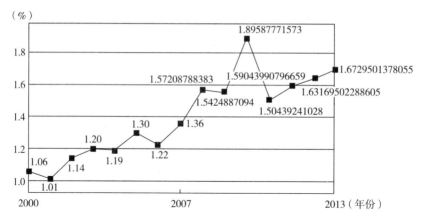

图 8 - 12 环境污染治理投资总额占国内生产总值比重

资料来源：中经网统计数据库。

工业制成品国际竞争力的关键。我国研发投入占 GDP 的比例与发达国家还有一定差距。劳动密集型产业在我国产业中还占有相当大的比重。因此，要在发挥劳动密集型产业比较优势的基础上，增加资本积累，推动要素禀赋结构的转型升级，从而实现产业结构由劳动密集型产业向资本密集型产业的转型。

创新驱动实质是人才驱动，要推动劳动者素质的提高。应用型人才培养机制最终培养的是高素质的产业工人，而理论型人才培养机制培养的才是可以实现科技创新的主力军，因此要加强科技创新领域的理论型人才培养。由于基础科学研究的正外部性很强，因此要完善政府对基础性、战略性、前沿性科学研究和共性技术研发的支持机制。

企业是创新主体，创新的想法和技术只有应用到生产过程中才能真正实现技术的进步。要建立产学研协同创新机制，强化企业在技术创新中的主体地位，发挥大型企业创新骨干作用，激发中小企业创新活力。

加强国际合作，使技术"引进来"和企业"走出去"相结合。中国作为后发国家从模仿发达国家先进技术和管理经验的过程中获益良多，但随着我国与发达国家科技水平差距逐渐缩小，科技创新应更多依靠自主创新。要建立健全鼓励原始创新、集成创新、引进消化吸收再创新的体制机制。

四、可持续发展

2012 年，我国能源消费结构依然以不可再生的传统能源为主，在能源消费总量中，煤炭占 70.6%，石油占 19.9%，可再生能源还有很大可提高的空间[①]。

---

① 资料来源：《中国能源统计年鉴》（2013）。

2013 年，能源消费增长从 7.0% 下降至 4.7%，增长放缓主要体现在煤炭和石油消费的下降，天然气在能源结构中的比重增加，天然气消费增长达 10.8%，居世界首位①。虽然能源结构发生了向清洁能源转变的可喜变化，但过度依赖传统能源导致环境污染日益严峻，能源消费结构仍然面临深度调整的压力。如果要使国民生产总值在增长稳定的前提下实现能源结构从以传统的能源为主到以可再生的新能源为主的转型，关键是要抓住互联网通信技术与可再生能源结合为主导的第三次工业革命带来的发展机遇②。

第三次工业革命所带来的不仅是能源生产和使用方式的变革，更是一个增强未来可持续生产能力、同时带动当代经济增长的重要机会。为了形成通信技术和可再生能源的有机结合的经济系统（包括可再生能源的生产、储存、交换、分配以及使用），需要进行大规模的基础设施建设，这不仅有利于在当期扩大社会总需求、缓解生产过剩的压力、带动与之相关联的前向和后向产业的发展、新增大量的就业岗位，更有利于改善国民经济结构，实现转型升级，在基础设施建设体系完备的基础上实现质量更高的经济增长，实现当代利益和未来长远利益的协调。

经济发展方式由传统资源消耗型经济向可持续的资源再生型经济的转变过程也面临诸多挑战。其短期的成本包括可再生能源的基础设施建设需要以现期原材料储备的消耗为前提，如太阳能电池板、风能涡轮机等设备的建造和更新，但这可能需要消耗大量的不可再生能源，这一过程本身是一个资源消耗型的生产过程。此外，传统能源产业作为既得利益团体会阻碍能源方式向分散的、成本更低廉的方式转变，这些都是结构转型过程中必须面对的问题。

机遇和挑战并存，但关键问题还是如何实施的问题。在第三次工业革命中，对可持续发展所需要的基础设施投资是关键，但由于新兴领域开发成本高昂、收益具有不确定性，此时政府在其中的作用不可或缺，而中国经济的优势既体现在其投资主导型经济上，又体现在政府具有长远规划能力和进行基础设施投资所需的大量资金，即财力和能力都具备。在财力和实施能力都具备的前提下，第三次工业革命席卷全国，使生产力和生产关系发生重大的变革仅仅是时间问题。

可以利用对新兴产业的基础设施建设带动全国所有地区经济的发展，这与世界银行提出的全球范围内的分工合作，即"增长甄别和因势利导框架"有异曲同工之妙，区别仅仅在于中国作为一个拥有 960 万平方千米土地和 14 亿人口的超级大国，有能力也有必要在国内实施这种发展的战略。

①　《BP 世界能源统计年鉴》（2014）。

②　杰里米·里夫金. 第三次工业革命：新经济模式如何改变世界［M］. 张体伟，孙豫宁译. 北京：中信出版社，2012.

五、区域协调发展

（一）激发竞争型地方政府的活力

竞争型地方政府在促进中国各地区经济增长中起重要作用。要正确发挥竞争性地方政府的作用，必须完善激励和监督机制。对地方官员的政绩考核不应该单纯以 GDP 增长作为指标，考核评价体系要综合考察经济增长与劳动就业、居民收入、社会保障、人民健康状况；加大资源消耗、环境损害、生态效益、产能过剩、科技创新、安全生产、新增债务等指标的权重。要完善对地方官员的监督检查机制，加强官员腐败的惩罚力度，避免民生之利落入私人口袋之中。

（二）地区间产业结构良性互动

为了缩小地区之间的经济差距，政府可以增加落后地区基础设施建设投资，通过带动落后地区生产和就业增长，实现落后地区市场规模扩大，从而增加对较发达地区产品需求，以致带动发达地区经济的增长。张维为在《中国震撼》中指出，"中国的两大板块，一个是'准发达国家'板块，另一个是'新兴经济体'板块，这两大板块之间实现了高度的良性互动，这也是中国崛起的主要原因，并将继续推动中国现代化事业的不断发展"。

经济结构调整要综合各地区经济发展水平差异，实现产业的梯度转移，形成国家内部产业发展的"雁形"轨迹。"随着中国发达板块不断地进入以产业升级为主要特征的经济结构调整，越来越多的产业成规模的转移到新兴板块……""对于绝大多数的国家来说，产业升级往往意味着产业迁移到国外，而中国在自己内部就可以进行大规模的产业梯度转移""一般制造业可以从发达板块转移到新兴板块，但仍然留在中国，这就延长了中国制造业的生命周期"。

六、城镇化

城镇化是指从事第二产业和第三产业的人口在城市集聚，农村人口向非农产业转移，从而使城市数量增加、城市规模扩大的过程。2014 年，我国城镇人口占总人口的比重达 54.77%，城镇化率年均增长 1.02%。制造业在城市的集聚下吸纳了大量农村剩余劳动力，推进了农业人口向城市的转移。随着农村剩余劳动力的逐渐减少，制造业用工成本逐渐上升，转移的劳动力越来越多地由服务业吸纳。

城镇化有利于缩小城乡收入差距，一方面，第二或第三产业劳动生产率相对于第一产业较高，农村流动人口可以获得更高收入；另一方面，由于剩余劳动力流出，在农村务农的农民的边际生产效率会提升，因而收入也会得到提升。收入差距的缩小有助于挖掘农村消费潜力，扩大内需；同时流动人口在城市的集聚也会增加城市消费品的需求，从而形成规模效应。

相较于国内经济发展水平、工业化与非农化进程以及国外同等发展水平和阶段的国家的城镇化水平，中国的城镇化水平是较为滞后的[①]，中国城镇化依然存在巨大的发展空间。中国城镇化的推进是我国在结构转型期、增长速度换挡期经济发展的重要引擎。城镇化将在未来带动大范围的基础设施建设，这与政府主导的投资拉动型经济不谋而合。同时，城市人口的增加也将创造大量的消费需求，有助于缓解投资拉动下产能过剩的压力，实现消费内需的扩大，使需求结构得到优化。此外，城镇化过程也会带动服务业的发展、创造就业岗位，使产业结构向高级化发展。

城镇化的推进以市场为导向，但更需要政府的引导，尤其是在公共产品和公共服务的提供上需要进行大规模的基础设施建设。此外，需要政府通过新增教育、医疗、卫生等公共资源解决农民工人口的市民化问题，使城镇化真正成为惠及城乡的过程。

① 简新华，黄锟．中国城镇化水平和速度的实证分析与前景预测［J］．经济研究，2010，45（3）：28－39.

第九章
经济全球化与中国模式

第一节 资本主义主导的经济全球化

一、第二次世界大战后世界体系的演进

第二次世界大战结束之后，美国的霸权国家地位得以正式确立，并且其主导构建了二战之后的国际经济秩序。结合美国自身的经济结构转型，可以把二战之后的全球经济增长划分为两个阶段来加以认识（见图9-1）。第一阶段的全球经济增长，美国作为"世界工厂"向欧洲的战胜国与战败国输出本国制造的商品，而马歇尔计划则作为欧洲国家购买美国商品的资金基础。在这一阶段，美国迎来了其黄金发展期，不仅经济总量与制造业实力独步全球，而且还进一步巩固了美元的世界货币地位。第二阶段的全球经济增长以美国从贸易顺差国转变为贸易逆差国为显著特征，美国凭借美元的世界货币地位，通过持续累积的贸易逆差成为全球最大的消费市场，为各国的生产能力提供需求出口。第一阶段到第二阶段的转型期是从20世纪70年代初到80年代中期，历数这一时期发生在美国的一系列政策变化，则可找到全球经济增长模式转变的历史逻辑。[①]

1971年，尼克松宣布美元与黄金脱钩，标志着布雷顿森林体系的解体，黄金退出国际货币体系的大舞台，浮动汇率替代了固定汇率，而依然以美元作为世界货币的牙买加体系来临。1973年，第一次石油危机爆发，美元由于绑定石油而汇率被高估，同时美国通过出口武器与成套设备来平衡与产油国之间的贸易赤字，并且以金融系统吸收产油国的贸易盈余。1977年，卡特政府认为日本与德

[①] 乔晓楠，何一清，穆艺南. 第三次工业革命与当代资本主义的历史走向［C］. 工作论文，2015.

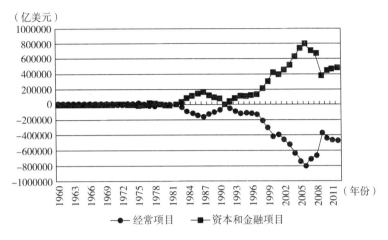

图 9－1 美国国际收支结构的变化

资料来源：美国经济分析局。

国对美国的贸易盈余过高，于是主动干预，降低美元汇率。然而，出乎意料的是一年之后美元对日元汇率的跌幅远超过预期，从 1 美元兑换 290 日元跌至 1 美元兑换 170 日元。当卡特政府要捍卫美元汇率时，第二次石油危机不期而至，并且与之相伴的是超级通货膨胀。1979 年，为了治理通货膨胀，紧缩性的货币政策表现为三次提高基准利率，致使美国的市场利率超过 20%。那么，结果可想而知，紧缩性的货币政策必然进一步削弱经济增长的动力。

对于 1981 年上台的里根政府而言，面临着复苏经济与在冷战中继续扩充军备的双重挑战，这似乎是一种两难选择，复苏经济需要宽松的财政政策，而扩充军备则需要大笔花钱，那么如何平衡财政的收入与支出呢？结果是里根政府采纳了供给学派的意见，兑现了减税的承诺。因为根据"拉弗曲线"所讲述的原理，低税率可以充分调动财富创造者的积极性，让经济复苏来扩大税基，从而增加财政收入。而现实的情况是减税确实增加了消费与进口需求，有利于经济企稳，但是美国却从此步入了财政赤字与贸易赤字并存的"双赤字"模式。

虽然里根政府在减轻税负方面做到了"小政府"，可是在经济的财政负担方面却无法做到"小政府"。同时，此处也回答了前文所提出的"如何平衡财政收入与支出"的问题，即在入不敷出的情况下，通过政府举债来解决"冷战"对于扩充军备的需要。那么，美国是如何借到钱的呢？关键就在于美国保持了与日本、德国的利率差。20 世纪 70 年代末 80 年代初，卡特政府为了应对通货膨胀提高了利息率，在此期间虽然日本和德国等贸易顺差国也调高了利息率，但是与美国利息率相比仍然要低 6 个百分点以上。因此，这些国家特别是日本的资本被吸引而去投资美国的债券。美国为了弥补财政赤字也迫切地需要发行中长期债券，于是，日本的资本支撑了美国的财政赤字。1976 年日本购买的美国国债为 1.97 亿美元，而到了 1986 年则上升至 138 亿美元。大量的资本流入美国，支撑了美元的汇率，这也恰好符合里根政府在"冷战"中所希望看到的以"强大的美元"展示"强大的美国"的效果，但不可忽视的一个影响就是加剧了美国的贸易赤字，而这又是导致著名的"广场协议"的一个重要原因。1985 年 9 月，美国、日本、德国、英国以及法国 5 个国家的财政部部长在纽约的广场饭店举行会议，并最终就"美元汇率的有序下调"达成了共识。于是，美元在随后的三个月中从 1 美元兑换 240 日元跌至 1 美元兑换 200 日元，并且这一下跌趋势一直持续到 1987 年 2 月的 1 美元兑换 150 日元之时才基本稳定。然而，如此大幅的美元贬值也没有逆转美国贸易逆差的趋势。

上述美国宏观经济政策的调整在教科书中常被描述为凯恩斯主义政策的失败以及自由主义政策的回归。但是，从世界经济的角度来审视，则意味着美国从一个净出口国变为一个净进口国，从向世界输出制造业的产品到输出最大的市场，而支撑这个世界市场最大买家的则是已经与黄金脱钩并且从贸易顺差国源源不断回流到美国购买债券及各种金融衍生品的美元。显然，这一重要的变化为当前国际分工体系的形成奠定了基础，使贸易顺差国的产品有了一个出口，同时也为美国的去工业化创造了条件。当然，美国仅是此类国家的一个典型代表，英国以及一些欧元区国家也在后来效仿美国，为世界提供消费市场，而较好的货币信用则同样成为这种"双赤字"模式的根基。

基于上述全球经济增长模式，参与到国际分工体系中的国家可以划分为四类。除了美国等国家向世界提供了庞大的消费市场，其他三类国家分别对外输出自然物、消费品以及资本品。其中，自然物多为农产品、能源、资源及其延伸产品，可以反映一国的自然资源禀赋情况，而消费品和资本品的划分则可以区分出工业内部不同部门的比较优势差异。[①]

通过观察表 9-1，可以发现四类国家的明显区别。美国与英国是提供消费市场的典型代表，其在自然物、消费品和资本品方面均呈现明显的贸易逆差，仅在服务贸易中具有顺差优势。德国与日本是提供资本品的典型代表，它们虽然纯进口能源资源等初级产品，但是却可以凭借技术优势向世界输出化工产品、机械器具、精密仪器、运输设备等难以替代的资本品，进而获得可观的贸易顺差。俄罗斯、沙特阿拉伯以及巴西是提供自然物的典型代表，这类国家无论是在资本品

---

① 根据联合国贸易数据库的 HS 编码分类（共分为 22 大类 97 章），忽略第 21、第 22 类，把第 1、第 2、第 3、第 4、第 5、第 9、第 10、第 13、第 14 类商品定义为自然物；把第 7、第 8、第 11、第 12、第 15、第 16（85 章）、第 20 类商品定义为消费品；把第 6、第 16（84 章）、第 17、第 18、第 19 类商品定义为资本品。当然上述分类未必严谨，但是至少可以反映出不同国家在商品贸易中的结构性特征。

领域还是消费品领域，均未建立比较优势，换言之，即工业化进程受到了抑制而未能达到发达国家的水平，因此只能依靠提供较为初级的各种自然资源参与到国际分工体系之中。当然，这类国家也可以通过自然资源的垄断地位建立国家竞争优势，但是却普遍受到国际能源价格波动与全球经济增速较大的影响。中国是提供消费品的典型国家，"中国制造"充斥于全世界，并且伴随着产业升级，中国不仅是消费品的"世界工厂"，而且已经开始在某些资本品的制造领域建立国际竞争优势。当然，中国在服务贸易领域中的差距还有待尽快弥补。

表 9 - 1　2010 年典型国家的货物与服务进出口情况

国家	指标	自然物	消费品	资本品	服务
美国	在进口中的占比	0.2433	0.2675	0.2915	0.1714
	在出口中的占比	0.1654	0.1801	0.3242	0.3039
	逆差或顺差	-	-	-	+
英国	在进口中的占比	0.2592	0.218	0.2954	0.2143
	在出口中的占比	0.1777	0.13	0.2924	0.3878
	逆差或顺差	-	-	-	+
日本	在进口中的占比	0.3909	0.2283	0.1816	0.1849
	在出口中的占比	0.051	0.2839	0.4659	0.1551
	逆差或顺差	-	+	+	-
德国	在进口中的占比	0.2143	0.2696	0.303	0.2012
	在出口中的占比	0.1134	0.2476	0.4492	0.163
	逆差或顺差	-	+	+	-
巴西	在进口中的占比	0.1846	0.2201	0.3383	0.257
	在出口中的占比	0.5523	0.1373	0.1722	0.138
	逆差或顺差	+	-	-	-
俄罗斯	在进口中的占比	0.1505	0.2313	0.3081	0.2511
	在出口中的占比	0.7115	0.1135	0.0782	0.0262
	逆差或顺差	+	-	-	-
沙特阿拉伯	在进口中的占比	0.1338	0.1831	0.2568	0.4181
	在出口中的占比	0.8428	0.0595	0.0562	0.0408
	逆差或顺差	+	-	-	-
中国	在进口中的占比	0.2596	0.3408	0.2663	0.1216
	在出口中的占比	0.0812	0.5198	0.3048	0.0932
	逆差或顺差	-	+	+	-

注："＋"表示顺差，"－"表示逆差。

资料来源：笔者根据联合国贸易数据库数据整理而得。

表9-1仅描述了国际分工的水平结构，此外还需要进一步考察其垂直分工结构。价值链指一种商品在生产过程中所经历的从原材料处理到最终产品形成的各个连续的价值增值阶段。价值链大体可分为三个环节：一是技术环节，包括产品研究、设计与开发等；二是生产环节，包括设备、零部件生产，加工组装与包装等；三是营销环节，包括物流、批发及零售、广告、品牌管理及售后服务等环节。跨国企业按成本最小路径将产品的不同环节安排在具有相应优势的国家或地区，进而形成了全球分割生产的格局。发达国家凭借资本、技术、人才优势控制着高附加值的两端，而发展中国家只能依靠本国自然资源和廉价劳动力从事低附加值的制造环节，进而构成了垂直分工下的"微笑曲线"。以Rassweiler（2009）的研究为例，iPhone 3G的总生产成本为178.96美元，其中手机核心零部件生产成本高达到172.46美元，占总成本的96.4%，被德国、日本、韩国等国家分享，而在中国的组装成本仅为6.5美元，占总成本的3.6%。① 由此可见，在垂直分工的结构下，发展中国家在价值获取方面处于弱势地位。

二、全球失衡与资本主义经济危机

（一）全球失衡

全球失衡（Global Imbalances）是指世界范围内，各国普遍出现的经常账户不平衡现象，即某些国家拥有大量的贸易赤字，与此相对应的贸易盈余则集中在另一些国家。通常而言，暂时性的贸易失衡不值得大惊小怪，然而当前的全球失衡却已经持续了约40年，并且失衡的规模不断扩大。

在上述全球经济增长模式中，向世界提供庞大消费市场的一类国家显然是引领全球经济增长的主导力量，而美国作为霸权国家则确实起到了发动机的作用。只有其不断地扩大贸易逆差才能够带动全球持续性的经济增长，因此全球失衡是上一轮全球经济增长模式得以维系的前提条件。同样，这种全球经济增长模式反映到国际分工体系上，就表现为输出自然物、消费品、资本品等国家的贸易顺差以及提供消费市场国家的贸易逆差。所以说，全球失衡是当前国际分工体系最显著的特征。

图9-2给出了2010年G20国家的货物贸易的净出口情况，国际分工体系中四类典型国家各自的国际收支特点清晰可见。由于生产过剩是资本主义发展过程中所遇到的核心问题，所以提供市场的一类国家如何规避生产过剩，并创造出稳定的消费需求就变得至关重要。这类国家通过本国货币作为世界货币所具备的国际信用，对家庭部门与政府部门全面地加杠杆就成为上一轮全球经济增长可以持

---

① Rassweiler A. iPhone 3G S Carriers178.96 BOM and Manufacturing Cost, iSuppli Teardown Reveals ［R］. iSuppli, 2009（6）.

续近 40 年的基础。然而，由于资本主义生产关系下导致经济危机的根源并没有被根除，所以资本主义的一系列自我调整也只是延迟了危机爆发的时间，并且使其内在的固有矛盾又以新的形式表现出来，而这也正是导致原有全球经济增长模式崩溃的原因。

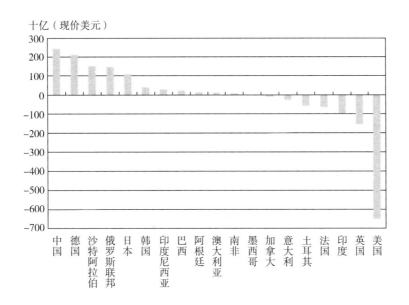

图 9-2　2010 年 G20 国家的净货物贸易余额

资料来源：世界银行数据库。

（二）利息率悖论与金融危机

以美国为例，显然持续膨胀的贸易逆差是以债务规模的扩大来维系的，其中彻底的去工业化所推动的金融化发挥了重要作用。在 20 世纪 80 年代初，美国出现了"银行转型"的现象，即银行加快了从商业银行业务向投资银行业务的转型。前者主要依靠吸收存款，向工业企业发放贷款，赚取利差，而后者则主要向工薪阶层提供信贷额度，然后通过抵押贷款的资产证券化模式出售债券，进而赚取金融中介的服务费与金融产品的溢价。从马克思主义经济学的角度来看，前一种业务模式主要服务于产业资本，为企业扩大生产提供了必要的资金，解决了资本集中与价值创造的问题；后一种业务模式主要服务于工人这一消费群体，以"寅吃卯粮"式的金融创新提升了相对贫困化工人的短期消费能力，解决了大量商品的价值实现问题。需要注意的是，银行转型所谓解决价值实现的问题仅仅是暂时性的，而非永久性的。银行转型的意义在于延缓危机的爆发，其影响表现在两个方面：一是使家庭部门的负债率提升，进而支撑起美国 70% 以上的消费主导下的总需求；二是金融、保险、房地产等产业部门的发展以及金融产品的创新与膨胀。

在上述两个方面的影响中，实际上存在着一种关于利息率的悖论。对于家庭部门而言，利息率的提升将导致还款压力的增大，成为导致抵押贷款违约率攀升的主要风险。对于金融部门而言，大量抵押贷款证券化的金融产品需要出售，利息率不仅是上述证券化产品收益的基础，而且从利息率平价的角度来看，高利息率也是推动汇价走强、吸引国外资金，特别是贸易顺差国的资金回流美国的前提。回顾美国的次贷危机，与美联储基准利率的"U"形翻转密不可分。"9·11"事件之后，为了刺激经济，13 次降息使基准利率由 6% 下降为 1%。这期间美国的抵押贷款规模迅速膨胀，尤其是次级贷款与 Alt - A 级贷款大幅增加，为随后的危机暴发埋下了种子。从 2004 年 6 月开始直到 2006 年 6 月，美联储又连续 17 次加息，将联邦基准利率从 1% 提高到 5.25%。此后，随之而来就是自 2006 年起抵押贷款违约率急剧攀升，进而在 2007 年 4 月美国第二大贷款机构——新世纪金融申请破产，标志着次贷危机全面爆发。

此外，从利息率悖论出发也容易理解美国的量化宽松货币政策。当利息率升高引发房产抵押贷款违约率大幅攀升时，应对危机最有效的措施显然是降低利息率。这时，经济的低迷、信心的崩溃以及收益率的下降使国际资金逃离美国成为必然。那么，为了度过危机，就需要以国内的信用创造来替代国外的资金回流，以提供充足的流动性维系极端条件下利息率悖论的平衡，这也是美联储大量购买长期国债与住房抵押贷款支持证券，导致其资产负债表大幅扩张的根本原因。需要格外注意的是，量化宽松只是形式，财政扩张才是本质。

（三）就业率悖论与主权债务危机

约翰·罗默（2007）曾在分析马克思的扩大再生产理论中引入了政府为失业工人提供社会保障的假设，进而得到一些非常有趣的结论。[①] 罗默假设社会中存在着 N^* 个工人，但是其中只有 N 个工人被雇佣，而其余的 $N^* - N$ 个工人则成为产业后备军中的失业者，失业者的数量将影响工人与资本家的谈判能力，进而影响剥削率的高低。显然，就业者越少，失业者越多，工人的谈判能力就越弱，剥削率的水平就越高，反之亦然。在短期内技术水平一定的条件下，由资本的技术构成决定的并反映其变化的资本有机构成也是确定的，进而与由就业率决定的剥削率共同确定一个资本家的税前利润率水平。需要注意的是，税后的利润率水平才是资本家的实际利润率水平，而税率又取决于政府所面对的失业者数量。就业率越低，失业者数量越多，政府为他们提供必要社会保障的财政压力就越大。那

---

① 罗默. 马克思主义经济理论的分析基础 [M]. 上海：上海人民出版社，2007.

么，在不考虑政府扩张财政赤字的条件下，所需要给利润率设定的税率就会越高。于是，在低就业率的情形下，与税前利润率对应的高税率会压低税后利润率水平。相反，高就业率虽然有利于解决产品价值实现的问题，但是也提升了工人的谈判能力，降低了剥削率，使资本家的税前利润率水平被压低了，从而减弱资本家的投资意愿。由此可见，就业率（失业率）实际上对于资本家而言就是一柄双刃剑。

对于资本家而言，无论就业率是高还是低，只要政府仅依靠税收来解决失业人员的社会保障，那么它们最终可以获得的利润率水平都不会太高。低利润率使资本家逐渐丧失资本积累与扩大再生产的动力，导致经济增长停滞，而这又显然难以被政府接受。因此，为了兼顾对资本家投资意愿的保护与对工人阶层社会保障的提供，政府必然走上扩张政府债务与财政赤字的道路。在这条道路上，经济增长是可以实现的，同时在政府的支撑下失业率也可以在一定时期内控制在较低水平，但是持续扩大的却是两极分化的程度与政府的债务规模。美国受滞胀的影响，1982 年失业率达到 9.71%，之后虽有起伏，但整体保持下降趋势，最低为2000 年的 3.97%，直到 2009 年在次贷危机的影响下才再次达到 9.28%。1982 年也是滞胀期间经济衰退最为严重的一年，经济增速为 −1.9%，之后基本保持较好的经济增速，特别是在 1997～2000 年，年均经济增速都在 4% 以上，而 2009年危机使美国经济严重衰退，经济增速为 −3.5%。1982～2010 年美国的基尼系数从 0.396 上升至 0.457，联邦总债务占 GDP 比例则从 35.3% 上升至 93.2%。

上述逻辑的意义在于：当引入政府部门之后，就会发现资本与劳动的对立关系可以转化为政府政策选择取向的矛盾，即当政府的债务负担非常沉重甚至难以为继的时候到底应该向资本家征税还是减税。这在美国的次贷危机与欧洲的主权债务危机之后表现得异常明显，奥巴马与罗姆尼在竞选中的经济政策主张差异就表现在这一点上。奥巴马主张向富人征收所谓的"巴菲特税"，并构筑全社会的医疗保障体系，而罗姆尼则强调给富人减税，刺激投资以走出经济低谷。实际上，无论是给富人增税还是减税均无法摆脱资本主义固有的矛盾。向富人减税显然会加剧债务危机，而向富人增税，如法国则导致了资本外逃。有些欧洲国家迫于财政压力还做出了如提升大学学费这样缩减社会保障的举措，这无疑会使价值实现的难度进一步加大，进而更加不利于经济恢复，并且使政府丧失了选民的支持。于是，权宜之计就仅有财政赤字的货币化了。

三、资本主义的经济再平衡

（一）当代资本主义经济再平衡的动机

包括伯南克在内的许多西方经济学家均认为全球失衡是导致美国爆发金融危

机的根本原因。通过基于 OECD 国家的实证研究可以发现，长期保持贸易顺差的国家，其房地产价格指数均处于较低水平，而长期处于贸易逆差状态的国家则更容易出现房地产泡沫。因此，基于上述逻辑，短期内走出危机的阴影需要压低利率以降低违约率，而长期则必须扭转贸易逆差持续累积扩大的趋势，实现经济再平衡。

仍以美国为例，其失衡的贸易结构显然与去工业化的进程密不可分。正是由于在高收入阶段产业不断升级，产业结构全面向更具有"效率"的金融、保险、房地产等服务业转型，致使消费品工业与资本品工业均丧失比较优势，才导致不断扩大的贸易逆差，一方面以制造业为核心的工业部门不断萎缩，另一方面金融服务业暴发式增长。因此，这种产业结构的变化也可以被理解为金融资本主义取代了工业资本主义。从西方的产业经济学视角来看，这似乎符合"配第—克拉克"定律所描述的一般规律，然而马克思主义经济学却认为这种现象的根源是资本主义制度固有矛盾伴随着资本主义自身的调整而不断演化变形导致的必然结果。追逐利润是资本的本性，那么，主导产业的更替显然也是由利润率变化驱使的。前文已经提及二战之后的世界经济增长经历了两个阶段：在第一个阶段，美国作为"世界工厂"向其他国家输出本国的工业制成品。在国内受凯恩斯主义政策的拉动，在国外有马歇尔计划的支撑，因此美国黄金发展时期的制造业利润率一直保持在较高水平。而在随后的第二个阶段，制造业的利润率明显下降。根据布伦纳（2012）的研究，美国制造业的净利润率在 1950～1970 年为 24.4%，而 1970～1993 年则降至 14.5%。[①] 面对如此巨大的利润率变化，逃离本国的制造业就成为资本的必然选择，而逃离的方式具体而言又包括两种途径：其一是向发展中国家进行产业转移；其二是转向金融、保险、房地产等高利润率的产业。上述两种途径共同作用使美国走上了产业空心化与全面金融化的道路。即使美国通过"分割生产"的方式在本土保留了"微笑曲线"的两端，其中的原因也不过是研发与销售这两个环节具有更高的经济附加值，有利于提升利润率。因此，经济再平衡就是要实现再工业化，而再工业化的核心则在于对利润率的重塑。在现有的技术水平与成本结构下，这一点显然是无法实现的，而这正是发达国家积极推动第三次工业革命的根本原因。

从摆脱经济危机的方式来看，第三次工业革命不是资本主义的唯一选择。因为除了打造基于技术优势的利润优势之外，还可以通过国际经济秩序的重构遏制新兴经济体，进而达到提升本国利润优势的目的。最为直观的一个例子就是在金融危机之后贸易保护主义重新盛行。由于 WTO 的作用有被弱化的趋势，所以美

---

① 布伦纳. 全球动荡的经济学 [M]. 中国人民大学出版社，2012.

国等发达国家积极介入到区域贸易自由协定中，以求制定利于本国贸易和经济发展，并且同时能够有效抑制新兴经济体的协议。

（二）经济再平衡无法消除资本主义的固有矛盾

第三次工业革命虽然对于资本主义的再工业化与经济再平衡至关重要，但是由于其存在较大不确定性，在短期内显然没有成为资本主义摆脱经济危机的优先选择。从产业变迁的角度来看，对于爆发经济危机的国家而言，金融以及房地产行业是当下的优势产业，即使可以推动再工业化，这样的优势产业显然也是难以被放弃的。因此，在危机爆发之后，美国等国家政府首先是尽力扮演好最后贷款人的角色，迅速着手对岌岌可危的金融机构以及房地产市场加以救助，以巩固房地产部门遏制住经济下行的趋势。当然，这样的救助使债台高筑的政府财政更加难以为继，于是以量化宽松政策为手段的债务货币化就变得顺理成章。金融危机后的美国率先推动了量化宽松政策，而紧随其后的是以"打掉通缩"为第一支箭的安倍经济学，最终就连进行了 5 年痛苦结构调整的欧元区也于 2014 年 9 月宣布加入量化宽松的阵营。至此，主要发达经济体无一例外地推动了债务货币化的进程。需要注意的是，推动量化宽松的经济体多拥有本位币或储备货币的地位，这种向全球注入流动性的方式势必会导致全球财富的再分配效应。如果资本主义国家要推动再工业化，显然不是低水平的再工业化，而一定是基于新技术革命的再工业化。其原因在于像美国这样的国家不可能以低廉的劳动成本重新夺回制造业的优势，这只能意味着人均收入水平的下降与国家整体的衰退。然而，新技术革命的发生又具有较大不确定性，因此，在第三次工业革命前景尚不明朗的情况下，短期内再工业化不可能成为资本主义摆脱经济危机的优先选择。

即使第三次工业革命能够最终成型，通过技术变革提高了生产效率，按照马克思主义经济学的观点，也无法从根本上消除资本主义的固有矛盾。资本在利润的驱动下，确实有推动技术进步的动机，其原因在于商品的价值是由社会必要劳动时间决定的，如果由于技术进步导致的个别劳动时间缩短，则为单个资本带来超额利润，特别是当新技术还具备垄断性质的时候，还能够实现超额垄断利润。可是，技术的进步也将改变资本的技术构成，进而使资本的有机构成得以提高。当资本有机构成提高时，在剥削率一定的条件下将导致长期利润率下降，这正是资本主义爆发经济危机重要原因之一。历史一再证明，技术进步是无法消除资本主义固有矛盾的。既然第一次工业革命与第二次工业革命都没使资本主义摆脱经济危机的宿命，那么第三次工业革命也同样不能。

众所周知，在资本主义生产关系下，由于资本对于剩余价值的无偿占有，即剥削导致工人的消费无法覆盖全部产品的社会价值，所以就会出现生产过剩的经济危机。而技术进步导致的投资增加，则表现为资本对于劳动的排斥。从社会整体来看，则是加剧相对贫困化的程度。美国的现实也证明了这一点。伴随着美国的去工业化进程，一方面美国工业的劳动生产率，即单位劳动创造的产值在不断上升，另一方面则表现为贫富差距的加大，其基尼系数从 1968 年的 0.386 上升至 2010 年的 0.469。在这一过程中，金融、保险、房地产等服务业成为少数富人赚钱的职业，而包括仓储运输、批发零售、住宿餐饮、社会福利等服务业部门则成为吸纳过剩劳动力的部门，这些人均产值最低的产业部门的就业人数占就业总人数的比例却高达 70%。资本对劳动的排斥，贫富的差距扩大，显然会加大商品价值实现的难度，进而加速经济危机的爆发。

此外，资本主义国家主导的国际经济秩序重构也无法实现真正意义上的经济再平衡。对于美国等国家而言，逆差依然存在，只不过是被其纳入新协议，视为贸易伙伴的国家能够获得了更大的顺差份额而已。因此，只要不改变资本主义生产关系，不消除资本主义的固有矛盾，那么资本主义的历史走向必然还是按照马克思的预言前行，不可能发生根本性的改变。

第二节　当前资本主义逆全球化的成因与结果

一、资本主义逆全球化的含义与表现

（一）逆全球化的含义

资本主义主导的全球化在 2008 年金融危机之后扩张速度逐渐放缓，出现了与经济全球化进程相悖的趋势。2017 年 3 月，国家总理李克强在党的第十二届全国人民代表大会第五次会议上所作的《政府工作报告》[①] 中着重提及了逆全球化，在分析国内外形势时他指出，"世界经济增长低迷态势仍在延续，'逆全球化'思潮和保护主义倾向抬头，主要经济体政策走向及外溢效应变数较大，不稳定不确定因素明显增加"。此后，出现了大量有关逆全球化的研究，但是争议颇大，争议的根源在于对逆全球化的概念界定不清晰，混淆了逆全球化、反全球化和保护主义。关于逆全球化的含义目前主要有以下几类观点：

第一，认为逆全球化只是经济全球化历史中周期性出现的、短暂的趋势，是不可持续的。将逆全球化仅仅理解为经济全球化的中断期或调整期（佟家栋和刘

---

① 中国新华网：http://www.xinhuanet.com//politics/2017lh/2017-03/16/c_ 1120638890.htm.

程，2018①）或者认为逆全球化是全球化的"小退步"，是一种不可持续的暂时性趋势（郑一明和张超颖，2018②；蒋瑛和周俊，2018③）。还有学者认为，经济全球化总体上呈波浪式发展规律，在其演进的整个历史进程中呈现"进两步"或者"退一步"的相反走向，危机之后发达国家出现逆全球化即全球化中出现的"退一步"的趋势（郭强，2013④）。甚至认为逆全球化只是新一轮全球化前期的调整和能量积聚（王虎和袁璇，2018⑤）。或认为逆全球化与全球化是一个硬币的两面，其目的是修正资本主义全球化过程中出现的种种弊端（田行健和江涌，2018⑥）。

第二，将逆全球化等同于贸易保护主义，将之视为一种国家对外经济政策。将逆全球化与贸易保护主义、种族主义升温等同（徐坚，2017⑦）。有学者从"现代化输家"的角度定义和解释逆全球化，认为逆全球化又称"去全球化"，是重新赋权于地方和民族国家层面，与经济全球化中资本、生产和市场的一体化背道而驰（郑春荣，2017⑧）。同样有学者将逆全球化理解为重新赋权于地方与国家的一种思潮，包括重商主义、李斯特的幼稚工业保护论等（董琴，2018⑨）。也有学者将本轮逆全球化视为一种国家主义思想的回归，以反自由贸易和反一体化为特征（陈伟光和郭晴，2017⑩），本质上也是将逆全球化理解为发达国家的一种政策。还有学者认为，逆全球化是从"反全球化"发展而来的概念，反全球化代表体制外的反抗，逆全球化是去全球化执政理念的出现乃至政策的实施，包括英国脱欧，美国特朗普当选总统，意大利修宪公投失败、总理辞职，世界各地民粹主义的崛起（陈伟光和蔡伟宏，2017⑪）。

① 佟家栋，刘程．"逆全球化"的政治经济学分析［J］．经济学动态，2018（7）：19－26.

② 郑一明，张超颖．从马克思主义视角看全球化、反全球化和逆全球化［J］．马克思主义与现实，2018（4）：8－15.

③ 蒋瑛，周俊．习近平新时代对外开放思想与逆全球化挑战的应对［J］．经济学家，2018（9）：5－11.

④ 郭强．逆全球化：资本主义最新动向研究［J］．当代世界与社会主义，2013（4）：16－21.

⑤ 王虎，袁璇．理性看待全球化进程中的逆全球化思潮［J］．财政科学，2018（4）：156－160.

⑥ 田行健，江涌．资本积累视角中的"逆全球化"问题［J］．当代世界与社会主义，2018（6）：135－140.

⑦ 徐坚．逆全球化风潮与全球化的转型发展［J］．国际问题研究，2017（3）：1－15，125.

⑧ 郑春荣．欧盟逆全球化思潮涌动的原因与表现［J］．国际展望，2017，9（1）：34－51，145－146.

⑨ 董琴．"逆全球化"及其新发展对国际经贸的影响与中国策略研究［J］．经济学家，2018（12）：91－98.

⑩ 陈伟光，郭晴．逆全球化机理分析与新型全球化及其治理重塑［J］．南开学报（哲学社会科学版），2017（5）：58－70.

⑪ 陈伟光，蔡伟宏．逆全球化现象的政治经济学分析——基于"双向运动"理论的视角［J］．国际观察，2017（3）：1－19.

第三，认为逆全球化既指国家政策层面的措施，也包括世界经济的实际发展趋势。有学者从国际政治经济学的角度对逆全球化做了界定，认为逆全球化包含两个层面的含义，即经济意义上商品和要素跨国流动额的停滞或倒退和政治意义上阻碍或禁止商品和要素跨国流动的政治进程（孙伊然，2017①）。持同样观点，有学者认为逆全球化的含义也包含两个层面：第一个是政策层面，一些国家的对外经济战略与经济全球化的发展趋势相背离；第二个是世界经济的外在表现，逆全球化的对外经济战略对世界经济产生了实质性的影响，使经济全球化发展进程出现了逆转。这一概念成立的前提是逆全球化政策确实能够影响世界经济的发展趋势（雷达，2018②）。

第四，认为逆全球化是一种确实存在的历史性趋势，"逆全球化是指与经济全球化相背、国际合作和相互依赖逐渐削减的全球性发展趋势"。③ 有学者将逆全球化理解为经济全球化强劲发展势头戛然而止后以贸易保护主义为主要手段的逆转经济全球化的浪潮（何自力，2017④；冯新舟，2018⑤）。持相同观点，有学者认为逆全球化是与全球化相背的一种趋势，并区分了反全球化与逆全球化的不同，前者是批判全球化的思潮以及抗议，反对的是全球化的弊端；后者是一体化趋势的削减，在历史上不止一次出现（唐庆鹏，2017⑥）。同样在对反全球化和逆全球化做了区分的基础上有学者认为逆全球化是一种状态，而反全球化是一种社会运动或思潮（付随鑫，2017⑦）。实际上，西方发达国家的各种形式的保护主义与对要素和资源流动设置的壁垒是逆全球化的手段，致使出现了以贸易放缓为标志的逆全球化（刘洋、纪玉山，2018⑧）。

综上所述，笔者认为逆全球化是在缺乏新的技术创新、世界经济停滞的情况下，发达资本主义国家采取阻碍商品、资本和劳动等自由流动的国际经济政策，使世界各国相互开放、相互联系和相互依赖的一体化削减的趋势。它具有以下几个特点：第一，它是资本主义主导的经济全球化发展的必然趋势，既不是经济全球化的短暂的倒退，也不是对资本主义主导的经济全球化的修复过程；第二，它以贸易保护主义政策、限制移民等为主要推进手段，但不等同于这些政策；第

① 孙伊然.逆全球化的根源与中国的应对选择［J］.浙江学刊，2017（5）：2，5–15.

② 雷达."逆全球化"概念辨析与全球化进程的梳理［J］.世界经济研究，2018（3）：6–8.

③ 吴志成，吴宇.逆全球化的演进及其应对［J］.红旗文稿，2018（3）：32–34.

④ 何自力.中国方案开启经济全球化新阶段［J］.红旗文稿，2017（3）：22–24.

⑤ 冯新舟.经济全球化新形势与中国的战略选择［J］.经济问题，2018（3）：1，6，18.

⑥ 唐庆鹏.逆全球化新动向的政治学分析［J］.当代世界与社会主义，2017（4）：195–202.

⑦ 付随鑫.美国的逆全球化、民粹主义运动及民族主义的复兴［J］.国际关系研究，2017（5）：34–46，152–153.

⑧ 刘洋，纪玉山.从"逆全球化"到"新全球化"：中国发展的战略选择［J］.江苏行政学院学报，2018（3）：61–66.

三，它不同于反全球化，反全球化是以经济全球化进程中非国家经济主体所发动的反对经济全球化的消极面的运动，而逆全球化是以民族国家为主体发动的国家层面的行动而造成的国际经济所发生的实际性的走向或趋势。因此，逆全球化本质也是由资本主义主导的过程，是新自由主义全球化的逆转。

（二）逆全球化的表现

2008 年金融危机之后，世界各国经济普遍陷入停滞状态，凸显并强化了资本主义主导的经济全球化的消极效应。发达资本主义国家视国际经济交往为零和博弈，公然违背多边国际经贸规则，实行保护主义，以恢复本国经济、增加本国工人就业。发达资本主义国家的这些行为造成了世界经济一体化进程停滞，经济全球化逆转。逆全球化主要表现为贸易增速降幅比全球 GDP 增速降幅更大，对外直接投资规模下滑，贸易保护主义升级，贸易壁垒和投资限制增加，全球化治理方式中多边国际协议和机构被双边和区域性组织取代，全球多地右翼政党势力崛起、民粹主义盛行，各国间经济联系和依存度下降。

（1）世界贸易和投资的增长减速。从世界经济的宏观经济指标来看，确实呈现逆全球化的趋势。麦肯锡全球研究所公布的报告显示（见图 9-3），经过二十几年的快速增长，2007 年商品、服务和资本的跨境流动规模达到峰值 30 万亿美元，占全球 GDP 的 53%，此后其跨境流动规模相对于 GDP 的份额逐渐下降，尽管三者跨境流动的绝对规模恢复至危机前的水平，但现在相对份额仅占世界GDP 的 39%。在 20 世纪 80 年代以来的经济全球化阶段，由于跨国公司供应链的扩张，在劳动力成本较低的国家进行生产，商品贸易的增长几乎以世界 GDP 两倍的增速增长，1986 年商品贸易占 GDP 的份额仅为 13.8%，到 2008 年上升为26.6%。但在危机之后，这一趋势发生了转折，商品贸易增长开始慢于世界 GDP增长。包括借贷、对外直接投资、股票和债券投资在内的跨境金融资本流动使各国金融市场一体化，成为连接来自不同国家或地区的借款人和贷款人的桥梁。跨境金融资本从 1980 年占世界 GDP 的 4.1% 上升至 2007 年的 20.7%，但是在此之后跨境金融资本流动下降。David Smick（2012）和 Joshua Cooper Ramo（2012）都将这一趋势视为是经济全球化停滞的标志。David Smick 指出，从世界总出口年增长率下降、多哈回合谈判举步维艰、各国为获得贸易优势导致世界处于货币战争的边缘、危机后金融管制加强导致资本跨境自由流动困难这几个方面来看，从 80 年代以来的经济全球化模式呈现崩溃迹象。Joshua Cooper Ramo 指出，在过去 20 年里，贸易通常以两倍于世界经济总量的速度增长，但是近年来增长放缓，一些领域的贸易增长率甚至低于 GDP 的增长率，并且海外资产投资数量也在下降，未来世界经济将回归内向型经济发展模式。

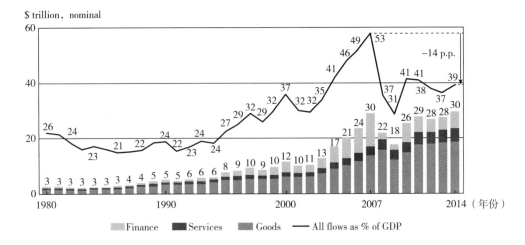

图9-3 1980~2014年全球商品、服务和资本流动

注：Finance 为资本，Services 为服务，Goods 为商品，图中柱状图为三者的名义量（单位：万亿美元）；All flows as % of GDP 为资本、服务和商品流量占 GDP 的比重。

资料来源：UNCTAD；IMF Balance of Payments；World Bank；Mckinsey Global Institute Analysis［R］// Manyika J.，Lund S.，Bughin J.，Woetzel J.，Stamenov K.，Dhingra D. Digital Globalization：The New Era of Global Flows［J］. Report, Mckinsey Global Institute, February 2016（2）：3.

不仅世界经济总体上出现了上述趋势，各国的国际贸易规模也在下降。2017年全球贸易中国外增加值（各国出口中包含的进口商品和服务）占贸易的比重下降至30%，全球价值链增长停滞。2009年世界 GDP 和总出口均为负增长，且后者的降幅更大，增长率分别为 -1.73% 和 -10.16%，且至今未恢复至危机前的水平。图9-4为危机前后世界上规模最大的几个经济体包含商品和服务在内的贸易占 GDP 的比重，这一比重在2008年和2009年大幅下降，巴西、中国、德国、印度、日本和美国比重绝对数值分别降低了 5.1%、12.4%、10.3%、7.0%、9.9% 和 5.2%。除了德国以外，其余各国的比重都始终未能恢复至危机前的水平。除了贸易规模的变化外，发达资本主义国家进行的逆转生产一体化的举动在宏观经济上体现为国外投资规模下降。《2018 年世界投资报告》公布的数据显示，全球跨境投资规模大幅缩减，2017 年全球对外直接投资流量减少23%，从2016 年的 1.87 万亿美元降至 1.43 万亿美元。对外投资收益率持续下降，全球范围内向外国直接投资收益率从 2012 年的 8.1% 下降至 2017 年的 6.7%，危机前 2005~2007 年这一指标的平均值为 9.2%。

（2）发达资本主义国家各种形式的贸易保护主义行为不断增加。发达资本主义的对外经济政策趋向保护主义，成为逆全球化的主要手段。非关税壁垒包括除了关税以外的所有限制贸易的措施，包括进口配额、出口补贴、反倾销、自愿

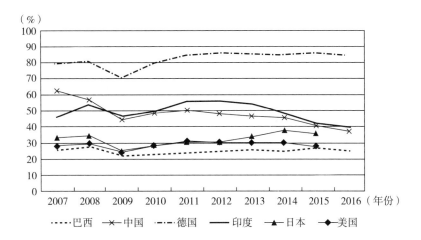

图 9 - 4　2007～2016 年世界几大经济体贸易占 GDP 的比重

资料来源：世界银行 WITS 数据库。

的出口限制、歧视性的公共采购、对外贸易的国家垄断、技术和卫生检疫标准等。Bown C. P.（2009）的调查报告显示，2009 年行业要求的贸易壁垒总量比2008 年高 19.7%；2008 年比 2007 年高 35.0%；2009 年第四季度有 14 个 WTO成员国发起新的贸易救济调查，中国的出口商仍然是首要目标，在可能会导致进口限制的国家层面的调查中超过 70%；2009 年第四季度，根据之前发起的贸易救济调查的结果而新增的进口限制与 2008 年同期相比上升了 35.7%；2009 年整体根据《贸易救济法》而实行的进口限制比 2008 年高 29.5%。根据《关于中美经贸摩擦的事实与中方立场》白皮书中公布的数据可知，美国是实行贸易保护主义的国家代表。第一，美国违背世界市场经济规则，歧视他国商品。美国通过立法在限制购买其他国家商品的同时，还要求政府采购本国产品，如《购买美国产品法案》《农业、农村发展、食品和药品管理及相关机构拨款法案》等。第二，美国频繁利用"国家安全审查"，阻碍外国企业的正常投资活动。在 2008 年发布《外国人合并、收购和接管规则：最终规则》之前的 3 年内，468 起审查外国投资交易案例中只有 8% 需要进入调查阶段，但 2009～2015 年审查的 770 起案例中进入调查阶段的比重达 40%，2018 年《外国投资风险审查现代化法案》代表着外资安全审查的进一步加强。第三，美国为部分企业提供补贴，扭曲了市场竞争。2000～2015 年，联邦政府至少向企业补贴了 680 亿美元，联邦机构向私人部门提供了数千亿美元补助，涉及航空、汽车、计算机和半导体制造、军工、农业多个领域。第四，美国违背世贸组织规则，使用了大量的非关税壁垒，包括卫生和植物检疫以及技术性贸易壁垒，分别有 3004 项和 1574 项，占全球比重达 18%

和 6.6%。第五，美国滥用贸易救济措施，保护本国产业。2008 年以来美国的反倾销和反补贴措施不断增长，截至 2018 年 7 月 17 日共有 44 项。金融危机之后贸易保护主义的大幅增长，使全球贸易一体化进程受阻。

（3）发达国家提出并开始实施再工业化战略，使全球生产一体化进程受阻。去工业化是一国制造业增加值和就业占比持续下降的过程。在世界经济生产一体化不断加强的条件下，发达国家的制造业向外围的发展中国家转移，实现了产业结构向服务业和金融业的升级转型，发生了"去工业化"。在 2008 年金融危机之后，为了恢复经济、增加就业，美国奥巴马政府提出了再工业化战略。再工业化战略旨在通过税收政策调整等方式鼓励美国企业家将制造业就业岗位重新带回美国，要逆转在经济全球化的历史中已经发生的生产一体化进程。为了实现再工业化，美国政府出台了大量的产业政策，包括《重振美国制造业框架》（2009）、《美国制造业促进法案》（2010）、《先进制造业伙伴计划》（2011）、《电网现代化计划》（2011）、《美国清洁能源制造计划》（2013）、《从互联网到机器人——美国机器人路线图》（2013）、《美国人工智能研究与发展战略计划》（2016）等，以加强政府从投资、采购、信贷等多方面对再工业化的支持。同时，为巩固美国已有的技术领先优势，美国长期实行出口管制，2018 年 8 月 13 日签署的《出口管制改革法案》进一步增加了对"新兴和基础技术"的出口限制。此外，为与再工业化的战略相配合，特朗普政府意图通过以征收惩罚性"边界税"为威胁，迫使美国公司的投资回流。

（4）英国脱欧使欧洲经济一体化和经济全球化进程受阻。2008 年金融危机之后，欧盟各国为了刺激经济，采取了积极的财政政策，使原本因高福利、低盈余财政而形成的政府公共债务水平不断攀升，逐渐超过了政府的承受能力，引发违约风险。2009 年 12 月，随着三大评级机构下调希腊主权信用评级，欧洲主权债务危机率先在希腊爆发，主权债务问题在希腊凸显，并于 2010 年 3 月开始向葡萄牙、意大利、爱尔兰、意大利等国蔓延。"欧债危机"造成欧盟主要成员国的经济衰退。2010 年 5 月，欧盟批准了 7500 亿欧元用于援助希腊，2011 年又向希腊提供了 1090 亿欧元贷款，这些巨额的援助使作为欧盟第二大经济体的英国承担了巨大的风险。同时，在 2010 年底爆发阿拉伯之春后，来自西亚和北非到欧洲避难的难民数量不断激增，给欧洲造成了严重的社会和经济危机。面对欧债危机和欧洲难民危机，英国认为继续留在欧盟要承担的责任大于可获得的利益，极力想要脱离欧盟，以避免其他国家的问题通过欧盟传导机制传递给英国。2016 年，英国就是否保留欧盟成员国的身份举行公投，以 51.9% 的支持率促成了《退出欧盟法案》。根据该法案，英国将于 2019 年 3 月退出欧盟，英国作为欧盟创始成员国之一的退出使欧洲经济一体化遭受重创，再次引发了英格兰是否留在英国的问题，并刺激了疑欧主义的抬头。

（5）美国退出多边国际协定或组织，强化单边主义，使全球制度一体化进程受阻。美国总统特朗普上任后先后推翻与加拿大、欧盟等传统盟友的贸易协定，并于 2018 年 1 月签署行政命令退出跨太平洋伙伴关系协定（TPP），表示要通过更公平的双边贸易协定使制造业和工作机会重返美国。随后又接连退出联合国教科文组织、联合国人权理事会等多个国际组织以及巴黎气候协定，要求对包括北美自由贸易协定在内的多边或双边自由贸易协定重新谈判，单方面发起针对中国的贸易战。美国无视以 WTO 为核心的多边贸易体制，公然违背世贸规则，以美国国内法为依据，以保护美国产业和知识产权为由，发起"232 调查"①"201 调查"② 和"301 调查"③，并且在调查中选择性使用证据材料，在调查后又非法使用惩罚性高关税，严重违反了世贸组织规则。美国的这些单边主义行为对世贸组织成员国造成了损害，威胁了包括多边贸易体制在内的国际贸易秩序。

二、资本主义逆全球化的成因

（一）逆全球化的根本成因

逆全球化的根本成因是经济全球化的资本主义性质。资本主义主导的经济全球化导致资本主义的内在矛盾不断加剧，包括资本和劳动之间的矛盾，发达国家与发展中国家之间的矛盾。资本主义主导的经济全球化的内在缺陷在金融危机之后得到了不断强化。

首先，资本主义主导的经济全球化是在私人资本增殖逻辑下进行的。世界历史的形成总是与特定的生产方式联系在一起，是资产阶级开拓世界市场、扩大世界贸易的结果，经济全球化本质是资本的全球化。马克思指出："一旦资本主义制度的一般基础奠定下来，在积累过程中就一定会出现一个时刻，那时社会劳动生产率的发展成为积累的最强有力的杠杆。"④ 私人资本通过技术创新提高劳动生产率，降低个别价值，当它以低于社会价值但高于个别价值的价格出售商品时可获得超额利润。马克思主义经济学家曼德尔认为当超额利润不再是来源于地域性差异，而是来源于部门间和企业间的差异时，通过技术革新来获取技术最初应用时的"技术租金"就成了资本增殖的主要途径。对超额利润的追求是资本不断进行技术创新、寻求新市场的动机。正是在这一私人资本增殖逻辑之下，资本主义生产方式促进了生产力的发展、推动了经济全球化。然而，技术进步迟缓、

---

① 依据美国《1962 年贸易扩展法》第 232 条款规定，以"国家安全"为由进行的调查。
② 依据美国《1974 年贸易法》第 201～204 条款进行的调查。
③ 依据美国《1974 年贸易法》第 301 条款进行的调查。
④ 马克思. 资本论（第 1 卷）［M］. 北京：人民出版社，1975.

缺乏关键性的技术创新使私人资本增殖逻辑不能继续发挥作用，西方发达国家难以摆脱金融危机之后经济停滞常态化局面，丧失全球经济治理能力。O'Hara（2003）① 将全球性新自由主义阶段视为长期衰退阶段，这一积累体制包含会倒向危机的各种趋势。金融和经济危机的全球化，使旧有的、通过经济全球化来克服资本增殖矛盾的机制难以发挥作用，导致发达资本主义国家陷入经济停滞常态化。

在全球性的新自由主义的经济全球化阶段，资本主义国家之间的矛盾变为因国家"去工业化"而逐渐停滞的老牌发达国家与新兴工业化的发展中国家之间的矛盾。2008 年金融危机之后，发达资本主义国家的经济停滞常态化进一步激化了这一矛盾，该矛盾促使以英国和美国为首的发达国家采取逆全球化的手段，意图继续采取遏制落后国家发展的手段为本国在国际经济中争取更多的利益。一方面，通过加强对知识产权的限制，在维持本国在高端制造业领域的优势的同时遏制后发国家的技术赶超，另一方面，通过双边贸易政策取代单边的贸易政策为本国的产品赢得更大的国际市场，以此促进本国资本的增值，拉动经济增长和就业。Jagdish Sheth（2017）② 指出，国际贸易具有二重性：一方面为消费者提供了廉价的商品，另一方面却造成就业岗位减少和工资停滞，此时工人阶级对经济全球化越来越不满，对保护主义的呼声不断增长。退出 TPP 表明美国政策从构建贸易伙伴关系向吸引国外投资的转变。在美国退出 TPP 之后，这一贸易协定能够按照预想方式继续运行的可能性较小，但是其成员国与美国之间依然有很强的双边关系，从多边协定向双边协定的转化增强了美国在贸易中的谈判力。

其次，资本主义主导的经济全球化缺乏缓解发达资本主义国家国内经济矛盾的配套机制。Michael Spence（2011）③ 分析了经济全球化对发达国家的收入和就业产生的负面影响，他指出，在全球经济一体化过程中，新兴市场国家相对于发达国家的重要性不断上升，在价值链上的地位不断提高，越来越多地生产高附加值的产品，在半导体的设计与制造、信息技术服务等领域与美国形成了竞争格局。价值链的结构变化改变了就业和收入的全球分配格局，使美国的就业机会从贸易部门向非贸易部门转移，虽然制造业价值链顶端的就业仍然保留在美国。就业岗位的流失一方面是由于新的劳动节约型技术的使用，另一方面，更重要的是

① O'Hara, Phillip Anthony. Deep Recession and Financial Instability or a New Long Wave of Economic Growth for US Capitalism? A Regulation School Approach ［J］. Review of Radical Political Economics, 2003, 35 （1）: 8 – 43.

② Sheth, Jagdish. The Global Impact of Changes in US Trade Policy ［J］. Asia Management Insights, 2017, 4（1）: 82.

③ Spence, Michael. The Impact of Globalization on Income and Employment: the Downside of Integrating Markets ［J］. Foreign Aff, 2011（90）: 28.

低附加值的生产向海外的转移。价值链的结构变化导致美国的就业和收入的分化趋势不断加剧，教育水平较高的工人就业机会更多，但教育水平较低的工人就业机会减少、工资停滞。在收入两极分化情况下，特朗普政府为转移国内矛盾，用大卫·科茨所称的"极权右翼国家主义"① 煽动和支配选民，把矛头指向种族、移民问题，并肤浅地将国内失业问题归咎于现行的国际经济组织规则，认为已签订的多边贸易协定对美国不公平，让美国承担了更多的国际责任，最终使美国失去了制造业产业及就业岗位。2017 年 1 月，特朗普签署退出 TPP 的行政命令，并表示政府会降低对公司的限制和税收，但是对将工厂迁往美国以外的公司征收"边界税"。与此同时，美国政府与其传统盟友重启双边谈判，以达成对美国更有利的协定。

最后，资本主义主导的经济全球化以世界经济的不平衡发展为特征。无论是在世界市场形成阶段、两个平行市场阶段，还是在经济全球化阶段，资本增殖逻辑下的世界市场都以不平衡发展为特征，发达国家的资本创造、利用并维持着这种不平衡。在世界市场形成阶段，发达国家和殖民地之间在武器制造、航海技术等方面实力悬殊，发达国家通过暴力掠夺完成了资本原始积累，并利用外围国家低廉的劳动力生产原材料，为中心国家的资本增殖服务，同时限制外围国家内部市场的发展和渐趋工业化，造成外围对中心依附的持续和强化。在两个市场平行阶段，发达与不发达的并列形式变为发达国家通过半自动化过程生产机器和车辆，不发达国家购买发达国家的机器设备进行消费品的工业化生产。在经济全球化阶段，发达国家的资本通过对外直接投资直接攫取发展中国家的剩余价值，将低端的劳动密集型制造业转移到发展中国家，通过掌控核心技术在全球价值链中获得最大的份额。全球性新自由主义政策的推进通过强化不平等交换为国际垄断资本增殖提供了巨大的空间。在全球生产网络中，区域价值生产和区域价值分配不同，贸易是使两者分离的一种途径。② 不平等交换是区域价值生产与区域价值分配脱节的表现。③ 最初提出该理论的沃勒斯坦（1988）认为，在国际交换中，资本可以自由流动，而劳动力存在市场分割，发达国家和发展中国家之间工资差别造成剩余价值率差别而形成狭义上的不平等交换。④ 也有学者根据劳动价值论，认为商品是按照利润率平均化之后的生产价格为基础进行交换，因而发达国

---

① Kotz，David M. Economic Crisis，Authoritarian Right – Wing Nationalism，and Transformation of the State ［J］. Thirteenth Annual Forum of the World Association for Political Economy in Berlin，2018（7）：16 – 18.

② Henderson，Jeffrey，et al. Global Production Networks and the Analysis of Economic Development ［J］. Review of international political economy，2002，9（3）：436 –464.

③ Harvey，David. The Limits to Capital（new and fully updated edition）［M］. New York：Verso，2006.

④ 伊曼纽尔. 不平等交换：对帝国主义贸易的研究 ［M］. 北京：中国对外经济贸易出版社，1988.

家和发展中国家之间会因为资本有机构成不同形成不平等交换。[1] 价值转移作为国际不平等交换发展的现象，表明自由贸易会推动国际资本积聚和集中，会强化而不是弱化国家间的不平等。[2] 资本积聚和集中促成了少数跨国垄断企业和众多小生产者并存的二元结构：垄断企业通过价格操纵、剥削穷国劳动力、控制战略性资源等方式获得超额利润，将剩余价值从外围向中心国家转移。[3] 根据 Ricci (2018)[4] 的计算，1995～2007 年，发展中国家和新兴经济体向核心资本主义国家的价值转移，从 453 万亿美元上升至 865 万亿美元，占世界增加值的比重由 1.8% 上升至 1.9%；北美、欧元区北部国家、北欧和东北亚国家一直有价值净流入，而东欧、拉丁美洲、中国、印度和其他亚洲国家则一直处于价值净流出状态，约占其国内增加值的 10%～20%。

因此，全球性新自由主义政策的推行、发达和不发达国家之间不平等交换的加剧造成发达国家和不发达国家之间收入差距的扩大。经验证据表明，1980～2009 年全球收入绝对不平等状况加剧[5]；1988～2005 年国家间收入不平等大于国内收入不平等，并解释了整体收入不平等的大部分，约占 64%～81%[6]；21 世纪超过 80% 的全球收入差距是由国家间平均收入差异造成的，地理位置成为决定个人收入的最重要因素，解释了一半的全球收入差异。[7] 第三世界国家的贫困人口不降反升，艾滋病等疾病重新肆虐（由于对西方知识产权保护的加强，药品变得更为昂贵），金融动荡（如 20 世纪 80 年代拉丁美洲的债务危机和 1997 年东亚金融危机）和社会动荡（如实行"休克疗法"后的俄罗斯）。[8] 旧国际经济秩序下全球经济发展具有不均衡性，而资本增殖也正是要利用这种不均衡性。20 世纪 80 年代以来的经济全球化在新兴工业化国家加入后进入新阶段。随着发展中

① Bauer O. The Question of Nationalities and Social Democracy [M]. Minnesota：Uinversity of Minnesota Press，2000；Grossmann H. The Law of Accumulation and Breakdown of the Capitalist System. Pluto，1992.

② Shaikh，Anwar. Foreign Trade and the Law of Value：Part I [J]. Science & Society，1979：281－302；Shaikh，Anwar. Foreign Trade and the Law of Value：Part II [J]. Science & Society，1980：27－57.

③ Higginbottom，Andy. Imperialist Rent in Practice and Theory [J]. Globalizations，2014，11（1）：23－33.

④ Ricci，Andrea. Unequal Exchange in the Age of Globalization [J]. Review of Radical Political Economics，2018.

⑤ Bosmans，Kristof，Koen Decancq，André Decoster. The Relativity of Decreasing Inequality Between Countries [J]. Economica，2014，81（322）：276－292.

⑥ Anand，Sudhir，Paul Segal. The Global Distribution of Income [M]. Handbook of Income Distribution，Vol. 2. Elsevier，2015.

⑦ Milanovic，Branko. Global Inequality：From Class to Kocation，from Proletarians to Migrants. Global Policy 3.2（2012）：125－134；Milanovic，Branko. "Global Inequality of Opportunity：How Much of our Income is Determined by where we Live?" Review of Economics and Statistics，2015，97（2）：452－460.

⑧ 约瑟夫·斯蒂格利茨. 全球化及其不满 [M]. 北京：机械工业出版社，2010.

国家的工业化，旧的不平衡的世界经济结构发生着改变，发展中国家民族资本的崛起对发达国家的垄断资本造成了威胁。这样一来，在中国和其他新兴经济体制造业转型升级的威胁之下，美国旨在通过逆全球化维护不均衡的国际经济旧秩序，以保持美国在全球价值链高端领域的利益。①

在技术进步迟缓的背景下，通过技术创新获得超额利润的私人资本增殖逻辑不能继续发挥刺激经济增长的作用，发达资本主义国家普遍经济停滞，丧失主导经济全球化的能力；在私人资本增殖逻辑下，制造业产业转移，发达国家内部两极分化加剧，矛盾激化；在私人资本增殖逻辑下，世界经济以发达国家和发展中国家间的不平衡增长为特征。这些私人资本主导下经济全球化的内在缺陷在金融危机之后不断强化，但美国却将资本主义制度内在矛盾所引发的、在全球性新自由主义制度框架下不断恶化的经济复苏困难、收入两极分化问题，归咎于经济全球化条件下中国等国家对制造业生产及就业岗位的抢夺，以转移和缓解国内资产阶级和无产阶级之间的矛盾。

（二）逆全球化的直接成因

目前所形成的国际分工体系都是在有利于私人垄断资本增殖的要求下建立的，经济全球化仍然符合私人垄断资本的私人利益要求。国际私人垄断资本一方面通过传统的参与实际生产过程的方式剥削本国的和外国的劳动者，获得其所生产的剩余价值；另一方面还通过对全球价值链关键环节的垄断从本国和发展中国家的非垄断企业转移剩余价值，获得垄断利润。因此，发达资本主义国家的政府所推行的逆全球化的国际经济政策并不符合垄断资本的私人利益。同时，资本主义的国家和政府代表的是资产阶级的利益诉求，由这一本质决定了其并不会真正从劳动者的利益诉求出发去行动。那么，逆全球化的产生原因只能从私人垄断资本的个人利益与社会利益之间的矛盾中去寻找。

在垄断资本主义条件下，私人垄断资本形成了对社会生产和生活方方面面的控制，包括经济全球化的推进方式也是要满足私人垄断资本的增殖要求的，以上所列的经济全球化的负面效应在金融危机之后的强化也是由于私人垄断资本的增殖逻辑而形成的。在私人资本垄断之下，通过削弱价格竞争，垄断资本获得了高额的利润，巴兰和斯维奇认为这增加了资本主义社会的经济剩余，剩余的吸收问题塑造着垄断资本主义社会。在这一社会中国家起着特殊的作用，巴兰和斯维奇（1977）对垄断资本主义社会中国家的作用进行了分析。他们指出，首先，国家作为资产阶级共同事务的委员会的一项重要事务就是确保各部门不能获利太多，也不能获利太少。"在垄断资本主义下，国家有责任尽可能保证，在有特殊情况

① 杨圣明，王茜. 马克思世界市场理论及其现实意义——兼论"逆全球化"思潮的谬误［J］. 经济研究，2018，53（6）：52-66.

的实业部门中，使价格和利润边际纳入在巨型公司一般情况下所通行的范围以内。"① 流入电力等公用事业等自然垄断行业的利润过高会损害消费者和其他资本家的利益，而采掘业和农业等竞争性行业的利润过低会损害政治上重要的集团的利益。于是产生了计划和机构以保护投资者的利益，"在垄断资本主义下，国家的职能就是为垄断资本的利益服务"。② 其次，政府通过民用支出可以创造有效需求，吸收剩余，刺激经济，但是由于资本主义的民主制度政治权力的实际来源是金钱，在垄断资本主义条件下，政治权力由大公司掌控，因此政府民用支出会与私人垄断集团产生某种形式的竞争，或者威胁资本主义阶级结构的稳定，这都不符合寡头统治集团的利益，从而政府民用支出很快会达到不会招致私人资本强烈反对的上限。最后，政府的军事支出有助于维持国家在国际等级制度中的地位，并防止社会主义的扩张，这是符合私人寡头垄断资本的利益的。一方面，政府建立的军事机构不但不会与私人寡头垄断资本相竞争，甚至会成为其产品的理想购买者，并且会保持寡头集团的道德权威和物质地位；另一方面，满足私人垄断资本对社会主义反对的需要。私人垄断资本之所以反对社会主义，不在于社会主义的扩张会减少贸易，而是会减少跨国公司的投资机会，在社会主义条件下，私人寡头垄断资本有被国有化并失去市场的风险，巨型跨国公司需要的是愿意调整国家的法律和政策以适应其要求的同盟者和依附国。此外，这种军事需要还会增加劳动者的就业和收入。因此，军事支出不像民用支出那样招致强烈的反对，成为吸收垄断资本主义条件下不断增加的剩余一种重要方式。可见，国家在垄断资本主义条件下的剩余生产和吸收中发挥着重要的作用，但这并不是从民众合理的必要的需求出发，而是从私人垄断资本利益出发。这导致了一方面是私人垄断资本在经济全球化中获得了巨额的利润，另一方面却是实际创造价值的劳动者的基本生存需求无法得到满足，体现了垄断资本主义生产关系和不断社会化的生产力之间的矛盾。

经济全球化始终符合私人垄断资本的利益，反全球化的力量始终存在于经济全球化的整个过程中。但是，在2008年金融危机之后，资本主义的矛盾不断激化，反全球化的力量越来越成为不可被忽视的经济主体和政治力量。私人垄断资本在全球经济中的自由流动、自由地选择有利于自身增殖的特点损害了本国劳动阶级的利益。本国资产阶级与劳动阶级之间的矛盾冲突在经济全球化的条件下不可能通过市场机制的调节来实现，因此，从资本主义国家整体的利益出发，需要由国家将这一在金融危机之后不断激化的冲突限制在必要的范围之内。马克思、

---

①② 保罗·巴兰，保罗·斯维奇. 垄断资本［M］. 北京：商务印书馆，1977.

恩格斯指出，"现代的国家政权只不过是管理整个资产阶级共同事务的委员会罢了"。① 国家的这一性质在资本主义从自由竞争过渡到垄断阶段之后也始终没有发生改变，不同历史时期发生变化的是国家从资产阶级整体的利益出发，为了维护其统治基础而采取的不同政策和不同的行为方式，如在大萧条时期的"大政府"以及在新自由主义时期的"小政府"。具体到 2008 年金融危机之后在国际经济领域的国家政策，包括从奥巴马政府时期就已经开始的"再工业化"的战略，以及特朗普政府时期相对激进的逆全球化的对外经济政策，是国家对私人垄断资本的对外投资行为进行干预的开始，是当反全球化的力量强大到开始威胁到资产阶级的统治基础时，国家为了维护社会利益而对劳动阶级的利益的一种有条件的关切。但是，由国家根本性质决定的资本主义政府为了迎合国内经济全球化的利益受损者的诉求采取的逆全球化的国际政策并不会从根本上改变私人垄断资本的性质，更不是要改变垄断资本主义社会的生产关系。可见，从本质上看，逆全球化只是在保证私人垄断资本利益的基础之上，为了维护共同的统治基础而对经济全球化中受损的劳工群体的一种让步，劳资关系的和谐可以保证资本有良好的增殖环境。从目前发达资本主义国家的逆全球化政策来看，无论是英国脱欧，还是美国政府采取的一系列"退群"行为和针对中国的贸易战，都是从有利于资本主义整体与根本利益出发做出的选择，意图维护本国的私人垄断资本在国际经济交往中的垄断地位。特朗普政府发起针对中国的贸易战的目的在于让资金回流美国、增加就业，遏制中国技术赶超，迫使中国开放，尤其是在货币金融领域。② 美国作为世界经济体系中的核心国家所推动的逆全球化本质上是通过改变国际规则维持现有的不平衡的世界经济结构，通过遏制中国在政府主导下发展高新制造业维持本国在全球生产链高端的地位。

三、资本主义逆全球化的结果

（一）加剧发达国家的经济停滞常态化

对发达国家而言，逆全球化并不会使其打破经济停滞常态化，也不会增加就业、提高工人阶级的实际收入水平。经济全球化符合资本增殖需要，逆全球化不利于缓解发达国家内部资本盈利能力危机，违背资本的利益。资本的本质是世界性的，世界市场作为最大的市场，为发达资本主义国家的商品资本的价值实现提供了需求，为其生产资本生产剩余价值提供了廉价劳动力，为其游离出的过剩货

① 马克思，恩格斯．共产党宣言［J］//马克思，恩格斯．马克思恩格斯文集（第 2 卷）［M］．北京：人民出版社，2009.
② 李晓．中美贸易失衡与特朗普发动贸易战的目的［J］．南开学报（哲学社会科学版），2018（3）：5-8.

币资本提供了新的投资领域。1948～1987 年，美国制造业利润率下降超过了 30%（Thomas，1991），通过将制造业转移至劳动力成本和原材料成本较低的发展中国家，缓解了资本增殖的危机。因此，通过保护主义等方式使制造业和就业岗位回流就要迫使资本改变追求剩余价值最大化的本质，就会使资本增殖受损，是不能赢得资产阶级的广泛支持的，这一点体现在总统大选和贸易战中特朗普政府几乎没有获得美国资产阶级的支持。但是从资产阶级整体利益的角度看，这是国家为了缓和经济全球化条件下不断加剧的国内矛盾而实行的保护主义政策。由于不是从根本上改变资本主义生产方式，因此也就不能从根本上解决导致国内矛盾不断激化的经济停滞常态化，反而会进一步加剧发达资本主义国家的经济停滞。

其一，发达国家产业结构的高级化——经济服务化和金融化——依赖于经济全球化。根据马克思的劳动价值论和剩余价值论，只有生产性劳动才是创造价值，为资本家无偿带来剩余价值的劳动。在发达国家产业结构中占主导地位的服务业中，除了与物质产品生产相关的服务之外的服务业部门的劳动都不创造价值，只是从物质产品生产部门和与物质产品生产相关的服务业部门转移价值。价值是一国财富积累的源泉。服务业化和金融化发达国家的内部缺少价值形成的来源，那么价值只能来源于外部进行生产性活动的发展中国家。此时发展中国家的制造业及其相关的服务业通过国际贸易而进行的不平等交换——向发达国家转移的价值就对发达国家的经济服务化和金融化形成了"价值支撑"。不可能既要改变国际分工格局，又要保留从发展中国家向发达国家的价值流动。逆全球化要改变国际分工格局，使制造业重新回归本国，只有同时舍弃从发展中国家转移的价值。这意味着新创造的价值并不会增加，只是生产剩余价值的主体从发展中国家的工人变为发达国家的工人，因而短期内并不会为本国带来经济增长。反而在长期，由于发达国家的工资成本要高于发展中国家的工资成本，导致剩余价值的相对份额下降，影响本国的资本积累。更重要的是，改变国际分工结构的同时也是切断与世界市场的经济联系的过程，影响本国生产的制造业产品的价值实现，以及在国际贸易中处于优势地位的服务业的发展，因此并不会改善贸易收支。

其二，发达国家的高增加值化——占据全球价值链的高端依赖于经济全球化。在经济全球化条件下，生产社会化表现为一个商品的全部生产环节被不断地碎片化和局部化，分布于世界上不同的国家和地区。发达国家的私人垄断资本以跨国公司作为垄断组织形式整合全球价值链，控制其中的关键生产环节和关键性的技术，获得全部增加值链中最大的一部分，实现了产业的高增加值化①。其生产从高加工度化向高增加值化的转变离不开由发展中国家所从事的中间产品生产。若发达国家的关税保护引起了对方国家相应的报复行为，则会对在国际商品贸易中占据越来越大份额的中间产品的进口和出口产生不良的影响，影响中间商的成本计算和处于全球价值链高端的发达国家的价值获取。

其三，发达国家的劳动力再生产——降低劳动力商品价值——依赖于经济全球化。若要降低劳动力价值在新增加价值中所占的份额，提高剩余价值率，可以通过延长劳动者进行无偿劳动时间的方式，这是绝对剩余价值生产；也可以通过相对缩小必要劳动时间的方式，这是相对剩余价值生产。资本主义生产方式下相对剩余价值生产逐渐取代了绝对剩余价值生产，这是资本主义生产关系与不断发展的生产力不断适应的结果。而缩短必要劳动时间，降低劳动力的价值，既可以通过促进生产劳动力再生产所必需的商品的产业生产力的发展，也可以通过直接购买发展中国家的廉价消费品。经济全球化条件下，后一种成为降低发达国家劳动力商品价值的主要途径。发达国家要通过逆全球化扭转生产全球化，使制造业及其就业回归本国，但是保护主义的行为会引起对方国家相应的保护行为，会导致本国劳动者所必需的消费品的价格上升，降低工人的实际工资水平。并且由于逆转生产全球化只是将为资本生产剩余价值的劳动者变为本国劳动者，并不会改变资本和劳动之间剥削和被剥削的关系，因而不会改变资本和劳动之间的矛盾，也不会提高工人的工资水平，进而改变收入两极分化的趋势。

为了刺激经济，发达资本主义国家政府采取了大规模的减税政策，但是从美国减税的历史来看（包括小布什政府、奥巴马政府和特朗普政府时期），收入越高的人群的减税幅度越大，并不会缓和由于私人垄断资本主导经济全球化而不断激化的资本和劳动之间的矛盾，改善收入两极分化。从21世纪开始的减税使联邦政府的收入减少了数万亿美元，但减税的收益是不均衡的。从图9-5可以看出，在美国政府所推行的减税政策中，收入最高的20%收入组得到的好处最大，其中收入最高的1%收入组获得了全部税收削减的22%，收入次高的4%收入组获得了16%，收入在其次的15%收入组获得了27%。相反，收入最低的20%收入组仅仅获得了全部税收削减的3%。表9-2为2001～2018年按照收入水平划分的不同人群所获的税收减免在全部税收减免中所占的比重。收入最高的20%收入人群在减税中所获得的好处最大，因此，减税政策只会加剧收入两极分化，

①　高增加值化和高加工度化是产业组织理论中的基本概念。高增加值化是指增加值在总产出中所占的份额较高，意味着利润、工资和利息之和较高；高加工度化是指中间投入合计在总产出中所占的份额较高，意味着该国承担了较多的产品生产的中间环节，但所获得的要素收入较少。从高加工度化向高增加值化的转变是一国产业升级转型的内容之一。

与收入两极分化相关联的有效需求不足和巨额家庭债务的问题不会得到解决。同时，由于减税减少了政府的收入，从而政府的财政赤字及巨额的政府债务问题也不会得到解决。由于在私人垄断资本主导之下的技术创新缓慢的机制不可能在短期内得到改变，因此，其技术创新能力在短期和长期都不能得到根本性的改变。

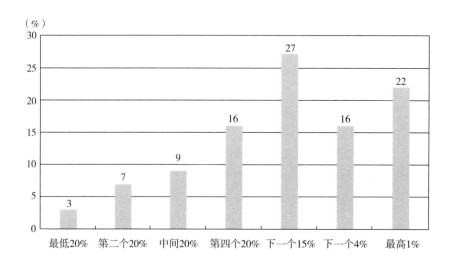

图 9 - 5 2001～2018 年联邦削减的税收流向

资料来源：ITEP Analysis. 网址：https：//itep.org/federal - tax - cuts - in - the - bush - obama - and - trump - years/. Figure 1.

表 9 - 2 从 2001～2018 年按照收入组划分的美国税收削减　　　　　　单位：%

年份＼份额	最低 20%	第二个 20%	中间 20%	第四个 20%	下一个 15%	下一个 4%	最高 1%	合计
2001	2.3	11.6	17.9	26.0	25.6	9.4	7.1	100
2002	1.8	9.4	14.3	20.8	22.4	11.6	19.8	100
2003	0.8	5.2	9.5	16.4	26.8	14.4	26.8	100
2004	0.9	5.2	8.9	15.1	25.1	13.9	30.9	100
2005	0.9	5.3	8.9	14.9	25.0	13.4	31.6	100
2006	0.9	4.9	8.2	14.1	24.1	14.0	33.8	100
2007	0.9	4.7	7.9	13.7	23.8	15.0	34.0	100
2008	1.0	5.0	8.4	14.4	25.0	15.7	31.7	100
2009	4.9	9.1	11.5	16.7	23.4	11.9	24.1	100

续表

份额 年份	最低20%	第二个 20%	中间 20%	第四个 20%	下一个 15%	下一个 4%	最高 1%	合计
2010	4.2	7.6	9.7	14.3	21.4	12.2	31.9	100
2011	3.2	7.1	10.1	16.7	25.8	13.7	23.3	100
2012	3.0	6.7	9.6	16.4	25.9	14.1	24.2	100
2013	3.7	7.7	9.7	16.7	30.8	19.2	12.2	100
2014	3.7	7.4	9.4	17.2	31.5	19.2	11.4	100
2015	3.6	7.2	9.1	17.6	31.9	19.3	11.4	100
2016	3.6	7.0	8.9	17.7	31.8	18.9	12.0	100
2017	3.6	6.9	8.7	18.1	32.1	19.0	11.6	100
2018	2.7	5.6	9.0	17.8	27.0	19.9	18.0	100
2001~2018	2.8	6.6	9.4	16.5	26.9	16.0	21.9	100

资料来源：Institute on Taxation and Economic Policy［EB/OL］. https：//itep. org/federal - tax - cuts - in - the - bush - obama - and - trump - years/，2018 - 07.

因此，特朗普政府通过财政补贴或者减税方式提高资本的利润率在长期看来是不可行的，会造成国内经济矛盾进一步激化。《减税与就业法案》在2017年12月22日由特朗普签署生效。美国公共债务占GDP的比重已经从2000年的33.6%上升至2016年的76.75%[①]，这无疑会加重政府公共财政的负担，并进一步造成收入两极分化恶化，继续激化社会矛盾。即使在主权货币体系下，美国作为主权国家可以通过创造货币的方式进行支出而不造成财政破产和债务违约，并可以在一定程度上刺激总需求，但无法从根本上改变美国经济的结构性问题，包括财政保守主义、收入两极分化和对外贸易逆差等，并且为维持财政平衡，特朗普政府大幅削减科研预算，对长远经济发展不利（贾根良、何增平，2017）。另外，过高的公共债务会削减本已在衰减的美元霸权，触动美国最核心的国家利益。

因此，与逆全球化相关的对外和对内经济政策的推行并不会改变发达资本主义国家经济停滞常态化的局面，逆全球化反而会进一步加剧资本和劳动之间的矛盾，资本和国家之间的矛盾。

（二）阻碍发展中国家的工业化和现代化

对发展中国家而言，逆全球化不利于发展中国家借助经济全球化实现国家工

---

① BVD - EIU Country Data。

业化和现代化，减少绝对和相对贫困。

其一，发展中国家的工业化——从初级产业占主导向工业占主导的产业升级依赖于经济全球化。由于历史原因，发展中国家开始是作为殖民地或半殖民地，以满足发达国家财富积累的需要而存在的，而后形成了依赖于发达国家的较现代的以农业和采矿业为主的出口部门和其他弱小落后的非出口部门并存的二元经济结构，这是其经济增长和发展的起点。通过参与到经济全球化的进程中，发展中国家承接了发达国家转移的低端制造业，实现了国家的初步工业化，获得了本国所稀缺的机器设备和先进的生产技术，以及生产所需要的资金和先进的组织形式，逐步走上了独立自主的经济增长和发展道路。逆全球化将减缓甚至打断发展中国家的产业升级进程，使发展中国家难以获得先进的技术、设备以及资金。在中美贸易战中，美国商务部对中国中兴通讯股份有限公司禁售芯片，直接导致了中兴通讯股份有限公司运营的瘫痪，带来了难以计量的经济损失。

其二，发展中国家的产品价值实现——主要是工业制成品——依赖于经济全球化。由发展中国家的具有依附性的经济特点决定了其出口导向型的经济，一方面其产品生产的最初导向为满足发达国家的需要，另一方面国内工人的收入水平较低，不能形成有效的购买力，造成发展中国家内部无法吸收其生产的工业制成品，实现产品的价值。逆全球化将使发展中国家形成的经济剩余无法被吸收，如果发展中国家不能充分刺激国内市场的需求，将面临经济停滞或倒退的局面。

（三）阻碍世界经济整体的健康发展

（1）从人类整体利益出发，逆全球化会导致生产社会化进程的停滞，造成无产阶级之间无法形成世界范围内的联合。其一，经济全球化条件下的生产社会化促进了人类生产力的空前发展，实现了全球范围内资源的整合和优化。逆全球化会中断由生产力发展要求所产生的生产社会化和分工专业化的过程，阻碍社会生产力的发展。其二，马克思、恩格斯认为世界历史的形成为共产主义创造了历史的前提。一方面，由资本主义生产方式所推动的生产社会化促进了社会生产力的发展，是实现社会主义和共产主义的物质基础；另一方面，世界历史的形成使世界范围内形成了资产阶级和无产阶级的对立，无产阶级只有形成世界范围内的联合才能形成最有利于革命的力量。发达资本主义国家和政府用发达国家和发展中国家之间的矛盾掩盖了资本和劳动之间的矛盾，通过逆全球化强化了民族国家的观念，弱化了无产阶级的国际观，阻碍了无产阶级的世界性的联合，从而阻碍了社会主义和共产主义最终目标的实现。

（2）逆全球化将加剧国与国之间的矛盾，贸易战可能演化为货币战，甚至是更大范围的经济战、军事冲突。资本主义主导的经济全球化尽管呈现世界经济结构不平衡发展的特征，但是也有很多发展中国家通过参与到经济全球化实现了国家工业化和现代化，因此在某种意义上经济全球化是各国实现和谐相处的经济基础所在。一旦发达资本主义国家实行逆全球化的、本国优先的对外经济战略，会打破国家之间和谐共处的共同的利益基础，当发达国家无法通过贸易战达到自身的目的时，可能会采取更激进的手段，包括货币战等，造成国际经济彻底失序，进一步可能会发展成为军事战争。在第一次世界大战和二战期间各国采取"以邻为壑"的对外贸易政策同样加剧了民族国家之间的矛盾。

因此，逆全球化并不会解决资本主义所固有的内在缺陷，反而会进一步激化资本与劳动之间的矛盾和民族国家之间的矛盾，阻碍生产社会化的发展。生产力的发展和私人垄断资本增殖的相互促进是资本主义制度得以长久繁荣的基础。逆全球化一方面破坏了生产社会化，不能对生产力发展起到促进作用，另一方面，从维护资本主义生产关系的角度出发却损害了资本主义制度实际统治阶级的利益。逆全球化的这一矛盾说明资本主义国家对于经济全球化处于进退两难的局面，说明资本主义生产关系无法与经济全球化条件下不断社会化的生产力相适应了。因此，现在需要对经济全球化的路径进行再构建，取代由资本主义主导的经济全球化。

第三节　再全球化及其中国方案

一、再全球化的必要性与可行性

（一）再全球化的必要性

逆全球化不能消除资本主义主导的经济全球化的内在缺陷，因而并不能缓和20世纪80年代以来经济全球化中不断加剧的矛盾。因为无论是技术进步迟缓条件下世界经济丧失增长动力、发达国家收入分配两极分化下内部矛盾激化，还是发达国家和发展中国家间的不平衡发展，都不是经济全球化本身造成的，而是由资本主义生产方式下经济全球化的资本主义性质造成的，是私人资本增殖逻辑的内在缺陷。发达资本主义国家推动逆全球化的一系列举动，包括英国脱欧、特朗普发起"贸易战"、美国退出一系列国际组织、美国单方面撕毁多边国际协定，都是由国家的资本主义性质决定的，目的都不在于改变私人资本增殖逻辑，而是从资产阶级整体利益出发，旨在为本国私人资本增殖营造更有利的国内和国际环境。私人资本增殖以不断的技术创新为手段、以创造除劳动之外一无所有的劳动者为前提、以世界经济的不平衡发展为最大化利润的约束条件。只要这一私人资本增殖逻辑不发生改变，只要不改变经济全球化的资本主义性质和国家的资本主义性质，就不能从根本上解决资本主义的国际和国内矛盾。通过逆全球化实现再工业化，尽管在短期内可以使制造业回归，增加本国制造业工人的就业，但是当发达资本主义国家的对外经济战略引发其他国家同样的"报复"行为时，本国的制造业和工人的就业也会因此受损，本国制造业产品会丧失国际市场上的需求，本国的劳动者也失去了获得廉价消费品的机会，从而一方面会降低工人的实际生活水平，另一方面也会增加再生产劳动力的成本，进而增加本国的劳动力成本，使本国制造业生产商的利润率受损。

因此，要解决或者缓和资本主义的国际和国内矛盾，如资本和劳动之间的矛盾、资本主义发达国家之间的矛盾、发达国家和发展中国家之间的矛盾，逆全球化并不是根本的解决方案。只要经济全球化的推进或者逆转仍然是由资本主义主导的，经济全球化仍然体现的是资本主义生产关系的对外扩张，矛盾就是无法缓解和消除的。David Kotz（2001）指出要使资本主义国家从危机中恢复，关键不是要逆转经济全球化，而是要重建监管型政府。资本主义的全球化，包括资本主义世界的经济一体化和世界资本主义的地理性扩散，对一个新的监管型政府的建立形成了障碍。如果没有监管型的政府，资本主义很难建立新的积累的社会结构，而如果不能建立新的资本积累的制度结构，无论是在国际层面还是民族国家层面，斗争、不稳定和不平衡发展都会不断加剧。如果经济增长缓慢，甚至停滞，劳动和资本之间的斗争以及资本家之间的竞争都会表现出零和博弈的特征不断加剧。一个有效的监管型政府的缺失会导致经济波动加剧以及严重的危机，不同地区、产业和职业间财富的分化也会进一步加剧。在全球化的资本主义发展进程中，解决这一矛盾的主要方式是建立一个全球性的资本主义政府。如果通过跨境一体化实现了资本全球性的集中，则可以预见一个世界性的资本主义社会，世界市场由几个在国际性资本主义政府监管之下的大公司主导。全球垄断资本构成全球监管型政府的政治基础。David Kotz 建立的全球性资本主义监管型政府的设想尽管有一定的局限性，他提出的方案并不能从根本上解决资本主义的内在矛盾，但是他提出的观点说明逆全球化并不是解决资本积累的矛盾的方案，相反，进一步促进全球经济的融合才是解决资本积累矛盾的方案，而这种融合的前提是要对世界经济有一个统一的机构进行监管，以保证劳动和资本之间的和谐以及国与国之间利益的协调。

美元霸权理论批判者赫德森认为，"对19世纪下半叶的第一次全球化浪潮置之不理"（迈克尔·赫德森，2010）的保护主义工业化道路是美国经济崛起的秘诀。美国在工业落后于英国且工资和资金成本高于英国条件下，通过关税保护为本国工业发展提供了稳定的国内市场。截至19世纪末，美国工业产值居世界第一位，"崛起"过程基本完成（黄安年，2008）。在图9-6中，外国资本存量占发展中国家 GDP 的比重和商品出口占世界 GDP 的比重大致可反映出经济全球化的三个阶段。由图9-6可知，美国的商品出口占 GDP 的比重要低于世界平均水平，体现出美国在实现本国工业化的过程中具备一定的保护主义特征。但实际上，保护主义并不是美国崛起最重要的原因。更为重要的是，美国在19世纪处于"谋取利润"的时期，利用第二次工业革命的技术创新成果实现本国的工业化才是它崛起的秘诀（贾根良，2016）。正如马克思指出的："一个工业民族，当它一般地达到它的历史高峰的时候，也就达到它的生产高峰。实际上，一个民族的工业高峰是在这个民族的主要任务还不是维护利润，而是谋取利润的时候达到的。就这一点来说，美国人胜过英国人。"[1] 2008 年金融危机之后，发达资本主义国家陷入经济停滞常态化，在包括互联网技术在内的信息技术革命蓬勃发展的时代背景下，美国意图通过重拾保护主义实现本国的"再工业化"是不符合世界历史的发展潮流的。

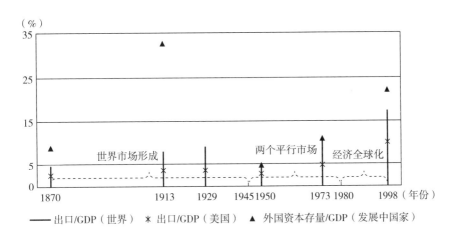

图9-6 经济全球化的三个阶段

资料来源：Maddison（2001）表3-3和表 F-5。

原因在于，一方面，21世纪世界经济一体化的程度要远远高于19世纪第二次工业革命时期美国通过保护主义崛起的时期，各国深度参与全球生产链分工，这时通过保护主义和单边主义的对外经济政策来逆转全球化不但不能消除旧的、私人资本主导的经济全球化的内在缺陷带来的消极效应，还会对科技进步和生产力发展不利，会导致资本增殖受阻，进一步激化资本主义国家内部经济矛盾和资

---

[1] 马克思，恩格斯. 马克思恩格斯文集（第8卷）[M]. 北京：人民出版社，2009.

本主义国家面对的外部矛盾。

在 20 世纪 80 年代以来的经济全球化中，国际分工从产业间分工发展到产业内分工，商品生产链延长，实现了跨越国界的生产过程分散化，价值形成需要由特定生产阶段上实现专业化的多个国家协同完成。制造业核心部件的生产与其他生产环节发生分离，发达国家从事高创新率、高附加值和高进入壁垒的核心部件生产，而发展中国家则从事惯例化的、低附加值和几乎没有进入壁垒的劳动密集型生产环节的生产。从生产社会化的趋势和要求看，逆全球化不是可选方案。无论是对于专业化于知识密集型或资本密集型生产的发达国家，还是对专业化于劳动密集型生产的发展中国家而言，都不能通过保护主义实现与美国崛起时一样的工业化道路。其原因在于，生产过程跨越国界分散化使部门内分工取代部门间分工成为国际分工的主要内容。在以部门间分工为主的时期内，一国有完整的工业产业链，但是当以部门内分工为主时，工业产业链在全球范围内分解，一国不具备完整的工业产业链，逆转全球化将导致整个全球产业链的发展受阻，阻碍生产力的发展。因此，逆全球化不符合时代潮流。

另一方面，在包括互联网技术在内的信息技术革命的背景之下，只有经济全球化才符合社会化大生产和分工专业化的需要，才是世界历史的发展方向。第一，从世界经济演进的历史来看，世界历史的形成过程是生产力发展的必然结果。机器大工业的发展"首次开创了世界历史，因为它使每个文明国家以及这些国家中的每一个人的需要的满足都依赖于整个世界，因为它消灭了各国以往自然形成的闭关自守的状态"[①]。因此，不断发展的社会化生产力使历史成为世界历史，使处于世界历史发展进程中的世界一体化程度不断提高。相比于落后的奴隶制和封建制生产方式，资本主义生产方式更适应生产力的发展要求，从而推动了世界历史发展中世界经济一体化的不断发展。具体体现为：在资本主义生产方式下，资本的积累与技术进步密切相关，使两者在一定的发展阶段表现出相互适应和相互促进，推进了生产社会化，进而推动经济全球化。单个资本家手中资本积累水平的提高与技术革新密切相关：一方面，为了获得初始技术革新时的超额利润，资本家倾向于扩大生产规模、提高积累水平；另一方面，技术革新提高了劳动生产率，有助于积累水平提高。例如，机器大工业作为技术革新的成果，是资本积累的结果，也是资本持续不断进行积累的手段，因此是资本推动经济全球化的物质基础。具体而言，一是机器大工业提高了劳动生产率，降低了单位商品生产成本，使商品数量空前增加，商品价格不断降低，为资本通过商品输出在世界范围内扩张提供了物质条件。通过商品输出，本地市场逐渐发展为世界市场的一

① 马克思，恩格斯．马克思恩格斯选集（第 1 卷）［M］．北京：人民出版社，1995．

部分。马克思指出，"这样，大工业便把世界各国人民互相联系起来，把所有地方性的小市场联合成为一个世界市场，到处为文明和进步准备好地盘，使各文明国家里发生的一切必然影响到其余各国"。① 二是技术进步带来的分工发展使机器大工业生产中局部工人技能简单化，不断标准化的生产流程为对外直接投资形式的资本输出创造了条件，使世界各国逐渐实现了生产一体化。"由于机器和蒸汽的应用，分工的规模已使脱离了本国基地的大工业完全依赖于世界市场、国际交换和国际分工。"② 三是技术进步带来的交通和通信方式变革最终将世界经济连接起来，使商品的充分自由流动和生产的大范围空间转移成为可能。

第二，从世界历史发展的未来看，只有经济全球化才能适应正在发生的技术变革的新要求。二战后的科技革命，尤其是 20 世纪 80 年代之后的信息技术革命，推动了资本主义向以国家为后盾、以跨国公司为主体、以国际组织为调节机构、以追求垄断利润为目标的国际垄断资本主义阶段的转变（吴茜，2006）。国际金融垄断资本主义是资本主义在经济全球化时代的表现形式（何秉孟，2010）。互联网技术是国际垄断资本组织全球生产活动、实现全球协作的新的工具和技术手段，是国际垄断资本主义的全球扩张的物质基础。互联网技术使相互独立的生产过程通过网络连接，形成以互联网为核心的社会生产网络。垄断资本只要控制网络中心节点生产资料——网站、服务器和操作系统，就可以控制整个生产网络，从而获得垄断利润，进一步扩张（王俊、苏立君，2017）。在互联网技术革命之下，形成了以发达资本主义国家的垄断资本的控制为核心的社会生产网络。在 2008 年金融危机之后，发达资本主义国家丧失了主导经济全球化的能力，但是在互联网技术不断发展的背景之下已经形成的社会生产网络不会改变，改变的只能是社会生产网络的控制权，社会生产网络的控制权将不再被发达资本主义国家的私人垄断资本所控制。总之，只有经济全球化才能适应以互联网为核心和平台的社会生产网络的发展要求。

因此，经济全球化是历史发展的潮流。习近平总书记曾指出，"世界经济的大海，你要还是不要，都在那儿，是回避不了的。想人为切段各国经济的资金流、技术流、产品流、产业流、人员流，让世界经济的大海退回到一个一个孤立的小湖泊、小河流，是不可能的，也是不符合历史潮流的"。因此，与生产社会化相适应的经济全球化才是促进世界各国共同发展的途径。

马克思的世界历史理论指出了人类历史从民族国家的历史走向世界历史的过程。在这个过程中，社会分工和交往范围的不断扩大相互促进使世界经济的一体化程度不断加深，促进了各民族利益走向统一。因此，从人类历史发展的趋势来

①② 马克思，恩格斯．马克思恩格斯选集（第 1 卷）［M］．北京：人民出版社，1995．

看，经济全球化是不可违背的历史潮流。习近平总书记指出："一个国家能不能富强，一个民族能不能振兴，最重要的就是看能不能顺应时代潮流，掌握历史前进的主动权。""中国要发展，必须顺应世界历史发展潮流。"因此，在逆全球化的大趋势下，如何重新推动经济全球化向前发展，实现"再全球化"是中国实现"两个一百年"奋斗目标，实现中华民族伟大复兴的中国梦的关键。

（二）再全球化的可行性

资本主义主导的经济全球化不具备可持续性，已经出现了逆全球化趋势。为了顺应历史潮流，需要继续推动经济全球化，通过再全球化，解决全球经济增长动力不足、全球治理体系不完善、世界经济发展不平衡、资本和劳动矛盾加剧、金融压抑实体经济发展等问题。在西方发达国家没有能力和意愿推动经济全球化的历史背景下，世界经济发生的以下变化为由新的力量主导的经济全球化，从而为实现再全球化创造了可能性。

首先，第三次工业革命①是再造全球增长动力的契机。技术进步迟缓导致全球经济增长动力不足是发达国家陷入经济停滞常态化，进而推动逆全球化的直接成因，因此，如何再造全球经济增长动力是再全球化需要解决的首要问题。从经济全球化的历史演进过程来看，每一次资本主义主导的经济全球化的高涨都与技术创新的大规模出现及其传播相联系，如第一次工业革命时期英国资本主义主导的经济全球化的启动，第二次工业革命时期美国资本主义主导的以资本输出为主要形式的经济全球化的加快发展，第三次工业革命的前半段（第五次技术革命浪潮）由发达资本主义国家主导、新兴国家广泛参与的经济全球化阶段的发展，世界经济真正实现了生产、贸易、金融和生产组织的一体化。因此，若要再全球化的顺利进行，则需要有技术创新的集中、大规模的出现。新的技术革命浪潮的兴起将为世界经济创造新的增长点，成为推动再全球化的契机。世界经济论坛创始人兼执行主席克劳斯·施瓦布（2016）指出，刚刚开始的第四次工业革命将对世界经济产生颠覆性的影响，新的技术创新，包括人工智能、机器人、物联网、无人驾驶交通工具、3D打印、纳米技术、生物技术、材料化学、能源储存、量子计算等，将对经济、社会、商业和个人产生革命性的影响。相比于第三次技术革命，数字技术更为精深，一体化的程度更高。

第三次工业革命将从以下几个方面助力于再全球化改变既有经济全球化模式中存在的问题和矛盾。第一，第三次工业革命的技术创新成果将是新的增长的动力来源。贾根良（2016）在演化经济学家佩雷斯根据诱发技术革命浪潮的重大技

---

① 关于"第三次工业革命"还是"第四次工业革命"仍存在术语争议，为了与前文的分析保持一致，本书采取贾根良（2016）对工业革命的划分，认为当前世界经济处于第三次工业革命的下半段，即第六次技术革命浪潮时期。

术突破为起点所划分的五次技术革命浪潮的基础之上补充了第六次技术革命浪潮。他认为第六次技术革命浪潮的基本推动力量是软件和互联网的智能化革命，信息、数据、可再生能源是此次浪潮的核心和关键性投入，包括5G技术在内的新一代的无线网络、物联网和云计算是此次浪潮中将不断更新和发展和作为基础增长要素的交通运输和信息通信基础设施，诱发此次技术革命浪潮的"大爆炸"（云计算和大数据）发生在2008年金融危机前后。因此，按照佩雷斯对一次技术革命生命周期的划分，现在世界经济还处于第六次技术革命浪潮构造范式的时期，大量的新技术创新爆炸性的涌现，但是还没有形成产业集群。随着新产业、新技术体系和新技术设施的不断建立，将进入新产品、新产业和新技术体系的不断涌现以及旧产品、旧产业不断更新的阶段，世界经济将进入快速增长期和繁荣期。

第二，赛博物理系统（Cyber – Physical System，CPS）是美国再工业化战略、德国工业4.0和中国制造2025共同的技术基础，"就是在既有的'丰田精益生产方式'基础上，利用计算机科学、信息技术和传播技术的最新发展，所形成的具有高度自动化、数字化、智能化的工业生产系统"（周嘉昕，2017）。这一系统的建立将使产品的定制化生产在"智能工厂"中实现，并按照需求进行生产，降低了由于生产和消费相分离而造成的价值实现的困难。总之，第三次工业革命将引发整个制造业系统的数字化、智能化和网络化的变革，引发全球价值链重构，知识和技术密集的智能化的生产环节将可获得更高的附加值（杜传忠、杜新建，2017）。因而，通过社会主义主导的新工业革命，可以改变资本主义主导的经济全球化中价值链分配不均衡的问题。

第三，第三次工业革命将引起就业职业结构、产业结构和区域结构的变革，高技能的高薪职业将不断增加，实现脑力劳动对体力劳动的逐渐取代，农业和传统制造业就业岗位将不断减少，生产性服务业将不断增加，生活服务业也将向高端发展，同时就业形式也将更灵活、更富于弹性（杜传忠，许冰，2018）。新工业革命给就业结构带来的这些变化，若仍然是发生在资本主义生产方式下，则会使劳动者的利益进一步受损。具体而言，在生产资料由资本家私人占有的条件下，一方面，在互联网与资本主义的结合过程中，生产和占有剩余价值仍是资本家的最根本的动机，制造业智能化进一步导致资本有机构成提高，被取代的制造业劳动者将直接面临失业、失去收入的问题；另一方面，互联网技术的普及带来的服务业独立化、就业的灵活化会成为资本降低劳动成本负担的一种方式，使劳动者自己承担由于经济周期变化带来的损失，使劳动者就业岗位稳定性下降，增强劳动者对资本的依附性（王俊、苏立君，2017）。若新工业革命是在社会主义生产方式下，其对就业结构的影响可成为实现人的自由而全面发展的基础。具体而言，在生产资料和劳动力的结合不再需要通过资本家的"购买"行为的条件下，一方面，制造业的智能化、自动化等可以提高劳动生产率，在增加物质财富总量的同时将劳动力从繁重的体力劳动中解放出来；另一方面，服务业独立化、就业的灵活化将降低劳动者直接从事生产活动的时间，将更多时间用于自身的发展。因而，通过社会主义主导的新工业革命，可以解决经济全球化中资本和劳动之间的协调的问题。

其次，世界各国仍然怀有建设经济全球化的愿景。"反全球化"的力量来自资本主义主导的经济全球化中消极效应的主要承担者，发达国家的失业工人。发达国家的工人阶级饱受由私人垄断资本主导之下的国家产业结构"去工业化"的损害，与私人垄断资本之间呈现不断激化的对抗性的矛盾，此时发达资本主义的国家和政府为了维护资产阶级的统治基础而实现保护主义和单边主义的对外政策，导致经济全球化的趋势出现了逆转。但是除了发达资本主义国家之外的其他国家，以及发达资本主义国家的劳动者并不是反对经济全球化，而是反对由经济全球化的资本主义性质所引致的消极效应。在积极应对经济全球化的消极效应的条件下，其他国家，尤其是发展中国家依旧希望参与到经济全球化的进程中。

最后，崛起的新兴经济体可成为经济全球化的支撑。逆全球化是由于发达国家保护主义的对外经济政策所导致的逆全球化的逆转趋势，是西方国家丧失了主导经济全球化的能力的表现。与此同时，在由资本主义主导的经济全球化过程中出现了新的可以成为再全球化主导的力量。一方面，从过去经济全球化的结果来看，20世纪80年代以来经济全球化进程中世界经济结构发生的一个主要变化是新兴经济体的崛起。"进入新世纪以来，新兴市场国家和发展中国家群体性崛起，成为不可逆转的时代潮流。近年来，这些国家对世界经济增长的贡献率稳居高位，2016年达到80%，是当之无愧的主引擎。"这是新兴国家主导再全球化的实力来源。另一方面，从未来经济全球化的发展趋势来看，发展中国家之间的分工合作将成为经济全球化的新引擎，这是再全球化的经济发展潜力的来源。

二、经济全球化进程中的中国与世界

（一）经济全球化对中国的积极意义

从党的十一届三中全会开始，中国开始实行对外开放的政策，从多方面开始积极主动地顺应经济全球化的历史潮流。第一，为吸引外国资本投资，不断优化市场环境。尤其是在党的十九大之后到博鳌亚洲论坛，在逆全球化暗流涌动的国际环境中，中国多次提出要扩大对外开放，为外国直接投资创造有利的投资环境。为贯彻落实党中央关于扩大对外开放、改善营商环境的决策部署，国务院于

2018 年 6 月 15 日发布《国务院关于积极有效利用外资推动经济高质量发展若干措施的通知》（以下简称《若干措施》）。《若干措施》从放宽市场准入以提高投资自由化水平、深化"放管服"改革以提升投资便利化水平、加强投资促进以提升引资质量和水平、提升投资保护水平以打造高标准投资环境、优化区域开放布局以引导外资投向中西部等地区以及推动国家级开发区创新提升以强化利用外资重要平台作用等方面为外资提供更有吸引力的投资环境，进一步吸引外商来华投资，为推动经济高质量发展做出贡献。[①] 第二，为发展对外贸易，不断强化多边国际交流与合作，积极维护多边贸易体制。从 2001 年加入世界贸易组织以来，中国积极履行入世承诺，对法律法规中不符合世界贸易组织规则的内容不断加以规范，贸易促进、贸易救济和知识产权法不断健全。2010 年，中国关税总水平已经降至 9.8%[②]，2018 年 9 月 26 日，中国国务院常务会议决定从 11 月 1 日起降低 1585 个税目工业品的进口关税税率，中国关税总水平将由 2017 年的 9.8%下降至 7.5%，关税壁垒和非关税壁垒不断降低。第三，为推动贸易和投资建设的循序渐进，积极推进自由贸易区建设。从党的十七大上升为国家战略，到党的十八大提出要加快实施该战略，再到党的十八届三中全会提出要以周边为基础加快实施该战略，建设自由贸易区战略已经成为中国主动适应经济全球化趋势的重要方面。《2016 年国务院政府工作报告》和《国民经济和社会发展第十三个五年规划纲要》中也均提出要在全球范围内加快实施自由贸易区战略。自由贸易区战略已成为应对发达国家的逆全球化、主动扩大对外开放的重大战略部署。截至目前，中国已与马尔代夫、澳大利亚、瑞士、哥斯达黎加、新加坡、智利、格鲁吉亚、韩国、冰岛、秘鲁、新西兰、巴基斯坦等国及东盟各国签署并实施自由贸易协定，更多的自由贸易协定还在谈判中。第四，为保证贸易和投资平衡，加强国际交流合作，始终坚持"引进来"和"走出去"相结合。"走出去"战略在2001 年被写入《国民经济和社会发展第十个五年计划纲要》，正式上升为国家战略，随后党的十六大提出要将"引进来"和"走出去"相结合。"走出去"战略是中国扩大对外开放的必由之路，是中国提升在世界经济中的地位、实现产业结构升级的必然选择。

20 世纪 80 年代以来的经济全球化为中国经济带来了历史性的发展机遇。通过主动顺应经济全球化的潮流，中国取得了令人瞩目的增长成就。首先，自改革开放以来，中国不断优化营商环境，吸引了各国的资本来华投资。世界银行公布的数据显示，2017 年中国对外直接投资净流入达 1682 亿美元，是仅次于美国和荷兰的世界第三大对外直接投资流入国，是发展中国家外国直接投资流入最多的

---

① 中国政府网：http：//www. gov. cn/zhengce/content/2018 - 06/15/content_ 5298972. htm.

② 今日中国网：http：//www. chinatoday. com. cn/zw2018/bktg/201806/t20180628_ 800133910. html.

国家。外国直接投资对中国内资工业部门的增长有积极的外溢效应（潘文卿，2003），可以通过示范效应和科技人员流动推动中国国内企业的研发活动，促进中国的技术进步，增强中国的创新能力（蒋殿春、夏良科，2005；包群、赖明勇，2002；冼国明、严兵，2005），从提供资金、改善投资效益、增加税收、引进先进技术、提升人力资源等方面提高了中国工业增长的质量（江小涓、李蕊，2002）。外商投资企业与跨国公司全球体系联系较强，对扩大中国出口、改善出口结构做了突出贡献（江小涓，2002），并从总体上缓解了中国发展初期的资本短缺问题，为中国提供了引进国外先进技术的机会，使中国综合要素生产率得以提高，中国经济快速增长（沈坤荣、耿强，2001）。出口贸易可以通过对非出口部门形成技术外溢来促进经济增长（包群等，2003）。

其次，自改革开放以来，中国充分利用国内和国外两个市场，实现了经济的飞跃增长。世界银行公布的数据显示，2017 年中国商品和服务出口总额达 24229 亿美元，是世界第一大出口国；2017 年中国商品和服务进口总额达 22122 亿美元，仅次于美国，是世界第二大进口国（见图 9 - 7）。出口和进口对中国的经济增长都有积极的促进作用（沈程翔，1999；刘晓鹏，2001；王坤、张书云，2004），其中除了直接推动效应之外，出口还会通过影响消费、投资、政府支出和进口等间接促进经济增长（林毅夫、李永军，2003）。总体上看，自改革开放以来，中国主动顺应经济全球化的历史潮流，实现了国家工业化和现代化，尤其是从加入世界贸易组织开始，国民生产总值和出口同步增长，成为世界第二大经济体、第一大出口国和第二大进口国。如图 9 - 8 所示，中国经济总量持续上升，在 2010 年超过日本成为世界第二大经济体。WITS 公布的数据显示，2017 年中国进口额占世界进口总额的 8.60%，仅次于美国；出口额在世界出口总额中占14.55%，占据首位。

最后，通过主动顺应经济全球化的历史潮流，中国在建设小康社会的目标上取得了重大进展。1979 年 12 月，邓小平首次提出"小康"的概念和建设"小康社会"的构想，指出在中国的四个现代化目标实现时，国民生产总值要达到人均1 千美元的水平。党的十二大正式引用这一概念，将之作为 20 世纪末的奋斗目标。在改革开放的实践中，中国建设"小康社会"的目标取得了重大进展，人均国内生产总值从 1978 年的 156.4 美元上升至 2017 年的 8826.99 美元。如图9 - 9所示，中国 2008 年人均国内生产总值成功超越了中等收入国家的平均水平，人均国内生产总值达 3471.2 美元。

中国"小康社会"建设的进展还体现在贫困人口的绝对下降和相对下降上。李中和周勤（2014）指出经济全球化能显著降低绝对贫困人口的数量，尤其是贸易自由化和信息自由流动，是发展中国家绝对贫困数量下降的主要原因。

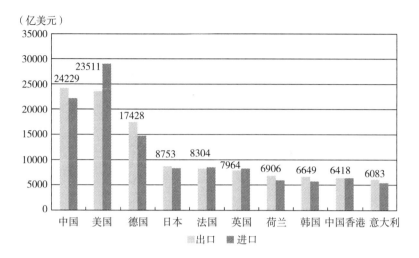

图 9 - 7　2017 年商品和服务出口总量前十位的国家（地区）的进出口额

资料来源：世界银行 WDI 数据库。

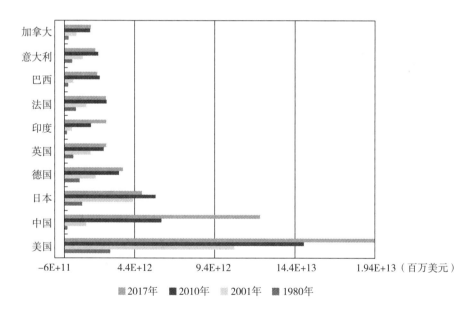

图 9 - 8　2017 年世界十大经济体（GDP 现价）

资料来源：世界银行 WDI 数据库。

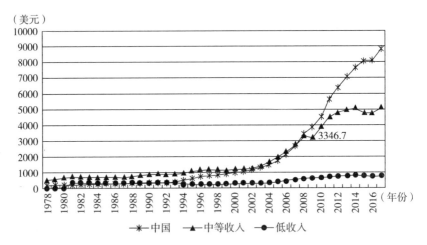

图 9 - 9　中国及中等收入和低收入国家人均国内生产总值

资料来源：世界银行 WDI 数据库。

Winters、McCulloch 和 McKay（2004）指出经济全球化主要通过四个机制对贫困产生影响：自由贸易通过促进经济增长减少绝对贫困，通过改变产品和要素价格影响穷人的收入水平或消费，通过增加劳动力就业增加工人收入，通过政府收支的变化影响穷人获得的收入。通过实证研究，他们证实贸易自由化在长期确实会降低平均的贫困水平。中国贫困人口脱贫进程为世界贫困人口脱贫做了巨大贡献，现行联合国标准下的 7 亿多贫困人口成功脱贫，占同期全球减贫人口总数 70% 以上。如表 9 - 3 所示，1990 年世界每日生活水平低于 1.9 美元的人口占总人口的 35.9%，同期中国极端贫困人口占比为 66.6%，但从 2001 年中国加入世界贸易组织以来，减贫进程逐渐加快，如图 9 - 10 所示，中国人口减贫的速度逐渐快于世界整体人口减贫的速度，2008 年世界整体和中国的极端贫困人口占比分别为 18.1% 和 14.7%，到 2015 年这一比例进一步降低为 10% 和 0.7%。不仅贫困人口数量下降，而且贫困人口的收入也有所上升，经济全球化，尤其是贸易开放，提高了中国贫困人口收入占总收入的份额（张茵、万广华，2006）。

表 9 - 3　每天生活水平低于 1.9 美元的极端贫困人口占比　　　单位：%

年份	世界	中国
1990	35.9	66.6
1993	33.9	57
1996	29.4	42

续表

年份	世界	中国
1999	28.6	40.5
2002	25.6	31.9
2005	20.7	18.7
2008	18.1	14.7
2010	15.7	11.2
2011	13.7	7.9
2012	12.8	6.5
2013	11.2	1.9
2014	—	1.4
2015	10	0.7

资料来源：世界银行 WDI 数据库。

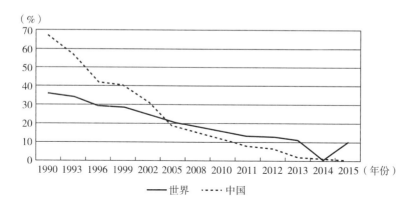

图 9-10 每天生活水平低于 1.9 美元的极端贫困人口占比
资料来源：世界银行 WDI 数据库。

中国是 20 世纪 80 年代以来经济全球化的受益者，在新的历史发展阶段，我国社会的主要矛盾已经转变为人民日益增长的美好生活需要和不平衡不充分发展之间的矛盾，要解决这一矛盾，实现高质量发展，需要对逆全球化的趋势有正确的应对措施，顺应经济全球化的历史潮流，继续扩大对外开放。习近平总书记 2018 年在博鳌亚洲论坛的主旨演讲中指出："实践证明，过去 40 年中国经济发展是在开放条件下取得的，未来中国经济实现高质量发展也必须在更加开放条件下进行。这是中国基于发展需要作出的战略抉择，同时也是在以实际行动推动经济全球化造福世界各国人民。"①

（二）中国对世界经济所做的贡献

中国作为经济全球化的受益者，其经济增长与发展的成果惠及许多国家，为世界经济的增长与发展做出了重要贡献。

其一，改革开放以来40年的中国国内生产总值增速始终高于同期世界经济整体的增速，如表9-4所示，1978~1989年中国国内生产总值年平均增长率为9.72%，同期世界经济增长率为3.2%；20世纪90年代中国的经济增长率进一步上升为10.00%，而同期世界经济增长率下降为2.66%；进入21世纪后的前10年，中国继续保持高速增长态势，经济增长率为10.35%，同期世界经济增长率为2.82%；2008年金融危机之后，中国进入经济发展新常态，经济增长率有所下降，平均增长率为7.95%，但同期世界经济增长率为3.00%。可见，中国作为发展中国家中对世界经济增长的贡献最大的国家，同样为稳定世界经济做出了重要贡献。

表9-4　1978~2017年中国与世界各阶段年平均增长率　　　　单位:%

时间	中国	世界
1978~1989年	9.72	3.20
1990~1999年	10.00	2.66
2000~2009年	10.35	2.82
2010~2017年	7.95	3.00

资料来源：世界银行WDI数据库。

其二，中国已成为名副其实的"世界工厂"，为世界人民提供了大量质高价廉的商品。中国工业化进程的加快离不开世界市场，中国向世界市场提供了越来越多的工业制成品。如表9-5所示，从出口商品的总量和结构上看，1980年出口商品总额达181.20亿美元，其中工业制成品出口占49.7%，到2017年出口商品总额达22633.7133亿美元，其中工业制成品出口占比已经上升至94.8%。表9-6为世界主要工业国——中国、德国、日本、美国和英国本国制造业增加值在世界制造业总增加值中的比重。由表9-6可知，2010年中国已经超过美国，成为制造业增加值占比最高的国家，其中，中国占据18.23%的份额，美国略低，占17.13%的份额。此后，中国的份额不断升高，2017年占世界增加值的份额达到了26.62%。由此可见，中国为世界各国提供了大量商品，尤其是工业制成品，

---

① 习近平. 开放共创繁荣　创新引领未来［N］. 人民日报，2018-04-11.

已经取代美国成为 21 世纪的"世界工厂"。

表 9-5　1980～2017 年中国工业制成品出口情况　　单位：百万美元

年份 ＼ 指标	出口商品总额（1）	工业制成品出口额（2）	比重（2/1）
1980	18120	9005	49.70
1990	62091	46205	74.41
2000	249203	223743	89.78
2008	1430693	1352736	94.55
2017	2263371	2145638	94.80

资料来源：中国国家统计局。

表 9-6　2008～2017 年各国制造业增加值在世界中所占的份额　　单位：%

年份 ＼ 国家	中国	德国	日本	美国	英国
2008	14.45	7.44	10.57	17.62	2.57
2009	17.26	6.54	10.73	18.26	2.23
2010	18.23	6.46	11.25	17.13	2.07
2011	20.52	6.55	10.26	15.97	1.98
2012	22.30	6.00	10.14	16.23	1.94
2013	23.87	6.16	8.15	16.33	2.02
2014	25.00	6.29	7.51	16.37	2.10
2015	26.45	5.70	7.41	17.58	2.11
2016	26.03	5.79	8.41	17.44	1.93
2017	26.62	5.63	—	—	1.79

资料来源：世界银行 WDI 数据库。

其三，中国不断扩大进口，以此加强与他国的经济往来，通过促进进口商品来源国的经济增长和就业，使各国人民共享世界经济发展的成果。如图 9-11 所示，进入 21 世纪以来，中国商品和服务进口总量不断上升，这是在经济全球化条件下中国人均收入不断上升的结果，也体现了以中国需求拉动世界经济在发挥越来越重要的作用。2018 年 4 月 10 日，博鳌亚洲论坛 2018 年年会开幕，习近平总书记发表了题为《开放共创繁荣　创新引领未来》的主旨演讲，强调中国将主动顺应经济全球化的潮流，继续扩大对外开放，其中主动扩大进口是重要方面。习近平指出："内需是中国经济发展的基本动力，也是满足人民日益增长的美好生活需要的必然要求。中国不以追求贸易顺差为目标，真诚希望扩大进口，促进经常项目收支平衡。"未来 15 年预计中国将进口 24 万亿美元产品，通过为其他国家的产品提供市场来促进他国的经济增长和就业。

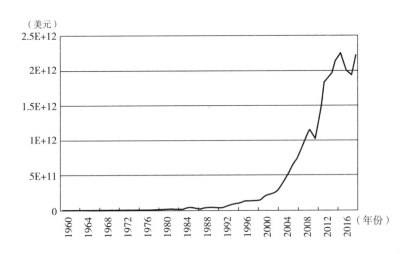

图 9－11　中国商品和服务进口总量

资料来源：世界银行 WDI 数据库。

其四，中国不断推动企业"走出去"，促进了落后的发展中国家的技术进步和经济发展。《2017 年度中国对外直接投资统计公报》（以下简称《统计公报》）中的数据显示，中国对外直接投资连续三年高于外国直接投资流量，对外直接投资流量规模仅次于美国（3422.7 亿美元）和日本（1604.5 亿美元），位于全球第 3 位。① 如表 9－7 所示，从 2002 年中国对外直接投资净额不断增长，在全球中的位次不断攀升，到 2017 年的 1582.9 亿美元，年均增长率为 34.7%，《统计公报》中显示 2017 年中国对外投资流量占比为 11.1%。此外，对外直接投资存量规模也不断上升，截至 2017 年达到 18090.4 亿美元，位于全球第 2 位。在 2017 年对外投资中，流向欧洲的投资达 184.6 亿美元，同比增长 72.7%；流向非洲的投资为 41 亿美元，同比增长 70.8%；流向"一带一路"沿线国家的投资连续增长，当年流量达 201.7 亿美元，同比增长 31.5%。② 从"一带一路"倡议提出以来，中国与沿线国家，尤其是俄罗斯、越南、蒙古国、哈萨克斯坦和缅甸等在港口、铁路、公路、电力、航空、通信等领域开展大量合作，提高了沿线国

---

①② 中国投资指南网：http：//www.fdi.gov.cn/1800000121_ 33_ 11652_ 0_ 7.html.

家基础设施建设水平。2013～2018 年，中国与"一带一路"沿线国家进出口总额达 6 万亿美元，对外直接投资超过 800 亿美元，为沿线国家创造了 24.4 万个就业岗位，上缴东道国税费累计 20.1 亿美元。①

表 9 – 7　2002～2017 年中国对外直接投资净额　　　　单位：亿美元

年份	流量			存量	
	金额	全球位次	同比（%）	金额	全球位次
2002	27	26	—	299	25
2003	28.5	21	5.6	332	25
2004	55	20	93	448	27
2005	122.6	17	122.9	572	24
2006	211.6	13	43.8	906.3	23
2007	265.1	17	25.3	1179.1	22
2008	559.1	12	110.9	1839.7	18
2009	565.3	5	1.1	2457.5	16
2010	688.1	5	21.7	3172.1	17
2011	746.5	6	8.5	4247.8	13
2012	878	3	17.6	5319.4	13
2013	1078.4	3	22.8	6604.8	11
2014	1231.2	3	14.2	8826.4	8
2015	1456.7	2	18.3	10978.6	8
2016	1961.5	2	34.7	13573.9	6
2017	1582.9	3	− 19.3	18090.4	2

注：2002～2005 年数据为中国对外非金融类直接投资数据，2006～2017 年为全行业对外直接投资数据；2006 年同比为对外非金融类直接投资比值。

资料来源：《2017 年度中国对外直接投资统计公报》。

其五，中国不断扩大对落后发展中国家的经济援助和其他援助，希望以此促进落后国家的发展。中国作为世界第二大经济体，敢于承担大国责任。《中国的对外援助（2014）》白皮书中明确指出，中国的对外援助不附带任何政治条件，旨在为最不发达的国家减少贫困、改善民生，尊重其自主发展。白皮书公布的数据显示，中国已经成为世界第四大对外援助国，2010～2012 年，中国对外援助金额达 893.4 亿元人民币，其中无偿援助占 36.2%，无息贷款占 8.1%，优惠贷

---

① 中国一带一路网：http：//www.yidaiyilu.gov.cn/jcsj/dsjkydyl/79860.htm.

款占 55.7%，分别用于资助中小型社会福利项目、公共设施建设和生产型项目的建设。尤其是自"一带一路"倡议提出之后，中国的对外援助金额超过了 2013 年之前的 10 年之和。中国的对外援助对发展中国家的农业发展、教育水平提高、医疗服务改善、基础设施建设等方面做出了重要贡献。

总之，不断发展的中国通过多方面为参与到经济全球化进程中的世界各国做出了重要贡献。中国不仅是经济全球化的受益者，也是世界经济增长与发展的贡献者。

（三）再全球化与中国特色社会主义

改革开放以来，中国不断优化市场环境、强化多边国际合作、推动自由贸易区建设，坚持"引进来"和"走出去"相结合，积极参与到了由资本主义主导的经济全球化中。在这一过程中，中国吸引了大量的海外投资，充分利用国内和国外两个市场，实现了经济的飞跃增长，减贫进程不断加快，逐步建成了"小康社会"；同时，高速增长的中国经济成为推动世界经济增长的重要引擎，中国生产的廉价高质的工业品是世界消费品的重要供给源，中国通过"引进来"促进了其他国家的经济增长和就业，中国企业"走出去"为落后发展中国家带去了先进的技术，中国的援助大大促进了最不发达地区的发展。可见，过去中国既是经济全球化的受益者，也是推动世界经济增长与发展的贡献者。目前，西方发达国家丧失了主导经济全球化的能力，使经济全球化的进程出现了逆转，给中国及世界各国的和平发展造成了损害。现在由发达资本主义国家主导的逆全球化是过去资本主义性质经济全球化内在矛盾发展的必然趋势，逆全球化表明发达资本主义国家丧失了主导经济全球化的能力。但是，逆全球化不符合世界历史发展要求，与生产社会化的趋势相悖。再全球化才是符合世界历史发展要求，与生产社会化相适应，在新兴经济集体崛起的大背景下，符合世界各国人民共同愿景的必然趋势。中国在此时勇于担当作为世界第二大经济体的责任，继续扩大对外开放，继续推进全球治理体系改革，继续使中国的发展成果惠及世界各国，力图使中国特色社会主义成为再全球化的主导力量。

中国之所以要担当主导再全球化的历史使命体现了社会主义的本质。在中国特色社会主义条件下，中国人民的物质生活水平不断提高，社会生产力的发展水平及速度已经可以满足人民基本的物质文化需要。在新的历史时期，中国社会的主要矛盾已经变为人民日益增长的美好生活需要和不平衡不充分发展之间的矛盾，而中国国内经济结构的失衡与不充分发展的一部分原因可归咎于资本主义主导经济全球化下世界经济结构的失衡。在由资本主义主导的狭义的经济全球化阶段，中国成为"世界工厂"为世界各国人民，尤其是发达国家提供了大量廉价的消费品。在以出口为导向的经济发展阶段，形成了接近国外市场的东部沿海地区与远离国外市场的西部地区不平衡发展的问题。同时，中国城乡二元结构中农村对农民工的弹性吸纳机制使中国农村成为为国际垄断资本增殖服务的廉价劳动力的蓄水池，使依附于国际垄断资本的工人阶级的工资水平维持在仅仅能够完成劳动力再生产的水平。因此，在世界经济一体化的条件下，为了解决国内区域间和城乡间经济结构失衡的问题，对外的政策要与国内政策相协调。中国特色社会主义道路主张通过和平崛起，解决中国在社会主义初级阶段所面对的矛盾和问题，实现中华民族的伟大复兴，延伸到对外政策上体现为中国将构建人类命运共同体融入到中华民族和平崛起的战略之中。内外利益的兼备，体现了中国共产党——中国特色社会主义的本质特征是为满足中国人民的需要、实现中国民族复兴的政党，同时也是为了人类共同进步、最终实现共产主义而不断奋斗的政党。同时，在中国特色社会主义中，人民是国家的主人，彼此之间形成了平等友善的社会关系，延伸到对外的交往中体现为习近平总书记提倡的"义"和"利"兼备。"义"体现了中国作为社会主义国家，具有兼济天下的共产主义的情怀，是真心希望世界和平发展。"利"体现出中国利益与世界利益是一致的，不是零和博弈，你输我赢，而是互利共赢。

中国之所以要在此时主导再全球化体现了中国作为世界第二大经济体的大国担当。在由资本主义主导的经济全球化阶段，世界生产、金融、生产组织和贸易一体化趋势不断加深，各国之间的经济往来日益密切。但是，在2008年金融危机之后，失衡的世界经济结构亟待调整，发达资本主义国家为了在变局中获得更多利益、维护自身的稳定，采取保护主义，强化单边主义，使世界经济一体化进程受挫。在旧的全球治理的领导者自乱阵脚的情况下，世界各国对世界经济的发展方向产生了怀疑和焦虑。与此同时，美国越来越将中国视为最大的竞争对手，认为中国的崛起将对美国的霸权地位甚至是世界的安全产生威胁。在西方发达国家内部陷入混乱以及发达资本主义国家对中国崛起表现出"忧虑"之心的背景之下，习近平总书记在多个场合不断强调，中国将不断扩大对外开放，中国作为社会主义国家要通过和平发展路径实现崛起的初心不会改变，中国在崛起的过程中不会只顾本国利益，更要兼顾世界各国，尤其是发展中国家的利益。在世界经济形势不明朗的历史背景之下，中国以身作则，扩大对外开放，指出了世界应顺应经济全球化的历史潮流的前进方向。

可见，再全球化是未来中国特色社会主义建设的必然要求，也是中国特色社会主义发展的必然结果。中国要推进更高水平的开放，通过投资便利化，加大知识产权保护力度，吸引国外投资，为中国特色社会主义的建设服务，此外，还要通过扩大进口，在满足中国人民需要的同时增加其他国家的经济增长和就业，使发展惠及世界各国，以此构建开放型的中国特色社会主义经济，推动开放、包容、普惠、平衡和共赢的再全球化建设。

三、再全球化的中国方案

（一）再全球化的目标：构建人类命运共同体

党的十八大报告首次提出构建人类命运共同体，报告指出"中国梦"和"世界梦"息息相关，实现"中国梦"需要和平稳定的国际环境和秩序。为此，中国"必须统筹国内国际两个大局，始终不渝走和平发展道路、奉行互利共赢的开放战略，坚持正确义利观，树立共同、综合、合作、可持续的新安全观，谋求开放创新、包容互惠的发展前景，促进和而不同、兼收并蓄的文明交流，构筑尊崇自然、绿色发展的生态体系，始终做世界和平的建设者、全球发展的贡献者、国际秩序的维护者"。随后，习近平总书记在多个场合对人类命运共同体的理念进行阐释和充实。从中国特色社会主义理论体系建设的角度，2016 年 5 月 17 日，习近平在哲学社会科学工作座谈会上的讲话中指出，"建设人类命运共同体"是中国提出的有原创性和时代性的概念和理论之一。人类命运共同体是再全球化的中国方案的价值观基础，包含国际权力观、共同利益观、可持续发展观和全球治理观（曲星，2013）。具有三个维度，是摒弃了传统"帝国"体制的新型文明观，是扬弃西方"正义论"与继承中华传统文化结合形成的"正确义利观"，是超越"均势"与"霸权"的新型国际秩序观（徐艳玲、李聪，2016）。从概念的提出开始，"人类命运共同体"的内涵不断丰富和发展，逐渐成为再全球化的中国方案的核心理念。

构建"人类命运共同体"的思想源自中华文化，再全球化的中国方案与资本主义主导的经济全球化的核心不同。

首先，全球经济一体化需要以建设人类命运共同体为理念。从世界一体化程度不断提高的事实给出了"人类命运共同体"的现实基础，2013 年 3 月 23 日，习近平在俄罗斯莫斯科国际官司学院的演讲中指出："这个世界，各国相互联系、相互依存的程度空前加深，人类生活在同一个地球村里，生活在历史和现实交汇的同一个时空里，越来越成为你中有我、我中有你的命运共同体。"从构建强劲世界经济增长目标的角度给出了"人类命运共同体"的经济意义，2013 年 9 月 5 日，习近平在二十国集团领导人峰会第一阶段会议上关于世界经济形势的发言中指出，世界经济各国的经济增长是相互依赖的，因此要树立命运共同体意识，兼顾本国和他国的共同利益。从人类文化多样性的角度给出了"人类命运共同体"的文化内涵，2014 年 3 月 27 日，习近平在联合国教科文组织总部的演讲中强调要"和而不同"，他说："当今世界，人类生活在不同文化、种族、肤色、宗教和不同社会制度所组成的世界里，各国人民形成了你中有我、我中有你的命运共

同体。"从全球可持续发展的角度给出了"人类命运共同体"的生态意义，2015
年11月30日，在气候变化巴黎大会开幕式上，习近平指出巴黎协议作为全球治
理的一部分，为全球治理模式重建、建设人类命运共同体提供了借鉴。从构建全
球互联网治理体系的角度给出了"人类命运共同体"的时代意义，2015年12月
16日，在第二届世界互联网大会开幕式上，习近平指出："网络空间是人类共同
的活动空间，网络空间前途命运应由世界各国共同掌握。各国应该加强沟通、扩
大共识、深化合作，共同构建网络空间命运共同体。"

其次，区域经济一体化或双边合作关系的建立也需要以建设命运共同体为理
念。从促进亚洲共同发展的角度，2013年4月7日，习近平在博鳌亚洲论坛
2013年年会的主旨演讲中指出，共同发展符合世界各国人民的长远和共同利益，
要树立命运共同体意识。从构建友好伙伴关系的视角，2013年10月3日，在印
度尼西亚国会演讲中，习近平指出要和东盟建立紧密合作的"中国—东盟命运共
同体"，这是符合时代潮流和各国人民共同利益的选择。同样从世界经济增长联
动的角度，2013年10月7日，习近平在亚太经合组织工商领导人峰会上的演讲
中指出，亚太各经济体已经形成动态平衡的连锁的链条，因而要树立亚太命运共
同体意识，促进协调发展。从构建中非新型战略伙伴关系的视角，2013年3月
25日，习近平在坦桑尼亚尼雷尔国际会议中心的演讲中指出，中国和非洲在历
史上一直是命运共同体，作为发展中国家都有共同的发展任务，要加强中非合
作，促进共同繁荣。从深化中国和阿拉伯合作的角度，2014年6月5日，习近平
在中阿合作论坛第六届部长级会议开幕式上的讲话中指出，要在共商、共建和共
享原则之下建设"一带一路"，打造中阿命运共同体。

最后，和平安全的发展环境的构建需要以命运共同体为理念。从做好周边外
交工作的角度，2013年10月24日，习近平在周边外交工作座谈会上指出："要
对外介绍好我国的内外方针政策，讲好中国故事，传播好中国声音，把中国梦同
周边各国人民过上美好生活的愿望、同地区发展前景对接起来，让命运共同体意
识在周边国家落地生根。"从国家安全的角度考虑，2014年4月15日，习近平
在中央国家安全委员会第一次会议上的讲话中指出，要同时兼顾自身安全和共同
安全，打造命运共同体。从构建亚洲安全合作的角度，2014年5月21日，习近
平在亚洲相互协作与信任措施会议第四次峰会上的讲话中指出，亚洲已经成为利
益相互以来的命运共同体。从构建中国特色的大国外交的角度，2014年11月28
日，习近平在中央外事工作会议上指出，为做好周边外交工作，要打造周边命运
共同体。从国家安全的角度考虑，2015年9月3日，习近平在纪念中国人民抗日
战争暨世界反法西斯战争胜利70周年大会上的讲话中指出，为了和平，我们要
牢固树立人类命运共同体意识。从建设"一带一路"的视角，2016年4月29

日，习近平在主持党的十八届中央政治局第三十一次集体学习的讲话时指出，要强化沿线国家安全领域合作，建设命运共同体，为建设"一带一路"营造良好的环境。从中国外交政策的宗旨来看，2016年7月1日，习近平在庆祝中国共产党成立95周年大会上的讲话中指出，要推动人类命运共同体建设，以维护世界和平、促进世界各国共同发展。"中国倡导人类命运共同体意识，反对冷战思维和零和博弈。"

可见，人类命运共同体的内涵十分丰富，涉及国际层面的社会、政治、经济的各个方面。具体而言，"人类命运共同体"是指适应经济全球化的历史潮流、符合各国人民追求世界和平的共同愿景的共同发展观，包括世界各国共同促进经济增长、维护世界和平、维护文化多样性、推动可持续发展、建设互联网网络空间等多方面的内容，是再全球化的中国方案的核心理念。

（二）再全球化中国方案的实现路径

人类命运共同体理论体系中还包括如何构建人类命运共同体，即为了实现该理念所应采取的行动。2015年9月28日，在美国纽约联合国总部举行的第七十届联合国大会一般性辩论时，习近平指出，在世界格局加速变化的背景之下，要以史为鉴，顺应经济全球化的历史潮流，打造人类命运共同体。为此，需要建立平等相待和互商互谅的伙伴关系，营造公道正义和共建共享的安全格局，谋求开放创新和包容互惠的发展前景，促进和而不同和兼收并蓄的文明交流，构筑尊崇自然和绿色发展的生态体系。从促进全球经济发展的角度，2017年1月17日，习近平在世界经济论坛2017年年会开幕式上的主旨演讲中指出，"人类已经成为你中有我、我中有你的命运共同体，利益高度融合，彼此相互依存"，因此要坚持协同联动，保证各国的发展权利。次日，习近平在联合国日内瓦总部作了题为"共同构建人类命运共同体"的演讲，指出和平与发展是近一百年以来全人类的共同愿望，而现在人类正处于变革和调整期，风险和挑战日益增多。在新的历史背景下，为了实现和平与发展，"中国方案是：构建人类命运共同体，实现共赢共享"。为此，要坚持对话协商、共建共享、合作共赢、交流互鉴、绿色低碳以建设安全、繁荣、开放、包容、清洁的世界。以此为指导，为实现作为再全球化的中国方案的核心理念的建设"人类命运共同体"的目标，中国可以通过以下途径构建世界经济新体系。

1. 以"创新"驱动全球经济增长动力再造

要坚持创新驱动发展，打造世界经济强劲增长新动力，以建设创新型世界经济。习近平总书记指出："世界经济面临的根本问题是增长动力不足。创新是引领发展的第一动力。"20世纪80年代后的经济全球化实现了生产社会化和分工专业化进一步发展，实现了资源在全球范围内的最优配置，但这一过程是由增殖动机驱使下的资本所推动的。由资本推动的经济全球化过程中发达国家制造业向外转移，其经济服务化和金融化水平不断提高，而制造业是一国实现技术创新、长期经济增长、就业增加的根基，去工业化导致发达国家丧失经济增长动能，经济脆弱性增强，金融危机后经济陷入停滞常态化。新兴市场国家和发展中国家通过参与全球化进程实现经济崛起，但经济、技术、制度等方面还较为落后，需要依赖于发达国家。世界经济一体化后，发达国家丧失经济增长动力，同时导致发展中国家的经济增长降速。作为第三次工业革命后半段的第六次技术革命浪潮为经济全球化的重启创造了可能性。再全球化的中国方案强调要把握好这一历史性机遇，以创新驱动世界经济增长与发展。再全球化的中国方案要以创新驱动发展，关键是如何协调世界各国来解决两个问题：如何放大和加速创新的正面效应？如何将创新过程中可能产生的负面效应降到最低？

要放大和加速创新的正面效应，就要使世界各国在创新产业政策上协调一致。产业结构高级化过程离不开技术的升级与转型。中国及其他已经实现工业化的国家在以发展战略性新兴产业和现代服务业为核心的产业结构高级化过程中，必然会导致相对落后的产业的逐步淘汰，而这些产业向未实现工业化和实现初级工业化的国家的转移，可为当地带来经济增长、就业和技术。这样一来，可以实现国家在世界经济一体化条件下产业相互协调基础上的共同发展，而良好的产业政策是发挥各"国家—产业"间系统协同效应的关键。为此，作为2008年金融危机之后促进国际经济合作主要平台之一的二十国集团开始就创新问题进行协同行动。于是，中国推动制定了《二十国集团创新增长蓝图》，从总体上提出要在加强知识产权保护的同时促进自愿的知识传播和技术转让，从两个方面激励创新活动和推动创新成果的应用，对形成普惠增长效应具有积极意义。《二十国集团创新增长蓝图》提出要从四个方面协调行动，包括打造创新生态系统、促进新工业革命发展、释放数字经济潜力以及推动结构性改革，以创新提高中长期的增长潜力。

与资本主义主导的经济全球化不同，再全球化的中国方案还要同时竭力避免创新过程中可能产生的负面效应。随着新工业革命中创新的集中爆发，新产业、新就业岗位不断被创造出来，但在由技术创新扩散推动的全球产业重新布局过程中，可能会出现结构性失业，甚至永久性失业，以及生态环境的恶化等问题。用机器替代人力包括体力劳动和脑力劳动来提高劳动生产率是技术创新的根本，其结果必然表现为资本有机构成的不断提高，即劳动在生产资料中所占份额的下降。由此，技术创新所推动的产业结构转型表现在就业结构的变化上，即为传统产业劳动力暂时性或永久性的失业。在资本主义主导的经济全球化中，由于缺乏对传统产业劳动者相应的救助措施或配套的再就业措施，导致传统低端产业的劳动者中产生了"反全球化"的思潮。同时在资本主义主导的经济全球化中，发达资本主义国家将不符合本国环境标准的产业转移至发展中国家，造成发展中国家生态环境的恶化，导致环保主义者中也产生了"反全球化"的思潮。再全球化的中国方案要避免创新造成的新旧产业转换过程中的矛盾和问题，需要协调发达资本主义国家和广大发展中国家建立相应的对失业者的补偿救济机制和"再就业"的培训，使传统产业的工人能够实现在现代服务业中的"再就业"。通过使各国人民共享创新带来的增长成果解决了不同国家的劳动者由于产业转移而产生的矛盾，从而在一定程度上缓解了各个国家之间的矛盾。同时需要在生态环境建设中实现国际协作，共同建设"地球村"。要坚持绿色发展，构建可持续的发展模式，以建设清洁美丽的世界经济。巴黎气候协定旨在限制因气体排放导致的全球变暖，美国与另外 187 个签署协定的国家致力于让全球平均气温升高不超过 2 摄氏度。特朗普认定该协定束缚美国，降低了美国 GDP 并减少了就业岗位，使美国商界处于不利地位，他宣布将退出《巴黎协定》。美国一家智库预测，若美国退出，到 2100 年地球升温幅度将比预定高 0.3 摄氏度。构建人类命运共同体建立在人与自然和谐共处的基础上，应对气候变化需要各国的共同努力，大国更要有担当，在推进绿色发展过程中，不能仅仅考虑本国的短期利益，要着眼于人类命运共同体的长期利益。

2. 以"共商"构建公平合理的全球治理体系

联合国、世界银行、国际货币基金组织（IMF）、世界贸易组织（WTO）等国际机构以及二十国集团（G20）、亚太经合组织（APEC）等多边治理平台在促进全球在更公平、更协调的基础上实现经济增长、金融稳定和贸易发展上发挥了重要作用。2008 年金融危机之后旧的全球治理体系失序，保护主义和单边主义兴起，国家间经济矛盾加剧。特朗普对外实行保护主义，突出美国利益而不是世界利益，并退出一系列国际性的组织或协定，强化单边主义，通过双边而不是多边谈判为本国谋取最大利益。贸易保护主义和单边主义不符合世界历史的发展潮流，习近平总书记曾对西方发达国家的贸易保护主义进行了有力的驳斥，他指出，"打开窗子，才能实现空气对流，新鲜空气才能进来。搞贸易保护主义和滥用贸易救济措施，损人不利己"。"我们坚决反对任何形式的保护主义，愿通过协商妥善解决同有关国家的经贸分歧，积极推动建立均衡、共赢、关注发展的多边经贸体制。""搞贸易保护主义如同把自己关进黑屋子，看似躲过了风吹雨打，但也隔绝了阳光空气。打贸易战的结果只能是两败俱伤。""如果搞贸易保护主义，画地为牢，损人不利己。"

虽然 2008 年金融危机发生的根本原因是世界经济结构的失衡，但依旧脱离不了全球金融市场自身存在的问题。全球金融治理始终未能跟上金融创新的步伐，无法化解越来越频繁的金融市场动荡和资产泡沫积聚等问题，而保护主义和单边主义在危机之后的盛行在一定程度上也说明现有有关国际贸易和对外投资的规则无法适应在经济全球化条件下不断加快的全球产业布局调整速度。因此，为了避免西方发达资本主义国家反复改变国际规则以有利于本国发展的情况发生，再全球化的中国方案要重建在新兴国家不断崛起的历史背景下的全球治理体系，增加新崛起的发展中国家的发言权。为此，新的全球经济治理应以建立在平等基础之上的"共商"为原则，坚守自由贸易体制，维护多边主义规则，以构建更加公平合理的国际治理体系，解决世界各国共同面临的增长、发展、环境、战争等多方面的问题为治理目标，以新兴经济体作为主要的治理主体，实现各国共同参与治理和协调，应以共享为原则，实现国家间利益共享，建立发展更平衡的世界经济。

同时，坚持共商共建，要尊重各国具体国情的发展模式，以建设多样化世界经济。资本主义生产方式主导的经济全球化在推进自由化、私有化和市场化等新自由主义政策时并没有考虑俄罗斯、东欧国家的具体国情，冒进地通过"休克疗法"破坏了这些国家的旧制度，强制植入了新自由主义制度，直接导致这些国家在转型后陷入危机。作为新兴大国之一的中国要在以"共商"为原则构建新的全球治理体系的过程中发挥引领作用。中国引领下的经济全球化重启要尊重每一个参与国的意见，平等对话，如在中非合作中，习近平就提出"五不"原则，不干涉非洲国家探索符合国情的发展道路、不干涉非洲内政、不把自己的意志强加于人、不在对非援助中附加任何政治条件、不在对非投资融资中谋取政治私利。此外，要尊重各国历史文化多样性，尊重各国从本国国情出发，自主选择发展道路和社会制度的权力，实现各国人民和谐共处，在此基础之上构建人类命运共同体，体现再全球化的中国方案的包容特性。

3. 以"共建"构建更平衡的世界经济结构

在资本主义生产方式主导的经济全球化过程中，发达资本主义国家不断创造并利用着不平衡的世界经济结构，但是金融危机后的全球经济停滞证实这种不平衡的结构无助于任何国家的长期发展，尤其是全球生产网络形成后，更需要各国均衡发展才能保证商品生产和商品实现过程的顺利进行。为此，再全球化的中国方案主张坚持包容发展，构建平衡普惠的发展模式，以建设包容型世界经济。旧的世界市场结构以不平衡发展为特征，发达的中心和落后的外围间存在不平等交换关系，这根源于发达资本主义国家和发展中国家之间经济发展水平、技术能力和劳动生产率的不同，导致生产相同商品所需的劳动时间不同，使国别价值和国际价值出现差异。为了消除不平等交换，夯实共赢基础，需要提高发展中国家的劳动生产率和技术水平，以构建更平衡的世界市场结构，还要解决全球范围内的贫困、失业、收入差距加大的问题，促进各国公平发展，让各个国家的各个阶层，尤其是发展中国家的低收入人群共享经济全球化的好处。

与此同时，再全球化的中国方案主张坚持合作共赢，打造互通互联的合作平台，以建设联动型世界经济。中国在"共建"过程中要有大国担当，要让中国经济增长与发展的成果惠及世界各国，尤其是落后的发展中国家。例如，具有非排他性和非竞争性的公共产品，相比私人产品存在"搭便车"问题，尤其是在国际经济交往中，国际性公共产品的提供可以使参与的所有国家获益，但可能会由于成本分配不均，"搭便车"便成为所有参与国的共同选择，此时公共产品便不能得到供应，结果是所有国家利益受损。为构建人类命运共同体，促进世界经济联动增长与发展，需要打造互通互联的基础设施，以增进国与国的经济交往。逆全球化表明处于经济停滞常态化中的西方国家丧失了提供公共品的意愿和能力，而中国通过深化改革、参与到经济全球化进程中实现了经济腾飞。中国作为世界第二大经济体勇于担当，愿意为国际社会提供更多公共产品，"一带一路"倡议就是为共享发展机会、构建合作平台而提供的公共产品，以推动沿线国家的贸易交往，为沿线国家创造更多的投资机会和就业岗位。习近平总书记指出："当前，经济全球化、区域一体化快速发展，不同国家和地区结成了你中有我、我中有你、一荣俱荣、一损俱损的关系。这就决定了我们在处理国际关系时必须摒弃过时的零和思维，不能只追求你少我多、损人利己，更不能搞你输我赢、一家通吃。只有义利兼顾才能义利兼得，只有义利平衡才能义利共赢。"并且"中国愿意把自身发展同周边国家发展更紧密地结合起来，欢迎周边国家搭乘中国发展'快车''便车'，让中国发展成果更多惠及周边，让大家一起过上好日子"。

4. 以"共享"推动劳动和资本相协调

劳动是商品生产中新创造的价值源泉。在资本主义生产资料私人占有制下，资本家凭借对生产资料的所有权而占有雇用劳动者的劳动成果，不断创造赤贫的、除了出卖劳动别无选择的劳动者是资本家完成资本增殖和积累的前提，进而成为资本主义制度得以存在的基础。资本主义主导的经济全球化加剧了资本对劳动的剥削，一方是工资仅仅能满足生存需要、劳动强度不断加大的在劳动密集型产业中进行生产活动的发展中国家的工人，另一方是失去就业岗位和工资、无法实现最基本生存需要的、在产业转移过程中被逐渐淘汰的发达国家的制造业工人。资本对劳动剥削程度的加深，本质是无偿劳动相对于有偿劳动的份额不断上升，表现为世界经济中收入两极分化趋势的不断加重，全球最富有的1%人口所拥有的财富总量已经超过了其余人口财富的总和。尽管世界人口减贫进程不断加快，但仍然存在大量的极端贫困人口。不同于资本主义主导的经济全球化，再全球化的中国方案将建立起劳动和资本相协调的机制，在不断为资本创造便利的投资环境的同时，使劳动者共享经济发展的成果。

与私人垄断资本主导的经济全球化不同，再全球化的中国方案要坚持以满足世界各国人民的需要为根本目的，建设"以人为本"的命运共同体。为达到该目的，必须保障公有制的主体地位，发挥国有企业在基础设施建设等领域的投资引领作用和示范效应。在公有制主导之下，在全球产业布局飞速调整的背景下，要建立对传统产业中释放出的劳动培训制度，以使劳动力能尽快适应飞速发展的技术革命的要求。要建立对失业工人的补偿机制，在考虑不同国家经济发展水平的基础上，建立失业工人补偿的国际标准。同时，必须明确劳动者是生产行为的主体，一切发展的成果都离不开劳动者的劳动，要切实保障劳动者的权益，建立以工会为核心的资本和劳动的集体谈判制度。在经济全球化条件下，为增强国家之间劳动力市场的统一和协调，要健全劳动力跨国流动的制度，增加劳动者就业选择的空间范围。

5. 以"监管"推动金融服务实体经济

中心国家金融、保险和房地产业这些不创造价值的、纯粹耗费性的最终服务所占的比重不断上升，由外围国家以制造业为核心的实体部门为中心国家资本价值增殖提供来源，是私人垄断资本推动经济全球化的产业布局的核心特征。中心和外围的这种产业布局加剧了发达资本主义国家内部实体部门的"空心化"，使金融部门越来越趋向于由内部投机活动支撑的"空转"。金融对实体经济的这种脱离源自资本最大限度的增值的本质需求，正如马克思指出的，资本在循环过程中总是要意图减少甚至是略去对资本而言"非必要"的生产环节。但是生产活动才是人类一切物质财富的来源，缺乏了外围国家的生产活动的支撑，发达国家的金融化泡沫最终也会破灭。因此，再全球化的中国方案要建立完善的国际金融监管制度，纠正金融脱实向虚的倾向，要使金融发展服务于世界经济和各国国内经济结构优化、增长动力转换和产业结构升级的方向。

中国在再全球化的中国方案中同样要发挥引领作用。积极推动国内金融机构"走出去"，为世界各国企业，尤其是发展中国家的企业提供更加便利的投资和融资服务。发挥金融机构集中社会闲散资金的基础职能，引导资金流向实体产业，尤其是战略性新兴产业和现代服务业，以此推动产业结构升级。要立足于"创新"驱动世界经济增长动力再造的需要，将金融业集中的发展基金投资于更有发展潜力的领域，充分利用新工业革命的成果。要立足以"共建"为原则的世界经济结构的目标，建立发展基金，专门用于落后国家的基础设施建设，在帮助发展中国家的同时，实现世界各国互联互通基础上的共赢发展。继续按照顺应经济全球化的世界历史发展趋势的要求，加快扩大中国的资本市场的对外开放，便利国际资金融通，更好地为跨国公司的投资活动、国际商品贸易服务。

四、作为中国方案重要抓手的"一带一路"

（一）"一带一路"对再全球化的意义

2013 年 9 月和 10 月，国家主席习近平首次提出共建"丝绸之路经济带"和 21 世纪"海上丝绸之路"的倡议，并于 2015 年发布《推动共建丝绸之路经济带和 21 世纪海上丝绸之路的愿景与行动》（以下简称《愿景与行动》）。《愿景与行动》指出共建"一带一路"是在世界经济复苏和世界经济结构调整的背景下，顺应经济全球化的潮流，以维护多边贸易和世界开放为目的的选择。共建"一带一路"致力于构建以亚欧非大陆及附近海洋互联互通网络为基础的沿线国家的共同发展。共建"一带一路"是中国为扩大对外开放、承担起共建人类命运共同体的大国责任而采取的实际行动。共建"一带一路"依托于和平合作、开放包容、互利共赢和互学互鉴四大理念，打造政治互信、经济融合、文化包容的利益、命运和责任"三个共同体"，提出的政策沟通、设施联通、贸易畅通、资金畅通、民心相通的"五通"实施路径体现了中国引领的由社会主义主导的经济全球化不同于发达资本主义国家私人垄断资本主导的经济全球化，它不再是中心国家对外围国家的经济强制，追求的是互利共赢；在平等的国际分工中，它不会再形成外围国家从事高强度的生产却获得较低增加值的不平等的全球价值链分配格局，而是经济融合的共享发展。

"一带一路"建设对再全球化有重要意义。"一带一路"建设将助推经济全球化由资本主义主导向社会主义主导的渐进转型。过去经济全球化的全部历史是一部资本主义的发展史，资本的全球化过程助推生产社会化程度不断提高。但全球化的资本却是由私人垄断资本占有，这与不断社会化的生产力之间的矛盾和冲突不断加剧，表现为世界经济结构失衡及由此引发的金融危机和经济危机。为了应对外部和内部不断激化的矛盾，发达资本主义国家"关闭国门"，强化保护主义和单边主义，导致经济全球化逆转。逆全球化是资本主义内在矛盾在全球化中不断扩大化的结果，是经济全球化由资本主义主导的必然趋势。但是逆全球化并不能缓解发达资本主义国家的内部和外部矛盾，反而会加剧由于与生产社会化相悖而对生产力发展的阻碍作用，使经济陷入停滞常态化而无法自拔。为了使经济从危机中恢复，唯一的选择是：顺应世界历史、生产社会化的发展要求，由社会主义主导重启经济全球化。再全球化的中国方案是由社会主义主导经济全球化的可选方案之一。中国作为新兴工业大国、世界第二大经济体负责重建全球经济治理体系推动经济全球化是历史赋予的重要使命。"一带一路"建设是首次在中国的引领之下推动世界经济共同发展、促进各个文明之间的对话的过程，开启了人类命运共同体构建的历史过程（明浩，2015）。中国将成为由社会主义主导的经济全球化的引领者和推动者，通过不断增加经济全球化中的社会主义因素，最终完成由资本主义主导的经济全球化向由社会主义主导的经济全球化的过渡，实现构建人类命运共同体的最终目标，中国"一带一路"愿景的提出是再全球化的中国方案从理论到实践的起点。

习近平总书记曾在2017年"一带一路"国际合作高峰论坛的主旨演讲中明确指出，"一带一路"建设并不是另起炉灶、推倒重来，而是要实现战略对接和优势互补。社会主义主导经济全球化的实现不是一蹴而就的，西方发达资本主义国家尽管丧失了主导经济全球化的能力，但这些国家仍然在世界经济中占有重要的地位，美国作为"逆全球化"的领头国家仍然是世界第一大经济体。在资本主义还是世界上占主导地位的生产方式的历史条件下，中国推进由社会主义主导的再全球化要通过渐进而不是激进的方式实现转型。在充分利用广阔的资本主义国家市场的同时，以"一带一路"为抓手，不断扩大世界经济中由中国特色社会主义主导的经济力量。由于中国以公有制为主体、多种所有制共同发展的所有制结构已经被历史证明相比于资本主义的生产资料私有制具有优越性，更能适应不断社会化的生产力的发展要求，因此，共建"一带一路"必然会使先进的生产方式逐渐取代旧的、落后的资本主义生产方式。

具体而言：其一，以"一带一路"为抓手将带动再全球化实现世界经济平衡发展。"一带一路"沿线国家多数是被排除在经济全球化体系之外的边缘国家。在过去的由资本主义主导的经济全球化中，中亚等丝绸之路沿线国家只是作为东西方贸易和文化交流的通道，实际上并没有真正融入世界经济一体化进程中。"一带一路"建设鼓励与内陆国家开放经济合作与文化交流，推动西部和东亚内陆国家的开发，帮助这些发展中国家实现工业化和现代化，以实现世界经济平衡的目标（王义桅，2016）。通过产业的梯度转移，中国向高质量发展转型过程中不再具有优势的劳动密集型产业的转移，可以带动沿线国家的产业结构升级、经济和就业增长，将这些边缘国家带入全球经济体系中，享受经济全球化所产生的正的外部性。其二，以"一带一路"为抓手将带动再全球化实现全球治理模式的变革。在过去由资本主义主导的经济全球化中，借助世界银行、WTO、国际货币基金组织等，发达资本主义国家致力于为本国争取更多的利益。在新兴经济体崛起之后，国际组织和规则等亟待改革以适应新的世界格局变化。在"一带一路"建设中，中国与沿线国家不断构建适应于广大发展中国家和新兴经济体的经贸规则，同时与已有的国际组织框架相对接，通过包容而非对抗，不断增加发展中国家在全球经济治理中的话语权。其三，以"一带一路"为抓手将带动再全球化实现更均衡的分配结构。在资本主义生产方式下，以生产资料私人所有制为基础形成了资本对劳动的剥削关系，劳动者仅能获得满足基本再生产需要的工资，剩余价值相对于可变资本的增加趋势表现为收入分配两极分化的不断扩大化。相反，在社会主义生产方式下，以生产资料公有制为基础形成了按劳分配为主体的分配方式，防止两极分化加剧，最终实现共同富裕。

（二）如何推进"一带一路"建设

《愿景与行动》指出要从政策、设施、贸易、资金和民心五个方面实现沿线国家的互联互通。总体上，"一带一路"建设要充分体现"共商""共建"和"共享"的中国理念。"共商"体现在沿线国家对与本国利益相关的多边合作协议都有平等的发言权，充分尊重各方的意见，通过政策协调与对接，实现沿线国家之间在顶层设计层面的交流互信，协调各国的发展战略和宏观经济政策，实现"政策沟通"。"共建"体现在沿线国家共同推进基础设施互联互通，从建设规划、技术对接到最终落实都要实现各方参与、各方获益；沿线国家不断加强投资贸易合作，共同推进投资便利化改革，消除壁垒，建立良好的营商环境，发展跨境电子商务，推动新兴产业合作，优化区域产业链布局，实现"贸易畅通"；沿线国家共同推进货币、投融资和信用体系建设，逐步扩大本币互换，建立投融资平台，加强金融监管合作，实现"资金融通"。在实现"共商"和"共建"的基础上实现"共享"，使发展成果惠及沿线各个国家的人民，扩大沿线国家人民的文化交流，加强在疾病防控、科技合作、就业培训等方面的合作，实现"民心相通"。在推进"五通"建设的过程中，中国要通过推动中国的国有企业"走出去"、以国有企业主导基础设施建设、以中国雄厚的资金实力作支撑三个方面发挥中国在"一带一路"建设中的主导作用，充分体现中国特色社会主义的优势，逐步实现再全球化的中国方案。

首先，使中国国有企业借"一带一路"建设"走出去"有助于增强公有制在中国特色社会主义中的主体地位，从而为再全球化的中国方案增加更多的社会主义因素。2015 年，中共中央、国务院发布了《关于深化国有企业改革的指导意见》（以下简称《意见》），从顶层设计层面明确了坚持社会主义市场经济改革方向是国有企业改革的基本原则之一。《意见》指出，日益激烈的国际竞争是国有企业深化改革的外部驱动力。为此，在经济全球化条件下，具有一定规模的国有企业要主动参与到世界市场的竞争之中，在全球范围内配置生产资源，以增强国有企业的竞争力，巩固国有企业在国民经济中的主导地位。"一带一路"贯穿亚欧非大陆，沿线国家大多数是新兴经济体和发展中国家，"一带一路"倡议的提出为国有企业"走出去"提供了有利的国际环境和广阔的投资平台。但中国国有企业借助"一带一路"建设"走出去"不仅仅对中国特色社会主义经济的建设有利。以生产资料的公有制取代资本主义生产资料的私有制，可以从根本上解决由资本主义基本矛盾所导致的经济全球化的负面效应，化解由于资本主义基本矛盾而形成的"反全球化"和"逆全球化",推动世界范围的生产社会化,从而促进社会生产力的发展。中国一带一路网公布的数据显示,在"一带一路"的建设中,央企承担了大量战略通道和战略支点项目,包括中俄、中哈、中缅的原油管道,中俄、中亚、中缅天然气管道,俄罗斯等周边国家的 10 万条互联互通输电线路,中缅、中泰、中老铁路,中巴喀喇昆仑公路,斯里兰卡汉班托港等的建设和推进工作,涉及交通、能源和通信各个基础设施建设领域。

其次,以基础设施建设为突破口推动沿线国家的经济一体化基础之上的共同发展。技术水平和交通运输条件的发展可以使交换范围逐渐扩大,交换范围扩大使劳动分工逐渐发展起来,分工专业化和生产社会化的发展反过来促进技术进步和社会生产力的发展,进一步扩大交换的市场范围。因此,对"一带一路"沿线国家基础设施建设的大规模投资、扩大沿线国家交往的范围、加大沿线国家交往的频率,均可以通过各国市场间的联通推动沿线国家间的劳动分工、推动沿线国家间产业布局的重整、推动沿线国家生产力的发展,从而推动沿线国家在互联互通基础之上的共同发展。在这个过程中要发挥中国国有企业在基础设施建设领域的技术和资金优势,在输出中国过剩产能的同时,推动沿线落后的发展中国家的发展。建立在由中国国有企业主导的基础设施互通互联基础上的"一带一路"沿线国家间经济一体化可以使再全球化的中国方案的社会主义因素不断增加。《愿景与行动》提出五年以来,中国与"一带一路"沿线国家在港口、铁路、公路、电力、航空、通信等基础设施建设领域开展了大量合作。中国海运互联互通指数全球第一,已经与 200 多个国家 600 多个港口建立航线联系;铁路联通水平也不断提高,开行班列和年运送货总值不断增加,货物范围从电子产品扩展到人民日常生活必需品。基础设施的互通互联大大加快了沿线国家之间的经贸往来,推动了经济一体化的发展。

最后,构建以四大"资金池"——亚洲基础设施投资银行(简称亚投行,AIIB)、丝路基金、金砖国家开发银行和上合组织开发银行为主的投融资平台,为基础设施建设等项目提供资金,推动金融服务于沿线国家的实体经济发展。基础设施建设是"一带一路"沿线国家实现经济一体化的基础,但是基础设施常常需要大量资金投入,同时又是具有非竞争性和非排他性的公共品,其回报周期较长、融资难度大,是私营企业和资金不愿主动投资的领域。于是,这类基础设施建设就需要国家提供资金,涉及国家之间基础设施互通互联的建设更需要沿线国家的联合行动。因此,构建沿线国家共同参与的投融资平台对"一带一路"建设有重要意义。2013 年,习近平首次提出筹建亚投行的倡议,21 个意向创始成员国于 2014 年在北京签署了《筹建亚投行备忘录》,随后又有多个包括英国在内的欧洲国家加入,最终共有遍及五大洲的 57 个创始成员国加入亚投行。中国主导亚投行的筹建主要是为了"一带一路"建设，尤其是为基础设施建设提供金融支撑。以新兴经济体和其他发展中国家为主体的沿线国家具有巨大的增长潜力，开发这些国家的增长潜力，可以为中国过剩产能的输出提供市场，同时实现发展中国家的工业化和现代化，实现互惠基础上的共赢发展。此外，亚投行的建设也是推动人民币国际化，走出"美元陷阱"的有益尝试（王达，2015）。除了亚投行之外，2014年11月，在2014年APEC工商领导人峰会上宣布建立丝路基金，直接利用中国雄厚的资金支持"一带一路"建设中的基础设施建设、资源开发和产业合作。此外，还包括最早在2012年提出并于2014年7月由金砖五国（巴西、俄罗斯、印度、中国和南非）正式签订协议成立的、为金砖国家及其他发展中国家提供基础设施建设资金的金砖国家开发银行，以及2013年习近平总书记在上合组织成员国元首理事会第十三次会议上提出成立的上海合作组织开发银行。上合组织开发银行参与国包括中国、俄罗斯、哈萨克斯坦、吉尔吉斯斯坦、塔吉克斯坦和乌兹别克斯坦，致力于以共同出资和受益的方式，扩大本币结算合作，促进区域经贸往来。四大"资金池"主要服务于"一带一路"基础设施建设的需要。由此实现的沿线国家间的"资金融通"是构建社会主义主导的经济全球化的重要组成部分——再全球化的中国方案中的金融全球化的起点。

"一带一路"建设中的基础设施建设及为其提供融资服务的亚投行等四大"资金池"都是在中国主导之下进行的，体现出中国主动参与到再全球化的建设、主导中国方案的再全球化中的全球经济治理的能力和意愿。再全球化的中国方案从以基础设施建设为起点的沿线国家的经济一体化，并以公有制为主体、国有企业为主导为开始，不断增强世界经济一体化中的社会主义主导力量，最终要实现社会主义主导的经济全球化对资本主义主导的经济全球化的取代，实现建设人类命运共同体的目标。

（三）"一带一路"倡议的成就及愿景

截至2019年第二届"一带一路"国际合作高峰论坛之前，"一带一路"倡议以"五通"为主要内容持续推进，取得了巨大的成就。[①]

在政策沟通上，中国发挥了引领作用，依据"一带一路"倡议的核心理念签署了大量合作协议。共建"一带一路"倡议已被载入联合国、二十国集团等多个国际组织的重要文件中；中国已经与125个国家和29个国际组织签署了合作协议，与多个国家开展产能合作，并与多个国家的发展战略实现了对接和协调，包括分别由俄罗斯、东盟、哈萨克斯坦、土耳其、蒙古国、越南、英国和波兰等提出的欧亚经济联盟、互联互通总体规划、"光明之路""中间走廊""发展

---

① 以下数据来自中国一带一路网（https：//www.yidaiyilu.gov.cn/）和推进"一带一路"建设工作领导小组办公室22日发表的《共建"一带一路"倡议：进展、贡献与展望》报告。

之路"两廊一圈""英格兰北方经济中心""琥珀之路"等，与其他国家的发展战略对接也在全面铺开。除此之外，在数字经济建设合作、税收合作、法治合作、能源合作等专业领域的对接合作也在有序推进。

在设施联通上，中国发挥了主导作用，与沿线各国共同推进建设了一大批互联互通项目，包括联结亚洲和欧洲经济圈的新亚欧大陆桥、中蒙俄、中国—中亚—西亚、中国—中南半岛、中巴和孟中印缅等在内的国际经济合作走廊建设取得了阶段性进展；包括铁路、公路、港口、航空、能源设施、通信设施在内的基础设施建设持续推进，中欧班列已经联通了 16 个亚欧大陆国家，中吉乌国际道路运输已经实现了常态化运行，中国已经与 47 个沿线国家签署了 38 个双边和区域海运协定，与沿线国家新增国际航线 1239 条，中缅油气管道全线贯通，丝路光缆项目也已经启动。互联互通水平的大幅提升为"一带一路"沿线国家的经济发展奠定了基础。

在贸易畅通上，中国发挥了示范作用，与"一带一路"沿线国家不断扩大对外开放，使贸易更加便利，缩短了商品在市场流通的时间。"一带一路"倡议提出 5 年以来，中国与沿线国家的贸易规模不断扩大，货物贸易进出口总额超过 6 万亿美元，服务贸易仅 2017 年就高达 977.6 亿美元；与此同时，跨境电子商务成为越来越重要的贸易方式，2018 年通过电子商务平台交易的进出口商品总额达 203 亿美元。贸易和投资自由便利化水平的提高提升了"一带一路"沿线国家在经济全球化中的参与度，同时推动了经济全球化的发展。

在资金融通方面，投融资平台的建立大大便利了"一带一路"建设中的投资活动，尤其是大型项目的投资。亚投行已经累积批准提供了 75 亿美元贷款，丝路基金投资实际出资金额达 77 亿美元，与世界传统多边金融机构实现了互补之势；中欧共同基金投资规模达 5 亿欧元；多边开发机构的联合融资已经累计投资 100 多个项目；中国已经与沿线 20 多个国家建立了双边本币互换安排。国际融资越来越多样化、多边金融合作和金融合作水平不断提升、金融市场体系日趋完善、金融互联互通水平不断提升，为"一带一路"建设提供了资金支持。

在民心相通上，"一带一路"沿线国家在多领域展开了合作，中国每年向有关国家提供 1 万个政府奖学金名额，2017 年共有 3.87 万人接受该奖学金来华留学，另外还设置了丝绸之路专项奖学金。在第一届"一带一路"国际合作高峰论坛期间及前夕，沿线各国的政府达成了涉及"五通"的 76 大项 270 多项具体成果。截至 2018 年底，其中 269 项成果已完成，落实率达 96.4%，"一带一路"的合作国家和组织持续增加，合作文件不断被积极落实，基础设施有序建设，中欧班列开行达 1.3 万列，成功举办了首届中国国际进口博览会，丝路基金完成增资 1000 亿元人民币，南南合作援助基金增资 10 亿美元，民间合作组织已达 310 家。

在产业合作方面,中国对沿线国家的直接投资在五年中超过 900 亿美元,完成承包工程超过 4000 亿美元,国际产能合作和合作园区建设也在不断向前推进。

"一带一路"建设以"共享"为原则,已经坚实地推动了沿线国家的一体化和共同发展。中国坚持"引进来"和"走出去"相结合,成为世界第一大出口国和第二大进口国,拉动了对华出口的"一带一路"沿线国家的经济增长,预计将使"发展中的东亚及太平洋国家"GDP 平均增加 2.6%~3.9%。对外直接投资超过 800 亿美元,进出口总额超过 6 万亿美元,已经为沿线国家当地创造了24.4 万个就业岗位,上缴东道国税费累计 20.1 亿美元。

习近平总书记在第一届"一带一路"国际合作高峰论坛的演讲中指出,未来要继续推进"一带一路"的建设,将"一带一路"建设为和平、繁荣、开放、创新和文明之路。不同于美国借"马歇尔计划"建立起世界霸权,中国主导的"一带一路"将建设成为一条和平的同时实现"中国梦"和建设人类命运共同体的"世界梦"之路。不同于发达资本主义国家主导的经济全球化下不平等的世界分工格局,中国主导的"一带一路"致力于解决发展中国家的增长与发展问题,要加强产业合作,共同规划产业发展,抓住新工业革命的发展契机;要完善金融服务网络的建设,使金融服务于实体经济;要推进海陆空和互联网四位一体的联通,建设能源互联网和跨区域物联网,实现低碳发展。不同于发达资本主义国家主导的"逆全球化",中国主导的"一带一路"建设将继续扩大对外开放,维护多边贸易体制,推动自由贸易区建设,促进贸易和投资便利化,同时解决发展失衡、治理失序、收入两极分化等问题。不同于停滞的西方发达国家主导下的世界经济,中国将主导"一带一路"建设成为一条创新之路,加强沿线国家在数字经济、人工智能等前沿领域的合作,推动大数据、云计算和智慧城市建设,以建设 21 世纪的数字丝绸之路。不同于西方私人垄断资本输出污染的行为,中国主导的"一带一路"建设将建成绿色发展之路,推动节能减排等方面的共同行动。不同于西方发达资本主义国家以普世价值而形成的"白人至上主义",中国主导的"一带一路"将建设成为文明之路,在保持文明多样性的基础之上,加强文明间的交流,化解文明间的冲突。总之,中国特色社会主义主导的再全球化以"一带一路"为抓手,将最终建成人类命运共同体。

第❿章
中国模式与中国共产党的领导

改革开放 40 多年来，中国取得了举世瞩目的成就，开创了一种不同于西方发达国家、苏联等国家的独特的经济发展模式，受到世界的广泛关注。近年来，人们从中国特色社会主义市场经济体制的建立和发展、人口红利、开放政策的成功实施、中国人的节俭、热衷储蓄等方面研究中国模式成功的原因，取得了丰硕的成果。但是，已有的研究大都回避了中国模式取得成功的政党制度因素，尤其是缺乏对中国共产党的集中统一领导对中国经济成就的巨大推动作用的系统阐述。实际上，办好中国的事情，关键在于中国共产党。中国共产党的集中统一领导是中国特色社会主义最本质的特征和最大优势，是中国特色社会主义事业各项方针政策顺利落实的重要保障，对于中国模式的成功有着不容忽视的关键作用。

第一节　经济与政治的辩证关系

经济与政治是人类社会生活的两个重要方面，两者相互联系、不可分割，甚至可以相互转化。现实生活中，经济问题往往与政治问题相互交织，甚至经济政治化或者政治经济化。中国共产党的集中统一领导属于政治范畴，但受到经济的强烈影响，并对经济具有很强的反作用。理解把握经济与政治的互动关系，尤其是马克思主义政治经济学关于经济与政治互动关系的观点有助于正确地理解中国共产党的集中统一领导。

一、"经济"与"政治"的本质

"经济"被普遍认为是人们生产、分配、交换、消费等活动的总和。马克思、恩格斯在深入研究资本主义工业化的基础上，进一步对"经济关系"进行了界定。恩格斯指出："被视为社会历史的决定性基础的经济关系，是指一定社会的人们用以生产生活资料和彼此交换产品（在有分工的条件下）的方式和条件。因此，这里面也包括生产和运输的全部技术装备，这种技术装备照我们的观点看来，同时决定着产品的交换方式以及分配方式，从而在氏族社会解体后也决定着阶级的划分，决定着统治和从属的关系，决定着国家、政治、法律等。此外，包括在经济关系中的还有这些关系赖以发展的地理基础和事实上由过去沿袭下来的先前各经济发展阶段的残余，当然还有围绕着这一社会形式的外部环境。"① 可以说，马克思主义政治经济学中的"经济"是生产力和生产关系的总和，既包括生产、分配、交换、消费等经济活动，还包括与社会生产力相适应的经济部门、社会经济制度等经济关系。

"政治"往往指对社会、对国家进行治理的行为，也指维护统治的行为。人们对政治的研究由来已久，不同的专家学者基于自身的理论主张形成了对于"政治"含义的不同观点。例如：美国政治学家戴维·伊斯顿把政治理解为是对社会价值的权威性分配；戴维·波普诺则认为"政治的精髓在于权力"，"政治活动是指人们和群体取得权力以及对他人运用权力的过程。它也是人们做出并实施那些影响整个社会的决定的方法"② 等。这些观点尽管从不同的角度对政治的内涵、特征等进行了阐释，但都局限于从上层建筑的层面理解政治，没有揭示政治的本质。马克思主义政治经济学认为"政治是经济的集中体现"③，揭示政治的本质需要从政治经济学的角度去分析。在《德意志意识形态》中，马克思依照生产力发展到一定阶段出现分工、社会分工必然引起人们利益分化和矛盾、协调控制利益矛盾需要"国家"这一逻辑思路揭示了"国家"政治的产生和发展。马克思还认为："以一定的方式进行生产活动的一定的个人，发生一定的社会关系和政治关系。"④ 可以说，马克思主义政治经济学从物质资料的生产出发，论述了政治的经济基础，科学地指出社会关系、政治关系是由社会生产力决定的，是与人所从事的生产活动密切相关的，从而揭示了政治的本质。

二、西方经济学关于经济与政治互动关系的观点

经济与政治的相互关系一直是政治经济学研究的重要问题。正如著名学者罗伯特·吉尔平所说："现代'国家'与'市场'的共存及其相互作用产生了政治经济学，没有国家和市场就不可能有政治经济学。没有国家，经济活动的结果将

① 马克思，恩格斯．马克思恩格斯选集（第4卷）［M］．北京：人民出版社，1995.
② 戴维·波普诺．社会学［M］．李强等译．北京：中国人民大学出版社，1999.
③ 列宁．列宁选集（第1卷）［M］．北京：人民出版社，1972.
④ 马克思，恩格斯．马克思恩格斯选集（第1卷）［M］．北京：人民出版社，1995.

完全由价格机制和市场力量来决定，这是纯经济学的领域。没有市场，经济资源将由国家或类似的权力机构来分配，这是纯政治学的研究领域。"① 西方经济学中不同的流派对于经济与政治的关系有着不同的观点。

古典经济学派主张政治不应该干预经济，提出政府不应该干预市场，市场的力量就可以使经济达到均衡。早在 18 世纪，亚当·斯密就提出了"看不见的手"理论，政府只需要发挥"守夜人"的作用即可。之后，李嘉图、萨伊、约翰·穆勒等也都坚持这样的观点。20 世纪 70 年代后，新自由主义经济学兴起，其在推动自由化、私有化、市场化，反对政府干预方面比古典经济学更为彻底。总的来说，无论是古典经济学，还是新自由主义经济学，都"坚持市场从效率、发展和消费者选择的利益出发，不应受到政治的干预"②，认为"政治使人民分裂，而经济则使人民团结"③，国家会限制市场、个人在实现经济均衡的积极作用，不愿意对经济活动、经济关系进行政治分析，忽视国家、政治在实现社会公平、维护经济秩序等方面的重要作用。

与古典经济学派、新自由主义经济学形成鲜明的对比，重商主义认为政治决定经济，政治要比经济更为重要，强调国家要主导经济，市场要服务于国家在生存、独立性、安全等方面的利益追求。在世界体系中，市场被政治国界分割，国家间竞争激烈，市场发展的不平衡导致各国在国际交往中地位的不平等，而国家间的关系又影响着市场的运行；同时，市场也需要国家的干预来弥补其天然存在的缺陷。在这种情况下，国家力量在市场运行中的作用就非常重要。由此可见，虽然重商主义充分认识到经济与政治的互动关系，强调了国家的作用，但是忽视了市场个体对国家作用的限制。

此外，美国制度学派、凯恩斯主义经济学甚至以布坎南为代表的部分新自由主义经济学者们也都认识到政治对经济的重要作用，认为政治可以保障市场机制更为有效地运行进而促进经济的发展，尤其是凯恩斯主义经济学的政府干预思想因在罗斯福新政中得到贯彻并帮助美国经济走出"大萧条"而得到人们的肯定，但是其过分强调政府干预也导致资源浪费、经济运行无效等一系列消极后果。

三、马克思主义政治经济学关于经济与政治互动关系的观点

马克思主义政治经济学批判地吸收了古典政治经济学、重商主义的合理成分，认为经济与政治是紧密联系、辩证统一的有机整体；经济决定政治，经济活动、经济关系具有强烈的政治属性；政治是经济的集中体现，政治关系是与经济

---

①②③　罗伯特·吉尔平. 国际关系政治经济学［M］. 杨宇光译. 北京：经济科学出版社，1989.

关系相对应的，政治同时又反作用于经济。正如恩格斯指出的："政治、法、哲学、宗教、文学、艺术等的发展是以经济发展为基础的，但是，它们又都互相影响并对经济基础发生影响。并不是只有经济状况，才是积极的，而其余一切都不过是消极的结果。这归根到底是在不断为自己开辟道路的经济必然性的基础上的互相作用。"①

（1）经济决定政治。马克思、恩格斯在对资本主义社会进行政治经济分析的基础上，认为"国家不外是资本者为了在国内外相互保障自己的财产和利益所必然要采取的一种组织形式"②，指出物质资料的生产从来都是第一位的，是人类从事包括政治活动在内的一切社会活动的基础和前提，阶级、国家、政治制度等政治现象是在社会生产力发展到一定阶段伴随着社会分工的出现、社会利益的分化以及社会利益矛盾的加剧而出现的，作为经济关系中基础性内容的生产资料所有制性质决定了一个社会的政治性质、政治制度的属性以及人们拥有的政治权利和社会地位，"现代的资产阶级财产关系靠国家权力来'维持'，资本家阶级建立国家权力就是为了保卫自己的财产关系"③，占统治地位的经济关系不仅在现实社会生活中发挥主导作用，还会反映到人们的观念中，并以制度的形式固化下来，从而在政治上表现为相应的占统治地位的阶级关系和政治统治。可以说，经济是政治产生、发展的基础。

（2）政治反作用于经济。恩格斯曾经指出："一种历史因素一旦被其他的归根到底是经济的原因造成了，它也就起作用，就能够对它的环境，甚至对产生它的原因发生反作用。"④ "如果政治权力在经济上是无能为力的，那么我们何必要为无产阶级的政治专政而斗争呢？"⑤政治对经济是有反作用的。首先，统治阶级往往通过国家、政治制度把有利于自身的经济利益、经济关系在全社会范围内固定下来。各种政治力量间的竞争、较量、政权的更迭往往会引起经济关系的变化，甚至形成新的经济基础。例如，资产阶级在与封建势力斗争中获胜并建立了自己的政权和资本主义制度，保护了资产阶级的经济利益，同时也促进资本主义生产方式成为社会主导的生产方式。其次，国家、政治制度可以巩固经济基础。通过国家干预，建立健全相关的政治制度，政权、国家机构、政治制度等赖以建立的经济基础可以得到巩固和发展。例如，资本主义经济在资产阶级政权建立后得到巩固并获得长足发展。最后，国家、政治制度可以影响经济发展的方向。"政治因素不仅能决定经济制度，而且也能影响经济政策的制定……经济政策是

①④⑤　马克思，恩格斯．马克思恩格斯选集（第4卷）［M］．北京：人民出版社，1995.

②　马克思，恩格斯．马克思恩格斯选集（第3卷）［M］．北京：人民出版社，1960.

③　马克思，恩格斯．马克思恩格斯选集（第4卷）［M］．北京：人民出版社，1958.

政治斗争的产物，代表各自利益的不同集团围绕不同的现行政策后果展开交锋。"① 国家是阶级统治的工具，代表统治阶级的利益。政治制度、政策的出台往往是各种政治力量较量后获胜一方意志的体现，代表获胜一方的经济利益，为有利于获胜一方的经济活动、经济关系提供保障，进而影响经济发展的方向和速度。同时，为了实现国家发展的整体目标，国家可以通过制定倾斜性的经济政策甚至直接干预的方式调整经济结构，扶持对实现国家发展目标有利的产业，引导经济发展的方向。

（3）经济和政治还可以相互转化，即经济问题政治化、政治问题经济化。一方面，经济问题可以政治化。原本属于经济范畴的内容在一定条件下可以转化为政治范畴的内容。例如，市场经济要求市场主体间具有平等的地位，可以自由地处置自己的资产、劳动力，公平地进行交易，平等、自由、公平也成为市场经济的价值追求，这些价值追求在获得社会的认可后，逐渐转化为民主政治的本质要求，成为政治范畴的内容。另一方面，政治问题可以经济化。原本属于政治范畴的内容也可以转化为经济范畴的内容。例如，实现共产主义是无产阶级政党追求的政治目标，属于政治范畴，但是实现共产主义内在要求的社会生产力高度发达、物质财富极大丰富、共同富裕等则是社会主义市场经济发展的重要目标，属于经济范畴。

第二节　坚持中国共产党的集中统一领导的必然性

"党政军民学，东西南北中，党是领导一切的。"② 坚持中国共产党对经济的集中统一领导是由我国的基本经济制度决定的，是中国特色社会主义市场经济在政治上的集中体现和必然要求。

一、解放和发展生产力的必然要求

中国经济具有鲜明的社会主义性质。解放和发展生产力是社会主义的本质，也是发展中国特色社会主义市场经济的根本任务。要解放和发展社会生产力，必然要求坚持中国共产党的集中统一领导，这是由中国共产党是工人阶级政党这一

---

① 琼·斯佩罗. 国际经济关系的政治学［J］//倪世雄. 当代美国国际关系理论流派文选［M］. 北京：学林出版社，1987.

② 习近平. 决胜全面建成小康社会，夺取新时代中国特色社会主义伟大胜利——在中国共产党第十九次全国代表大会上的报告［M］. 北京：人民出版社，2017.

本质属性决定的。

马克思、恩格斯认为，工人阶级是"大工业本身的产物"①，在机器大工业取代工场手工业并不断扩张的过程中不断发展壮大，是先进生产力和生产关系的代表，是"掌握着未来的阶级"②；工人阶级没有自己的生产资料，成为"机器的单纯的附属品"③，"没有什么自己的东西必须加以保护，他们必须摧毁至今保护和保障私有财产的一切"④，处于社会最底层，深受剥削和压迫，是"真正革命的阶级"⑤；工人阶级在机器大生产的条件下分工协作，严格按照预先设定的工序进行生产劳动，"就像士兵一样被组织起来"⑥，并在与资产阶级长期的艰苦斗争中"抛掉自己身上的一切陈旧的肮脏东西"⑦，具有高度的组织性和纪律性；工人阶级拥有远大的政治眼光和崇高的理想，为消灭资本主义私有制、实现共产主义、建立自由人的联合体而奋斗，致力于解放全人类，最后才是解放自己。作为工人阶级政党，"在无产阶级和资产阶级的斗争所经历的各个发展阶段上，共产党人始终代表整个运动的利益"⑧，"在实践方面，共产党人是各国工人政党中最坚决、始终推动运动前进的部分；在理论方面，他们胜过其余无产阶级群众的地方在于他们了解无产阶级运动的条件、进程和一般结果"⑨，他们"为工人阶级的最近目的和利益而斗争，他们在当前的运动中同时代表运动的未来"⑩。可见，共产党人是最先进、最革命的政党。

中国共产党具备共产党人的一切先进品格，始终代表中国先进生产力的发展方向，其领导地位是中国人民在长期的革命和建设中做出的正确选择。在中国共产党的领导下，中国进行起经济体制改革，抛弃了严重束缚生产力发展的计划经济体制，建立起中国特色社会主义市场经济体制，创造性地实现了社会主义与市场经济的有机结合，并根据世情、国情的变化，针对不同历史阶段的不同任务提出不同的行动纲领来推动生产力的发展。党的十八大以来，党中央根据国内外形势的变化，提出了创新、协调、绿色、开放、共享的新发展理念，提出以"人民为中心"的发展思想，提出统筹推进"五位一体"总体布局和协调推进"四个全面"战略布局。党的十九大更是审时度势做出新时代我国社会主要矛盾已经转化为人民日益增长的美好生活需要和不平衡不充分的发展之间的矛盾的重要判断，并在此基础上提出全面建成小康社会、全面建设社会主义现代化国家的战略目标；等等。这些政策和发展理念在经济运行中得以贯彻落实，极大地解放了生产力，消除了经济发展的桎梏，促进了生产力的发展。

①②③④⑤⑥⑧⑨⑩　马克思，恩格斯．马克思恩格斯文集（第2卷）［M］．北京：人民出版社，2009.

⑦　马克思，恩格斯．马克思恩格斯选集（第1卷）［M］．北京：人民出版社，1995.

二、保持公有制主体地位不动摇的政治保障

生产社会化与生产资料私有制是资本主义社会的基本矛盾，在这一矛盾的影响下，资本主义社会出现了产能过剩和有效需求不足之间的矛盾、生产的有组织性和市场竞争的无序性之间的矛盾以及周期性经济危机、贫富分化、阶级对立、社会的无政府状态等一系列资本主义制度无法克服的问题，严重制约了社会生产力的发展。中国特色社会主义市场经济在基本经济制度方面摒弃了资本主义私有制，坚持公有制的主体地位，克服了资本主义社会存在的诸多弊端，满足了生产社会化的要求。在坚持公有制主体地位的基础上，政府为了实现全体人民的共同利益，有目的、有计划、有步骤地安排生产，维护正常的经济秩序，通过行使生产资料的管理权推动基础性研究实现突破，攻关人工智能、量子技术、数控机床、载人航天等国家重大科技项目，推进新兴信息产业、高端装备制造、节能环保、生物产业、新能源、新能源汽车、新材料等有利于提升整个国家经济发展水平的前瞻性、战略性产业的发展，加强基础设施建设、促进区域协调发展等，实现了局部利益与全局利益、眼前利益与长远利益的有机统一，为社会生产力的发展开辟了更为广阔的空间，创造了丰富多样的物质财富，以满足人民日益增长的美好生活需要。

坚持公有制的主体地位与坚持中国共产党的集中统一领导密切相关。公有制是中国共产党执政的物质基础，保持公有制的主体地位不动摇离不开中国共产党的集中统一领导。在《共产党宣言》中，马克思、恩格斯认为共产党人不占有生产资料，是无产者，"不是同其他工人政党相对立的特殊政党。他们没有任何同整个无产阶级利益不同的利益。他们不提出任何特殊的原则，用以塑造无产阶级的运动"[1]，共产党人"强调和坚持整个无产阶级共同的不分民族的利益"[2]，他们要推翻资产阶级的统治，要废除资产阶级的所有制，要消灭私有制。《中国共产党章程》则规定，"党除了工人阶级和最广大人民群众的利益，没有自己特殊的利益"[3]。可以说，包括中国共产党在内的共产党人是消灭私有制、建立公有制的核心力量。坚持中国共产党的集中统一领导是确保公有制主体地位不动摇的政治保障。

三、实现共同富裕的根本保证

共同富裕是社会主义的本质属性。在科学社会主义理论中，马克思、恩格斯阐述了关于共同富裕的观点，认为未来社会中生产活动的目的是为了实现共同富

①②　马克思，恩格斯．马克思恩格斯文集（第2卷）[M]．北京：人民出版社，2009.
③　中国共产党章程 [M]．北京：人民出版社，2017.

裕，实现共同富裕以高度发达的社会生产力为前提，生产资料的社会占有是实现共同富裕的基础。中国建立社会主义市场经济体制是解放和发展生产力的需要。在社会主义市场经济条件下，充分发挥市场在资源配置中的决定性作用，利用市场主体对利益的追求，在供求机制、价格机制、竞争机制的影响下，通过保障自由竞争和交换，优胜劣汰，促进万众创新，使资源流入生产效率较高的行业和部门，推动社会生产力的发展和社会财富总量的增加，为实现共同富裕提供物质基础。但是，资本主义市场经济运行的实践已经证明，仅仅依靠市场经济的自发运行是无法实现共同富裕的，甚至只会导致两极分化。市场经济在充分调动劳动者积极性、创造性、挖掘劳动者潜力，提高生产效率的同时，片面强调资本和个人的自由，片面追求个人利益的最大化，甚至不惜以损害他人、社会、自然为代价，优胜劣汰的竞争机制导致资本在大鱼吃小鱼的游戏中越来越集中到少数人手中，并因其对利益的贪婪不断挤压劳动者的财富空间直至其工资水平仅够维持基本生活，使强者越强、弱者越弱，富者越富、贫者越贫，出现严重的两极分化，即使采取社会救助、保障最低生活等福利措施也无法改变贫困群体被剥削、被压迫、生活在社会底层的现实。基于此，实现共同富裕需要坚持中国共产党的集中统一领导。

坚持中国共产党的集中统一领导就是实现共同富裕的根本保证。中国共产党以马克思主义为指导，把实现人民的共同富裕作为自身的初心和使命。从"打土豪分田地"到以公有制为基础的社会主义制度的建立，都是我们党带领中国人民为实现共同富裕做出的有益探索。改革开放后，我们党更是把共同富裕作为社会主义的最高原则。邓小平认为，"贫穷不是社会主义，发展太慢也不是社会主义；平均主义不是社会主义，两极分化也不是社会主义"[1]；"在改革中坚持社会主义方向，这是一个很重要的问题……如果导致两极分化，改革就算失败了"[2]。1992 年，邓小平在"南方谈话"中进一步指出："社会主义的本质，是解放生产力，发展生产力，消灭剥削，消除两极分化，最终达到共同富裕。"[3] 党的十八大以来，以习近平同志为核心的党中央贯彻以人民为中心的发展思想，提出全面建成小康社会、全面建设社会主义现代化国家、打赢扶贫攻坚战等一系列决策部署，继续推进共同富裕的实现。只有在中国共产党的集中统一领导下，才能实现社会主义与市场经济的有机结合，更好地发挥政府在经济运行中的调控作用，维护以国有企业为代表的公有制经济的主体地位并在此基础上实行按劳分配，促进城乡、区域协调发展，先富带动后富，通过教育提高劳动者致富能力，通过促进就业增加劳动者致富机会，通过建立健全社会保障体系保障弱势群体的基本利

①②③　邓小平．邓小平文选（第 3 卷）［M］．北京：人民出版社，1993．

益，保证公平正义，最终实现共同富裕。

四、社会主义市场经济体制有效运行的切实需要

经济市场化反映到政治上就是政治民主化。市场经济是自主经济，市场主体的平等、独立地位是市场经济得以有效运行的前提。在市场经济中，企业自主进行生产经营和决策，自由出入市场，根据供求关系的变化自主定价，平等交换商品；劳动者摆脱地域的限制，自由地在全国范围内流动，自主选择职业和工作，获取合理的报酬。市场经济是法治经济，强调对产权、市场主体独立平等地位的保护，重视规则的重要作用，保证规范有序的市场秩序，力争营造公平竞争的市场环境。市场经济是强调参与的经济，要求所有市场主体为了实现自己的利益参与到生产、交换、消费等活动中。可见，市场经济本身就蕴含了对于独立、自主、平等、公平、开放、参与等价值的追求，也天然地反对出身、等级、特权以及所谓的"权威"等，这些价值追求和理念反映在政治上就是政治民主化。同时，市场经济是有缺陷的。市场调节具有自发性、盲目性和滞后性。现实中并不存在完全竞争的市场，市场配置资源无法解决"公地悲剧""搭便车"、公共物品供给不足等外部性问题，会导致信息失灵，会拉大贫富差距等。因此，市场经济体制要有效运行，不仅需要民主，还需要集中，需要政府的调节。更何况，中国的市场经济还需要坚持社会主义方向。在这种情况下，中国特色社会主义市场经济体制要有效运行，就需要坚持中国共产党的集中统一领导，贯彻落实民主集中制。一方面，发扬民主。适应市场经济的需求，促进多种所有制经济共同发展，保证市场在资源配置中起决定性作用。另一方面，善于集中。中国共产党领导政府科学决策，通过坚持公有制经济的主体地位，推动国有企业实现长足发展，保证我国市场经济的社会主义性质；通过控制投资方向和规模主导经济运行方向；通过世情、国情变化有针对性地制定具有前瞻性的发展规划，在掌握全面、客观、翔实的经济运行数据的基础上加强供给管理，统筹协调经济运行，加强宏观调控和微观规制，解决外部性和信息失灵问题，促进社会公平，稳定经济。

第三节　坚持中国共产党的集中统一领导的意义

坚持中国共产党的集中统一领导是由中国当前的经济基础决定的，同时也反作用于中国经济。经济工作是中国共产党的中心工作，坚持中国共产党的集中统

一领导有利于推动中国经济持续健康发展。

一、有利于形成指导经济建设的科学理论

伟大实践离不开科学理论的指导，中国经济建设要取得成功同样离不开科学理论的指导。坚持中国共产党的集中统一领导有利于形成指导经济建设的科学理论。一直以来，我们党始终坚持马克思主义的指导地位。马克思主义是科学的世界观和方法论，在深刻剖析资本主义生产方式、资本主义社会基本矛盾的基础上科学揭示了人类社会发展的规律和未来发展方向。我们党在领导中国人民建设社会主义、使国家摆脱贫穷落后、实现富强现代化的过程中将马克思主义与不同历史阶段中国的实际相结合，并形成科学理论，进而指导中国社会主义经济建设的实践。改革开放之初，以邓小平同志为核心的第二代中央领导集体提出解放思想、实事求是的思想路线，根据当时的国情提出"一个中心，两个基本点"，在实践中逐步形成了包含社会主义本质理论、社会主义初级阶段理论、社会主义市场经济理论等重要内容的邓小平理论；以江泽民同志为核心的第三代中央领导集体进一步完善中国特色社会主义市场经济理论，提出"三个代表"重要思想；以胡锦涛同志为总书记的党中央回答"实现什么样的发展、怎样发展"这一重要问题，提出科学发展观。党的十八大以来，以习近平总书记为核心的党中央进一步发展了马克思主义，形成了习近平新时代中国特色社会主义思想，审时度势做出中国社会基本矛盾已经发生改变、中国经济发展已由高速增长阶段转入高质量发展阶段的科学判断，指出经济发展中面临的实体经济投资不足、环境污染、人口老龄化等显著问题，提出"两个一百年"奋斗目标、协调推进"四个全面"战略布局、"五大"发展理念等一系列新思想新部署，贯彻以人民为中心的发展思想，推进供给侧结构性改革，建立现代化经济体系，促进经济结构战略性调整、经济发展动力从主要依靠资源和低成本劳动力等要素投入转向创新驱动等。上述科学理论的形成是一脉相承的，都是马克思主义中国化的成果，对于指导中国经济建设的实践发挥了非常积极的作用。

二、有利于保证经济政策的持续稳定

经济发展需要保证经济政策的持续稳定，减少政策的不确定性。中国共产党的长期执政地位是历史和人民的选择，也是保证我国经济政策持续稳定的基础。在科学理论的指导下，我们党把实现共产主义作为终极奋斗目标，同时根据不同历史阶段国民经济发展面临的形势和任务确定中长期经济社会发展目标，并制定切实可行的政策规划保障目标的实现，从国家发展的大局出发，结合实际需要明确优先发展的经济领域和重点发展项目，推动经济持续健康发展。例如，在中国

共产党的领导下，我国从 1953 年开始制定国民经济和社会发展五年规划纲要，目前已经发布十三个五年计划/规划，对我国生产力的分布、国民经济各部门的比例关系、国家重大建设项目等作出规划，保证了国民经济发展的目标和方向。再如我国 2015 年发布的《中国制造 2025》是我国实施制造强国战略的第一个十年行动纲领，确立了要在 2025 年迈入制造业强国行列、2035 年中国制造业整体达到世界制造强国阵营中等水平、新中国成立一百年时综合实力进入世界制造强国前列的短、中、长期目标，提出了实施制造强国战略的基本方针、基本原则和"三步走"的战略部署，提出提高国家制造业创新能力、推进信息化和工业化深度融合等 9 项战略任务和重点以及深化体制机制改革、营造公平竞争市场环境等 8 个方面的战略支撑和保障，推动我国由制造大国走向制造强国。可以说，只有坚持中国共产党的集中统一领导，政府才能制定出切实可行、可以一以贯之贯彻执行的国家经济整体发展长远规划、各经济部门各行业发展规划以及相应的经济政策，才能保证我国经济沿着正确的方向持续发展，避免因规划、政策的朝令夕改导致国家经济发展导向不明、思路混乱、执行者无所适从、资源浪费等损害效率现象的发生。相较而言，西方国家的"两党制"或"多党制"是无法形成中国式的长期、稳定、连续的经济发展规划和政策的，各政党代表不同集团的利益，交替执政并施行有利于各自代表的利益集团的政策，使国家经济发展规划和相关经济政策频繁改变，甚至出现相互矛盾的现象，即使政策执行效果良好，往往也会因提出该政策的政党下台而被束之高阁，造成资源浪费、国家经济发展不可持续。

三、有利于充分发挥集中力量办大事的社会主义制度优势

在中国共产党的集中统一领导下，集中力量办大事的社会主义制度优势得以最大限度地发挥。首先，在中国共产党的集中统一领导下，我国坚持了社会主义公有制的主体地位。以此为基础，国家得以从经济发展的全局出发，集中有限的资源投入到基础科学研究、基础设施建设、尖端高科技研究等前期投入大、见效慢但对国家经济长远发展大有裨益的项目，以及石油、天然气、装备制造、军事工业等关系国计民生的战略性产业，解决经济发展中的共同性问题，实现全体人民的利益和社会经济发展的长远目标。其次，在中国共产党的集中统一领导下，民主集中制原则得以有效贯彻落实。民主集中制是党和国家的基本组织原则，是党和国家形成科学决策的制度保障。一方面，民主集中制的有效贯彻落实可以调动各方面的积极因素，充分发挥人民群众的首创精神，鼓励人民群众大胆探索、先行先试，增强非公有制经济在内的各类市场主体活力，激励各级政府和广大干部有作为、敢担当，形成可供国家吸收借鉴成功经验、有益建议的智慧宝库；另

一方面，民主集中制的有效贯彻落实可以统一思想，凝聚共识，统一行动，攻坚克难，解决经济发展中亟待解决的重大问题和主要矛盾，维护人民群众共同利益和长远利益，避免议而不决、决而不行以及分散主义对经济社会发展造成的严重损害。最后，中国共产党自身具有高度的组织性和强有力的社会动员能力。列宁曾经说过："无产阶级在夺取政权的斗争中，除了组织以外，没有别的武器。"[1]作为无产阶级政党，中国共产党是拥有8900多万名党员450多万个基层党组织的大党，天然地具有严密的组织性，这也是中国共产党带领中国人民集中力量夺取中国革命、社会主义现代化建设胜利的关键因素。同时，中国共产党所具有的广泛的代表性决定其具有强有力的社会动员能力。中国共产党不仅是中国工人阶级的先锋队，而且在社会经济不断发展过程中，随着改革开放以来多种所有制经济共同发展导致的社会阶级、阶层结构的变化与时俱进地扩大和巩固其社会基础，积极吸收个体工商户和私营企业家中的优秀分子加入党组织，成为中国人民和中华民族的先锋队，代表中国最广大人民的根本利益，可以协调各方，进行广泛的社会动员，集中力量办大事。另外，务实有效的思想政治工作也是我们党团结、动员广大人民群众的政治优势。即使在各种社会自治组织、私营企业中，我们党也通过充分发挥基层党组织作用、做好思想政治工作等调动人民群众干事创业、投身社会主义建设的积极性、主动性、创造性，激发人民群众奋发向上、拼搏献身的精神，引导各种社会组织的业务和私营企业的经营活动和国家的发展目标、战略部署相一致，凝心聚力，共同建设社会主义。

四、有利于更好发挥政府作用

中国经济的持续健康发展不仅要切实发挥市场在资源配置中的决定性作用，还要更好地发挥政府作用。政府只有在中国共产党的坚强有力领导下，才能更好地发挥作用。实践中，在中国共产党的集中统一领导下，党委和政府有着不同的分工。党委集中精力解决国家经济发展中带有全局性、前瞻性、战略性的重大问题，通过集体决策确定经济社会发展规划、大政方针政策、战略部署等，领导政府部门工作，确保党的路线方针政策以及各项决策部署得以顺利贯彻落实。政府主要负责经济运行中的经常性工作，具体实施党委的各项决策部署，通过履行好经济调节、市场监管、社会管理、公共服务等职能保障正常的社会主义市场经济秩序，保证社会公平和正义，推动国家经济发展沿着正确的方向持续健康发展。同时，在中国共产党的集中统一领导下，中央和地方的关系得以理顺。中央做好集中，从国家经济整体协调发展的要求出发制定政策措施，促进国家整体、长远

---

① 列宁．列宁选集（第1卷）［M］．北京：人民出版社，1972.

利益的实现，维护全体人民群众的共同利益。地方维护中央权威，从实现国家整体利益的大局出发，在与中央政策保持一致、贯彻中央政策精神的基础上制定各自具体的政策措施，避免只顾自身、眼前利益而忽视国家整体、长远利益，克服上有政策、下有对策。正确处理中央和地方的关系，做到从上到下政令统一，令行禁止，促进政府作用的更好发挥。

五、有利于遏制腐败

腐败是经济社会发展的毒瘤，能够对经济社会发展造成巨大危害。例如：腐败会损害党和政府形象、公信力以及社会公平正义，造成资源严重浪费，阻碍社会民生改善等。历史证明，党的领导弱化、党的建设缺失、管党治党不力就会导致腐败蔓延。坚持中国共产党的集中统一领导则有利于遏制腐败。勇于自我革命是我们党最鲜明的品格，也是我们党不断从胜利走向胜利的关键所在。我们党从不掩盖自身存在的问题，更从不讳疾忌医，而是敢于直面问题，不断地自我净化、自我完善、自我革新、自我提高，具有极强的修复能力。党的十八大以来，以习近平同志为核心的党中央切实加强党的全面领导，推进全面从严治党，深化标本兼治，一体推进不敢腐、不能腐、不想腐，取得了反腐败斗争的压倒性胜利。一是形成"不敢腐"的震慑。坚持对腐败的"零容忍"，猛药去疴，刮骨疗毒，把纪律挺在前面，精准运用监督执纪的"四种形态"，以落实中央"八项规定"精神为切入点，驰而不息纠正"四风"，切实解决群众身边腐败问题，"打虎""拍蝇""猎狐"，大力消减存量，有效遏制增量。二是扎紧"不能腐"的笼子。加强权力制约和监督，落实党委在全面从严治党中的主体责任和纪委的监督责任，强化党内监督，深化纪检监察体制改革、国家监察体制改革和派驻机构改革，实现监督、派驻、监察全覆盖，完善反腐败法规制度体系建设。三是增强"不想腐"的自觉。通过加强思想政治教育坚定理想信念，践行社会主义核心价值观，树立"四个自信"，增强拒腐防变的自觉。可以说，坚持中国共产党的集中统一领导是治理腐败的良方，可以有效地遏制腐败，促进风清气正的政治生态的形成，也可以为国家经济社会的持续健康发展营造良好的政治环境。

总之，马克思主义政治经济学关于经济与政治互动关系的观点是正确理解坚持中国共产党的集中统一领导的关键。在中国，坚持中国共产党的集中统一领导有着坚实的经济基础，是中国特色社会主义市场经济在政治上的集中体现。同时，坚持中国共产党的集中统一领导又反作用于中国经济，有利于推动中国经济持续健康发展。新时代，我国需要继续坚持中国共产党对经济工作的集中统一领导，以推动我国经济在更高的起点上实现高质量发展。

第十一章
中国模式在改革中前行

中国模式的形成与发展并不是一蹴而就的，而是充满了曲折和艰辛，是一代又一代领导人和人民群众在实践中不断探索的结果。苏联的社会主义实践为我国初期的社会主义建设提供了间接的经验借鉴，也是我国建立社会主义经济制度的重要经验来源。同时，我国在建立社会主义经济制度的过程中，也积累了许多正反两方面的经验教训，形成了一系列适合本国国情的方法和理论，为改革和完善中国模式奠定了基础。

新中国成立以后，社会主义经济制度在较短的时间内得到了确立和巩固，改革开放以后，社会主义经济制度在实践中不断得到完善和发展。从经验上来看，建立和完善社会主义经济制度，没有一劳永逸的制度安排可供我们依靠，也没有现成的方案可供我们直接拿来使用，改革和发展永远是不变的主题，我们只有在实践中不断探索、在经验中不断前进，同时坚持实事求是的基本方法，坚定共同富裕的发展方向和共产主义的理想目标，才能把我国社会主义经济制度建设不断推向历史新高度。

本章着重阐明以下三个方面的问题：社会主义是不断发展的制度，改革是社会主义发展的动力；改革的方向和根本目的是实现共同富裕和共产主义，核心问题是正确处理好政府与市场的关系；改革的方法论包括基层经验与顶层设计相结合、重点突破与全面深化改革相结合、尊重群众首创精神等几个方面。

第一节　社会主义是不断发展的制度

社会主义自诞生以来，就是在实践中不断发展、不断完善的制度。社会主义作为前无古人的伟大事业，没有现成的经验可以借鉴，也没有既有的模式可供选择，只能随着时代的发展不断探索前进。从19世纪社会主义的初步试验到20世纪苏维埃社会主义共和国联盟成立，从新中国成立和社会主义改造完成到中国特色社会主义市场经济体制的形成，是一个漫长的历史过程。在这一历史过程中，社会主义运动有成功也有失败，有经验也有教训，发展的过程并非一路坦途，但是，社会主义制度也正是在这种曲折的进程中不断壮大自身和强大自身的，在经验和教训的基础上，通过理论和实践的不断创新，通过对自身不断的改革和改进，社会主义制度实现了一次又一次的完善和发展。

一、社会主义发展道路是曲折的

从世界范围来看，社会主义已经有着将近500年的发展历史。社会主义的最初形态是空想社会主义，从16世纪初到19世纪30~40年代，其影响力几乎遍及欧洲，并达到美洲。资本主义生产方式的出现，是孕育空想社会主义的现实土壤，而英国是当时资本主义发展领先的国家。从15世纪末起，英国就开始了野蛮的资本原始积累的过程。由于英国毛纺织业的发展，引起了对羊毛需求的激增，于是新兴资产阶级竞相扩大牧羊业，发动了大规模的圈地运动，通过暴力方式把农民从世代耕种的土地上赶走，这一过程被空想社会主义者托马斯·莫尔形象地描述为"羊吃人运动"。而随着资本主义生产关系在各个国家的拓展和建立，广大劳动群众在封建农奴身份获得解放之后又被置于新的枷锁之中——政治上无权，经济上更加贫困，在这样的社会历史条件下，无产阶级改变社会现状的愿望和要求日益强烈，空想社会主义的思潮和实践随之也就应运而生。

空想社会主义者虽然看到了在资本主义制度下无产阶级和资产阶级是利益根本对立的，并且渴望改变无产阶级的状况，但是他们并不理解资本主义的本质，也不理解自己遭受剥削和奴役的真正原因，所以他们采取的一系列措施也具有消极的破坏性质或空想色彩。空想社会主义者的社会主义实践以罗伯特·欧文的"共产主义实验村"最有代表性。1824年，欧文在美国用他前期积累的财富购得3万英亩土地，进行"新和谐公社"的共产主义新村实验，并在公社中初步尝试财产公有、消灭私有制、共同劳动的理想社会计划。他的这些做法引起了社会的广泛关注，但由于缺乏管理经验，消费超出了生产，试验无法持续下去，"新和谐公社"也就很快被淹没在资本主义的汪洋大海中。1828年，公社瓦解，几乎耗尽全部资产的欧文也随后回到了英国，并继续在工人阶级中进行共产主义宣传和实践活动。

空想社会主义最终虽然在实践中失败了，但是空想社会主义者们的经验教训和提出的观点主张却被继承了下来，为科学社会主义的诞生奠定了基础。19世纪30~40年代后，马克思、恩格斯也正是在批判吸收空想社会主义的思想成果的基础上创立了科学社会主义。

到19世纪40年代，伴随着资本主义进入机器大工业阶段，特别是无产阶级登上历史舞台，空想社会主义自身的缺陷越来越明显，在新的历史背景下，无产阶级的解放运动需要有新的科学的理论作指导，社会主义从空想到科学也成了时代发展的要求。马克思、恩格斯创立的科学社会主义是建立在一定的理论和实践基础上的。从理论来源看，德国的古典哲学、英国的古典政治经济学、英国和法国的空想社会主义为科学社会主义的产生提供了重要的理论来源。从现实实践来看，资本主义生产关系的进一步发展和工人运动的不断高涨是科学社会主义诞生的现实基础，尤其是19世纪30~40年代的法国里昂纺织工人起义、英国"人民宪章"运动、德国西里西亚纺织工人起义等，都对工人阶级进行政治组织、成立自己的阶级政党提出了迫切的需求。

1848年2月，马克思、恩格斯合著的《共产党宣言》的发表标志着科学社会主义的诞生。《共产党宣言》论证了资本主义灭亡和社会主义胜利的历史必然性，并阐述了无产阶级夺取政权进而利用政权改造社会的思想，在此基础上，《共产党宣言》还阐述了未来共产主义社会的根本特征和建设无产阶级政党的指导思想和根本原则。在《共产党宣言》发表的同时，欧洲爆发了一场规模浩大的资产阶级革命，其中以法国的"二月革命"和"六月起义"影响最大，马克思、恩格斯在此期间也积极参加了德国的革命，并创办了《莱茵报》。虽然1848年革命最终失败了，但是为之后的工人阶级运动提供了经验，新的工人运动重新酝酿，终于在1871年爆发了巴黎人民武装起义，建立了世界上第一个工人政权——巴黎公社。但是，法国政府和普鲁士占领军相互勾结，对公社进行了疯狂的反扑和镇压，公社社员经过艰苦和顽强的奋战，最终还是失败了。巴黎公社虽然存在的时间不长，但是有着重要的历史意义：首先，它是无产阶级专政的一次伟大尝试，有着历史性的先导作用；其次，它丰富了马克思主义关于无产阶级革命和无产阶级专政的学说；最后，巴黎公社的经验和教训成为国际社会主义运动的宝贵经验。

19世纪末20世纪初，资本主义在世界范围内由自由竞争阶段进入垄断阶段，即列宁称为的"帝国主义阶段"。在西欧，由于资本主义政权有意地进行了一系列阶级调和的改良政策，逐渐使工人阶级也越来越倾向于改良主义的道路，突出表现在第二国际中以伯恩施坦等领导人为代表的修正主义倾向的出现。而在俄国，由于1861年废除农奴制之后资本主义生产方式的建立和推广，资本主义社会所必然导致的阶级矛盾也日益加剧，与此同时，普列汉诺夫、列宁等也积极宣传马克思主义，使俄国革命运动日益高涨，社会主义的影响不断扩大。

第一次世界大战的爆发进一步激化了俄国的社会矛盾。战争严重地影响了俄国国民生活状况，青壮年被征召入伍，致使土地荒芜、粮价暴涨、物资供应奇缺。为了维持战争的需求，沙皇政府实行更为严苛的独裁统治，加紧对国内工人群众的剥削和压迫，在这种情况下，俄国的反战情绪和反战运动都空前高涨，革命的基本条件已经具备。正是在此背景下，布尔什维克政党提出了深入人心的口号，在运动中逐渐取得工人群众的信任。经过"二月革命"之后，1917年11月6日，在列宁的推动和指导下开始了武装起义，起义群众很快就占领了冬宫，随后，革命以摧枯拉朽之势迅速在全国范围内取得了阶段性胜利。

"十月革命"将马克思关于无产阶级革命的理论变为现实，开启了无产阶级革命的新时代，它沉重地打击了帝国主义的统治，鼓舞了其他资本主义国家的革命运动，也进一步地促进了马克思列宁主义的传播，推动了一大批无产阶级政党的建立。"十月革命"之后，列宁领导布尔什维克党和俄国人民开始建设世界上第一个社会主义国家。在革命刚刚胜利之后，初生的苏维埃政权面临着严重的国内外危机，不甘失败的俄国地主和资产阶级组织叛军，发动叛乱，同时，其他资本主义国家出于对社会主义国家的仇视，也开始武装干涉苏维埃政权。为了把有限的财力物力集中起来保证战争的需要，苏维埃政权提出了"一切为了前线，一切为了胜利"的原则，陆续推出了一系列包括全部工业实行国有化、剥夺剥夺者、实行余粮收集制、禁止粮食买卖、限制市场和私人贸易等非常措施，由于这些措施带有军事共产主义的性质，因而被称为"战时共产主义"政策。"战时共产主义"政策显然具有过渡性质，但这些脱离俄国当时生产力发展水平的一系列措施也最终引起了农民的不满，并引发了水兵的叛乱。在深入了解具体情况之后，为了改变所面临的严峻形势，列宁提出了一系列新的经济政策，主要是让农民有更多的积极性参与生产。这些新的经济政策主要包括：用粮食税制取代余粮收集制；允许私人自由贸易，恢复商品货币关系；允许私人小工业企业发展；采取租让制、租赁制、合作制、代购代销制等国家资本主义形式；改革管理体制等。

"新经济政策"实施之后很快在实践中取得了明显成效，国民经济得到恢复和发展，人民生活水平也随之得到了提高。政策实施的第2年，苏俄工业总产值就增长了36.6%，农业在遭受自然灾害的情况下谷物产量仍然增加了20%。"新经济政策"的实施，不仅是苏俄经济政策的重大转折，使苏维埃俄国很快摆脱了经济、政治危机，而且也是布尔什维克党对于如何走向社会主义认识的深化，从直接向共产主义过渡转变为间接、迂回的方式。

列宁去世后，斯大林领导苏联党和人民继承了列宁开创的社会主义事业，巩固了才建立不久的社会主义制度，并在实践中形成了被后人称为"苏联模式"的建设经验。"苏联模式"在经济和政治领域的表现有以下两个方面：在经济领域，苏联建立了全民所有制和集体所有制这两种形式的社会主义公有制，使之在国民经济中占统治地位，并在此基础上实行了按劳分配原则；在政治领域，苏联确立并坚持苏联共产党在苏联社会中的领导地位，形成了以工人阶级为领导、以工农联盟为基础的苏维埃政权，对无产阶级和其他劳动人民实行广泛的民主，依靠无产阶级专政来保卫社会主义制度。从现实表现来看，"苏联模式"取得的显著成果在短时间内极大地改变了苏联社会状况和人民生活面貌，使苏联在政治、经济、文化、社会等各个方面都取得了巨大的成就。从1928～1940年，苏联工业产值增长了9倍，年均增长16.8%，这在世界工业发展史上都是罕见的。可以说，"苏联模式"在历史上曾发挥过重要作用并创造了一系列令人瞩目的成就。

但是，"苏联模式"的局限性也是明显的，主要表现在所有制结构过于单一导致经济缺乏活力、自上而下高度指令性的计划经济排斥了市场的作用、片面追求重工业的发展而忽视了基础生活资料产业的发展等几个方面。苏联在建设社会主义过程中的经验和教训，为我国社会主义事业的建立和完善提供了一定的借鉴。

我国的社会主义基本经济制度和其他基本制度是在1956年随着社会主义改造的完成逐步建立起来的，并且一开始是从学习苏联起步的。在进行社会主义建设的过程中，我们党积累了许多新的经验，形成了建设社会主义的初步理论和实践成果。从新中国成立到1956年社会主义改造基本完成，再到1976年"文化大革命"结束，尽管经历了曲折甚至遭受过严重的挫折，但我们党团结带领全国各族人民经过艰苦卓绝的努力，在社会主义建设方面取得了多方面的巨大成就，主要表现在以下几个方面：在经济建设方面，我国建立了独立的、较为完整的工业体系和国民经济体系，社会生产总值1949～1978年增长了11.29倍，年均增长9%；在农业发展方面，农业总产值1952～1978年增长了2.3倍，年均增长3.25%；在建筑、交通运输以及教育医疗、科技发展等方面也取得了较快发展和重大突破。虽然这一时期我们党在领导建设社会主义过程中由于经验不足而出现过不小的错误，社会主义建设也因此出现过一些波折，但总体而言建设的成果是显著的，对这一历史我们也应该辩证地看待。正如习近平总书记正确指出的那样，对改革开放前的历史时期要正确评价，不能用改革开放后的历史时期否定改革开放前的历史时期，也不能用改革开放前的历史时期否定改革开放后的历史时期。党的十八大报告也指出，"党在社会主义建设中取得的独创性理论成果和巨大成就，为新的历史时期开创中国特色社会主义提供了宝贵经验、理论准备、物质基础"。

1978年十一届三中全会的召开，使我国的社会主义建设事业在遭受长期阻碍和扰乱后迎来了真正的春天。会议实现了党的思想路线的拨乱反正，明确提出停止使用"以阶级斗争为纲"的口号，同时做出了把党和国家的工作重心转移到经济建设上来、实行改革开放的历史性决策。改革首先在农村得到了突破，安徽凤阳小岗村的家庭联产承包责任制作为典型范例得到了肯定，推动了农村改革实践的广泛开展。而农村改革的突破也有力地促进了城市改革，城市改革首先从扩大企业自主权开始，逐步实现了经营管理和所有制方面的改革，解放了生产力，促进了生产的发展。

进入新的历史阶段后，我国社会主义建设依然在改革中继续前进。2012 年党的十八大胜利召开，选举了以习近平总书记为核心的中央领导集体，指出要坚持和发展中国特色社会主义事业，实现中华民族的伟大复兴。2013 年，党的十八届三中全会明确了进一步全面深化改革的指导思想、总体思路以及目标任务和基本要求，并对全面深化改革作出了重大部署。2017 年党的十九大召开，习近平总书记指出要实现从经济新常态向高质量发展的转变。中国特色社会主义是科学社会主义理论逻辑与中国社会发展历史逻辑的辩证统一，我们继承着无数前辈铺就的道路和积累的经验，只要我们坚定中国特色社会主义的道路自信、理论自信和制度自信，就一定能把社会主义事业建设好、发展好。

二、社会主义在发展中不断成长壮大

社会主义的道路是曲折的，从社会主义诞生开始就时刻面临着历史的考验，正是在一次又一次的考验和挫折中，社会主义建设者及时总结经验、实事求是，不断把社会主义事业推向新的高度，使社会主义在发展中不断地成长壮大。

回顾一百多年前，社会主义制度还并未作为一种社会制度在一国范围内进行大规模的实践，而"十月革命"的胜利，宣告了历史上第一个社会主义国家的正式成立，并在实践中开始探索建设社会主义的规律和途径。苏联社会主义制度的建立和完善大大促进了马克思列宁主义的传播，推动了世界其他国家一大批无产阶级政党的陆续建立，极大地提升了马克思列宁主义在国际上的影响力，有力地推动着社会主义在世界范围内的发展壮大。而我们国家社会主义道路的选择也正是受苏联社会主义革命的影响，正如毛泽东后来评价所说："十月革命一声炮响，给我们送来了马克思列宁主义。"社会主义运动从此也在世界范围内如火如荼地展开。

社会主义力量一开始也是弱小的，苏联社会主义制度建立伊始就面临着国内国外反革命势力的疯狂反扑，试图把新生的社会主义扼杀在摇篮中，但以列宁为领导的布尔什维克党带领苏俄红军顽强抵抗，使社会主义制度在苏联最终确立下来，并开始了一系列伟大的社会主义探索实践，在建设中不断推进社会主义的成长和壮大。在 1913 年，俄国的工业生产水平居世界第 5 位和欧洲第 4 位，而到了 1937 年，苏联的工业生产水平上升到了世界第 2 位和欧洲第 1 位，同时人民的物质生活水平也有了明显的提高，1937 年苏联国民收入由 1913 年的 210 亿卢布增加到 963 卢布，人民总消费水平提高了 1 倍。而更为引世人注目的是，在 20世纪 30 年代主要资本主义国家经受"大萧条"经济危机的同时，社会主义的苏联第一次消除了失业，实行了免费医疗、社会保障和退休金制度。社会主义在与资本主义相互较量对比中取得了一系列阶段性的优势，从而在客观上吸引了更多的国家加入到社会主义阵营中来。而苏联的工业化建设成就也在反法西斯战争中彰显出了效果，为维护世界和平、反对法西斯统治贡献了社会主义国家的力量。1941~1945 年，苏联用 4 年时间和盟国共同打败了德意日法西斯，为人类的和平做出了巨大的贡献。而在第二次世界大战结束以后，社会主义力量不断壮大，越出苏联一国范围，向东欧和东亚扩展，不仅在地理上连成一片，而且成为一种世界性的制度和体系。在欧亚两洲，出现了南斯拉夫、波兰、罗马尼亚、捷克斯洛伐克、匈牙利、保加利亚、阿尔巴尼亚、民主德国、越南、朝鲜、蒙古国和中国12 个人民民主国家，特别是新中国的诞生对世界格局产生了重大影响。社会主义从一国发展到多国，在世界范围内形成了强大的社会主义阵营，从规模上看，社会主义国家的人口占世界人口的 1/3，领土面积占世界陆地面积的 1/4。社会主义阵营的形成，极大地改变了世界政治力量的对比，形成了抗衡帝国主义的强大力量，鼓舞着其他国家反帝反殖民的民族解放运动，加速了帝国主义殖民体系的瓦解，动摇了资本主义的世界统治。

不过，由于苏联的经济模式在后期日益陷入僵化和低效，苏联共产党领导人在新的历史环境下也未能做出顺应时代发展的正确的改革措施，反而在资本主义国家的舆论攻势下最终主动放弃领导权，任由私有化和无序的市场化步步加深，从而最终导致苏联社会主义国家的解体。这对世界社会主义的发展无疑是个重大打击，但是，社会主义的力量也往往在挫折中得到锻炼和加强，苏联的解体为我国的社会主义建设和改革提供了丰富的经验教训，使我国社会主义事业的发展能够避免曾经的错误和歧途，向着正确的方向和道路迈进，不断壮大和强大自身。

新中国成立初期，我国工业整体处于手工业状况，产品稀缺，农业以一家一户的小农经济为主，耕作水平低，基本靠天吃饭，而民生则是物价暴涨、饥馑遍地，可以说，整个国民经济都近乎处于瘫痪的状态，而我国的社会主义建设就是在这样贫弱的基础上一步步发展并壮大起来的。从 1949 年到 1978 年，再从 1978年到现在，我国社会主义建设不仅在政治、经济、文化、国防、科技、教育等各个领域取得了令世人瞩目的成就，而且也逐步在实践中探索出了一条适合自身国情的社会主义道路，即中国特色社会主义道路。中国特色社会主义道路的开拓不仅为我们建设社会主义找到了正确的方向，也为壮大社会主义事业提供了坚实的理论基础。目前，我国的国民生产总值已跃居世界第 2 位，综合国力大幅提升，人民的生活水平也得到了极大的提高，小康社会的建成指日可待，多项产业在国际上已经达到领先水平，国际影响力不断加强。

中国特色社会主义的繁荣发展创造出了令世人惊叹的"中国奇迹"，谱写了社会主义发展的辉煌篇章，彰显了社会主义制度的独特创造力和强大生命力。从全球范围来看，世界 1/5 的人口始终坚持社会主义道路，极大地鼓舞和坚定着人们对社会主义的信心。"冰冻三尺，非一日之寒"，这些成就的取得也是我们党在领导全国人民建设社会主义事业中不断总结经验、深化改革、实事求是地按规律行事的结果。

环顾世界，社会主义运动虽然在 20 世纪 90 年代因苏联的解体而遭受了重大的挫折，但并未因此一蹶不振，以中国为代表的社会主义国家的领导人在新的历史环境下审时度势，做出了正确的判断和决策，并带领全国人民身体力行地继续实践社会主义道路，从而使中国特色社会主义事业不断走向繁荣和壮大。另外，自从 2008 年全球金融危机之后，主要资本主义国家一直深陷各种频发的危机中至今尚未完全走出，资本主义制度在经历了 30 多年的新自由主义改革之后，已经日益步履维艰，在其内部，社会主义的因素也在进行新一轮的酝酿和发展。因此可以预见，只要我们坚持中国特色社会主义道路不动摇，坚持共同富裕和共产主义的理想信念不动摇，那么，社会主义的进一步繁荣和资本主义的逐步衰落将是同步发生的事实，而社会主义在实践中继续发展壮大也将是历史的必然结果。

三、改革是社会主义发展的动力

历史唯物主义告诉我们，任何事物都是在矛盾运动中不断向前发展变化的，不存在静止不变的事物，也不存在一成不变的状态。社会的发展同样如此，变化是社会的常态，而为适应这种变化的改革则是一个国家、一个民族的生存发展之道。社会主义在发展过程中，不断地从改革中获得新的动力，也不断地从改革中达到新的境界和水平。正因为如此，习近平总书记才说："改革开放只有进行时，没有完成时。"

关于社会发展的动力论，在马克思、恩格斯、列宁的论述中他们一致认为：人类社会的发展在于生产力与生产关系的矛盾运动，并强调生产力是最根本的、最强大的动力，强调无产阶级同资产阶级的阶级斗争是资本主义向社会主义转变的动力。这一结论主要是依据当时资本主义社会的经济运动规律得出来的，无疑是科学的、正确的，且适用于任何社会。毛泽东继承和坚持马克思、恩格斯、列宁的历史唯物主义基本观点，在这个基础上进一步论证了社会主义社会生产关系和生产力之间的矛盾是社会主义社会的基本矛盾，在马克思主义发展史上第一次创立了关于社会主义社会矛盾的学说。他在《正确处理人民内部矛盾的问题》中指出："在社会主义社会中，基本矛盾仍然是生产关系和生产力之间的矛盾。"毛泽东关于社会主义社会矛盾的学说是对马列主义社会发展动力学说的进一步发展，在理论上做出了创造性的贡献。只是后来毛泽东违背了他原有的正确观点，错误地认为生产关系不适应生产力发展的矛盾，是由于生产资料所有制的公有化程度还不高，规模还不大，提出和追求"一大二公"，使所有制不断升级，发展向共产主义的"穷过渡"。

邓小平总结了社会主义社会实践的历史经验和教训，继承和发展了毛泽东关于社会主义社会基本矛盾的科学理论，同时又纠正了毛泽东在这方面的错误，在马克思、恩格斯、列宁和毛泽东关于社会发展动力理论的基础上，创立了改革动力学说，在马克思主义发展史上做出了卓越的贡献。邓小平首先肯定了毛泽东关于社会主义社会基本矛盾的论述，并在通过广泛深入的调查研究、在对我国国情作了全面了解和深刻分析的基础上，提出了改革动力理论。邓小平把生产力的发展与改革紧紧地联系在一起，从理论上解决了生产力的发展与改革之间的关系，从而为改革动力论奠定了理论基础。邓小平的改革动力论正确地指出了改革的对象和改革的根本目的。改革动力论的提出从根本上解决了社会主义社会的发展动力问题，即改革是社会主义社会发展的直接动力。邓小平认为：在社会主义社会，解决社会基本矛盾不再需要通过阶级斗争，而是通过改革来发展社会生产力。

以经济建设为中心，发展生产力，是社会主义的本质要求，也是中华民族的根本利益所在。当代中国要发展生产力，一方面，要以科学技术为第一生产力；另一方面，要进行改革，尤其是经济体制改革。改革过去是，现在是，将来仍然是中国经济发展的直接动力，具有历史必然性。正如邓小平所指出的："坚持改革开放是决定中国命运的一招。""改革的意义，是为下一个十年和下世纪的前五十年奠定良好的持续发展的基础。"

改革是邓小平理论和实践的一个重要组成部分，也是我国进入社会主义现代化建设新时期最鲜明的特征，当代中国的改革不是偶然的，它的产生和发展有着多方面深刻的原因。

首先，我国社会主义建设的历史经验和"文化大革命"结束后的严峻局势迫使我们必须改革。中国是从半封建半殖民地社会经过新民主主义革命走向社会主义的，由于种种历史原因，我们过去忽视了一些方面的问题，犯了一些错误，结果形成了缺乏生机和活力的社会主义模式。"文化大革命"结束后，我国所呈现的严峻局势是：社会生产力发展缓慢，科学技术和教育落后，人民生活普遍贫穷。我国的国民生产总值1960年与日本相当，到了1978年只占日本的1/4。在科学技术和教育发展水平方面，我国要落后西方发达国家整整 20 年甚至更长。在人民生活水平特别是农民生活水平的改善方面，可以说长期以来没有得到较大程度的改善和提高。面对这样一种特殊的历史和严峻的社会局势，唯一的办法就是大力发展社会生产力，大幅度提高人民生活水平，迅速改变贫穷落后的面貌，为此，必须进行改革。

其次，社会主义现代化建设要求我们必须进行体制改革。我国生产资料所有制社会主义改造基本完成以后，由于我们把社会主义改造时期一些确有成效的经济、政治措施和方法不加改变地沿用到社会主义建设时期，并且照搬照抄了国外主要是苏联社会主义建设的理论和实践经验，再加上我们在指导思想上盲目排斥商品经济和个体私营经济，结果形成了过分单一的所有制结构和僵化的经济体制，以及同这种体制相关联的权力过分集中的政治体制，严重束缚了生产力的发展。为了从根本上改变束缚生产力发展的经济体制以及与此相应的政治体制和其他体制，适应社会主义现代化建设要求，就必须进行改革。"如果现在再不实行改革，我们的现代化事业和社会主义事业就会被葬送。"

最后，改革是社会主义社会基本矛盾运动的必然结果。社会主义社会的基本矛盾仍然是生产力和生产关系、经济基础和上层建筑之间的矛盾。生产力的发展必然要求生产关系和上层建筑作相应的变化，以适应生产力发展的性质和水平，从而推动整个社会的进步和发展。社会主义社会就是变革的社会，不变革的社会主义是没有希望的，而社会主义也正是在不断的改革中获得新生的。

具体到中国的实际而言，改革也是中国的第二次革命。社会主义基本制度建立后，中国的革命历史并没有到此完结，毛泽东在论及中国共产党领导的整个中国革命运动时，曾经多次把中国革命的历史进程分为两步：第一步是民主主义革命；第二步是社会主义的革命。民主主义革命是社会主义革命的必要准备，社会主义革命是民主主义革命的必然发展趋势。虽然这是两个性质不同的革命过程，但却有着不可分割的联系。新民主主义革命和社会主义革命为实现社会主义现代化，建设有中国特色的社会主义创造了必不可少的前提。

党的十八届三中全会也对在新的历史条件下全面深化改革进行了总体部署，吹响了改革开放新的进军号。习近平总书记也指出："改革开放是决定当代中国命运的关键一招，也是决定实现'两个一百年'奋斗目标、实现中华民族伟大复兴的关键一招。"回顾改革开放以来的历程，每一次重大改革都给党和国家发展注入新的活力，我国的社会主义事业也在不断深化改革中取得了波浪式的前进。而目前，中国的改革又到了一个新的历史关头，全面深化改革是我们党带领全国人民继续推进社会主义建设的题中之义。

第二节 中国的改革路径与方法论

改革是社会主义制度体系的自我完善，是探索和建设中国特色社会主义市场经济制度的必然要求。推进改革的根本目的是要让国家变得更加富强，让社会变得更加公平正义，让人民生活变得更加美好。

一、改革是社会主义的自我完善

邓小平曾指出："改革是社会主义制度的自我完善，在一定的范围内也发生了某种程度的革命性变革。这是一件大事，表面我们已经开始找到了一条建设有中国特色的社会主义的路子。"改革作为一次伟大的革命，不是否定和抛弃已经建立起来的社会主义基本制度，而是社会主义制度的自我完善和发展，也不是一个阶级推翻另一个阶级那种原来意义上的革命，也不是对原有经济体制的细枝节末的修补，而是对体制的根本性变革。它的实质和目标是要从根本上改变束缚我国生产力发展的经济制度，建立充满生机活力的社会主义新经济体制，同时相应地改革政治体制和其他方面的体制，以实现中国的社会主义现代化。

社会主义制度的确立，是社会生产力的一次极大的解放，但是，这个制度和其他任何事物发展一样，也有一个不断完善的过程，这既是事物发展的客观规律，也是我国社会主义发展的特殊背景和具体实践的需要。社会主义制度从不完善到完善的发展过程，必须通过不断的改革来完成，这种改革是在中国共产党领导下、在社会主义制度的基本范围内的改革，其改革的内容是通过对具体的制度即体制的改革、对基本制度的调整来完善社会主义基本制度。

社会主义改革就其性质来说，不是对社会主义制度的彻底改变，而是社会主义制度的自我完善和发展。改革的目的是要从根本上改革束缚我国生产力发展和社会发展的经济体制、政治体制和文化、科技体制等各种具体制度，以适应社会主义现代化的需要。把握社会主义改革的这一性质对我国改革和发展社会主义极为重要，一方面，坚定了我国社会主义改革的决心，使我们能放开手脚，大胆地进行改革；另一方面，使我们在改革中坚定不移地坚持社会主义制度。

改革要真正地达到社会主义自我完善的目的，必须要做到以下几点要求：首先，改革要坚持社会主义基本制度，否则就称不上是"自我完善"。苏联领导人戈尔巴乔夫的"改革"最终颠覆了苏联社会主义制度，主要原因是在改革过程中没有坚持社会主义基本制度，甚至主动放弃了党的领导权，导致改革的失败，这方面的前车之鉴我们一定要吸取。其次，改革要果断地抛弃束缚生产力发展的制度，以解放和发展生产力为目标，大刀阔斧地进行革新和改进，如此才能相应地走向自我完善。最后，社会主义事业是在共产党的引领下逐步建立并取得的一系列成就。因此，社会主义的改革要以共产党为领导，紧密团结在党中央的周围，上下一心，同心同力，为完善社会主义制度贡献力量。

改革是在坚持社会主义基本经济制度的基础之上进行体制改革，包括经济体制、政治体制和文化体制等方面的改革。我国社会主义初级阶段的基本经济制度是以公有制为主体、多种所有制经济共同发展。坚持走社会主义道路，必须坚持基本经济制度不动摇。在此基础之上进行的改革是借鉴其他社会制度的合理成分，摒弃社会主义建设过程中所形成的制度中的不合理成分，是社会主义的自我完善。改革开放以来中国所进行的一系列改革都是在社会主义制度的框架内进行的，因此也就属于社会主义自身的完善和发展。

社会主义国家的建立都有一个共同的事实，即都是在经济、文化、科技比较落后的基础上建立起来的，无论是苏联还是改革开放之前的中国，在社会主义制度建立之前资本主义都未彻底地发展壮大，这是社会主义国家进行"改革"的一个最为基础的事实。无论是苏联还是中国，在计划经济体制下都取得了一定的经济成就，在极端低下的生产力水平基础之上建立起了独立的工业体系。但是由此也产生了许多弊端，在经济上表现为对经济规律认识不足导致的生产盲目、产品结构单一、依靠加大资源投入的粗放型生产方式造成资源环境问题突出、平均主义盛行导致生产积极性不高、生产力发展水平不能满足人们日益增长的物质文化需要等；在政治上表现为个人崇拜、派系斗争严重、群众的政治参与度不高等方面。这些弊病有些方面是由落后国家率先进行社会主义革命这一客观现实决定的，有些方面则是在建设和完善社会主义过程中由于经验的缺乏而导致的。正是因为这些情况都客观存在，所以通过改革在实践中探索社会主义道路、完善社会主义制度就显得更为必要。

回顾我国改革开放以来不断实行的政策调整和改革举措，更能看到改革对于完善社会主义制度的必要性。在40多年的改革探索中，我们摆脱了传统思想的束缚，大胆进行理论和实践创新，成功实现了从高度集中的计划经济体制向充满活力的社会主义市场经济体制的伟大转变，极大地解放和发展了社会生产力，取得了前所未有的巨大成就。首先是我国社会主义初级阶段的基本经济制度已经确立，所有制结构从全民所有制经济和集体所有制经济占绝对优势，逐步形成了以公有制为主体、多种所有制经济共同发展的格局。其次是我国的微观经济主体活力显著增强。通过国有企业改革和现代企业制度的建立推广，经济活动的主体身份日益多元，非公有制企业也得到了快速发展，成为建设社会主义市场经济的重要力量。再次，通过 40 多年的改革实践，我们基本建立起了以市场形成价格为主的机制，形成了市场在资源配置中发挥基础性作用的制度，有利于资源高效的利用和合理的配置。最后，我们国家在改革开放过程中也日益积累了治理现代国家的经验，宏观调控体系不断完善，治国理政经验不断丰富，为进一步的深化改革奠定了基础。

在这场史无前例的改革中，我们既没有走封闭僵化的老路，也没有走改旗易帜的邪路，而是创造性地在社会主义条件下发展市场经济，创造性地开辟了中国特色社会主义道路，这是我们党准确把握中国社会基本国情和历史阶段、总结国内国际正反两方面经验所作出的英明决策。社会主义市场经济改革的伟大实践经历了艰辛和曲折，同时也取得了弥足珍贵的经验，是我们在新的历史时期继续推进改革开放、全面建成小康社会的宝贵财富。

总之，改革是社会主义的完善，不仅是必要的，而且是可行的；不仅是可期的，而且也是可以实现的。但在改革的过程中也并非一路坦途，总会遇到这样或那样的困难、这样或那样的争议，这些都是不可避免的正常现象。改革是一个长期的历史任务，期望在短期内获得全面有效的解决是不可能的，是幼稚的想法，改革也是需要全国人民共同为之奋斗的伟大事业，需要付出艰辛的努力。在改革开放的伟大实践中，中国共产党领导中国人民已经创造了无数辉煌，只有继续发扬优良传统，继续坚定不移地走中国特色社会主义道路，中国的社会主义建设才会在改革中创造出新的辉煌。习近平指出："无论搞革命、搞建设、搞改革，道路问题都是最根本的问题。三十多年来，我们能够创造出人类历史上前无古人的发展成就，走出了正确的道路是根本原因。现在，最关键的是坚定不移走这条道路、与时俱进拓展这条道路，推动中国特色社会主义道路越走越宽广。"

二、改革的根本目的和方法论

邓小平曾在科学阐述社会主义主要矛盾时指出："我们的生产力发展水平很低，远远不能满足人民和国家的需要，这就是我们目前时期的主要矛盾，解决这个主要矛盾就是我们的中心任务。"而在新时代，我国的社会主要矛盾发生了变化，从落后的社会生产和人民日益增长的物质文化需要之间的矛盾转变为人民日益增长的美好生活需要和不平衡不充分的发展之间的矛盾，但从本质出发，在社会主义初级阶段，解放和发展生产力、满足人民日益增长的物质文化需要，依然是改革的根本目的，这就决定了社会主义初级阶段的根本任务是解放和发展生产力，改革的根本目的就是完成这一历史任务。

方法决定前进的道路是否顺畅，决定我们是否能顺利实现目标和愿望。如果方法错误或者不当，改革开放的进程就会受阻，严重时还可能出现曲折往复甚至引发灾难性的后果。因此，只有掌握正确的改革方法论，才能以更大的政治勇气和政治智慧推进改革的进程，才能以更有力的措施和办法解决改革进程中所遇到的艰难险阻。党的十九大以来，习近平同志高瞻远瞩，综观世界大势，立足中国国情，围绕新时代中国全面深化改革、建设现代化经济体系发表了一系列重要论述，在对中国特色社会主义规律和全面深化改革内在规律的认识上达到了新的高度，同时也丰富和发展了辩证唯物的马克思主义方法论，为全面深化改革提供了方法论的指导。

坚持科学社会主义基本原则、坚持中国特色社会主义道路的正确方向、坚持紧紧依靠人民推动改革是全面深化改革最根本的方法论。习近平同志指出，中国特色社会主义是社会主义而不是其他什么主义，科学社会主义基本原则不能丢，丢了就不是社会主义。历史和现实都告诉我们，只有社会主义才能救中国，只有中国特色社会主义才能发展中国，这是历史的结论、人民的选择。我们在改革中注重借鉴人类一切文明成果，但不会照抄照搬任何国家的发展模式。如果改革偏离或者背叛了科学社会主义原则，背离了中国特色社会主义道路，那么所有的改革都将失去意义。人民是历史的主人，也是改革的主人。只有为了人民，改革才能得到人民的拥护和支持；只有依靠人民，改革才能克服各种阻力与障碍。如果不紧紧依靠人民，不让人民成为改革的主体、改革的受益者，那么，所有的改革措施都将难以推行，一切改革都将付诸东流。

（一）"摸着石头过河"与"顶层设计"

全面深化改革必定会触及深层次的社会关系和利益关系的调整，如果统筹不好、协调不顺，改革就难以顺利推进。因此，在进一步全面深化改革过程中，我们一定要处理好摸着石头过河与顶层设计的关系，处理好重点突破与全面推进的关系，并且要尊重群众的首创精神，既鼓励创新、表扬先进，也允许试错、宽容失败，及时研究分析、统筹把握改革过程中引起的利益关系调整，推动全社会形成勇于改革、大胆创新的良好风气，使改革向着正确的方向大踏步地迈进。

摸着石头过河是富有中国特色、符合中国国情的改革方法，也是符合马克思主义认识论和实践论的方法，对必须取得突破但一时还不那么有把握的改革，有必要采取试点探索、投石问路的方法，看得很明朗了再推广开。我国的家庭联产责任承包制的改革、沿海经济特区的改革都是摸着石头过河的成功案例。一些人认为，摸着石头过河的方法只适用于改革初期，改革开放发展到今天已经过时了。但实际上，尽管我们已经积累了一些改革经验，也从中认识和把握了一些规律，但是实践在不断发展变化，而且我国各地情况差异较大，新情况、新问题层出不穷，制定统一政策的难度增加，在这种情况下，直接从基层一线的探索中得到改革经验的方法不仅没有过时，反而更加重要。中国是一个大国，绝不能在根本问题上出现严重的失误，一旦出现就难以挽回。因此，许多时候要采取试点探索、投石问路的方法，取得了经验，形成了共识，才可以进一步地上升为更为普遍的经验推广开来。

但是，摸着石头过河作为一种自下而上的、零碎的改革策略，缺乏合理的改革利益与风险分担机制、缺乏系统设计性和科学规划性。中国的经济社会已经发展到一个新阶段，经济发展中出现的结构性问题已经发展成为系统性问题，必须有针对性地对经济、政治和社会体制进行全面系统化的改革，而全面推进经济、政治和社会体制改革还需要总体规划，顶层设计就是在中央层面对改革全局做出总体规划、提出改革的整体思路和框架。党的十八届三中全会通过的《中共中央关于全面深化改革若干重大问题的决定》明确提出要"坚持正确处理改革发展稳定关系，胆子要大、步子要稳，加强顶层设计和摸着石头过河相结合，整体推进和重点突破相结合，提高改革决策的科学性，广泛凝聚共识，形成改革合力"。其中，发展战略的设计对一国整个经济发展方式的形成至关重要，如果发展战略的制定不符合本国的具体国情，就会造成发展过程中不必要的弯路和损失。

在新的历史时期，基于对经济、政治、文化、社会、生态文明和党的建设各个领域改革关系的科学把握，习近平同志指出，改革开放是一个系统工程，必须坚持全面改革，加强顶层设计和整体谋划，更加注重改革的系统性、整体性、协同性，在各项改革协同配合中推进。也就是说，只有以经济体制改革为重点，协同推进经济体制、政治体制、文化体制、社会体制、生态文明体制和党的建设制度改革，才能形成与中国特色社会主义"五位一体"总体布局相适应的更加成熟、更加定型的制度体系，才能实现中国特色社会主义制度的完善和发展。

"顶层设计"作为中央文件里出现的名词，首见于"十二五"规划，并进入了中央经济工作会议的内容。所谓顶层设计，就是对经济体制、政治体制、文化体制、社会体制、生态文明体制做出统筹设计，加强对各项改革关联性的研判，努力做到全局和局部相配套、治本和治标相结合、渐进和突破相促进。加强顶层设计，就是要坚持从全局出发看问题。全面深化改革是关系党和国家事业发展全局的重大战略部署，不是某个领域某个方面的单项改革，必须坚持从全局出发看问题。"不谋全局者，不足谋一域"，坚持从全局出发看问题是共产党人应有的党性修养和博大胸怀，也是共产党员先进性的具体体现。从全局出发看问题，第一要看提出的重大改革举措是否符合全局需要，是否有利于党和国家事业长远发展，不能只看到本地区、本单位的局部利益，更不能受到这些利益的羁绊和束缚；第二要坚持以人民利益为重，胸怀大局、把握大势、着眼大事，使做出的改革决策符合最广大人民的根本利益及党和人民事业发展要求。

强调在全面社会改革中顶层设计的重要性，并不能否认摸着石头过河的价值。顶层设计固然重要，但还有一个执行与落地的问题，同时顶层设计也不是一劳永逸的，它需要在实践的检验、反馈与修正中不断完善。我们必须注重顶层设计，但在设计中一定要给地方或社会留下创新的空间。顶层站得高，就能把握全局、掌握大势，顶层设计是在摸着石头过河取得经验的基础上进行的，否则就是闭门造车，不可能得出科学的顶层设计；摸着石头过河是在顶层设计的指引下进行的，否则就会是碎片化的，难以有效推动全局发展。摸着石头过河与顶层设计的关系是辩证统一的，在对改革系统性、整体性、协同性的要求日益提高的今天，如果不及时地把经实践检验行之有效、适宜推广的做法上升到制度层面，转化为普遍遵循的政策和法律；如果不及时明确地提出改革总体方案、路线图、时间表，就可能造成改革的盲目和混乱，使改革的目标无从实现。把顶层设计与摸着石头过河有机统一起来，将"自上而下"和"自下而上"的改革相统一，形成顶层决策和基层探索之间的良性互动，是全面深化改革必须坚持的重要方法。

（二）重点突破与全面深化改革

全面深化改革，需要全面理解、系统把握。随着改革的不断深化，各领域各环节的关联性和互动性明显增强，如果不把握全局、整体推进，不仅全面改革无法深化，重点改革也很难突进。辩证唯物主义告诉我们，整体和部分是辩证统一的。整体居于主导地位，统率着部分；部分会影响整体，关键部分的功能及其变化甚至对整体的功能起决定作用。这要求我们既要树立全局观念，立足整体，又要重视部分的作用，搞好局部，掌握系统优化的方法。对于改革来说，就是既要全面深化也要重点突破。习近平同志把"整体推进和重点突破的关系"作为全面深化改革的重大关系之一加以强调，这是对改革规律的深刻把握，对改革方法的科学认识。处理好这一关系，对于不断把改革向纵深推进具有重要意义。

全面深化改革并不是不分重点、全面用力的改革，而是有重点、有步骤的改革，必须在最紧迫、最关键的领域首先取得突破，然后以点带面，逐步推向其他领域，实现改革的全面推进。为此，在全面深化改革的伟大实践中，我们必须把握好重点，全面改革。

党的十九大报告提出实行"全面深化改革"，而不是某一领域的改革。至此，我国的改革经历由农村改革进入到全面改革的新阶段。党的十一届三中全会吹响了改革开放的号角，当时主要是农村改革；党的十二届三中全会后开始实行以城市为中心的整体改革；党的十五届三中全会和十七届三中全会提出实行和推进农村改革；党的十八届三中全会提出深化经济、政治、文化、社会和生态文明"五位一体"的全面改革；在"五位一体"与"四个全面"的基础上，党的十九大报告进一步提出全面深化改革总目标是完善和发展中国特色社会主义制度、推进国家治理体系和治理能力现代化。"改革开放是一场深刻而全面的社会变革"

"中国要前进，就要全面深化改革开放"，习近平总书记的一系列重要论述充分表明了中央对全面改革的科学认识。

与此同时，全面改革又不是平均用力、齐头并进，而是要注重抓主要矛盾和矛盾的主要方面，注重抓改革的关键环节。从改革全局来看，重点领域关系到改革大局，是改革的重中之重；关键环节关系到改革成效，是改革的有力支点。以重点领域和关键环节为突破口，可以对全面改革起到牵引和推动作用。全面深化改革必须加强对各项改革关联性的研判，注重改革的系统性、整体性、协同性，努力做到全局和局部相配套、治本和治标相结合、渐进和突破相衔接，实现全面深化和重点突破相统一，只有这样才能形成推进改革的强大合力。

整体推进才能统筹协调，把握改革大局；重点突破才能以点带面，激发改革动力。党的十九大以来，强调破除思想观念和体制机制弊端，构建系统完备、科学规范、运行有效的制度体系，大大拓展了改革的广度和深度。可以说，整体推进与重点突破相结合是中国改革的一条重要经验，必须长期坚持。随着改革不断深入，各个领域各个环节改革的关联性和互动性明显增强，每一项改革都会对其他改革产生重要影响，每一项改革又都需要其他改革协同配合。如果做不到整体推进，很多单项改革很难完成。在全面建设小康社会的关键阶段，中国改革的整体性特征决定了我们的各项决策部署，必须更加注重改革措施的相互促进、良性互动、协同配合。

重点突破与全面深化是辩证统一的关系。我国的改革是涉及经济、政治、文化、社会、生态和党的建设各领域的全面改革。如果不注重各项改革措施的协调配合，造成改革的"短板"，就会使改革效果大打折扣，甚至成为继续深化改革的阻碍。因此，全面深化改革必须更加注重各项改革的相互配合、相互促进、良性互动，注重改革措施整体效果，防止畸轻畸重、单兵突进、顾此失彼。但整体推进并不意味着没有重点，也不是平均用力、齐头并进，而是要注重抓主要矛盾和矛盾的主要方面，注重抓重要领域和关键环节。如果不能看到这一点，不分重点地推进改革，不分眉毛胡子地一把抓，就会使投入和产出严重不匹配，既浪费资源，又贻误时机，同样阻碍社会生产力的解放和发展，会阻碍社会活力的解放和增强。重要领域"牵一发而动全身"关系到改革大局，是改革的重中之重；关键环节"一子落而满盘活"关系到改革成效，是改革的有力支点。以这些重要领域和关键环节为突破口，可以对全面改革起到牵引和推动的作用。

（三）坚持以人民为中心的改革精神

以人民为中心，集中群众的无穷智慧，充分发挥人民在创造历史中的伟大作用，是我国改革开放取得巨大成就的重要经验，也是我国改革的动力之源和推进改革的重要方法。从理论和实践结合的角度看，进一步弄清楚尊重群众的首创精神在改革开放中的地位和作用，对进一步深化改革、全面推进中国特色社会主义建设具有十分重要的意义。

唯物史观告诉我们，人民是历史的创造者，群众是真正的英雄，人民群众是推动改革的主体。党的十九大报告指出，人民"是决定党和国家前途命运的根本力量"，必须"把人民对美好生活的向往作为奋斗目标，依靠人民创造历史伟业"。习近平指出："改革开放在认识和实践上的每一次突破和发展，改革开放中每一个新生事物的产生和发展，改革开放每一个方面经验的创造和积累，无不来自亿万人民的实践和智慧。"在当前全面深化改革的进程中，坚持以人民为中心，尊重人民群众的首创精神，有以下几个方面的意义和要求：

首先，坚持以人民为中心是我国建设社会主义事业的理论要求和实践旨归。马克思主义政治经济学是中国特色社会主义理论的基础，强调以人为本、理论创新是马克思主义的理论本质和发展的内在要求，因此在改革过程中充分发挥人民群众的首创精神是充实中国特色社会主义理论体系的实践基础。人民群众是实践的主体，因而是推动社会历史发展的主体，坚持以人民为中心，尊重人民群众首创精神就是对人民群众作为实践主体的承认。尊重人民群众的意愿、智慧和创造，也就是从人民利益出发，尊重社会发展规律。人民群众是生产关系的主体，是推动生产力发展和变革的力量，尊重人民群众在生产过程中的创造，将其融入马克思主义经济理论中，是重要的理论创新途径，理论来源于实践，反过来可以指导实践，这体现了理论和实践的融合。

其次，坚持以人民为中心是全面深化改革的重要动力。改革是中国特色社会主义市场经济制度的自我完善，最终目标是提高最广大人民群众的根本利益。因而，只有从人民群众最迫切的要求出发所进行的改革才是符合社会历史发展要求的，才是以人民为中心的科学发展。全面深化改革就是要通过生产关系的变革来推动先进生产力的发展，人民群众是生产关系的主体，因而改革生产关系就是要通过制度设计激发人民群众的创造力，从而发挥生产关系推动生产力发展的历史进步作用。从改革的根本目的来看，我们的所有改革都是为了人民，改革的成果要惠及人民，必须确立人民群众在改革中的主人翁地位，最大限度地发挥人民群众的积极性、主动性、创造性。基层群众蕴藏着极大的改革动力和创新智慧，他们渴望通过改革改善生产生活条件，过上幸福美好的生活；社会生活中存在的突出问题，人民群众看得最清楚、感受最深，他们期盼通过改革消除社会生活中的种种弊端。

最后，坚持以人为中心，必须要尊重劳动、知识、人才和创造，要营造一个良好的社会环境来调动人民群众创造的积极性，要通过制度创新激发人民群众的首创精神。人的自由全面发展是社会主义社会和共产主义社会所追求的最终目标，从贯彻党的群众路线来看，党领导和带领人民群众推进改革开放，必须切实贯彻"一切为了群众，一切依靠群众；从群众中来，到群众中去"的群众路线。群众利益是我们进行改革总体规划和顶层设计的出发点，群众的实践创造是改革总体部署的重要根据，群众的评价是改革得失成败的重要标准。一方面，尊重人民群众首创精神就要求我们尊重劳动、知识和人才，劳动是价值创造的主体，知识是使生产过程效率更高的途径，人才则是两者的结合，只有人才得到了尊重，劳动和知识才能发挥出促进生产力发展的作用，创造力才能得到激发。另一方面，坚持以人民为中心要求我们必须营造一个良好的社会环境与更加完善的制度环境，只有首先解决了人民群众最基本的生活需要，解决了吃穿住行，给人才一个可以安定的环境，劳动和知识的结合创造生产力才成为可能；只有为人民提供更加科学、合理、高效的制度环境，才能进一步激发人民的创造精神，才能进一步解放、发展生产力。

以人民为中心，还要善于动员群众、引导群众、教育群众。当前，我国经济社会发展中还存在不少矛盾和问题，随着改革的深化，特别是利益关系的调整，有些矛盾和问题可能更加突出。要树立底线思维，进一步做好攻坚克难、艰苦奋斗的思想准备和工作准备，教育引导群众正确对待改革所带来的利益调整，正确处理局部利益与全局利益、个人利益与集体利益、眼前利益与长远利益的关系。

总之，人民群众是实践和认识的主体，是物质财富和精神财富的创造者，是社会发展的决定性力量，也是创造世界历史的真正动力。建设中国特色社会主义的实践是广大人民群众自己的实践，群众在实践中创造的经验，反映了事物发展的客观规律，代表了社会进步的方向，对思想认识、社会生活和实际工作有深刻的示范作用。改革开放40年来，我们对社会主义实践和认识的每一次突破和进展无不来自群众的创造和推动。同时，人民群众的实践又是检验我们的路线、方针、政策正确与否的唯一标准。因此，坚持以人民为中心是我们进行社会主义改革的必然要求。

参考文献

［1］2014 年中国吸收外资规模首居世界第一［EB/OL］．中国经济网，ht-tp：//www. ce. cn/xwzx/gnsz/gdxw/201501/31/t20150131_4480545. shtml，2015 - 01 - 31.

［2］决胜全面建成小康社会　夺取新时代中国特色社会主义伟大胜利［N］．人民日报，2017 - 10 - 19.

［3］中共中央关于全面深化改革若干重大问题的决定［N］．人民日报，2013 - 11 - 16.

［4］中国共产党章程［M］．北京：人民出版社，2017.

［5］中华人民共和国发展国民经济的第一个五年计划（1953 - 1957）［M］．北京：人民出版社，1955.

［6］Albert O. Hirschman. The Political Economy of Latin America Development：Seven Exercises in Retrospection［J］. Latin America Reseach Review，1978，22（3）.

［7］伯娜．关于混合所有制经济性质问题的观点评述［J］．学术界，2010（5）.

［8］查尔斯·K. 威尔伯．经济学的贫困［M］．北京：中国经济学院出版社，1993.

［9］陈平，苏振兴．新自由主义与拉丁美洲的私有化［J］．中国社会科学院研究生院学报，2005（2）.

［10］陈胜才．"一五"计划在我国工业化进程中的历史地位［J］．黔东南民族师专学报，2000（8）.

［11］陈新明．苏联模式的兴与衰［J］．人民论坛·学术前沿，2011（35）.

［12］程冰，沈正平．"十二五"规划中期评估：问题与对策［J］．唯实，2014（6）.

［13］程恩富．改革开放以来新马克思经济学综合学派的若干理论创新［J］．政治经济学评论，2018（6）．

［14］程恩富．新自由主义的起源、发展及其影响［J］．求是，2005（3）．

［15］程恩富．中国模式的经济体制特征和内涵［J］．经济学动态，2009（12）．

［16］储成仿．中国工业化起点探析——"一五"计划的实施及其影响［J］．天津商学院学报，1998（6）．

［17］大卫·纽伯里．匈牙利改革：顺序性和私有化［J］．欧洲经济评论，1991（35）．

［18］戴维·波普诺．社会学［M］．李强等译．北京：中国人民大学出版社，1999.

［19］邓宏图．历史上的"官商"：一个经济学分析［J］．经济学（季刊），2013（3）．

［20］邓小平．邓小平文选（第3卷）［M］．北京：人民出版社，1993.

［21］董粉和．中国古代官营手工业技术特点分析与思考——以清代苏州织造局为中心的考察［J］．兰州学刊，2018（5）．

［22］段晓光．西方国家国有企业股份制改造负面效应解析［J］．山东社会科学，2004（12）．

［23］冯新舟，何自力．世界主要经济发展模式中的市场与政府关系及对中国的启示［J］．现代经济探讨，2016（10）．

［24］冯新舟，何自力．中国模式中的市场与政府关系——政府主导下的社会主义市场经济［J］．马克思主义研究，2015（11）．

［25］付晨，王亮，张凡．农地私有化：捷克和斯洛伐克个案及其启示［J］．湖南农业大学学报（社会科学版），2009（10）．

［26］付廷斌．前苏联和东欧私有化的分析及与我国国企改革的对比［J］．中州学刊，1999（3）．

［27］高云才，朱思雄，王浩．源自改革的市场活力——安徽省凤阳县小岗村实现人人分红纪实［N］．人民日报，2018-07-19.

［28］韩长赋．土地"三权分置"是中国农村改革的又一次重大创新［N］．光明日报，2016-01-26.

［29］哈耶克．通往奴役之路［M］．北京：中国社会科学出版社，1997.

［30］哈耶克．自由宪章［M］．北京：中国社会科学出版社，1998.

［31］韩国高等．中国制造业产能过剩的测度、波动及成因研究［J］．经济研究，2011（12）．

［32］何自力，乔晓楠，李菁．中国模式与未来发展道路［J］．社会科学研究，2009（2）．

［33］何自力．产业变迁与资本主义的衰落［J］．政治经济学评论，2012（4）．

［34］何自力．对"大市场、小政府"市场经济模式的反思——基于西方和拉美国家教训的研究［J］．政治经济学评论，2014（1）．

［35］何自力．发展混合所有制经济是新形势下坚持公有制主体地位的重要途径［J］．求是，2014（18）．

［36］何自力．论西方资本主义经济停滞的常态化［J］．政治经济学评论，2014（4）．

［37］黄如桐．资本主义工商业社会主义改造的历史回顾［J］．当代中国史研究，1994（2）．

［38］黄涛，何炼成．井田制研究——对先秦土地制度变迁的经济学解释［J］．河南师范大学学报（哲学社会科学版），2006（9）．

［39］贾康．强化再分配机制 加强收入分配调节［N］．人民日报，2013 - 02 - 07．

［40］简新华，黄锟．中国城镇化水平和速度的实证分析与前景预测［J］．经济研究，2010（3）．

［41］简新华．中国农地制度和经营方式创新研究——兼评中国土地私有化［J］．政治经济学评论，2013（1）．

［42］江时学．拉丁美洲和加勒比海发展报告 No.3（2002 - 2003）：拉美经济改革［M］．北京：社会科学文献出版社，2003．

［43］江时学．拉美私有化评述［J］．世界经济与政治，1992（5）．

［44］姜红．不平等现象加剧是新兴国家面临的一大挑战——访诺贝尔经济学奖得主、哥伦比亚大学教授约瑟夫·斯蒂格利茨［N］．中国社会科学报，2014 - 04 - 28．

［45］杰里米·里夫金．第三次工业革命：新经济模式如何改变世界［M］．张体伟，孙豫宁译．北京：中信出版社，2012．

［46］金雁，秦晖．十年沧桑：东欧诸国的经济社会转轨与思想变迁［M］．上海：上海三联出版社，2004．

［47］卡齐米耶日·Z．波兹南斯基．全球化的负面影响：东欧国家的民族资本被剥夺［M］．北京：经济管理出版社，2004．

［48］孔田平．东欧私有化：地区经验与国际比较［J］．经济社会体制比较，1993（3）．

[49] 库兹涅茨. 各国经济的增长 [M]. 常勋等译. 北京：商务印书馆，1985.

[50] 李福安. 试论西方发达国家经济计划化的实现程度 [J]. 湖北师范学院学报，1987（4）.

[51] 李俊. 波兰、匈牙利改革的启示 [J]. 经济体制改革，1985（2）.

[52] 李兴，周雪梅. 论苏联模式与苏东关系 [J]. 东欧中亚研究，1996（2）.

[53] 李怡净. 尼罗河灌溉工程与古埃及的国家治理——兼论古埃及文明的形成与社会形态 [J]. 铜仁学院学报，2016（5）.

[54] 利伟诚. 美国制造 [M]. 蔡中为译. 北京：东方出版社，2012.

[55] 列宁. 国家与革命 [M]. 中共中央马克思恩格斯列宁斯大林著作编译局编译. 北京：人民出版社，2001.

[56] 列宁. 列宁选集（第1卷）[M]. 中共中央马克思恩格斯列宁斯大林著作编译局编译. 北京：人民出版社，1972.

[57] 林毅夫. 从西潮到东风：我在世行四年对世界重大经济问题的思考和见解 [M]. 余江译. 北京：中信出版社，2012.

[58] 林毅夫，蔡昉，李周. 中国的奇迹：发展战略与经济改革 [M]. 上海：上海三联书店，1994.

[59] 林毅夫. 繁荣的求索：发展中国家如何崛起 [M]. 北京：北京大学出版社，2012.

[60] 林毅夫. 新结构经济学：反思经济发展与政策的理论框架 [M]. 北京：北京大学出版社，2012.

[61] 林毅夫等. "潮涌现象"与产能过剩的形成机制 [J]. 经济研究，2010（10）.

[62] 刘国光. 关于社会主义市场经济理论的几个问题 [J]. 经济研究，1992（10）.

[63] 刘少通. 均田制、府兵制、募兵制、租庸调制、两税法之间的内在联系 [J]. 资治文摘，2009（6）.

[64] 刘淑春. 东欧私有化改革评判（上）[J]. 招商周刊，2004（42）.

[65] 刘淑春. 东欧私有化改革评判（下）[J]. 招商周刊，2004（43）.

[66] 刘淑春. 发人深省的东欧私有化改革——《全球化的负面影响》出版发布会暨理论研讨会纪要 [J]. 国外理论动态，2004（9）.

[67] 娄勤俭. 推动高质量发展走在前列 [J]. 求是，2018（4）.

[68] 陆德富. 战国时期地方官营手工业中的商品生产 [J]. 中国经济史研

究，2011（3）.

［69］陆南泉. 前苏联历次经济体制改革失败对中国的启示［J］. 上海党史与党建，2010（8）.

［70］罗伯特·吉尔平. 国际关系政治经济学［M］. 杨宇光译. 北京：经济科学出版社，1989.

［71］马丁·麦卡利. 捷克和斯洛伐克联邦共和国的私有化［J］. 苏联分析家，1991（4）.

［72］马克思，恩格斯. 马克思恩格斯文集（第2卷）［M］. 中共中央马克思恩格斯列宁斯大林著作编译局译. 北京：人民出版社，2009.

［73］马克思，恩格斯. 马克思恩格斯全集（第1卷）［M］. 中共中央马克思恩格斯列宁斯大林著作编译局译. 北京：人民出版社，1956.

［74］马克思，恩格斯. 马克思恩格斯全集（第3卷）［M］. 中共中央马克思恩格斯列宁斯大林著作编译局译. 北京：人民出版社，1960.

［75］马克思，恩格斯. 马克思恩格斯全集（第4卷）［M］. 中共中央马克思恩格斯列宁斯大林著作编译局译. 北京：人民出版社，1958.

［76］马克思，恩格斯. 马克思恩格斯全集（第3卷）［M］. 中共中央马克思恩格斯列宁斯大林著作编译局译. 北京：人民出版社，2009.

［77］马克思，恩格斯. 马克思恩格斯选集（第1卷）［M］. 中共中央马克思恩格斯列宁斯大林著作编译局译. 北京：人民出版社，1995.

［78］马克思，恩格斯. 马克思恩格斯选集（第4卷）［M］. 中共中央马克思恩格斯列宁斯大林著作编译局译. 北京：人民出版社，1995.

［79］马龙闪. 苏联计划经济走过的坎坷道路［J］. 探索与争鸣，2015（2）.

［80］马涛，韦伟. 汉初"盐铁会议"与桑弘羊留给后人的启示［J］. 福建论坛（人文社会科学版），2013（4）.

［81］麦迪森. 世界经济千年史［M］. 伍晓鹰等译. 北京：北京大学出版社，2003.

［82］潘维. 中国模式：解读人民共和国的60年［M］. 北京：中央编译出版社，2009.

［83］钱澄. 试论前南斯拉夫改革的主要特点［J］. 扬州师院学报（社会科学版），1996（1）.

［84］乔尔·戈伊尔. 金融危机：一场全球性的资本主义系统危机［J］. 张寒译. 当代世界与社会主义，2009（2）.

［85］琼·斯佩罗. 国际经济关系的政治学［J］//倪世雄. 当代美国国际关

系理论流派文选［M］．上海：学林出版社，1987．

［86］热拉尔·罗兰．私有化：成功与失败［M］．北京：中国人民大学出版社，2013．

［87］沙健孙．对资本主义工商业进行社会主义改造的基本经验［J］．思想理论教育导刊，2004（9）．

［88］沙健孙．中国共产党对官僚资本主义经济的政策［J］．思想理论教育导刊，2004（5）．

［89］沈尤佳，张雯．资本主义有经济计划吗？——本轮危机以后的理论与实践［J］．政治经济学评论，2015（3）．

［90］沈云锁，陈先奎．中国模式论［M］．北京：人民出版社，2007．

［91］石烨．计划经济体制对中国经济发展的影响［J］．纳税，2018（25）．

［92］时仁达．明代辽东徭役述略［J］．黑龙江社会科学，2012（3）．

［93］史正富．超常增长：1979－2049年的中国经济［M］．上海：上海人民出版社，2013．

［94］宋文杰．北魏均田制与曹魏屯田制关系探讨［J］．哈尔滨学院学报，2017（11）．

［95］苏伟．社会主义市场经济若干重大关系问题再认识［M］．北京：中国经济出版社，2014．

［96］苏振兴．拉美国家社会转型期的困惑［M］．北京：中国社会科学出版社，2010．

［97］苏振兴．拉美国家现代化进程研究［M］．北京：社会科学文献出版社，2006．

［98］孙芳．再析俄罗斯私有化改革失败的原因［J］．国外社会科学，2011（2）．

［99］孙沁．坚持基本经济制度的底线是不能私有化［J］．陕西行政学院学报，2010（4）．

［100］佟福全．西方发达国家制定经济计划的情况［J］．经济研究参考，1992（Z5）．

［101］王宏伟．美国军工综合体剖析［J］．科学决策，2004（7）．

［102］王辉耀．中国模式——海外看中国崛起［M］．南京：凤凰出版社，2010．

［103］王一鸣．推动高质量发展取得新进展［J］．求是，2018（4）．

［104］万秀斌，汪志球，黄娴，程焕．从包产到户，到合股联营，分合皆为

改革——农村改革的安顺实践［N］．人民日报，2019－01－11．

［105］魏伯乐，奥兰·扬，马塞厄斯·芬格．私有化的局限［M］．上海：上海人民出版社，2006．

［106］吴季松．中国经济发展模式：摸着科学与知识的石头过河［M］．北京：北京航空航天大学出版社，2012．

［107］吴启金．十年一剑：中国模式创新当代发展理论［M］．北京：中国金融出版社，2013．

［108］武力主编．中华人民共和国经济史［M］．北京：中国经济出版社，1999．

［109］习近平．在纪念马克思诞辰200周年大会上的讲话［N］．人民日报，2018－05－05．

［110］习近平．把乡村振兴战略作为新时代"三农"工作总抓手［J］．求是，2019（11）．

［111］习近平．关于坚持和发展中国特色社会主义的几个问题［J］．求是，2019（7）．

［112］习近平．决胜全面建成小康社会，夺取新时代中国特色社会主义伟大胜利——在中国共产党第十九次全国代表大会上的报告［M］．北京：人民出版社，2017．

［113］谢汪送，陈圣飞．指导性经济计划：日本模式与启示［J］．经济理论与经济管理，2005（11）．

［114］辛鸣．十八届三中全会后党政干部关注的重大理论与现实问题解读［M］．北京：中共中央党校出版社，2013．

［115］徐朝阳，林毅夫．发展战略、休克疗法与经济转型［J］．管理世界，2011（1）．

［116］许召元，李善同．近年来中国地区差距的变化趋势［J］．经济研究，2006（7）．

［117］阎铸．东欧和独联体国家的私有化［J］．东欧中亚研究，1992（4）．

［118］杨成林，乔晓楠．发达国家非工业化进程举证：一个文献述评［J］．改革，2012（9）．

［119］杨卫东．国有化与私有化研究——西方国企进退的历史轨迹［J］．武汉大学学报（哲学社会科学版），2012（1）．

［120］严隽琪．扎实推进农村扶贫供给侧结构性改革［J］．求是，2017（5）．

［121］于晓华．垄断性国有企业不需要也不能实行私有化［J］．红旗文稿，2015（8）．

［122］约翰·穆勒．政治经济学原理（下卷）［M］．北京：商务印书馆，1991.

［123］约翰·维克斯，乔治·亚罗．私有化的经济学分析［M］．重庆：重庆出版社，2006.

［124］张庆勇．战国时期秦的兵、徭役管理试析［J］．濮阳职业技术学院学报，2011（2）．

［125］张树华．俄罗斯经济私有化的后果及教训［J］．红旗文稿，2012（20）．

［126］张树华．俄罗斯私有化的经济与社会恶果［J］．决策与信息，2007（6）．

［127］张一洁．美国政府接管"两房"［J］．上海国资，2008（10）．

［128］张宇．中国不能出现颠覆性错误——正确认识社会主义初级阶段的基本经济制度［J］．红旗文稿，2014（2）．

［129］张海鹏．我国农业发展中的供给侧结构性改革［J］．政治经济学评论，2016（3）．

［130］张宇．中国模式的含义与意义［J］．政治经济学评论，2009（1）．

［131］郑联盛，何帆．美国政府接管"两房"：原因、计划及影响［J］．中国金融，2008（19）．

［132］郑良芳．前车之覆后车之鉴——东欧私有化改革惨痛教训［J］．中国改革，2005（1）．

［133］中共中央文献研究室．邓小平年谱（1975–1997）（下）［M］．北京：中央文献出版社，2004.